オトコは背中で話すもの。
ISIS
九州支所発足へ
2008
門之盟

ISIS
物語編集力
ISIS NEWS
シモキタ飛龍教室
三冊屋
学林局
松岡正剛
千夜千冊

共読する方法の学校

インタースコア

Seigow Matsuoka & ISIS EditSchool
INTER-SCORE

松岡正剛 & イシス編集学校

ISIS

INTERACTIVE SYSTEM
OF
INTER SCORES

春秋社

編集は照合である
編集は連想である
編集は冒険である
守
第30回
感門之盟
破
ただ、いま、
編集中。
Inter-courses

方法のフルコース
Inter-books

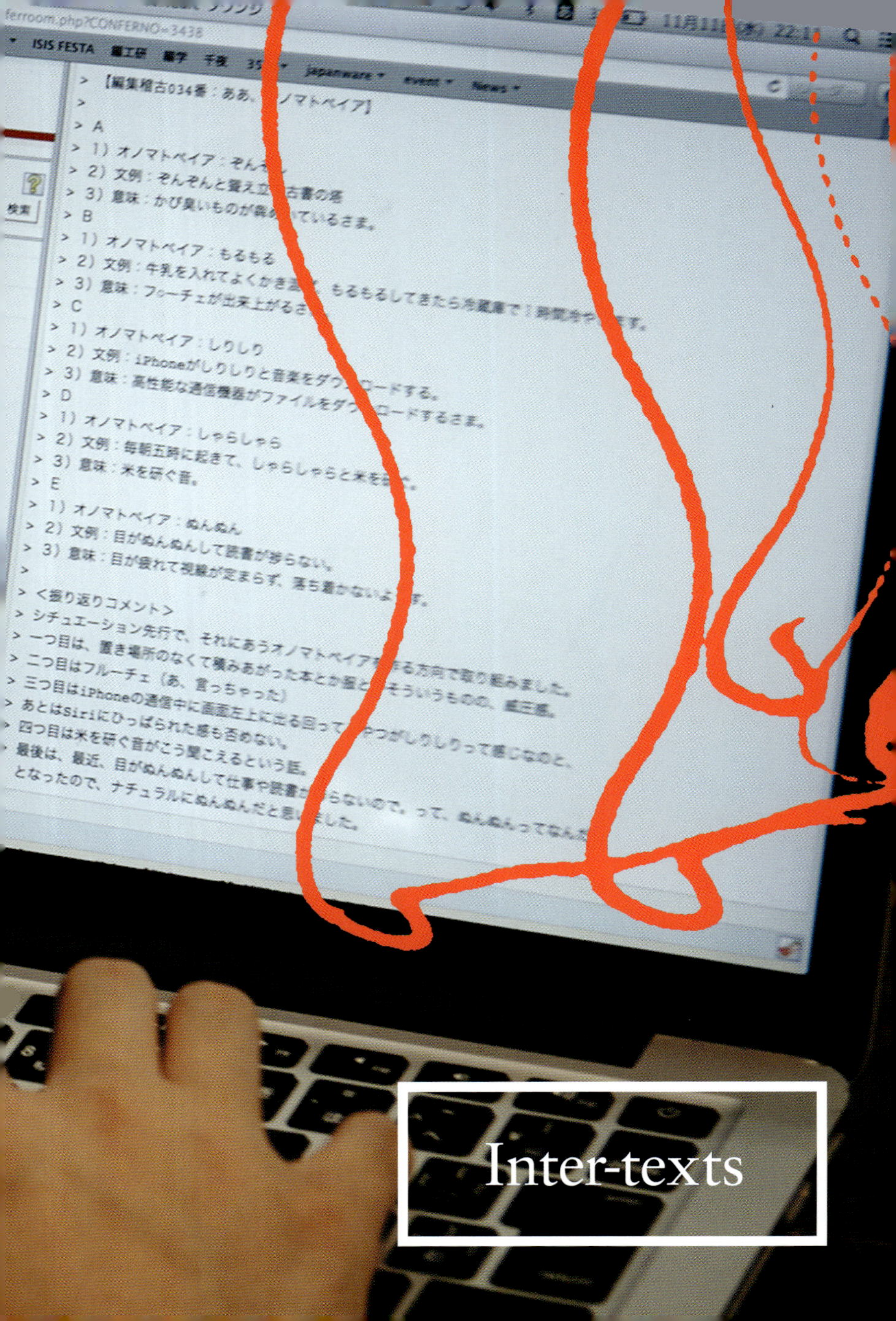

ISIS FESTA
> 1）オノマトペイア：もるもる
> 1）オノマトペイア：しりしり
> 1）オノマトペイア：しゃらしゃら
> 2）文例：毎朝五時に起きて、しゃらしゃらと米を
> 3）意味：米を研ぐ音。
> 1）オノマトペイア：ぬんぬん
> 2）文例：目がぬんぬんして読書が捗らない。
> ＜振り返りコメント＞
> 二つ目はフルーチェ（あ、言っちゃった）
> 四つ目は米を研ぐ音がこう聞こえるという話。

Inter-texts

真夜中のエディットカフェ

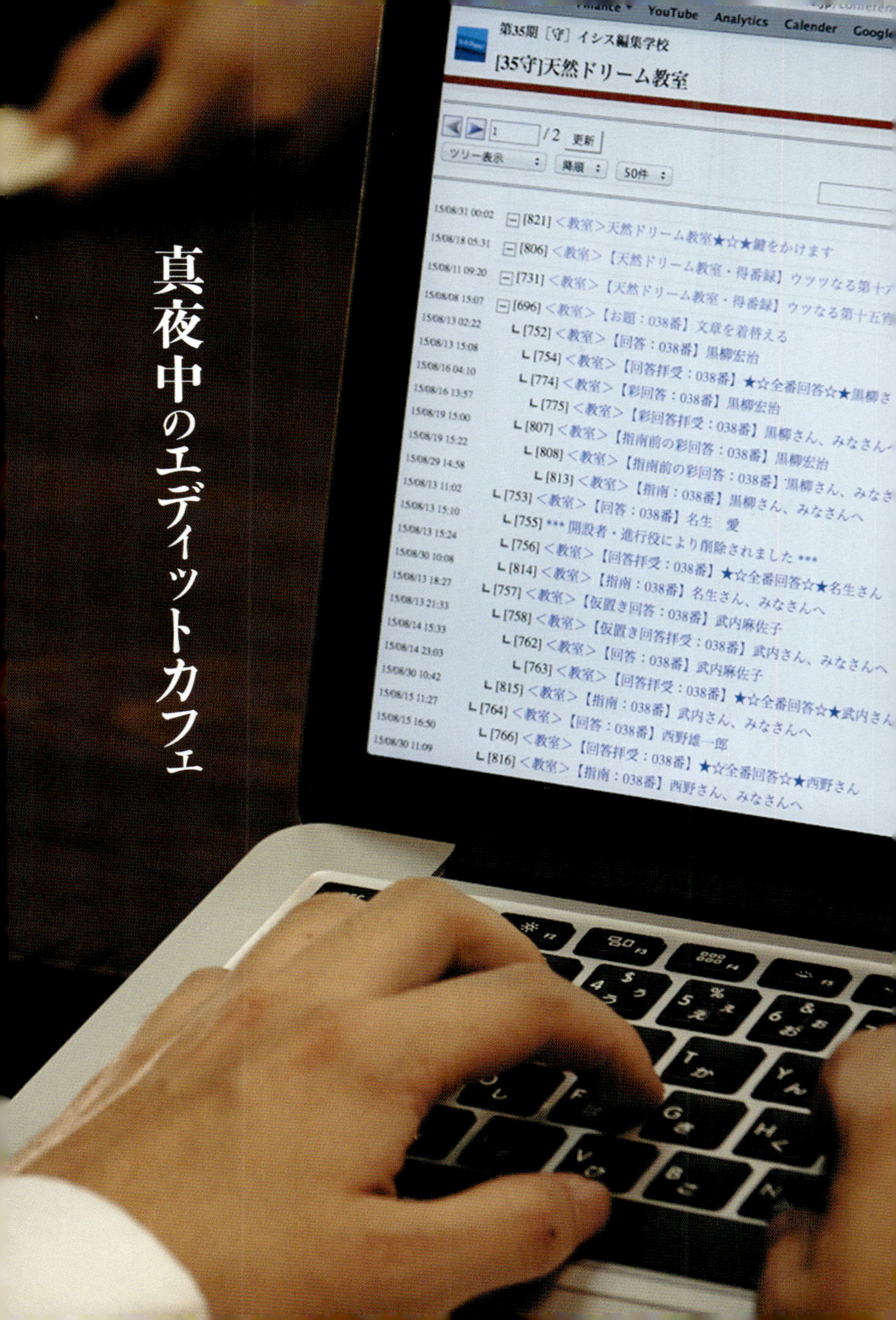

Inter-methods

知に本楼されたい

編集は遊びから生まれる

編集は対話から生まれる

編集は不足から生まれる

Inter-spaces

共読する方法の学校

インタースコア

目次

3 風姿花伝の師範代

4 守破離というコースウェア

ぶっちぎり……イシス編集学校

1 インタースコアする編集力

松岡正剛

ぶっちぎり……イシス編集学校

インタースコアする編集力

松岡正剛
イシス編集学校校長／編集工学研究所所長

1　抱いて普遍・放して普遍

心は一秒たりとも寝ていない。エマニュエル・レヴィナスは「意識こそが存在だ」と書いた。富永太郎は「夢の中で失格するということがおこる」と書いた。体もどんな細部も止まっていない。三木成夫は「われわれは胎児のころから目覚めている」と言い、ワツラフ・ニジンスキーは「立っているだけで世界との格闘がおこっている」と言った。

編集もじっとしていない。動かない編集は編集ではないし、じっとしているエディターにはエディターシップはない。編集は変化なのである。編集はつねに変化しつづける「そこ」にさしかかって仕事をする。

イシス編集学校の謳い文句に〈「わかる」は「かわる」、「かわる」は「わかる」。どうぞイシス編集学校へ！〉がある。ぼくが言うのも何だけれど、大好きなキャッチフレーズだ。これは「かわることがわかること、わかることはかわること」という意味だ。もっとも「かわる」と言っても「変わる・替わる・代わる・換わる」などがあって、たんなるチェンジなのではない。そこには自分と世界の関わり方の変化が動く。「わかる」のほうも「解る・分る・判る」などがあって、理解と分別と判断は異なっていく。

こうした「かわる」と「わかる」は、必ずや「そこ」においてこそ成立するもので、「そこ」にさしかからないでは何もおこらない。

そのころモリユカは仙台で商工中金に勤める事務員だった。あるとき師範代になった。〈夕空くじら〉という教室名をあげた。人前で話すのは苦手だが、編集の力を心から信じている。教室がスタートすると、まさに夕空に浮かぶモリくじらになった。学衆《がくしゅう》たちのトワイライトな反応によって、モリくじらの尾鰭《おひれ》はゆっくり波打った。イシス編集学校では生徒のことを学衆というのだが、モリが交換したもの、それは師範代と学衆とが「そこ」で交わすエディティング・モデルというものだった。

ワタナベはハワイに住む心身トレーナーである。同じ夕方でもこちらは〈夕凪《ゆうなぎ》アルケミスト〉教室で師範代となり、やがてすぐれた師範にも番匠《ばんしょう》にもなった。彼は言葉と身体のエディティング・モデルが柔らかく交換できるという工夫をイシス編集学校にもたらした。そのことをワタナベは、英語と日本語のエディティング・トランスレーションに対しても闊達に適用した。いずれぼくの日本語の英訳も頼みたいと思っている。

マルゲンは大成建設にいた。ぼくが大成建設で講演を頼まれたとき、そのサブ担当をしていた。ゼネコンで話すのはめずらしかったが、「建築の物語を組み立ててばかりいないで、物語の建設にとりくんでほしい」と言ったかと思う。ゼネコンのわざとらしい含羞《がんしゅう》を破って前に出てきてほしかったのだ。マルゲンはそれからしばらくたって学衆になり師範代となって、［ISIS花伝所《かでんしょ》］では花伝師範や錬成《れんせい》師範をした。

シラキは筑波大の生物学科のセンセーである。タンパク質の分子レベルの研究を専門にしているが、ラーメンがやたらに好きなので〈ラーメン代謝〉教室にした。師範代シラキはすべての学衆の発言交信記録をファイルして抜群の指南をしつづけ、その後も科学的思考と編集的去来の組み合わせにハッとさせられるほどのひらめきを発揮した。シラキがもたらしたもの、それは「場」や「座」や「界」に入った者のふるまいを示唆するエディティング・モデルだった。

編集はどこにでもおこっている。誰にでもできるし、いくらでも技能を発揮できる。

新聞や雑誌や映画を編集することだけが編集なのではない。考えること、しゃべること、暮らすこと、仕事をすること、みんな編集だ。歩いているだけだって、編集がおこる。とくにぼくが重視する編集は「境い目」を超えるときに最も劇的にあらわれる。

かつて歩道橋の階段を上って架橋を歩みはじめたとき、向こうからすばらしいダンサーが踊ってくるのが見えたことがあった。少し近づくと世界中の空気を体に巻きとるように手足を大きく動かして、ゆっくりと一挙手一投足を踊っている。すごいダンサーだなと感心して7メートルほど近づいたとたん、愕然とした。ダンサーではなかった。おそらく重度の小児麻痺かなにかの身障者だったのだ。

われわれは、いつだってこういう「7メートルのインターフェース」の前後左右にいるものだ。どんなことにもたいへん微妙なインターフェースが隠れているものだ。編集はそのインターフェースやフィルターに気がつくことから始まる。ぼくが敬愛してきた森永純という写真家は「土を撮るって難しいんですよ」と言っていた。「だって遠のけば風景でしょ、ちょっと近づくだけでは畑や田圃《たんぼ》だし、あまりに近寄ると泥の粒ですよ。ちょうど土だけを撮るのは難しいんです」と言っていた。

稲垣足穂は世界には「薄板界《うすいたかい》」というものがあって、それを正面から見ているうちは分厚いガラスの壁面に見えているけれど、ふと、ある角度で「そこ」にさしかかったとたん、それが世にも微妙な雲母のような薄いものでできている世界の断片の束だということがわかるものだと書いていた。「そこにさしかかる」とはそういうインターフェースの編集的発見を、ナイーブに、かつラディカルに感じることなのだ。

だからこそ「かわる」が「わかる」で、「わかる」は「かわる」なのである。

人は固形物ではない。細胞はのべつ入れ替わり、皮膚は孔だらけ、口腔から肛門には「外」が通っていて、体の構造もクレープのように折りたたまって、うまくしないと中身がいつもはみ出てしまう。われわれは生きたクレープであって、言葉をもったミルフィーユなのである。

意識だって「これが私という意識の正体です」というかたまりなんて、ない。意識はたいてい薄紙状で幾つものひらひらが綴れたり折れたりしているのだし、記憶や思考力だってけっこうおぼつかない。

けれども、ひらひらしていておぼつかないからこそ、互いの相互編集的なコミュニケーションがおこっていく。そのコミュニケーションは決して発信者と受信者には分かれない。お互いにさしかかりあい、交互にさしかかりあってどうなるかといえば、互いの中に芽生えつつあるエディティング・モデルを交換する。そのとき方法を授受しあう。自分の方法を相手にわたしてしまうこともある。それがたいそうな快感なのだ。

ぼくは四〇年来の友人のダンサー田中泯とはずっと「さしかかりあい」を試みあってきて、言葉と身体すらエディティング・モデルの交換が可能であることを確かめてきた。このことについては『意身伝心』という対談本に詳しく語りあっている。二〇一五年十月末には、この二人に宮沢りえを加え、山本耀司が衣服を提供して、言葉と身体と衣服の「さしかかりあい」をパルコ劇場で舞台化してみた。『影向《ようごう》』というタイトルにした。影向とは日本の中世用語だが、気配で何かを感じあうことをいう。

木村敏は「あいだ」の精神病理学研究者である。その木村が師と仰ぐフォン・ヴァイツゼッカーは、このような「さしかかりあい」のことをドイツ語で「からみぐあい」(Verschränkung)と言って、それをつかむ「相即《そうそく》」(Kohärenz)こそ人間がバランスよく認知と行動を組み合わせて動かせるコツだと説いた。ヴァイツゼッカーは精神がそうなるには〝方法の束〟による構組《こうそ》的手法にめざめるべきだとも書いた。

宮本武蔵や柳生但馬守宗矩《むねのり》は、同じことを「瀬戸を渉《わた》りあう」と言った。認知と行動の組み合わせのために「境い目」を超えていくことだ。編集的に超えていく。それには「さかゆる拍子」と「おとろえる拍子」の両方を実感しなければならないとも諭した。まあ、そんなに哲学っぽくなくとも武道っぽくなくともよいけれど、ぼくはそういうような「瀬戸際にさしかかる師範や師範代」こそ、イシス編集学校に次々に生まれるようになってほしかったのである。

コシミズは筑波で有機系のレストランをやっていた。多忙の合間を縫って編集学校を受講し、師範代になるために赤坂に来た。赤坂稲荷坂に学林局《がくりんきょく》があったのだ。そのころは師範代になってもらうには、ぼくとキムラが面談すればよかった。

数分ですばらしい読書力と実行力と組織力をもっているのがわかった。「校長のまかないをしたいんです」とも言った。ふーん、この女性には攫《さら》える力があるなと感じた。編集力にはどこか攫える能力も必要なのだ。人攫いではなく、能力を攫ってあげる。コシミズにはそういう〝男前な器量〟があった。そこで〈葉隠おんな〉教室と名付けた。師範代としても師範になってからも優秀だったが、[離]の学衆としても、その後のエディティング・キャラクターを代表する対応力を示した。瀬戸際に強い師範代なのだ。

コシミズは小笠原流の礼法も修めていたが、オカベは会計事務所の社長であって剣道大好きだったので、ずばり〈無住北辰流〉という教室名にした。[破]のときはコシミズが師範を務めた。まさに竹刀《しない》捌きがいい師範代になった。資生堂のＳＥだったモリヤマに〈コスプレ兵法〉という教室名を付けたのは、着物のセンスが近来稀に抜群で、あたかも綺麗な兵法のように目を見張らせたからだった。彼女のおかげで多くの女性たちが着物を愉《たの》しめるようになった。編集学校ではときに「ＩＳＩＳフェスタ」という催しもしているのだが、このフェスタでは着物編集講座を開いている。

編集学校はめっぽうおもしろい。どんな学習体験にも似ていない。

校長のぼくがそんなことを言っても自慢にしか聞こえないだろうけれど、しかし、そうなのだ。たしかに編集学校は「学びの場」だけれど、そのどこにも線的な学習がない。単調ではないし、たんなる積み上げでもない。「分類の知」ではなく「編集の知」を学んでもらっているからだ。これは鈴木大拙が「分けて、分けない」と言った知に近い。

ただ、本書を手にしただけで編集学校を覗いたことのない諸君には申し訳ないが、このおもしろさは「そこ」にさしかかってもらわないかぎりは、伝わりにくい。

そこで本書が構成編集されることになったのだが、ぼくもこの本書冒頭で何が編集学校のユニークネスなのかということを綴ることにした。学校案内は別にも用意されているから、ぼくは少しディープな視点からその心意気と風姿花伝の思想を伝えることにする。それを一言でいえば「抱いて普遍、放して普遍」ということだ。けれどもディープにするにも、まずはそもそもどのようにこの学校を思い立ったのかということを話しておきたい。

2　失われた十年にはしなかった

わが二一世紀はイシス編集学校の十二教室の応答とともにやってきた。それから一年、気がつくと二二人ほどの師範代が誕生していて、それぞれに和気藹々の編集三昧が始まっていた。かつてヴァルター・ベンヤミンは「個人にとって外的であるようなかなり多くのものが、集団にとっては内的なものになるはずだ」と言っていたが、そのことがおこっていると感じた。

ぼくは当初、編集学校にかかわった者たちが「懐かしさ」や「恋しさ」に少し駆られてほしいと思っていたのだが、少しずつそういうふうにもなっていった。あるいはまた「他人の役にたちたい」という相互に内発する衝動をもってほしいとも思ったのだが、そういうふうにもなっていきそうだった。

なぜ、そういう期待をしたのか。そこにはぼくが編集学校を〝懐妊〟あるいは〝分出〟するにいたった背景や経緯が関与していた。少々、ふりかえっておきたいと思う。決定的なことは開校十年前からおこっていた。

一九九〇年代の日本はのちに「失われた十年」と言われる。バブルに浮かれたツケがまわってきたのは明々白々だったが、それが経済面だけではなく、文化面にも意識面にも及んでいた。しかし、世界情勢もかつてない大きな変化を見せていた。

九〇年八月にサダム・フセインのイラクがクウェートに侵攻すると、翌九一年にジョージ・ブッシュは入念に国連安保理の決議をとって一挙に湾岸戦争を仕掛けた。八九年にソ連が解体してベルリンの壁が崩壊し、九三年にはマーストリヒト条約に従ってEUが発足した。米ソ冷戦・東西対立がおわったかと思うまもなくEU、中東なのだ。そこに資本主義新興国のブリックス諸国も台頭していた。

九三年には鄧小平《とうしょうへい》に続いて江沢民《こうたくみん》が登場して中国資本主義がいよいよ胎動を始めた。その対極ではアメリカを発信源としてグローバル・キャピタリズムという名の金融工学を駆使したマッドマネー資本主義が燎原《りょうげん》の火のごとく広まった。よせばいいのに「新自由主義」という紛らわしい名が付いた。日本では三八年ぶりに自民党が敗北して政治オンチの細川政権が誕生した。

湾岸戦争はのちにアラブの歴史家マフディ・エルマンジュラによって「第一次文明戦争」と呼ばれた。まさにその通りで、ついに「文明」間に擦過と亀裂がおこって、衝突が予感されるようになったのである。ウサマ・ビンラディンはイラク空爆のために故国サウジアラビアが「サウジの空」をアメリカに明け渡したことに抗議したが受け入れられず、かつてのアフガン戦士ムジャヒディンの義勇兵を募って新たな聖戦のためのアルカイダを組織して、アメリカ攻撃の準備に入っていった。

その第一次文明戦争については、身近なところでこんなことがあった。ぼくは九二年から資生堂の幹部研修会ミネルヴァ塾のナビゲーターを仰せつかっていたのだが、その初日にいとうせいこう君が一時間半の予定の講義の四〇分のところで絶句した。何か体の調子でも悪いのかと思っていたら、そのまま打ち切って「松岡さん、あとはよろしく」と言って降壇してしまった。「どうしたの?」と聞いてみると、「話しているうちに湾岸戦争の弾頭カメラのことがよみがえってきて、何も言えなくなった、ごめん。最近、よくあるんです」。

その気持ち、よくわかった。空爆の落下弾頭に付けられたカメラの映像がCNNで全世界に放映され、あんな異様な光景を世界が同時に一瞬に見るようになってしまったのだ。これが第一次文明戦争の象徴的実態だったのだ。

このように、九〇年代の現象が示しつつあったものは、あきらかに「世界の見え方」がおかしくなっていく大前兆だった。その警鐘が次々に鳴っていた。なかでは「ブッシュの戦争」が一番おかしかったけれど、それが9・11の全米同時テロと子ブッシュの「悪の枢軸」退治のイラク戦争などまで続いたけれど、そのほか多くのことが軋《きし》んだ音をたてていた。


こうして九〇年代半ばをこえるとウィンドウズとインターネットが登場し、世界が急速に「ネット」の中にあたかもミラーリングをおこすかのように吸い込まれていくようになった。テッド・ターナーとルパート・マードックはメディア戦争を始め、人間なんてヒトゲノムの解析である程度はわかるんだという妄想が出回りはじめた。


しかし日本を震撼させたのは、まだそういうことではなかった。

国内事情がてんやわんやの大騒ぎだったのだ。平成七年（一九九五）、阪神淡路大震災と、ほぼ半年にわたったオウム・サリン事件が日本中を覆った。この二つの事故と事件をリアルタイムで経験していない者にはちょっとわからないかもしれないが、このとき日本は測定しがたい「大きな動揺因」を抱えたのである。

二つの大事故と大事件について、スーザン・ソンタグとリチャード・ワーマンから半ば心配と同情を向けられながらも、「セイゴオ、いったい日本はどうなっているんだ」と詰め寄られたものだ。いささか答えに窮した。カレル・ヴァン・ウォルフレンはすかさず『日本／権力構造の謎』で、日本には意思決定プロセスが不在であることを詳細に検証したうえで、続いて容赦ない『人間を幸福にしない日本というシステム』を書いて、日本はおかしい、おかしすぎると言い続けていた。

ウォルフレンの指摘はけっこう当たっていたが、オランダのジャーナリストにここまで突っ込まれると、おいおいちょっと待った、これはぼくも反論や抗弁や反撃を用意せざるをえないという気になった。

ウォルフレンは欧米のロジックで日本の難点をみごとに指摘していた。つまりそこには「普遍」というものが君臨していたのだが、それは欧米流の基準に照らした「普遍」だった。ギリシア哲学やキリスト教が用意したユニバーサリズムに由来する「普遍」だった。

これはこれでとてもすばらしいものではあるものの、どこにでもあてはまるとはかぎらない。たとえば老荘思想や日本の国学にはギリシア哲学もキリスト教もあてはまらない。

そんなこともあって、ぼくは「日本によって日本を批判しなければならない」と感じて、その拠点となるべき日本文化の思想化の準備をしていた。『空海の夢』を手始めに『遊行の博物学』『間と世界劇場』『花鳥風月の科学』『外は、良寛。』などという本をまとめ、そこから「日本という方法」の足場に杭を打っていた。

日本には欧米的な普遍を抱いたロジックでなく、そこに敬意を払いつつも、もっと日本に特有なものをハイブリッドに提示するほうがふさわしい。これは「抱いて普遍、放して普遍」という考え方もあるんだということだった。この流れは、のちに十年にわたる「連塾《れんじゅく》」というトークパフォーマンスにつながっていった。


九〇年代にぼくが試みていたことを、ごくかんたんに説明しておこう。

ひとつはまもなく爆発するだろう「情報編集時代」に備えるということ、もうひとつは「日本という方法」のための武器をそろえるということだ。

具体的にいうと、前半は一九九〇年に複合的な世界同時表記年表ともいうべき『情報の歴史』を刊行したのをきっかけに、NTT出版で「ブックス・イン・フォーム」シリーズの連続編集企画を隔月で本にしていた。「情報文化構造とは何か」という構図を仮設して、データ通信型の情報技術とコンテンツ配信型の文化技術が近いうち複合交差するだろうという予想をたてたのである。エディトリアル・デザインはすべて戸田ツトム君に任せた。

BBS時代のニフティから「ネット・コミュニティの今後の展望を研究してほしい」と言われ、初めてログをくまなく眺める機会に恵まれたので、この観察経験をいかして一年二度ずつ「ネットワーク・イン」を開催した。金子郁容と二人ナビをした。多田富雄、中村雄二郎、いとうせいこう、香山リカ、モーリー・ロバートソン、野村万之丞、明和電機、ワダエミ、柳家花緑、高城剛、安藤優子などとともにネット・コミュニティに関心のある多くの若者やリーダーを招いた。ステージにはネットからのメールが次々にリアルタイム表示されるという、いまおもえばニコニコ動画のはしりのようなことも試みた。

一方では、プライベートペーパー「一到半巡《いっとうはんじゅん》通信」を無料で送付することにした。これはマスメディアよりパーソナルメディアのほうが、ぼくのこれからの仕事には重要で切実なものになるだろうと予想したからだ。最初は三〇〇人ほどに送っていたのだが、最後は四〇〇〇人の読者になった。あとで説明するけれど、最初の師範代はこの読者の中から選抜した。

ちなみに言っておくが、ぼくは不特定多数にはまったく関心がない。ぼくが贔屓にするのはいつだって特定少数なのである。念のため。

九〇年代中盤は岐阜県の梶原知事の求めに応じて織部プロジェクトを展開して、桃山と現代とをアワセ・キソイさせる試みに着手した。古田織部の「逸脱」に焦点をあてたのだ。グレン・グールドが「最も新しい芸術は、よく練られた逸脱の様式にある」と言っていたことがベースになっている。

織部プロジェクトには織部フォーラムの連続開催、織部ストリートの開発、岐阜県美とニューヨークのメトロポリタンでの織部展覧会などがあったが、目玉は十年にわたった織部賞である。

磯崎新・田中一光・熊倉功夫・加藤卓男・内田繁・石井幹子・日比野克彦、それにアンドレア・ブランヴィたちに選考委員になってもらい、とはいえぼくの好みも大いに発揮して、第一回受賞者としてエットレ・ソットサス、樂吉左衞門、ジョン・ガリアーノといった「よく練られた逸脱者」を選んでみた。

岐阜県との仕事が始まったのを機会に、「自発する経済文化」を訴えるボランタリー・エコノミー研究会（下河辺淳座長）を催して地方をまわることにした。野沢温泉、滋賀県湖北の菅沼、栃木県桐生などに赴いて、地元の自営者やクリエイターと交流した。そうした経済と文化を融合する試みが少しは伝わったのか、エコノミスト誌から一年間連載を頼まれて「孤客記《こきゃくき》」を書いた。これは『背中のない日本』という本にまとめた。

愛知県の岡崎市長に頼まれた美術文化博物館づくりは一年かかったが、オープニング記念の「東の天女・西の天使」展に結実した。これは東西文化をインタースコア展示した最初の試みになった。東の天女は衣を翻すだけだが、西の天使にはなぜ肉体から翼が生えるようになったのか。なぜ東は衣で、西は翼なのか。この課題を、交差する東西の美術によってインタースコアした展示だった。

ずうっと書きたいと思ってきたことがあった。そこで二冊の本を続けさまに上梓した。ひとつは「弱さの哲学」を標榜するための『フラジャイル』で、「弱さこそが過激である」ことを表明したものだ。

もうひとつはぼくが長年培《つちか》ってきた「編集の入口と出口」を示す『知の編集工学』だった。編集工学のイロハを説明したのはこれが初めてで、編集工学が「単語の目録」「イメージの辞書」「ルールの群」を駆使していることをあきらかにして、そこに縦横呑吐する「六四編集技法」を公開してみた。

このころ、吉見俊哉に請われて東大の社会情報科の客員教授にもなった。でも、東大に行くよりぼくが熱心になったのは、桑沢デザイン研究所で社会人を相手に映像編集を徹底準備して語り続けた「日本文化とデザイン」シリーズのほうだった。このときの映像アシスタントをしていたのがササキだった。いまは学林局長をしてくれている。

その後、六年にわたった帝塚山学院大学の新学部の教授をうっかり引き受けたりもした。万葉学の中西進さんに口説かれたのだ。大学は日本を変えるには最も重大な使命を担っているはずなので、一度は何かを傾注しようかと思って引き受けたのだが、つまらなかった。大学教授という仕事はどうとでもなる仕事で、とても小さなサイズのタテ割りの自負で支えられているのがあまりにも強く、だからこのサイズを見誤らなければ何とでもなるのだが、それ以上のことをすると静かに足を引っぱられるところなのだ。ぼくはこの仕事を長く続けていては何もできなくなると感じ、いくら小さくてもいいから、むしろ誰も試みなかった〝不思議な学校〟を勝手につくりたくなっていた。

かくて九〇年代最後の九九年の十二月、銀座ソニービルのソミドホールにおいて、資生堂の福原義春、ソニーエンタメの丸山茂雄、NTTドコモの松永真理、アコムの木下恭輔さんらの〝建国の父〟たちを招いて、〈編集の国〉の発足を宣言したのだった。「われわれは、ここを〈編集の国ISIS〉と名付けました。学校とか書店とかよろず屋とか遊び場などの、ちょっとした実験を始めますから、どうぞ移住してきてください」という宣言だ。このとき日本でロゴが一番うまい仲條正義さんにISISのロゴマークを依頼した。

3　十の見切りと五つの方針

日本の「失われた十年」（その後「失われた二〇年」ともいわれた）から見えてきたことは、あきらかだった。ぼくなりに概括すると、ほぼ十通りほどにまとめられる。この〝読み〟は一種の〝見切り〟ともいうものだ。

（1）世界はどんどんグローバルにデファクト化されていく。
（2）それとともに電子ネットワークが張りめぐらされていく。
（3）そうすると「欲望のIT化」がキリなく進んでいくだろう。
（4）けれども情報と知識は検索ランキングされるだけで編集されていくとはかぎらない。

(5)日本はこれらに追随するだけで独自の方法をなかなか見つけられないでいる。
(6)その根底には日米安保同盟があいかわらず唸りをあげている。
(7)だから金融資本主義と株主主権主義が罷《まか》り通っていく。
(8)日本の次世代の自信はスポーツと芸能とサブカルチャーにばかり向いていくようになる。
(9)その一方で愛国心や宗教力がしだいに行き場を失っていくだろう。
(10)総じて日本は「システム」と「思想」と「伝統」のいずれにも打開を見いだせない体たらくに陥っていくかもしれない。

こんなところだ。こんなところだが、これを黙って放っておくわけにはいかない。ウォルフレンに答えるための「抱いて普遍、放して普遍」を提案もしなければならないだろうし、ぼくがやれそうなことを鮮明にしなければならない。次のような五つの方針をたてることにした。

第一の方針。二〇世紀は「主題」の時代だったが、残念ながら結実を見なかった。平和や民主主義の提案とデファクト・スタンダードの取り合い議論ばかりしていては仕方がない。おそらく問題は「方法」にある。ならば二一世紀は「方法の時代」でなければならない。ぼくは「方法にこそコンテンツがある」という方針を表明しようと決めた。この「方法はコンテンツだ」という見方は編集工学のベーシックな見方にもなっている。

第二の方針。情報を語り、情報を編集していくには、これまで累積してきた先行科学や先行思想をかなり思いきって組み替えなければならない。すでにヨーロッパのポストモダン思想がそうした作業を「ブリコラージュ」(修繕)、「知の考古学」、「デコンストラクション」(脱構築)などと呼んでいたが、ぼくはこれを「パサージュする編集工学」にしたいと決めた。とりわけ生命科学とシステム工学と認知科学の全般の成果をパサージュするべきだった。

これらはきっとソフトウェアと隣り合わせになるだろうとも予想できた。それには切った貼ったの〝糊とハサミ〟も必要なので、これをオブジェクト指向のプログラミング技術やコンピュータ・ネットワークのプラットホーム技術に学ぶべく、北大の田中譲に電子師匠になってもらった。そうこうしているうちに、二一世紀の情報編集力は「リアル/ヴァーチャル」のハイブリッド感覚から生まれるだろうと確信できた。

第三の方針。グローバリズムと交差して相打ちの覚悟ができる思想的立脚点をもつべきだと思った。候補はいくつかあった。

Aとしてはナショナリズムやパトリオティズムを読み替えることだ。パトリオティズムとは土発主義のことをいう。国や民族や地域文化や地域言語を土発的《どはつてき》に捉えなおさなければならないことは明白なのである。新たな地政学も見通すべきだった。

Bとしてはパーソナルであることやパティキュラルであることを充実させること。二一世紀は「個人と世界」がいやおうなく対応対峙対決する時代になるにちがいないので、ここでくだらない個人主義にまたぞろ陥ってはならないのに、そこを強化できるものが不足しているのはあきらかなのだ。松岡正剛事務所がプライベートペーパーやプライベートクラブの実験を始めたのは、そういう準備でもあった。

Cとしては職人的技芸にもっと通じることだった。ここには伝統工芸技能からロボット技術まで、日本料理の技から日本的QC技能まで、染織・左官から三味線・民謡歌唱まで入る。これらはあまりにも異種格闘技の機会がなく、ヨコのつながりも少なすぎた。業界の批評力やデザイン力もきれぎれだ。グローバルになるべきはむしろこの職人的技芸だった。茶の湯の家元たちとの交流を始めた。

第四の方針。やっぱり「日本」を深めていくことである。日本の社会文化や芸能文化史はそもそも方法をコンテンツにしてきたので、そのしくみをもっと解明するべきだった。それとともにジャパネスクとも、またジャパンウェアともいいうる「日本というしくみ」の理論化が急務になっていると思われた。

この方針は「日本という方法」にまとめられると予想できた。「日本という方法」にはダブルスタンダードではなく、和漢混淆のようなデュアルスタンダードをこそ積極的に認証させるべきだった。デュアルスタンダードとは交換可能なインタースコア型の基準系が二つ以上あるということだ。

第五の方針。やや意外に思われるかもしれないが、ジェンダーの極みをもっと拠点化すべきなのである。日本は江戸時代までは男色も色好みも隠しだてせずに奔放でかつ知的な官能やエロスを探求できていたのだが、しだいにこうしたものを制限するようになった。そのため日本のセクシャリズムが萎えてきてしまい、表現がどんどん俗化していった。フランスやイタリアのファッションデザイナーたちや英米のミュージシャンたちが、官能の編集から才能を自在に開花させたこととくらべると、何かをごまかしていると思われた。

これではいけない。さいわい少女コミックや新たな日本画や一部のラノベにはハイパージェンダーがある。これらを突破口に、あらためてここに「はかなさ」「あきらめ」「見立ての美」を組みこむセクシー・プロジェクトの可能性があると思われた。

ざっとこんな方針を立てつつ〈編集の国〉を見切り発車し、その構想の只中でイシス編集学校の〝建学〟に踏み切ったのである。

二〇〇〇年一月、〈編集の国〉の実験が始まった直後、ぼくは講談社の現代新書から『知の編集術』を出版した。その「はじめに」で、(イ)われわれはつねに情報に取り囲まれて生活をしている、(ロ)すべての情報はなんらかのかたちに編集されている、(ハ)あれこれの情報がわれわれにとって必要な情報になることを編集という、と書いた。

主語は情報、述語は編集。まずそのことを謳ったうえで、三本のコピーを二組、黙って並べておいた。編集学校はこの二組のコピーを旗印に、まずは師範代を集めるところから始まっていったのである。

一組目。1・編集は遊びから生まれる。2・編集は対話から生まれる。3・編集は不足から生まれる。

情報と遊んで、いろいろ対話して、自身と身の回りの不足を感じること、これが編集術の第一歩なのだ。遊びというのはふだんの仕事や生活の脇に注目しようということだ。とくに「不足」が編集力のトリガーになるというところがミソだ。

ついで二組目。A・編集は照合である。B・編集は連想である。C・編集は冒険である。

組み合わせ（照合）、何からでもいいからイメージをつながらせ（連想）、そして未知のほうへ行ってほしい（冒険）と、そう促したのだ。ここでは、たんなるマッチング主義を超えた「照合」と「連想」を謳っている。

二〇〇〇年六月一日、曇り。イシス編集学校がささやかに開校した。発信地は赤坂稲荷坂だったけれど、行く先はネットがつながっている先のすべての方角に向かっていた。武蔵美を出てぼくのところに来ていた美柑和俊君がメッセージをデザインした。

旗揚げをしたものの、宣伝広報もいっさいしなかったので、どのくらい申し込みがあるか見当もつかず、まあいいかという程度に構えていたのだが、二、三日してレジストレーション・リストを見てみるとイワクラシンヤの名が最初にあがっていた。

イワクラさんは当時のホンダの常務で、ぼくはその前にレジェンドの開発過程にかかわっていて、生物物理学者の清水博や経営学者の野中郁次郎と久米社長グループのお相手をしていた。レジェンドはホンダ初の3ナンバー仕様をもつフラグシップカーで、アメリカで展開するアキュラ向けの専用車種として登場させようとしていた。イワクラさんはその開発プロジェクトの見守り役だった。そういう企業人が編集学校の第一号学衆になったのだ。わが編集学校は大企業の役員から始まるのかと、なんともいえない感慨をもった。それから何番目かのビジネスマン学衆がマルゲンだった。

4　師範代というエディターシップ

イシス編集学校の師範代とは、ネットの中の教室で約十人ずつの学衆の面倒を見るエディティングコーチのことをいう。いまは約五八〇人の師範代がいる。男女はほぼ半数ずつで、年齢は二〇代から八〇代に及ぶ。住まいや勤務先は全国に散っているが、やはり東京が多い。

それぞれが個性に富んでいる。ピアニストからリクルートの系列社長まで、カレー屋からダンサーまで、お母さんからシャネル社のOLまで、アートキュレイターから図書館員まで、大学教授から三菱電機の製作所所長まで、日韓通訳からチェンマイの化粧品会社社長まで、職能は千差万別だ。

このように師範代がふだんは別の仕事や家政にいながら、編集学校に熱心にかかわってくれることこそ、ぼくが九〇年代から待望していたワーキングスタイルだった。ネットならではの効果だったろうが、これを「ポリロール」主義と名付けた。家庭や大学や会社では決して望めない複合的職能感覚を大いに発揮してもらいたかったのである。

師範代になるには、編集学校創立期のころはべつとして、[守・破・離]の3コースのうちの[守・破]の2コースの学衆を四カ月ずつ体験することが必須条件である。ついで[ISIS花伝所]を七週間ほどクリアする。師範代養成所にあたる。タナアキが所長をしてきた。

一種の士官学校だが、タナアキに頼んだのは〝編集的人間像〟のふくらみを心からサポートしてもらうことだった。そのふくらみは花伝所という名に象徴されているように、師範代候補者たちが編集の所作事をおもしろいと思える「芸」や「職」に向かいたくなるようなふくらみだ。ぼくが編集学校に生まれていってほしいと願っていたのは、あくまでポリロール（多職的）な「師」や「匠」だったのだ。

学校で教えることについてはアマチュアなのにうんとプロフェッショナルになれるような、そんなコーチング・キャラクターだ。そんなことができるかなと思っていたが、みんな、まさにそうなっていってくれた。

開校五年目の晩秋、二人の勝負師が師範代になった、〈不惑ナックル〉教室のナルサワと〈ふたこぶ外道〉教室のオートだ。ナルサワは娯楽出版社のエディターで野球狂、オートはいろいろ仕事をしてきて、その当時は緑色のマニキュアが似合うお母さんに戻っていた。

二人はまったく似てはいなかったけれど、それぞれがめっぽうラディカルだった。［守］コースには四字熟語をつくるお題があるのだが、そのでんでいうと、二人の作業はつねに一実先週《いちじつせんしゅう》に稔り、その対岸成就《たいがんじょうじゅ》の指南は学衆たちを快答爛間《かいとうらんま》させ、二人の喜怒哀楽はたえずキッド・アイラック調で、その活躍ぶりは比翼連理《ひよくれんり》というより意欲倫理が横溢していた。師範代の歴史に新たなロールモデルをつくった二人は、その後、第３季［離］で万酔院《ばんすいいん》と放恋院《ほうれんいん》に分かれて、やはりのこと図抜けた活躍を見せた。

翌年の第15期の〈蓮條方舟〉教室のクラベと〈般若パラメータ〉教室のナカムラも、出色の師範代だった。京都のクラベはそれまでの最年長記録を破った師範代で、私塾のセンセイをしながら中学生にぼくの本を読ませていた。長崎出身で大の九州派のナカムラはＮＨＫのディレクターである。その後は労組の委員長を担うのだが、汲めども尽きぬ「方法の知」を編集学校にもたらした。のちの放恋院でナカムラとオートが見せた戦争論をめぐるバトルは筋金入りで、そこいらのトーク番組や雑誌対談を抜いていた。

ここまでのぼくの案内でもわかるように、編集学校の中核を担っている花形はなんといっても師範代たちなのである。編集学校は誰もが学べるネットラーニングの学校ではあるが、学衆から師範代になっていくという比類ない体験が待っている学校でもある。セイトは早ければ二年たらずでセンセーになり、そのセンセーもまた高次なセイトをめざせるようになっているのだ。

その師範代を何度か経験すると、次には師範というお役がやってくる。これがまたふっくらとして格好がいい。

生態学者のグレゴリー・ベイトソンは本来の学習には、学習1、学習2、学習3の三段階があると見た。学習1は、「慣れ」「反復」「報酬・報復」による学習で、生物学的にはある集団（クラス）の中で何らかの目的によって要素（メンバー）の選び方や選ばれ方が変わっていくときにおこる学習プロセスをいう。システム内における刺激と反応の関係がここで確立する。編集学校での学習1は学衆が[守][破]の二つの教室をまたぐことによって成立する。

学習2は、学習することを学習あるいは再学習していくプロセスにあたる。学習した集団や要素がもうひとつ高次の効果を求めるわけである。"learning to learn" だ。それゆえここでは途中で多少のルールの変更がおこったり、目的や方向が修正されていい。学習2は一定一様の反応作用では説明しきれない事情がいかされるプロセスなのだ。システム内の変化の度合が確立していくプロセスだ。わが師範代たちは学習2のプロセスにいる。

これに対して学習3は、学習する集団や要素の関係に外部から異質な導入作用が入りこんできて、それが新たなシステム上の創発を生んだり、集団と要素の相互関係のパターンが主因になって新たな変移をおこしていくような「場の学習プロセス」をいう。システムに相転移がおこりうる学習だ。ベイトソンは、生命進化においては学習3ではオーダーパラメーターの関与や「ゆらぎ」が重視されているとみなした。

編集学校の師範の器量がふくらむのも、この学習3の「場」にもとづいたプロセスに師範としてかかわるからである。一つの教室しか見ない師範代に対して、師範はいくつもの教室を「ゆらぎ」の中で見る。それが数期にわたっていく。編集学校のプログラムは[守・破]を通して学衆諸君に「型」を身につけてもらうのだけれど、それを指南する師範代は師範に向かってオーダーパラメーターを司祭する「範」を身につけるのだ。

白川静によれば、師範の「範」という漢字は車を浄《きよ》めて出掛けるときの姿や礼のことをあらわしている。前に進もうとする者たちの格好が「範」なのだ。その姿や礼が次の者に継承されるとき、そのやりとりのあいだから「模範」が生じ、「規範」があきらかになる。

ついでにいえば、範を木型のモックアップにしたものが模範で、そこに目盛をつけて測りやすくしたものが規範だ。だから「範」はカタともマツリとも、またノリとも読む。

編集学校の師範は、感覚的には師範代の兄貴分であり姉貴分にあたる。年齢は師範のほうが若いばあいも少なくないが、そんなことは頓着しない。もともとは武芸や遊芸の手本となる者を師範というのだが、編集学校では師範と師範代と学衆が一緒に「そこにさしかかる」。このいきいきした胸騒ぎを感得できる者が師範なのである。
だから師範はそれとなく、またときに決然と、そこにさしかかる。またエディティング・コーチとしてはまるで複式夢幻能の舞い扇のように、師範代や学衆の行方を促していく。

ピアノを弾きながら著作権協会で仕事をしているフクザワ、大阪で高校の国語教師をしているカワノ、京都で編集ライターをしているフクダが師範になったときは、器量が数段大きくなり思考が数倍深くなっていて、目を細めさせた。

フクザワは日本中の都会のどこにでもいる小綺麗な趣味の人である。そういう主婦がどうしたら趣味を他人と分かちあえるのかといえば、ふつうは生け花の仲間やピアノ教室の仲間と集うか、女子会をする。けれどもいつか馴れの皮膜のようなものができてきて、だんだんそこから身をそらすようになる。これを続けていると、何かが心と体から漏れていくかもしれない。フクザワはそんなときに編集学校に入ってきて、師範代になって「教える側」に立ち、そうか、ここに趣味の分かちあいが潜むのかと合点した。

カワノはすでに「教える側」にいた。けれども高校の授業には指導要領と校風と地域がつきまとっていて、むやみに好きには教えられない。そこをどう突破するかを腐心していたとき、編集学校で「型に入って型に出る」ということを体得した。さらに師範になって「教える者を教える」「教える者から学ぶ」ためには、どんなふうに自分の閾値《いきち》を突破すればいいのかということに気がついた。あとは一気呵成だった。

京都のコピーライターだったフクダはちょっと生意気だった。才能が狭い方面に向かって閉じていたからだ。それが師範代・師範をするうちに突如として開いていった。扇《おうぎ》が開いたのだ。そうなれば、その扇は閉じても遠くを指せる武器になっていく。数年後には、彼女は編集学校を代表するエディティング・プロデューサーになっているだろう。

フクザワやカワノやフクダは（それからここでいちいち紹介できないでいる多くの師範たちは）、学習3の「場」において分かちあいを感得し、その総合化に向かっている渦中にある。ぼくはそこに「範」の本領を感じてきた。

5 言葉は情報である

ネットの学校は言葉《テキスト》を中心にコミュニケーションがおこる。とくに二〇〇〇年の開校段階では、テキスト交換だけのネット通信が精いっぱいだったので、編集学校はテキスト主義でいくとハラを決め、あえてこの〝条件〟をいかして編集稽古を組み立てることにした。この方針はいまも変わっていない。それがよかったと、いまでも思っている。

むろんテキストだけでは表情や声の調子はわからないし、プロクセミクスやエルボーディスタンスもわからない。プロクセミクスというのは、文化体感距離のようなことを、エルボーディスタンスというのは相手が自分の肘《ひじ》より内側に入ってくると親密になるか排除したくなるか、そういうことを微妙に決めているディスタンスのことである。

編集学校は言葉のやりとりで成立する学校だが、言葉によってプロクセミクスやエルボーディスタンスを感じられるようにしたかった。それにはメンバー間でテキストを個人間のメールのように勝手にやりとりするのではよくないだろう。短すぎるやりとりでもよくない。ツイッターやラインでは編集学校はつくれないのだ。そんなことをしても、一口カツかスナック菓子かクイズ番組になるだけだ。編集学校はそうではない。「問」と「感」と「応」と「答」と「返」が連環してうまく進むべきだった。

学衆には「答」の幅によって自在感をもってほしい。そうなるには「応」のところで師範代が「さしかかる幅」を見せてあげるしかないだろうと踏んだ。そこに「返」がかぶさってくる。ということは、この学校ではそもそもの「問」(お題)にこそ幅の工夫がなければならないということになる。

そんなことをあれこれ思案して、プログラム(カリキュラム)そのものがそのようなミルフィーユやクレープのような、薄板界やプロクセミクスのようなものを含んでいるような「お題」をつくるべきだという結論に至ったのだ。その「お題」自体に「問・感・応・答・返」があらかじめ暗示されるようにする。これなら学衆たちは「問」に近づいてなんらかの「感」を得て、師範代の「応」の指南をうけているうちに「7メートルのインターフェース」をまたいだ幅をもってくれるのではないか。それならヴァイツゼッカーの「からみぐあい」や武蔵の「瀬戸を渉る」もおこりそうだった。

本書では残念ながらそうした「お題」の数々の中身を御披露するわけにはいかないのだが、本書のページをくまなく繰ってもらえば、だいたいの見当はつくだろうと思う。いずれの「お題」の進行にも、プロクセミクスやエルボーディスタンスの幅が感じられるはずだ。

編集学校は言葉のやりとりで成立する学校だと言ったけれど、実はこれは正確ではない。言葉というものは案外にめんどうなもので、日常会話くらいは大丈夫だろうとタカをくくっていても、言いすぎたり言葉足らずだったり、誤解されたり、はしゃぎすぎて失敗したり、控えすぎて何かの機縁を失ったりすることが少なくない。まして大事な場面でどんな言葉をつかうかとなると、あれこれ迷う。

なぜこんなことがおこるかというと、よく「知らなかったんです」とか「緊張しすぎてました」という言い訳があるようだが、そうなのではない。これは、どんな言葉にも「意味の半径」がもつ指示範囲や「パターン・ランゲージ」の組み合わせのようなものがあって、言葉の使いようによってはこの意味の指示範囲や組み合わせの意図が本人に見えず、そのため意図がその場に伝わらないからだ。緊張しているのは、そのわからなさが自分でも実感できるからだ。

だからほんとうは、緊張している者のほうが言葉を広げていける潜在的な可能性をもっているともいえる。だいたい作家はそうした凹《へこ》んだ傾向をもつ。編集学校がそこそこ成功したのだとしたら(そう思っているが)、緊張してきた者が新たに「意味」や「意図」を広げられるようになったからだったろう。

が、それはそれとして、ふつうは言葉の扱いにはみんなが困ってきた。ごく最近、こんなことがあった。

オリンピックのデザイン審査ほどの重大な場面ではないのだが、ある工芸関係の審査会で一人の審査委員Aが「これ、乾いているね」と言った。Bが別の作品を指さして「じゃあ、これは湿っているの?」と言ったところ、Aはいささか憮然として「いや、べつに乾いたデザインと湿ったデザインを分けているわけじゃないんだけど」と不満顔を見せたのである。

これに似たことは、けっこうよくある。「あしたの夕食はゴーカにね」と言われても、ゴーカの度合いは伝わらない。審査会のAとBのやりとりも、たしかに「乾いた」と「湿った」とは対比しているのだが、「乾いたデザイン」はひょっとしたら「笑ったデザイン」と対比しているかもしれず、そうだとしたら「乾いている」は「クール」の別名だったのかもしれない。また「乾いている」には「乾きすぎている」と「よくぞ乾かしたものだ」が含まれるということもある。つまり、言葉はいくらでもインタースコアの相手をさがせる道具なのである。

このように「意味」というもの、たった一言の言葉やフレーズでも揺らめいていくのだが、これが次々に連鎖してつながっていくと、かなり大きな誤差や誤解になっていく。メッセージや印象やニュアンスががらりと変わることもある。

コミュニケーションのテクニックやスキルを上げればいい、という問題ではない。むろん上げたってかまわないが、それでディベートやプレゼンテーションがうまくなるなんてことは特別のことか嫌味なことで、そんなことを日々の仕事や日常の生活にとりいれる必要もなく、わざわざ武装することもない。コミュニケーションが「正しい」とか「まちがっている」とかと考える必要もない。言葉と意味とは愉快につきあい、その場その場で気分よく形にしていけばいい。それが基本の基本なのである。そのうえで会話やスピーチがおもしろくなり、文章を書くことにも得心できるようになればいい。

しかしながら、ここにちょっとした厄介なことがあった。意外なほど根本的な厄介だ。それは、いったい自分がどんな言葉をふだん使っているのか、どんな文章を綴っているのか、その自分の癖や傾向や「はまりぐあい」がいっこうに本人にはわからないということだ。イシス編集学校はこの厄介をほぐすところから始まったのだった。

厄介をほぐすには、どうするべきなのか。「言葉は情報である」と思うことだ。情報のうちのひとつの分岐性が言葉や文字になっているとみなすことだ。

そもそも声による会話も情報のやりとりだし、文字による文章も情報によって組み立てられている。会話にはテンやマルは入らないが、間《ま》や息継ぎや手の動きや表情はある。文章のテンとマルも、どこに句読点を打つかで意味ががらりと変わる。「いやよしてください」は「いや、よしてください」と「いやよ、してください」では意味が正反対に近い。つまり言葉は情報コミュニケーションのための道具箱なのだ。

むろん、言葉だけが情報なのではない。身振りも声も表情も、写真もスポーツ中継もレストランのメニューも、子供の遊びも洋服選びも情報である。そして、これらすべてに情報の編集力がかかわってくる。

知覚の対象のすべてが情報なのである。もともと生命の成り立ちが情報高分子の組み合わせでできていて、人間の意識の発生と動向がまたニューロン・ネットワークを出入りする情報の編集プロセスの組み合わせの多様性に由来しているからだ。ともかくも知覚の対象のすべてが情報であると、まず、そう思うこと、まず、そう感じることだ。

ということは、言葉をどのように使えばいいかなどと悩むより、情報をどのように動かせばいいのかと考えたほうがいいということだ。それでかなりのことができるようになる。

この、「情報をどのように動かせばいいか」というプロセスにかかわることすべてが「編集」であり、「情報を編集する」ということだったのである。それをノートや地図やさまざまな観測機器やコンピュータなどの道具やデバイスを使って編集することが、「編集工学する」ということなのだ。

情報はその構成要素として複数のコードをもちながら、それをさまざまなモードにあらわしていくという機能をもっている。情報はノードによって結びついたり離れていったりする。このコード（素）とノード（結）とモード（様）にかかわることが編集なのである。そうだとすれば、編集学校はまさにそういう情報を動かす「情報の編集の学校」であって、その動かし方や使い方の方法を示唆する「方法の学校」ということなのである。

6　リバース・エンジニアリング

編集に極意があるとすれば、そのひとつは「伏せて、開ける」ということにある。映画や演劇を観ていてその進行についつい引き込まれるのは、伏せられていたものがだんだん開いていくからだ。その進行はつねに暗示と連想に富んでいる。複式夢幻能や映画の編集術はとくにこのことに長けている。

小説も同様だ。伏せられていたものが開いていくか、開いたと思っていたものがまだ開いていなかったとするか、あるいはポーやカフカやベケットがその手を巧みに使ったが、そもそもどこに伏せられたものがあるのか、それすらなかなかわからないとするか、伏せて開けるのにもいろいろの方法がある。

伏せて開ける編集術は、どんな情報を開けるかということを決めながら進む。芸術ばかりではない。科学だって同様だ。たとえばアインシュタインの重力場方程式が最終開示情報だとすれば、これを数式の論文にまとめる場合、最終の重力場方程式が姿をあらわす直前に見えるもの、その前に開けるもの、その手前に数式として開けておくもの、そのさらに手前に提示しておくもの、そのための条件として開けておくものというふうに、順々に元に戻れるプロセスがわかっている必要がある。

このプロセスを逆に辿れば、情報が次々に開いていくにつれ、条件が重なり、方向が絞れたり広がったりして、最終証明状態に到達できる。

情報の本質は相互差異性にあり、情報の編集的開示のプロセスはエントロピーとの闘いとともにある。

エントロピーとは混乱度のことだ。相互に指し示す「ちがいあい」の度合いこそが情報の正体なのである。それゆえ情報のかたまりをむりやり開示したり、一挙に開けすぎるとエントロピーが増大しすぎて混乱するばかりなのだ。

われわれがしゃべっているときも、同じことがおこっている。五分ほどのスピーチを頼まれたとして、そのスピーチの情報量はだいたい見当がつくだろうが、それを最初の五秒や二〇秒で一挙に出せるわけがない。言葉をつなぎながら順番にしゃべっていくしかない。そうするとしゃべるにしたがって、次々に情報（意味）がつながり、重なりあい、立体性を帯びていく。スピーチ原稿を用意してみればすぐわかるけれど、そのプロセスをつくる編集術は短編映画づくりにも、歌の作詞作曲にも、三〇秒のCF制作にもあてはまる。

情報編集が「伏せて開ける」というプロセスをもつということは、そこにはいくつもの編集ゲートや編集フィルターがあるということで、そのゲートやフィルターを通過するたびに、何が「かわる」のか、何が「わかる」のかを把握するということになる。これは工業製品をつくるにも、建築物をつくるにも、六曲一双《ろっきょくいっそう》の屏風をつくるにも欠かせない。

このプロセスは行ったり来たりすることができる。リバーシブルだ。この方法に共通しているのが「リバース・エンジニアリング」というものだ。既知と未知のあいだのルートを自由に行ったり来たりできること、それがリバース・エンジニアリングだ。

コンピュータ業界では、リバース・エンジニアリングに長《た》けている連中のことをハッカーという。ハッカーは電気回路やコンピュータ技術にやたらに詳しく、その技術知識によってそれまでクリアできなかった課題を解決してしまう才能の持ち主である。不正にアクセスしたり、相手システムの内部に入ってその一部や中枢を破壊する連中のことをハッカー呼ばわりしていることもあるが、それはクラッカーであって、いわゆるハッカーとは言いきれない。

ハッカーは、既知と未知のあいだのルートがどのように伏せられていても開けていく。ということはハッキング・テクノロジーはリバース・エンジニアリングそのものであって、つまりは編集技能のひとつなのである。イシス編集学校がハッキング・テクノロジーを教えているというのではない。編集のしくみをリバース・エンジニアリングすることで、編集学校の「問・感・応・答・返」が成立していくのである。

知覚や意識というもの、その一部を何かに向けて、その対象や環境やその周辺でしばらく動きまわったり佇《たたず》んだりして、やがてこのプロセスから何らかの判断や認識をしていく。このプロセスのすべてを、編集工学ではエディティング・プロセスの「そこ」の変化連続として捉えていく。そのため先にものべておいたように、最初に知覚や意識が動くところを「注意のカーソル」が動くと言っている。このカーソルはとくに初動を意識しておくべきで、途中は少々忘れてもいいが、ときどきはやはり意識してほしい。そうしないと「かわる」と「わかる」のリバース感覚が行方不明になることがある。

一般に、教育は「無知を既知にする」ために構築されてきた。特定の領域の既知を積み重ねた者はそれなりの専門家になっていく。それはそれで大いにけっこうなことだろうが、ぼくが関心をもってきたのは、ずばり「さしかかる」ということだから、そういうことではない。むしろ「既知と未知とのあいだ」にエディティング・プロセスを実感してもらえるようにした。

だから、編集学校の稽古は注意のカーソルが動きだすところから始まって、何かを「感《かん》」して、そこから「応《おう》」して「答《とう》」して「返《へん》」しあうように向かって、またふたたび「問《もん》」するようになる。このとき、既知をとても大切にする。無知なんて、ありえない。教育の現場が無知や非知を前提にしてカリキュラムや授業を組み立てているのは、あまりの〝上から目線〟なのである。どこに無知蒙昧なんて、あるものか。誰にだってその「お題」に関する既知がけっこうあるはずで、その既知から未知に向かっていくことが、学習であり教育なのである。

既知のまわりの柔らかい凹凸に自分を含むミルフィーユがあることに気がついていくことが、痛快なのである。そこへ行ったり来たりしてみることが、リバース・エンジニアリングとしての編集の醍醐味なのである。ときにハッカーの気分になってもらってもいっこうにかまわないが、知識の行き先を突き止めるのが編集なのではない。

オータカホはぼくが工作舎を次世代の者たちに任せて、麻布に松岡正剛事務所を五人でつくったとき、途中から入ってきた新人スタッフだった。慶應大学の図書館の司書だったのだが、その図書館パンフレットのデザインをキムラが担当することになり、そのキムラがあまりにかっこいい（と感じたらしかった）ので、当時の衛藤駿館長に「あの人のもとで仕事をしたい」と言ってやってきた。ぼくのことはほとんど知らず、お目当てはキムラだったようだ。

衛藤さんは矢代幸雄の弟子で、元は大和文華館《やまとぶんかかん》の館長だ。ぼくが講談社の美術文化全集『アート・ジャパネスク』全十八巻の編集制作を引き受けたときの美術顧問だった。同じく顧問だった林屋辰三郎・長廣敏雄さんともども、ずいぶん水墨山水の世界や東洋日本美術の細部を教えてもらった。
カホは何かの「ひたむき」と「おもむき」をもっていた。ちょっとレズっ気があるところも気にいった。しばらくしてぼくの身近な仕事まわりのことを預けようと思った。カホに預けたもの、それは松岡正剛そのものをリバース・エンジニアリングしてもらうということだった。ただし、最初からその才能があるわけではなさそうなので、仕事の手伝いをしてもらいながら秘密を嗅ぎとってもらえばいいと思った。

それから数年後のある日、「これからネットの中に編集術を伝授する学校をつくるよ」と言った。そのための師範代を何人か知り合いから選びたいので、相談したいとも言った。ネットで編集を伝授するんですか。カホはちょっと真意をはかりかねていたが、おおむね了解したようだった。何人かの心当たり、とくに未詳倶楽部《みしょうくらぶ》の会員と「一到半巡通信」の会員のなかの心当たりに連絡をしてくれた。

声がかかった師範代たちは「松岡が始める仕事を手伝ってほしい」ということ以外は、何のことやらまったくわからなかったと言っている。それでも静岡のヒラノは何かがすぐにピンときたようだ。初期の編集学校におけるヒラノの活躍はめざましい。

オータマチヨは「松岡さんが頼んできたのはよほどのことだろう」と思って引き受けてくれたようだった。パソコンをもっていなかった名古屋のフッツーの主婦だったが、一カ月もたたないうちに「わが子を育てたときよりも、学衆がいとおしい」と高い声で言ってきた。マチヨはその後は編集学校随一の知的エディターシップの発揚者になった。

当時のぼくの構想は、伏せては開ける編集行為そのものがカリキュラムの随所に交ざりあっていて、それに熱中できるような学校にするといいだろうというものだった。

ただし、その教授をぼくがするのではなく、たくさんの師範代がやる。パソコンネットワーク時代、そこにはたいていシスオペ（システム・オペレーター）がいた。シスオペはファシリテーターでもあった。けれども、師範代はシスオペやファシリテーターになってはほしくない。誰にもあてはまる〝にこにこスキル〟しかもっていない連中はつまらない。そうではなくて、数人ずつの相手でいいから独特の「感じる編集」をしたいと思うような、そういうエディターシップをもつようになってほしかった。

そういう師範代に、どんなお題を投げてもらうのがいいのか。それを決めるのがぼくの仕事だった。お題は師範代から学衆に向けられる。特定の教科書があって、そこにお題が並んでドリルになっているのではない。教室で初めて師範代がもたらすもの、それがお題なのである。

お題づくりを手伝ってくれたのはミヤノハラだった。産能大の研修担当者だったが、『知の編集工学』を見てこれだと思って当時赤坂にあった編集工学研究所に親しげに入ってきた青年だ。ビジネスマン相手の研修改革に使えると思ったのがきっかけだったようだが、編集学校の計画を知って心変わりした。

ミヤノハラはぼくがどんどんお題のアイディアを口述すると、これをいったんまとめ、さらに応接の様式とその授受の関係を浮き彫りにしていった。ほとんど寝ていなかったのではないかというほど、集中していた。おかげでこれで「問・感・応・答・返」を支える編集稽古と編集指南の基本が整った。

7　守破離のシミュレーション

ひるがえって、イシス編集学校を[守・破・離]という三つのコースにしたとき、さきほどあげた方針とはべつに、ぼくには幾つかの下敷きの図がいろいろ見え隠れしていた。

シミュレーション1は、世阿弥が「稽古」をもって芸能を学ばせたやり方に倣《なら》ってみようということである。これは編集稽古を「風情」と「様子」で評価しようという図だ。シミュレーション2は、ぼく自身が三十代のころからエクササイズしつづけてきた「既知と未知との動き方」をマッピングしていった図だ。われわれは知っていることをどのくらい実況放送できるのか、その分量と速度の限界に挑んでみるための図であった。

シミュレーション3は、感知が認知に向かうときにおこるプロセスの漸進的な想定図だった。たとえば「何かがだんだん見えてくる」「何かがだんだん聞こえてくる」ということが舞台や映像では照明や音響装置やカメラワークによってつくれるのだが、それを「何かがだんだんわかってくる」にするにはどうすればいいのかという図だ。照明や音量のツマミにあたるものは、はてさて「わかる／かわる」ではどんなツマミにしたらいいのか、いくつのツマミにしたらいいのかということだった。

シミュレーション4は、アタマの中とコトバの変相の情報模様についての問診図である。これはわかりやすくは「Q&Aのしくみ」をどうすればいいかということだ。われわれはきのう一日のことを思い出すというような単純な作業にしても、適宜のQを連続的に必要とする。「朝食に何を食べたんだっけ」「そのときテレビで何をしていたんだっけ」「朝の電車は混んでいたんだっけ」「乗客の誰かを見ていたんだっけ」「あれ、会社での最初のミーティングで何を話したんだったっけ」というふうに、いちいちQをたててちょっとずつ思い出す。そのQがないと思い出せないのだ。

それなら、そうしたQによってAが引きずられて出てくるのは、そのQとAのあいだにどんなプロセッシングの関係が潜伏しているのか。これは、そういう編集工学的な問診図だった。

シミュレーション5は、師範代による指南の大要はこういうものでありたいという指南大全のあらましだった。「問・感・応・答・返」を丁寧に組み立てるための構図だ。これはいまでは学林局の諸君の努力によってすばらしく分厚いインストラクション・マニュアルになっていて、ぼくが出る幕がないほど充実している。

シミュレーション6は、自己編集と相互編集が織り成すアクティブ・ミューチュアルラーニングのための重層関係図で、ここには対話力が互いをどのように進展させていくのかとか、他人の連想力は「しりとり」のように引き取れるのかとか、また概念の増幅をどのようにオッカムの剃刀によって減らしていけるのかという課題があった。

そのほか、子供の遊びがつくっているルールの群とはどんなものなのかとか、芸能が合唱曲やオペラや能や文楽や浪曲に分かれるのは何を分岐点にしているのかとか、スポーツゲームのスコアリングのちがいとか、さらにはリベラルアーツはどうして無数の学問領域に分断されていったのかとか、図書分類はなぜ進化できなくなったのかとか、ともかくも「知の歴史」と「社会の形成」にかかわっている多くのヒントがシミュラークルとしての下敷きの図に浮上しつつあったのである。

これらをすべて編集技法としてカードのように繰れるようにするにはどうしたらいいかという〝まとめシミュレーション〟も準備していた。これはのちに「六四編集技法」というリストにして、束ねることになった。六四技法はたいへん実践的な方法アイテム集である。『知の編集工学』や『知の編集術』を参照していただきたい。

かくて、これらの下敷きとしてのシミュレーション図から、編集学校では教室に師範代がいてお題を出し、その指示にもとづいて学衆がこれを次々に稽古していくというプランができていったわけだが、それをなんとしてでも[守→破→離]の3コースで段階的に高次化していくようにしたかった。
シミュレーションは多くてもいいけれど、学衆がこれらから何を「感じる」かというプログラムをつくるには、絞ったり攻めたり、禅の公案のように端的にしたり、芸道や武道のように「型」を学びつつ、そこからの離れぐあいを用意しなければならないからだ。

もともと「守・破・離」は、江戸千家の川上不白《ふはく》が「型」を伝える極意として強調した用語だった。剣道でも「守・破・離」が伝えられてきたのだが、不白はそれを茶道に組み入れ、七事式《しちじしき》などとともに心技体の稽古修行のためのバックボーンにおいた。

たんに「型を守り、型を破り、型を離れる」のではない。「型を守って型に着き、型を破って型へ出て、型を離れて型を生む」というプログラム・ウェイだ。不白はこう、書いている。「弟子に教えるのは守である。弟子が守を習尽していけば、おのずと破ることになるだろう。離は守と破の二つを合わせつつここから離れることによって、かえって二つを守るのである」。

この思想は千葉周作の北辰一刀流によっても深められている。北辰一刀流では世阿弥の序破急と不白の守破離を組み合わせているところがユニークだ。剣においては序破急を拍子とみなし、守破離を筋目とする。

いずれにしても、ぼくにはとくに[離]がとっておきの眼目になることが見えていた。そうではあるのだが、編集学校の[離]はたんに型から離れるというより、ぼくとしては、誰も想像がつかないような「ぶっちぎりのプログラム」でいきたかった。どこにもない方法で、どこでも体験できないプロセスをへて、どんな思想にも片寄らない編集的世界観を連続十二週間にわたって感じてもらえるようなプログラムをつくりあげたいと思ったのである。

どうすればぶっちぎりの［離］をつくれるのか、かなり思案した。

そうとう高度にしようかと思ったが、それは守破離の主旨からはずれる。［守］や［破］と同じように、お題による「問・感・応・答・返」を連続させるだけでもムリだった。猫好きの編集者ニシナが「千夜千冊」にもとづく構成を提案してくれたのだが、猫キックが多くてうまくいかなかった。

誰も見たことがないプログラムで、しかも夢中になれるものが必要なのだ。編集的世界観のための骨格系、循環系、神経系、さらには内臓系にあたるものを知的同時に作り出す必要があった。さあ、どうするか。最初から骨と血と脳と内臓が分かれてしまっているようなプログラムはつくりたくない。これらに分化する以前の「朕兆未萌《ちんちょうみぼう》」が必要だった。それには「知と方法の受精卵」のようなものを提示する必要がある。

ぼくは［守・破］を了《お》えて［離］の門を叩いてくれた学衆にだけ読んでもらうための、長大なオリジナルテキストを書こうと決めた。そのテキストを「抱いて普遍、放して普遍」の思想で貫くことにした。おためごかしのユニバーサリズムはほしくない。自在の普遍、放埒の普遍、纂奪の普遍を封印したかった。

そしてそこに「世界と日本の読み方」を注入していくことにした。「世界読書奥義伝《せかいどくしょおうぎでん》」と名付けて、ざっとドラフトを書いてみると、けっこういけそうだった。ここではその内容を微塵も紹介できないのだが、ともかくも何度も行きつ戻りつして書き上げた。ぼく自身がリバース・エンジニアリング状態になった。

こうして初期にはA4で一〇〇〇枚ほどを書き、その後は毎期加筆訂正を入れ、いまではそれが一五〇〇枚をこえるテキストになっている。名付けて「文巻《ぶんかん》」という。これは[離]に入院した離学衆だけが読めるもので、ぼくが死ぬか、長期療養に入るか、認知障害をおこすまでは、外部者には読めないようになっている。

少しだけ秘密を明かすけれど、文巻には驚くべき特徴をもたせていった。かんたんにいえば、微妙な「虫食い」が次々に出入りするようにしたのだ。「伏せて開ける編集」の極め付けというものだ。

テキストを読んでいくと「虫食い」があらわれ、そこに幾つかの指示が書いてあって、学衆はその指示に従って「虫食い」の隙間を埋めていく。調べればわかる問題も、調べてもわからないけっこうな難問も入れた。チームで応えなければ攻略できない問題も用意した。そのチームづくりもお題になっている。意外なディクテーションやヴィジュアル・アナロジーにも誘導した。離学衆がこれらに回答を寄せていくと、十二週間を了えるときには文巻は一万ページをはるかに超えるものになっていく。つまりテキストが離学衆とともに編集的に成長し、増幅していくようにしたのだ。

むろん、ヒントは必要だろう。編集学校には「正解はない」のだけれど、多少のお誘いや手助けは必要だ。そこで、その指南にはアイキョーとクラタを別当師範代とする「火元組《ひもとぐみ》」が当たることにした。アイキョーはアナーキスト上がり、クラタはロックンローラー上がりだ。「知の受精卵」の見守り役としてはいささか危なそうな別当のようだが、ぼくの編集的世界観をどーんと迷わず信頼してくれている。だから、この二人でいいと思えた。その後、この二人は方師《ほうし》に昇格して、新たな別当としてツチヤ、ナルサワが、ついでシオタ、タモガミが就任した。カネカ経営企画部のシオタと明大教授のタモガミのコンビネーションがすばらしかった。

火元組には別番《べつばん》が二人、右筆《ゆうひつ》が二人、そして半東《はんとう》が加わった。またテキストが「千夜千冊」とインタースコアしそうなところを、第1期師範代のマチヨが解読を担当した。そのうえで、これらすべてをカホが総匠《そうしょう》として見守るというふうにした。ここに[離]はその総体が「伏せて開いていくリバース・エンジニアリング」そのものとなり、ついに松岡正剛に対するカウンターハッキングが成立したのだった。

二〇〇五年六月二七日のきっかり正午、第1季の玄黒院《げんこくいん》と悠窓院《ゆうそういん》が初日を迎えた。ぼくは同夜の二三時十二分に「ようこそいらっしゃい」メッセージを届けた。翌日からは驚嘆と共感に溢れた書き込みが、次から次へと波濤のごとく押し寄せてきた。それを見て「ああ、これで世界のどこにもない学校が出現した」と確信できた。

［離］は狭き門でもある。一年ないしは一年半に三十人しか募集しない。今後もこの定員をふやすことはしないだろう。それでも二〇一五年までで十季を数えたので、三〇〇人近くが〝退院〟していった。いま学林局を林頭《りんとう》として仕切っているヨシムラは〝伝説の六離〟の観尋院《かんじんいん》の出身だった。

その六離の半東を務めたニナガワは香港にいた。ファンドトレーディングのプロで、少年サッカーの指導者でもあった。香港と赤坂に家がある。五離の遊境院《ゆうきょういん》のときの出来があまりにダントツだったので、半東を任せた。絶妙な仕事をしてくれた。

半東とは茶事の諸事万端と一部始終を心得て、亭主と客の関係を扶《たす》ける役のことをいう。茶室では本来は客が西を向き、亭主は東を向いている。東にいるのではなく、東のほうを向く。半東はこの亭主方面の一切を把握して、茶事の進行を万端用意する。半東は東の亭主の半分なのだ。ニナガワは第六季の［離］の半東として、この職分を圧倒的な力量でまっとうしてくれた。

最初の半東はヒロモトだった。ついでニナガワ、ヨシムラ、キム、イシグチが半東を継走していった。ヒロモトは本書の編集長に抜擢され、キムは来たるべき「ジャパンウェア」のカリキュラム・ライターを務め、イシグチは現在の学林局のニュースターになっている。

こうして[守・破・離]が出揃ったのである。名状しがたい充実感がやってきた。あとは、ぼく以外のすべての参加者たちが[守・破・離]の各現場を通して、跳梁跋扈《ちょうりょうばっこ》してくれればよかった。

その後、[遊]コースも設けることにした。短歌・俳諧・漢詩・連歌を遊ぶための[風韻講座]と、文芸・童話・落語の編集力を鍛える[物語講座]だ。[風韻講座]は編集学校始まって以来の個性に仕切ってもらうことにした。コイケスミヨが宗匠《そうしょう》だ。コイケは「千夜千冊」すべての夜に短歌を詠んでみせた編集快女である。[物語講座]は学校唯一の集団指南によるもので、いまはアカバネが仕切っている。すでに文芸賞の受賞者を二人生んでいる。アカバネはポケモンカードの開発者で、世界中のさまざまなナラティヴィティにめっぽう強い。

こうした[遊]コースを創設したのはキムラだった。ここまで紹介できなかったが、キムラはぼくが二七歳のころに渋谷の桑沢デザイン研究所で教えていたときのグラフィック科の生徒で、戸田ツトムや田辺澄江とは同期である。二〇歳前後に工作舎にやってきて、雑誌「遊」のデザインを担当し、その後は松岡正剛事務所に移り、さらにシブヤとともに編集工学研究所の中核スタッフになっていった。彼女のお母さんは「あなたを生んだのは私だけれど、育てたのは松岡さんよ」と言っていた。イシス編集学校の「生きた姿」はほとんどキムラによって形象されてきたといっていいだろう。

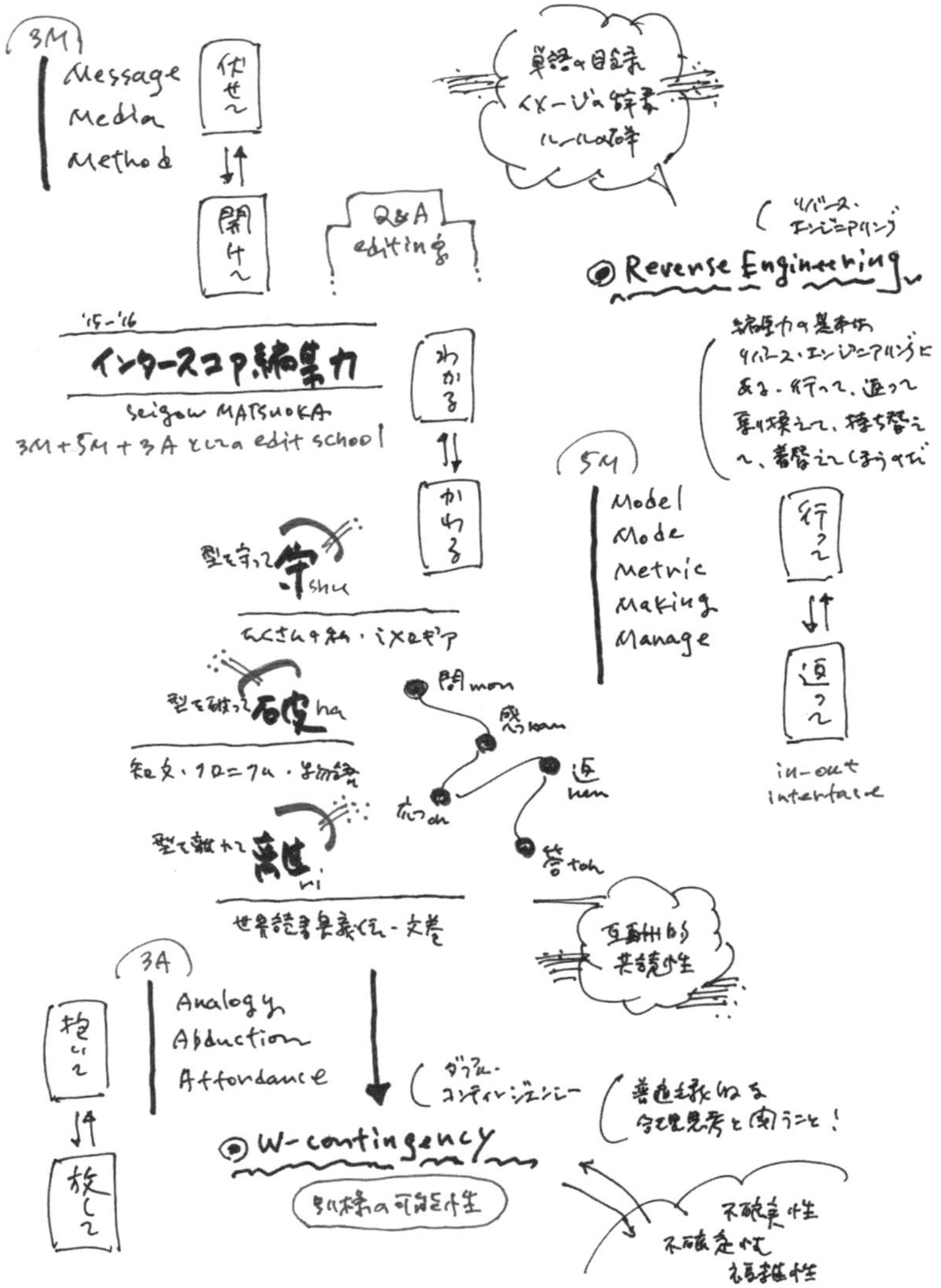
3M
Message
Media
Method
伏せて
開けて
Q&A
editing
単語の目録
イメージの辞書
リバース・
エンジニアリング
Reverse Engineering
'15-'16
インタースコア編集力
Seigow MATSUOKA
3M+5M+3A というedit school
わかる
かわる
5M
Model
Mode
Metric
Making
Manage
行って
返って
in-out
interface
型を守って 守 shu
たくさんの本・メディア
型を破って 破 ha
知文・クロニクル・物語
型を離れて 離 ri
世界読書奥義伝・文巻
問 mon
感 kan
返 hen
応 oh
答 toh
互換的
共読性
3A
Analogy
Abduction
Affordance
抱いて
放して
ダブル・
コンティンジェンシー
W-contingency
別様の可能性
不確実性
不確定性
複雑性

8　共読する教室

何事もそうだけれど、何かを始めるにはいろいろな準備をしておかなければならない。イシス編集学校を開校するにも、むろんたくさんの準備が必要になる。これまた何事もそうなのだが、オープンが近くなればなるほど手を打っておかなければならないことがふえ、思いもよらない修正や変更が迫られたり、新たな工夫をしなければならなくもなっていく。

開校前に準備しなければならないことは、ずいぶんいろいろあった。受講期間をどのくらいにするのか、教室はどのくらいの人数がいいのか、卒業認定をどうするのか、教室名をどうするか、事務局を誰に統括してもらうか、受講料や師範代の報酬をどうするか、などなどだ。試行錯誤もけっこうあった。

受講期間は最初のうちは[守・破]それぞれを一年間で予定したが、これはあまりにも長すぎた。のちに五カ月に、さらに四カ月ずつにした。卒業認定は[守]の卒業を「卒門《そつもん》」と名付け、[破]の卒業を「突破《とっぱ》」と名付けて、それぞれ卒門式と突破式をやることにした。

そのとき師範から師範代に、師範代から学衆に、それぞれ感門表《かんもんひょう》を手渡すべきだと思った。また、その文言は師範や師範代自身が書くべきだと考えた。つまり一人として一枚として同じ卒業証書がないということにした。これは前にもちょっと紹介したが、九〇年代に始まった織部賞のときに、井上ひさし、山下洋輔、大野一雄、スウォッチ、内藤廣、ワダエミ、杉浦康平、インゴ・マウラー、無印良品、水木しげる、鈴木清順などすべての受賞者に、別々の文言の表彰状をつくったことに由来している。受賞者がそのことに気がつくと、壇上で驚いていた。井上ひさしさんからは「男を泣かせる織部賞」というキャッチフレーズを頂戴した。

感門表とはべつに、師範にはぼくが色紙や和紙や短冊にちょっと不思議な書画を描いて渡すことにした。一人ひとりのエディティング・キャラクターを書画にしていくのだ。師範代に「先達文庫《せんだつぶんこ》」と銘打ってぼくが余白に書き込みをした文庫本を一人ずつに提供するようにもした。キムラがずっと手伝ってくれている。これもすべて別々の文庫本だが、その手渡したその瞬間から「共読」の輪が動きだす。

こうした授与をおこなう〝卒業式〟を一年に二、三度もうけて、これを王羲之《おうぎし》の蘭亭の盟に肖《あやか》って「感門之盟《かんもんのめい》」と銘打った。最初はカフェやレストランを借りていたが、三〇〇人ほどが集うことになってからは、いろいろなホールを借りての大きな大会になっていった。

その後、学林局が赤坂稲荷坂からゴートクジ赤堤通りに移ってからは、編集工学研究所の「本楼《ほんろう》」を使っている。こちらはぎゅうぎゅう詰めで一〇〇人くらいしか入れないので、季節ごとの小割り「感門之盟」になっている。

一日がかりの「感門之盟」は文字通りの「感じあう門」のための祝祭性が強くなり、それとともに「さしかかる者たち」のリアル・コミュニケーションの場にもなっていった。回を追うにしたがって着物姿がふえてもいった。〈コスプレ兵法〉のモリヤマのおかげもあった。運営は感門団《かんもんだん》が当たった。ぼくは何度、うるうるとしてしまったことか。ちなみに「離」からの卒業のことは「退院」という。離学衆はすべからくビョーキになってもらい、そのうえで無事、退院してもらうという意図だ。

受講料や報酬は事務局に任せ、その統括を誰にするかはちょっと迷ったが、教頭をミヤノハラに、第二代をオオカワに、ついで「守学匠《しゅがくしょう》」をトミザワに任せ、「破学匠《はがくしょう》」をキムラとした。学匠はコースのリーダーで、何から何までコースの面倒を見る。トミザワは静岡にいたまま守学匠をしつづけてくれている。いまのところ彼に代わる学匠はいない。

学林局の統括はササキに一任することにした。ササキはぼくが桑沢で日本文化の連続講義をしているときに映像アシスタントをしたり、慶應の幼稚舎で子供たちに「2＋1《ツープラスワン》」という学習プログラムをつくって、それを金子郁容が実施してくれたときのナビゲーターなどをしていた。元はリクルート映像の制作スタッフで、九州大学出身のめっぽうタフな心身の持ち主だ。学林局長としても「感門之盟」などの仕切り役としても、最もふさわしい。

開校前に決めなければならないことで、最後にのこったのは教室名をどうするかということだ。思いきった個性をもたせたかった。師範代になった者に候補名をあげてもらい、それをぼくがアレンジして付けることにした。教室名のネーミングは校長のお役目なのである。

案の定、そうとうにユニークなものになっていった。一目見ただけでもその名を聞いただけでも、すぐにイメージが湧かないものも多いのだが、そこが狙いだ。たとえば、こんなふうである。数字は「期」をあらわしている。

4―結果往来教室、セクシー・プロジェクト教室、5―花色カメレオン教室、すっぴんロケット教室、どんなもんだい教室、6―きららひびき、笹鳴かしこ、ちょっとバロッコ、7―バー月界、からくりおいらん、千侠一陣、8―縁起ニア、くらげチャンネル、9―黒潮わくわく、葉隠おんな、一茶エッシャー、弓なりネクタイ、10―ルーペ探偵団、夕空くじら、12―ハイカイ自在、下駄ばき遍路、荒神飛車角、スズカゆれる、13―ふたこぶ外道、瀬戸内ロンド、14―窯変みさき、人間人形、15―のほほん鬼龍院、般若パラメータ、高次ボランチ、シンドロ六甲、陽明むすび……などなど。

教室名には、師範代の出身地、趣味、職能、センス、読書歴そのほかがいろいろ組み込んである。教室名をつけるのは新生児に名前をつけるのと同様で、心意気を必要とするのだが、しかしこれは教室というコミュニカティブな集団に俳号や道号《どうごう》や屋号をつけるようなものだから、ぴったりなネーミングであるとともに、しだいに教室内チームの共感に変じていくようなものでありたかった。

少々ほかの人材と教室の案配も紹介しておく。

編集工学研究所の事業リーダーであるアンドーは〈丹田シャネル〉、オリエンタルランドの経営企画室のナガタは〈粋々トリコロール〉、日本に初めてインターネットを導入したＩＩＪの初期メンバーであるアサバは〈ＩＴドラム〉、フランス文学者のタモガミは〈怪盗ラプソディ〉、チェリストのマツナガは〈みさきカザルス〉、外資系化粧品会社から転じていまは子供支援の活動をしているイケザワは〈エディット・ピラフ〉、富士通のアイベは〈点鞠紫陽花《てんまりあじさい》〉、［花伝所］の途中に密教得度をしたミツダは〈修験ハイジ〉、図抜けた編集工学感覚の持ち主の理系のコサカは〈仮留綸子《かりどめりんず》〉、カネボウから表具師に転身したアオキは〈鳳鳴六曲二双〉、沖縄のお役所勤めのマタケは〈沖ゆいコーザ〉、マイクロソフトのマツバラは〈共縁キッチン〉、関西テレビの荒武者シキタは〈ソーシャロイド〉教室……だった。

いずれも世界でたったひとつの教室名である。それも当然だろう。こんなへんてこな教室名をつけるところなんて、どこにもない。そもそも翻訳不可能だし、こんな名の教室に放りこまれた学衆はギョッとする。しかし、このへんてこがだんだんたまらなくなってくるようなのだ。師範代があげてきた候補名をぼくが「うん、これは出来がいい」と思ってそのまま採用すると、「校長に手を入れてもらいたかった」「どうしていじってくれなかったんですか」という文句が必ず出てくるのである。

こんなふうにさまざまな工夫を凝らしてきたのだが、まったくデクノボーのような役職名のままだったのが、ぼくの役割だ。ぼくの肩書だ。たんなる「校長」なのである。いまから思うともっと気の利いた肩書もあったはずなのに、このままになった。

二〇一五年六月、イシス編集学校は十五周年を迎えた。

途中に、ブログ革命やSNS革命が次々に乱打されて、ネットで何かをすることは、買い物であれゲームであれ殺人予告であれ自撮りであれ、めずらしくもなんともなくなったのだが、いまだにこんな学校はネットには出現していない。編集学校はそもそも世のネット・コミュニティとはまったく異なるものなのだ。

もうひとつ、十五年目を迎えたものがあった。わが「千夜千冊」である。〈編集の国〉では数カ月早くこちらのほうがスタートを切っていた。

ここで千夜千冊についての説明をしようとは思わないが、編集学校を「方法の学校」とするにあたって、千夜千冊がはたしてきた役割はぼくが想像していたより思いのほか大きかった。編集学校が「読み書き」の学校でもあるからだ。

千夜千冊をどんなつもりで書いてきたかというと、ぼく自身の編集稽古だというのが一番当っている。たんにめずらしい本を紹介したいとか、ディープな読書案内したいという気で始めたのではなかった。書評するつもりもなかった。

だいたい批判するつもりなら、何でも書けるのだ。だから批判したい本やケチをつけたい本はとりあげなかったし、とりあげた本に不満や不足を感じた部分があったとしても、それを指摘するのではなく、ぼくがエディティング・カバーした。できるかぎり独特の要約編集をすることと、ぼく自身がいつどこでどんな気持ちでその本を読んだのかを綴るようにしてきたのである。

よくあんなに書けますねと言われることも多いけれど、一冊ずつを書くのだから量は気にならない。そもそもコツコツ書くことはどんなにめんどうでも大前提であって、〝読書の石工〟に近い職人気質をもってきたというのが実感だ。千夜千冊が何かを踏みしめるように一夜ずつ続いていくというふうになったことは、ぼくにとってのかけがえのない編集稽古だった。

そんな編集稽古をあえて公開しつづけたのは、いまでこそブログで誰もがそんなことをしているが、ぼくの場合はその作業を通して新しい「リーディング・ナビゲーション」というスタイルを確立したかったからだった。また「読む」と「書く」とを一緒くたにして、何十冊、何百冊もの本そのものがリバース・エンジニアリングされる状態を現出させてみたかった。そのうち、千夜千冊のそれぞれが相互に循環連鎖する読書世界を想定するようにもなった。

だいたいはこういうふうだったのだが、そのうえで、たしか一二〇〇冊をこえたころからだろうか、少しずつ「共読の習慣」が生じていってほしいと思うようになった。

ふつう、本は一人で読むものだが、ぼくは子供のころから、なぜか自分一人で本を読んでいるとは思えなかった。母が本を買ってくれるたびに、「お母さんもこの本を読んだんだ」という思いが募った。

図書館で本の後ろの見返しに貼ってあった閲覧カードに、丹念に日付と閲覧者の名前が記されているのを見ても、この人たちと同じ本をこれから読むんだという気持ちになった。その後も読書をするたび、先達者についての思いが去来するようになっていた。

そもそも本にはその本を書いた著者がいる。その著者はその本の最初の読者である。その本のナマ原稿を最初に読んだエディターもいる。昔なら原稿用紙に書かれた束を読み、今ならデータ化されたテキストを読む。ほとんどの本は同じ本がたくさん印刷されて世界中にいっぱいあるのだから、その本は多くの読者が読んでいる。新刊書なら一斉に何千人や何万人がほぼ同時にページをめくっていることになる。

本には人が数珠つなぎになっている。本を読むとはその連中と一緒に共読するということなのだ。読書という行為にはどこかに「共読の時空」や「共読のネットワーク」がさまざまに想定されるのだ。

千夜千冊が八〇〇冊をこえたころ、スタッフの編集者ニシナが千夜千冊に採り上げた本をもう一冊ずつ購入して、編集工学研究所の新たな棚に並べ始めた。ぼくは自分の蔵書は読み終われば元の本棚の位置に戻すのだが、千夜千冊が別の本棚アドレスにまるごと引っ越したのだ。すべて馴染みの本たちばかりなのに、とても新しい光景に見えた。そのうちふいに、そうか、読書とは本棚ごとみんなと一緒に読むものなのかという気になってきた。

本は空中からピーター・パンやバットマンのようにやってくるのではない。たいていは図書館や書店の棚に並んでいる本を、あれこれ迷いながらいちいち手にとっている。ということは、そういう本たちを引き受けて収納している本棚は、すでにして〝半読書状態〟をあらわしているということなのである。われわれは「誰かと一緒に本棚を読んでいる」ともいえるのだ。

本棚は本である。

それとともにタイトルも表紙も目次も、中見出しも帯も本なのである。読者はこれらも読んでいる。本にマーキングをすることも、本棚の本を並び替えることも読書なのである。

ということは、つまりは千夜千冊もまた連結電車のように、分子構造のように、またオペラの全楽譜のようにつながりあっている本なのだ。ぼくはこれらの一連にかかわることを「ブックウェア」とも呼び始めた。[離]に「世界読書奥義伝」というタイトルを付けたのも、そこに共読習慣と共読時空の杭打ちをしておきたかったからだった。

やがて共読空間とブックウェアを〝見える化〟するために、「図書街《としょがい》」という仮想的書籍都市構造を半年ほどかけてつくってもみた。その一部の一部を丸の内丸善の四階に「松丸本舗《まつまるほんぽ》」として三年契約で出店させてもみた。千夜千冊をキーブックとした棚が話題になった。ここには編集学校の師範や師範代から選抜したブックショップエディターがデビューした。日本の書店史では最初の〝本のソムリエ〟だったろう。オート、モリヤマ、カワタ、オガワ、オーノたちだ。

ところで、編集学校ではある時期から師範代はエントリーシートに、自分の好きな千夜千冊を三冊上げるようになった。「数寄三冊《すきさんさつ》」と呼ばれた。ぼくはこれを見るのがたいへん愉しみで、編集学校が本と読書とブックウェアによって連鎖しているように見えた。

[守]と[破]の伝習座《でんしゅうざ》で千夜千冊を共読することも始めた。パラグラフごとにみんなが音読しながら読み継いでいくという方式だ。これまで一〇〇冊以上を伝習共読してきたのではないかと思う。ディラード『本を書く』、ベイトソン『精神の生態学』、山下主一郎『イメージ連想の文化誌』、ベンヤミン『パッサージュ論』、ワーマン『理解の秘密』、シャンク『人はなぜ話すのか』、ヴァイツゼッカー『ゲシュタルトクライス』、ヒックス『ハリウッド脚本術』、金子兜太・あらきみほ『小学生の俳句歳時記』、デュ・モーリア『レベッカ』などの人気が高い。

かつて読書は音読するものだった。みんなぶつぶつ声を出して読んでいた。中世ヨーロッパ図書館の閲覧室キャレルには、隣りのブースで読むぶつぶつという声に邪魔されないように仕切り板がついていたものだ。ルネサンス時代くらいまではむしろ黙読のほうが特別な読書法だったのである。

それが国民国家や近代社会が一般化するにしたがって、おそらく公共性というものが先行したせいだろうと思うのだが、しだいにみんなが押し黙って黙読するようになっていった。日本でも明治中期くらいまでは、地域社会では音読者のほうが多かった。

そもそも文字は声であり、声は言葉であり、本はボーカルブックなのである。空海は「六塵《りくじん》ことごとく文字なり、十界《じっかい》に言語を有す」と書いた。音読は言葉を生きたまま動かすには必須のことだったはずなのだ。共読をしてみると、こうした〝失われた読書法〟が少しはとりもどせる感覚になる。が、いまぼくが実感している共読は、「インターテクストとしての書物世界」を相互編集するのにふさわしい方法になっている。互酬的読書といったらいいだろう。そのことに気がついたのは編集学校の伝習座のおかげだった。

ともかくも、当初はそこまで見通していたわけではなかったのに、千夜千冊が編集学校とともに十五年を歩んできたことは、ぼくにとっても編集学校にとっても僥倖だったのである。

9 同時にインタースコア

さてこのへんで、イシス編集学校の「イシス」について説明しておきたい。イシスは編集学校のささやかなブランド名で、ＩＳＩＳの日本語表記だ。いっとき「イスラム国」がＩＳＩＳと表記されて報道されていたときは、おやおや、あれあれと思っていたが、あちらはいまはＩＳ《アイエス》に落ち着いた。

わがＩＳＩＳのほうは〝Interactive System of Inter Scores〟のイニシャルを四つ並べてつくった。訳せば「相互記譜システム」とか「相互記譜的情報編集システム」といったところだ。

イシスは古代エジプトの再生の女神の名でもある。エジプトの祖神は大地をアーチ状に覆うグレートマザーのヌーだった。そのヌーに四人の子、オシリス、イシス、セト、ネフチスがいた。オシリスは地上神かつ植物神だ。イシスはその妹で、二人は夫婦になった。おそらく下ナイルを治めていたであろうオシリスの国はめざましく栄えていたのだろう。上ナイルの軍神セトがこれを妬み、奸計《かんけい》を用いてオシリスを殺害して柩に打ち込んで流した。

悲しんだイシスが行方を探すと、柩はビブロス（レバノン）の浜に打ち上げられエリカの木に纏《まと》われていた。泣く泣く死体を取り出してエジプトに持ち帰った。

死んだオシリスと交わっていたイシスは、やがて懐妊してホルスをもうけた。万神の神の子と呼ばれた。これを聞き込んだセトは今度は死体を盗み出すと、オシリスが復活しないように死体をばらばらに刻んで各地にばらまいた。イシスはその骨を一本ずつ集め、これを縫い合わせて再生させた。オシリスは冥界の王となり永遠に君臨しつづけた。

まだいろいろ興味深いプロットがあるのだが、これがオシリスとイシスの物語の母型だ。イシスはオシリスを二度、再生させたのである。ぼくは以前から、これはイシスによってオシリスが「イシス・エンジン」を背後にもつ人工生態システム」になったのだろうとみなしてきた。

ＩＳＩＳの綴りのほうも気にいっている。〝～is, ～is〟となって be 動詞が連打されているところがいい。「イズ・イズ」であるのはイシスの二度の再生力にも響きあうし、また「こうだよね、ああだよね」というふうな「言い換え」の編集を象徴しているようでもあって、このネーミングの自慢になる。

だが、ISISの真骨頂は、やはり〝Interactive System of Inter Scores〟の〝inter-score〟ということにある。編集学校でやることは「インタースコアによるインタラクティブシステムの創出」なのである。

インタースコアという用語は新しいが、〝インター〟はインターナショナル、インターチェンジ、インターミッション、インターカレッジ、インターコンチネンタル、インターディシプリナリー、インターメディエートなどの〝インター〟と同じで、ようするに「際で交わる」という意味だ。インターライブラリーといえば図書館相互貸出システムのことを、インターライナーといえば行間に別の言葉で注記を入れていくことをいう。

ロラン・バルトの弟子だったジュリア・クリステヴァが「世界のテキストは相互に交じりあっている」ということを「インターテクスチュアル」という用語で説明したときは喝采ものだった。編集学校はその〝インター〟の感覚をもってスコアをまたぎつつ、相互編集的にスコアリングしていこうというものだ。

スコアについてはあまり難しく考えなくていい。うんと広く捉えてほしい。日記や電話帳、音楽的楽譜、親と子の成長ぐあい、小説や映画の感想文、ダンスやバレエなどのコレオグラフ、へアスタイルの変化、家屋や機械の設計図、いたずら書き、野球のスコアブックなどのスポーツゲームの進行記録……。これらはみんなスコアだ。

植物相や動物相を示す生態系の変遷記録、通貨や株価などの変移記録、医療機関が記録している心拍から血中濃度におよぶ生体の動態変化記録、国会ではいまだに実施されている発言の速記録、太陽磁気がもたらすオーロラ、けものみちの跡、シュルレアリストたちの自動筆記、ホタルの点滅やミツバチの8の字ダンス……。こういうものもすべてスコアだ。髭の伸び方だってスコアなのである。

情報は"in-form"するものだが、情報がフォームをもっていくというそのすべてのプロセスがスコアであり、スコアリングなのだ。おそらく生体膜によってナトリウムイオンとカリウムイオンを交流させたこと、あるいはRNAがDNAにさせていることが、生命現象としての最初期のスコアリングだったろう。民族や地域や風土によって成立してきたさまざまな言語も、こうしたスコアリングの顚末を示している。そこには声のスコアも文字のスコアも、句読点のスコアもあった。

このように情報のスコアリングはどこにでも、どのようにもおこっているのだが、その記譜や記録もまた、まことにさまざまな多様性をもってきた。歴史のスコアリングが歴史地図になるか歴史年表になるかで、その見た目が大きく異なるように、スコアは記録化のプロセスを受けながら、実に多様多彩なノーテーションに至ったのである。

インタースコアとは、二つ以上のスコアに注目して、これらを「あわせ・かさね・きそい・そろい」にもちこんでみる編集方法のことである。

たとえば、歴史を語るのに歴史年表と歴史地図を重ねてみたらどうなのか。オーロラの帯状色彩変化とヴァンアレン帯や極北の地磁気のオシログラフを重ねたらどうなのか。これこそは研究や学問がめざしてきたことである。オシリスとイシスの古代エジプトは、シリウスの伴星《ばんせい》の動きとナイル河の氾濫という二つの別々の現象をインタースコアして「時間」を発見したのだし、マックス・プランクはアルザス・ロレーヌの鉄鋼の熔融変化と黒体輻射の変化の関係のインタースコアの記録から「量子」を発見した。

ポーランドの難民だったベノワ・マンデルブロがフラクタル関数を発見したのは、綿花の市場価格と所得分布の変化をインタースコアしたことによっていた。そこから乱流状態にあるエネルギーの流れは、金融市場のボラティリティ（価格変移の相互値）に似ているということも、しだいに発見されていった。

ケインズが利子率の切り下げと社会インフラに対する投資の変化をインタースコアしたことは、金融政策と財政政策を二重に推進するという今日のマクロ経済の基本をつくった。レヴィ＝ストロースが婚姻関係と社会構造変化をインタースコアして構造主義を提案したことは、そこから社会における文明観や言語観を研究する文化人類学の深みを用意した。

ぼくはこうしたインタースコアの可能性を、研究や学問の領域だけではなく、どんな場面でも試行できるようにしたかった。そう思ったきっかけは、ひとつは今和次郎が身近な現象を次々に自筆の観察スケッチによってスコアリングして、これらをもって「考現学」を提唱したことによる。もうひとつには杉浦康平が「時間地球儀」や「犬地図」などのイメージマップの精緻な表示にとりくんだことに、刺激をうけたせいだった。

とくに杉浦さんとは、サンスクリットの六派哲学を比較検討した「インド自然学」のダイアグラムや、国生みパンテオン・高天が原パンテオン・出雲パンテオン・日向パンテオンという別々の記紀神話の記述を同時俯瞰できる「日本神話構造」をダイヤグラムにする作業をしてみて、インタースコアの重要性を大いに合点した。のちに『情報の歴史』の構造をページネーションが移行しながら5トラック表示でクロスファイヤーに継承させていくというしくみにできたのも、このときのイメージマップ体験が生きていた。

われわれは、ふだんからたくさんの表示世界の中にいる。そのノーテーションは多角的で多面的で、すこぶる多義的だ。

あるとき、東名高速を降りてクルマが渋谷方面に向かっていたとき、後部座席に乗っていたぼくはキョロキョロと車窓の外を眺めていて、ああそうかと気がついたことがあった。高速から降りてくると、交通表示には用賀とか深沢とか三軒茶屋といった「近づいてくる場所」についての情報が出る。その一方、そこが世田谷区や渋谷区であるという「広め」の表示も、またこの高速の先は新宿方面であるとか銀座方面であるという「遠め」の表示も出てくる。ときに筑波・高崎などという超遠方表示もある。これらのほかに車窓からはビルや看板や、人の形や雲の形がどんどん動きながら見えている。

クルマは地面を走っている。道路は地べたにくっついている。クルマは無数の分岐構造をオムニプレゼントに進む。その一方、クルマは道路に表示されたいっさいの情報可能性をオムニシエントにも体現する。

そんなことをクルマに乗りながら観察しつつ、われわれは人生においても仕事においても、こんな多様な交通標識に似たインタースコアを受けているのだろうが、それを少しずつでも「見える化」していったら、さぞおもしろいだろうと感じていた。

われわれの日々は、ありとあらゆる情報GPSの中を動いているという時代になった。しかし、そのことを世の中の便利な機器に委ねているばかりでは、われわれの表層・中層・深層のノーテーションは眠ったままになる。相互に動かない。インタースコアによる編集は、われわれというヴィークルの情報編集可能性をもっと広げたり深めたりしていけるはずなのだ。さらには、かつて仏教や哲学が試みた「偶然と必然」のあいだのノーテーションにも及んでいけるのではないか。

こんなことを思いめぐらしていたことが、やがてインタースコアによるインタラクティブシステムの呼び水となり、イズ・イズの、再生の、共読のＩＳＩＳになっていったのである。

10　母型とルル3条

イシス編集学校にはときどき暗号のような、呪文のような、合言葉のような指南用フレーズが出てくる。3M、5M、ルル3条というふうに。

「3M」は、情報が「メッセージ・メディア・メソッド」によって成立してきたことをあらわしている。「何を意味しているのか」「何によって運ばれているのか」「どんなふうにあらわされているのか」を受け持っているのが3Mだ。ぼくは「遊」を編集制作しているころに、情報編集技術がこの3つのMで成立してきたと確信できたとともに、認識と表現のプロセスも3Mでできていると見通していた。

のちに異才フリードリッヒ・キットラーの『グラモフォン・フィルム・タイプライター』を読んでいたら、「認識とはメッセージをメディアに変換するメソッドのことだ」というようなことを言っていたので、その後は何かにつけて3Mを喧伝することにした。歌人で[風韻講座]の宗匠でもあるコイケは、そこをさらりと「編集よ立てばメソッド座ればメディア歩く姿はメッセージ」と洒落て詠んでくれた。

3Mではなく「5M」という合言葉もある。これは[花伝所]で伝授する「モデルをつかむ／モードをたてる／メトリックをあそぶ／ゲームメイクをこころみる／場をマネージする」という5つのMを束ねたもので、師範代はこの5Mをしっかり意識して教室に臨む。

最近は編集学校だけではなく、ビジネス界でも頻繁に口端にのぼるようになったのは「ルル３条」だ。「ルール・ロール・ツール」の語尾のルの三連打を、風邪に効くルル３錠をもじってルル３条としてみたものだった。おぼえやすいせいか編集学校内はもとより、けっこう業界に広まった。

ルール・ロール・ツールは仕事の三原則でもある。ツールの「ル」を入れてルル３条にしたところがちょっとした眼目で、ＩＣＴネットワーク時代ではいっそうの説得力をもってきた。「り」を連打して、「きまり（ルール）・やくわり（ロール）・はかり（ツール）」などと遊んでもいい。

情報編集には「乗り換え」「着替え」「持ち変え」が欠かせない。そうでないと情報はじっとする。じっとしていると周囲との同等化や同質化がおこって情報ではなくなっていく。そもそも情報はエントロピーの逆数で定義されるもので、高エントロピー状態の「でたらめさ」から少しずつ意味をつくりだしていくことに情報の本質がある。

ということは、情報はみずから周囲の環境に突っ込んでいって、またみずから巻きこまれていって、そこで周辺とのなんらかの「ちがい」を見せて、情報としてのコードとモードを発揚していくものなのである。それが情報本来の〝in-form〟としてのふるまいなのだ。

だから情報は動きだしたとたんに振幅をもつ。変化を試みる。そのために乗りもの（ヴィークル）を別のメディアに乗り換えたり、自分の柄や形状を変化させる着替えをしたり、化学情報がわかりやすいだろうが、内部にとりこむ分子という持ちものを持ち変えたりしていくわけだ。その変化のきっかけはいろいろだが、ときに「ゆらぎ」にもとづいたり、閾値の変移によって励起《れいき》されることが多いのも興味深い。

情報編集は、この「乗り換え／着替え／持ち変え」の機を逃さずに進みたい。情報編集はすぐれてコンテクスト・センシティブ（文脈敏感的）なのである。

このとき、「かまえ／はこび／ほど」が新たな合言葉になっていく。乗り換えたり着替えたりしていると、編集姿勢が崩れかねないからだ。そこで編集主体のほうをしっかりとする。これは能や日本舞踊の基本の心得からの転用で、ぼくが早稲田の演劇博物館で郡司正勝さんに教えてもらったことだった。

まずは存分に腰を入れた「かまえ」をもってから、動きだしなさい。そうすれば「はこび」そのものが思想とも表現とも人生ともなる。けれども重要なのは「ほど」というもので、どんな「程度」で何をあらわすかが決め手になる。踊りでは手をかざすにしても振り返るにしても、そのつどその気持ちは異なっているのだから、その「ほど」に留意しなさいという説明だった。つまりは編集技法の適用には「かまえ」と「はこび」と「加減」があるということなのだ。

聞いただけでは何のことやらわからない合言葉もある。たとえば「いじりみよ」だ。なんだかＳＭチックな響きのようだけれど、その手のディシプリンのことではない。これは

「位置・状況・理由・見方・予測」の日本語イニシャルをつなげたもので、何かを文章で表現するときは5W1Hのコンファームとともに「位置づけ」「状況づけ」「理由づけ」「見方づけ」「予測づけ」という、五つの「情報編集の漬けもの」を噛みしめてほしいという指針になっている。なかでは「見方づけ」がいちばんの眼目だ。

「よもがせわほり」という変わった合言葉もある。もともとはプランニング編集術のために提供されているのだが、かなり広範な編集力に応用できる。「与件・目的・概念・設営・枠組・方法・隣接」という順に未知の主題を少しずつ周辺に広げ、転換し、援用しながら組み立てられるようになっている。ふつうのプランニング・テクニックでも、与件（よ）を整理したり、目的（も）を鮮明にして枠組（わ）づくりに入ることはよくあるのだが、そこに概念（が）の設計や世界観の設営（せ）を導入することまでは、あまりしていない。しかし、そこがコツなのである。松岡正剛事務所や編集工学研究所のプロジェクトが企画から始まるときは、たいていこの「よもがせわほり」が前提になってきた。

合言葉はどちらかといえば編集工学の実用面を手渡したくて使用しているのだが、むろんこれらだけでは学校の独特の味はつくれない。もう少し深いレベルに意図をもつ方法もプログラムに組みこんだ。

編集学校にはさまざまな学衆がやってくる。そのレベルはまちまちだし、職業や関心事もさまざまだ。しかもその学衆は師範代や師範となって何度も編集学校にかかわっていく。深いレベルの方法の習得や社会観や世界観の深化をめざしている者も少なくない。

編集学校の[守]は主に「型」を学ぶコースである。けれども、たんに型の種類をおぼえてもらうというようなことはしていない。その型をつかってそこに情報を乗っけること、その型で情報を着替えること、その型によって情報を持ち変えるということをする。つまりインタースコアをする。そのとき、そうした情報群に一種の「型の来歴」を想定して、それを「ステレオタイプ→プロトタイプ→アーキタイプ」というふうに三層に動かして仕訳する。「典型から類型へ、類型から原型へ」というふうに、また「原型が類型を生んだ光景を見て、そこに多様な典型を数える」というふうに。

これは、型の生態変化によって時代や観念の層をまたぐインタ……や深いレベルの編集だ。典型を思い浮かべ、そこにひそむ類型に注目……に旅立ってみるのである。

古代、われわれは神々の……めの概念であり、観念……く合わせはじ……も

何度も言うようだけれど、編集学校のモットーは〈「わかる」は「かわる」、「かわる」は「わかる」〉にある。理解のためには「変わる」ことなのである。視点を変えられるようにすること、立脚点をずらせること、とりわけ相手やその場に応じる変化こそが、直線的な理解を複線的で複合的なものにする。

なぜ、そうなるのか。われわれには「理解のアルゴリズム」とともに「察知のアルゴリズム」がはたらいているからだ。

理解が人間の能力にとって最も大切なものであることは言うを俟たない。「理解する、納得できた、腑に落ちる、ピンとくる、ユーレカ、わかった、合点した、得心しました」は、どんなコミュニケーションにとっても重要だ。しかし、そのためには文脈の流れや周辺の事態や「それをとりまく気配」を察知することが欠かせない。「理解のアルゴリズム」は「察知のアルゴリズム」と相補的なのだ。

世の中には知識を学ぶための組織はいくらでもある。高校も大学もそういうところだし、役所や企業も専門的な知識をスキルにすることを要求する。主婦たちも子育てから料理まで、失敗が許されないようなスキルを身につけざるをえない。それはそれで大いに学んでおいてほしいことなのだが、編集学校はそういう「よんどころない知」からいったん離れて、自由に「さしかかる知」に出会ってもらうための方法の学校なのである。

11　コンティンジェントな話

二一世紀の社会は一言でいえば、金融工学とイスラム過激主義とスマホとグーグルの出現によってスタートした。世界が手元に近づいたように見えるかもしれないが、世界と手元をめぐる世界像がかえって危なくなったともいえる。そこへ多極化がかぶさってきた。いまや一国の貿易など、経済同盟や軍事同盟をいくつも結んでいないと、どうなるかわからない。

これを掴まえなおすと、今日の社会は「リスクを恐れる社会」になっているということだ。空港でのチェック、目白押しの監視カメラ、賞味期限明示と成分表示、警報や注意報の頻発、個人情報の管理など、世の中はありとあらゆるリスクに目を光らせようとする。リスクはまさに「危険」や「事故」や「損害」や「消滅」をともなうものなのだが、現代社会はそうしたリスクをひどく警戒して、その度合の可能性を予測することで、さまざまなリスクヘッジによる社会組織と社会制度をつくっていくというふうになってきた。

それがしだいに個人のレベルにまでおよんでいる。スマホやグーグル検索を活用することを咎めたいのではない。そこに情報と知識が充填されていると思いこんで、ついつい自分で選択したり思考したりしているつもりが、そうではなくなっていってしまうことに懸念がある。とりわけ「思考のリスク」を冒すことを怖がっている。そのため自分のナマの思索力や連想力が奪われているのだ。

リスクとは損害が生じる確率のことだ。危険や損害を回避したくなるのは当然だから、子供が落ちそうな池には柵が必要だろうし、体を冒しそうな食品には危険信号をつけるべきだろう。

しかし、どんなにリスクを回避しようとしても、災害も事故も損失はなくならないのだし、そこにはたいてい「想定外」がある。そこで、なんとかそういうリスクを軽減しようとして食品成分を表示し、保険数理をことこまかに組み立て、少なめのリスクによる多めのリターン収入を計算し、偏差値による合格率をはじきだし、ワクチン保有量によってインフルエンザを予防して、どこにもかしこにも監視カメラを設置するようにしてきた。

これがまずいということはない。セーフティネットはどんなことにも必要だ。ところがそんなことをしているうちに、本来は「安全の分配」のつもりがいつのまにか「リスクの分配」になり、もともとは「富の分配」をするつもりが気がついたらすっかり「リスクの分配」ばかりをする社会になってきた。われわれはリスクから守られる社会に向かっているのではなく、「リスクを配っている社会」に囲まれてしまったのである。

こうなると、これは何かが決定的におかしいと言わざるをえなくなってくる。ポール・ヴィリリオは「事故文明社会が到来している」と書き、「事故の博覧会」をパリで開いた。

イシス編集学校では「コンティンジェント・リンク」を重視する。編集学校にかかわる者がコンティンジェントなリンク（つながりの可能性）で相互連関されているという意味だ。

コンティンジェントとは何か。

コンティンジェンシー（contingency）という英語は日本語による説明が難しいのだが、とりあえずは「そこに偶発する別様の可能性」というふうに思っておいていただきたい。正確には「そこに偶有されていた別様の可能性の発現」というべきなのだが、ともかくも〝別様〟というニュアンスが重要なのだ。

コンティンジェンシーについてはすでに一部の先進的な社会学者たちが注目して、社会やシステムや人間行動や組織や価値観の中にコンティンジェントな見方を採り入れることを提案してきた。なかでもタルコット・パーソンズやニクラス・ルーマンやリチャード・ローティやノルベルト・ボルツは「ダブル・コンティンジェンシー」にさえ言及するようになっていた。ちょっと説明しておく。

システムにとって重要なことは、それが閉鎖系か開放系であるかということにある。生命や社会がつくりあげたシステムの多くは開放系である。

開放系のシステムには、なんらかの情報がそのシステムの内外を必ず出入りするという特徴がある。出入りしているだけでなく、システムはそういう情報をつかって自身を自己組織化したり自己編集化する。これを「システムは情報に対して自己再帰的になっている」とか「自己参照的になっている」という。このような自己組織化や自己編集化がすすむうちに、システムに「ゆらぎ」が生じて、その構成要素が自律的な創発力を発揮することがある。そういう創発の場はしばしば「カオスの淵」などと呼ばれた。

ルーマンは社会や組織の多くが、本来は自律的で自己産出的なものであろうとみなし、そこにはマトゥラナやヴァレラが言うオートポイエーシスなはたらきが主導していると見た。オートポイエーシスとは自律的な生成力のことをいう。システムは全体としてのシステムの維持だけではなく、どこかで新たなサブシステムのようなものを自律的に〝分出〟しているはずだとみなしたのだ。カオスの淵やオートポイエーシスはそこにかかわっている。

しかし、現代社会のシステムは、国家であれ企業であれ、国際機関であれ自治体であれ、みずからのシステム維持のためのコストが嵩《かさ》みすぎて、新たな創発性を発揮できなくなっている。最近のEUがギリシアの財政危機やシリア・アフガンからの難民で動揺しているのも、そのひとつのあらわれだ。

とくにリスクを管理することで延命や安定をはかろうとしすぎているうちに、オートポイエーシスによる〝分出〟どころか、システムは本来の魅力を失ってきた。ルーマンやローティは、これはシステムに出入りする「意味」が多重性や多様性をもてなくなってきたからだとみなし、外の現象の介入がインディケーター（因子）になりすぎているからだと解釈した。

意味が本来の機能をはたさなくなってきてしまったのだ。さまざまな社会システムが意味の自由度を吸収し、意味の多様性を奪い、言葉の駆除にとりくんでしまったからである。このことは世の中に禁止用語がふえ、発言の自在力が奪われ、差別語が言葉狩りされていったことにも如実にあらわれている。

ノルベルト・ボルツは、今日の社会は「意味に飢える社会」になっていると指摘した。ぼくもまったく同感だ。いま、世界は本来の意味に飢えている。その出現を待っている。古来、あんなにも意味は世界中に溢れていたはずなのに、いまやすっかり衰退してしまったのだ――。


どんな社会システムにも、そこには相互作用と鏡像作用と相補作用がおこっている。小学校の教室が一年たつごとにかわっていくプロセスを見ればわかるように、この三つの作用は、意味を「まねる」「うつす」「わたす」を繰り返していくうちにおこっていく。世阿弥の稽古哲学もこの「まねる」「うつす」「わたす」をあきらかにした。

けれどもここにリスクの目盛を入れ込み、リスクヘッジのしくみをいちいち入れていくと、三つの作用がどんどんフラットになっていく。外からのインディケーターを入れすぎると、そうなっていく。いわゆる〝縛り〟というものだ。それを法令で縛ればコンプライアンスになる。コンプライアンスの〝縛り〟が内部化されていくと、どうなるか。フラットになるだけではない。システム内のフローのどこにでもおこりうるはずだった「別様の可能性」や「創発の契機」といった可能性が摩滅していってしまうのだ。

こうして注目されるようになったのがコンティンジェンシーであり、ダブル・コンティンジェンシーなのである。

コンティンジェンシーとはシステムのどこかに偶発するものを外部の情報の出入りと結びつけていく発揚可能性のことをいう。ダブル・コンティンジェンシーとはそのコンティンジェントな偶発性が内外の「意味」を変えていく発揚可能性である。

コンティンジェンシーが注目されるのは、ひらたくいうのなら、なにもかもを合理的に回避しようとすることの「つまらなさ」が蔓延してきたからでもある。いいかえれば、社会の価値観が「合理的な説明のつく責任回避」に向かってきたからなのだ。ぼくはこれに抵抗したくてイシス編集学校に極力、コンティンジェントな「偶然のいたずら」が活きていくようにした。

ずっと以前から近代国民国家によって形成された社会に合わせたアイデンティティは、だんだん気味悪いものになってきた。その気味悪さが二一世紀に入って、どんどんふえてきた。

それまでの歴史と存在の多くはそれぞれ「ゆるい因果律」のもとに育っていて、それでよかったのだし、それでも十分だった。それがいまやＩＤやマイナンバーでアイデンティカルな「個」を突出させている。これは「別様の可能性」をとことん排除していくことになりかねない。なんであれ出過ぎた行為は、家庭でも会社でも学校でもハラスメントとして断罪するようになってきているが、これも「別様の可能性」を封じていっている。

もともと「個」というものはタマネギのような皮によって何枚も覆われているもので、人間存在というもの、中も外もミルフィーユなのである。折り畳まれたクレープなのだ。そこには「たくさんの私」がうごめいていて、「偶然」の介入によってコンティンジェントな作動がおこることを待っている。これを社会が封印してしまうのはコンティンジェントな可能性そのものの排除になりかねない。

社会システムが「意味」を狭《せば》めていっているとしたら、これに抵抗するにはどうしたらいいだろうか。

ひとつは、システムそのものを改変することであるが、これはそうとうに難しい。どんなシステムも二つの基本系の上にのっている。生命活動の新陳代謝を包む生態系と、道路や都市や水道や鉄道を成立させてきた人工系だ。生態系に対する改変は禁物だから、人工系に手をつけるしかないのだが、こちらにもすでに十全に積み重ねられてきたインフラストラクチャー（社会基盤構造）があって、ここに手をつけるのもほぼ不可能である。

もうひとつの改変は情報やソフトウェアのほうに手をつけるということだ。ところが、これがまたたいへん微妙なのである。

理由はいろいろあるが、まとめていえば、第一には多くのソフトがインフラに連動したハードウェアと密接にくっつきすぎている。とくにビッグデータとIoTと人工知能がこれを後押ししている。第二には人々（コンシューマーやユーザー）の行動や意識がソフト・マーケティングに組み込まれつつあって、これを自律的に切り離しにくくなっている。個人とスマホの区別がつかなくなってきたのだ。第三にはこれらを活用する家庭・会社・学校・社会施設自体が「リスクを怖がるしくみ」になってきている。改変をもたらす場がすでにおかしくなってしまっているのだ。だから情報やソフトの改変から手をつけるといっても、ここもかなり犯されているという状況なのである。

けれども、この三つの体《てい》たらくをどうにかして変えていかないかぎり、「意味に飢える社会」に瑞々しい意味を回復させるのは不可能なのである。かなり思い切った見方をすることから改変の可能性を見いだすしかないだろう。その見方とは、社会システムと、その担い手になる人々の行動と意識に「ゆらぎ」のチャンスを見いだすということだ。システムとソフトが「同様の必然」にむかっているのであれば、そこに「別様の偶然」を関与させることから着手しなければならないのである。

偶然を英語にすると、〝chance, opportunity, accident, occasion〟などとなる。これらには「機会」という意味も「事故」という意味も同時に含まれ、また偶発的な出来事に出会うという意味も含まれる。

リスクヘッジを主導する社会は、こうしたさまざまな偶然をことごとくリスクとみなしてしまうという偏向をおこしている。「警戒をしすぎてチャンスを失う」ということはスポーツや仕事に付きもののことであるはずなのに、社会的にはそれができなくなっているのだ。四半期決算がまかりとおるようになったのも、このせいだ。

こんなことばかりをしていけば、社会とともに個人もおかしくなっていく。せっかくのチャンスもオケージョンもオポチュニティも、個人の機会から遠のいていく。もっと大きな問題なのは、こんなことをしていては異質性をことごとく排除してしまう社会意識や個人意識ばかりがはびこっていくということである。

ここは見方を変える必要がある。こうしてここに登場してくるのがコンティンジェントな見方なのだ。

すでにのべたように、コンティンジェンシーは「偶有」とか「偶有性」という意味をもっている。偶然や偶発を存在の周辺やシステムの内外の境界に秘めているのがコンティンジェンシーなのである。コンティンジェンシーには「偶然」とともに「生起」もかかわっているのだ。

リチャード・ローティは『偶然性・アイロニー・連帯』のなかで、われわれの社会には「コンティンジェントな言葉、コンティンジェントな自分、コンティンジェントな共同体」が同時多発的にかかわっているとみなし、その衰退や摩滅が世界から真の連帯を殺いでいくと見通した。そして、「コンティンジェントな言葉、コンティンジェントな自分、コンティンジェントな共同体」のありようこそが、今後の社会と個人の行動と意識に新たな可能性をもたらすのではないかとみなした。

ぼくは、この見方に大きく加担する。社会も個人も「別様性」をもっていなくてどうするのかということだ。ただし、よくよく理解しておいてほしいのだが、これはオルタナティブなオプションを用意しておくということではない。システムや個人の内部に別様の発現の可能性があるということだ。受精卵に針でつついた刺激があると、そこから別様の発生や分化がおこることを高校生物の授業で習った記憶があると思うけれど、まさにそういう内部発生型の別様可能性なのである。

ローティはそういう見方がいかに瑞々しいものになりうるかをすぐに知りたいなら、プルーストやナボコフやミラン・クンデラの作品を読むといいとも薦めたが、これにも加担する。もっとも、村上春樹が書いていることもコンティンジェントな別様発現小説なのだから、春樹の読者はそこから出てきて世の中の別様可能性に向かってみることを勧めたい。

コンティンジェンシーという見方は、なかなか理解しにくいかもしれない。そのためいまのところは、コンティンジェンシーの理論化はあまり進んでいない。理論というものはロジックが必要なのに、コンティンジェントな動向には偶然性や偶有性というノンロジカルでアナロジカルなものが関与しているからだ。

それでも認知言語学者のドナルド・デイヴィッドソンは、コンティンジェンシーを理論的に扱うには「パッシング・セオリー」（つかのまの理論）のようなものがきっと必要になるだろうと提案した。炯眼だった。コンティンジェンシーや「偶然のいたずら」の様子は、たしかに「つかのま」の様子をあらわす感覚的な要因によって扱うしかないようなところがあるからだ。

パッシングなものとは何か。ひらめき、つまずき、脇見、乱用、誤用、とっさの発言、らしさ、思いつき、ニュアンスのはこび、ひょんな沈黙……などなどがパッシングなものだ。これらは一つひとつではときにノイズや接続詞や役立たずなもののようであるが、あるときこれらが急に組み合わさって、その場のコンティンジェンシーを成立させていく。

デイヴィッドソンはそこから着手したらどうかと言ったのだ。しかし、理論化はともかくとして、すでに気が付いていただろうけれど、この「つかのまの様子」はベンヤミンがとっくに「パッサージュ」と言っていたものだったし、そのパッシング感覚を駆使して組み立てたのが、そもそももってイシス編集学校の稽古と指南のやりとりのプログラムであり、実態だったのである。

12　東と西のあいだ

ぼくの編集思想には、ヨーロッパの存在学と、東洋の仏教観と老荘思想と、日本の方法意識とが混在してきた。これらがもたらす価値観はどちらが上ということも、どちらが劣勢だということもない。ぼく自身がすでにこれらを混成させてきた。

この三つには、共通する問いが出入りする。それは「偶然と必然の関係には何があるか」という問い、「合理と非合理の関係はどう決着つけるのか」という問い、そして「縁と無縁の関係をどう見るか」という問いである。

これは「ある／ない」の問いではない。どちらかといえば「ありそう／なさそう」というパッシングな問いで、さらにいえば「なりそう／なる／なった」をどこで感じるのかという別様の可能性に向かうための問いなのだ。コンティンジェンシーの魅力を掴むには、このような〝有無〟をこえた「あいだ」に関する問いが必要である。

なぜ「あいだ」をめぐる三つの問いが必要なのかというと、ごくごくかんたんに説明するが、十八世紀までのヨーロッパ系の哲学や思想はもっぱら「理性」を重視していたのだが、そこでは偶然や運命を扱うことなどもってのほかだったからだった。

スピノザは『エチカ』のなかで、「あるものが偶然と呼ばれるのは、われわれの認識に欠陥があるからで、それ以外のいかなる理由でもない」と書き、カントも『純粋理性批判』で「幸運とか運命とかいった概念は、不当に獲得された概念だ」と述べた。偶然なんて、認知や思索の対象外だったのだ。

ヘーゲルはもっと過激で、『世界史の哲学についての講義』では「哲学的考察は偶然的なものを排除するという以外の意図はもたない」と言いきった。現象の大半を許容するはずの現象学者フッサールでさえ、その理性主義の立場上、「現象学の領域にはいかなる偶然も存しない」と『イデーン』のなかに書いた。

数少ない例外はライプニッツで、「偶然的真理」を持ち出して神の創造は「自由と対立しない運命」なのだという説明を試みた。ライプニッツはモナドの属性として欲求と表象をあげていたので、内的原理と外界からの創造原理をうまくつなげられたのである。ライプニッツ思想がのちの十八世紀的な理性主義や機械論的解釈に足をとられることなく現代に直結しうるのはそのせいだった。

ライプニッツのような例外がいくつかあったにせよ、十八世紀までの哲学の大筋は、やっぱりデカルトの物心二分的な合理主義か、もしくは一辺倒の理性主義に到達することこそが目標だったので、偶然や運命など毫《ごう》も扱うわけにはいかなかった。

それでは、偶然的なものについて何も説明できないのかというと、カントがそうしたのだが、認識の限界をこえているもの、あるいは知りえないものとして、とりあえず「ヌーメン」（可想体）のように扱った。説明はできないが、とりあえずは神棚には置いておこうというのだ。

こうしたヨーロッパ的思考に対して、仏教は世界を合理と非合理には決して分けなかった。仏教はすべてはもともと「縁」によってつながりあうものだとみなしたのだ。これが「縁起《えんぎ》」

である。編集学校の正体に近い。しかしそのように感じられるようになるには、仏教はそもそも世界を「一切皆苦《いっさいかいく》」だと捉え、すべての現象が「諸行無常」や「空《くう》」であること、すなわち一定の現象でありつづけるのではなく、つねに変化しつづけるものだと実感できるようになったほうがいいと提案した。大乗仏教ではこれを「相依性《そうえしょう》の縁起」とみなした。すぐれて画期的な見方の提案だった。

老荘思想も、われわれがそのような世界認識になることを奨めた。無為自然やタオイズムの思想はすべてを強い因果律から解き放つため、あえて原初の「遊」の状態にしておくことを奨励したのである。これは偶然を排除しない東洋的コンティンジェンシーの発露だった。

日本では、このような偶然や運命は、むろん仏教的な「無常」や「諦念」にもあらわれたけれど、日常的にはむしろもっとカジュアルなもの、あるいは「いつもそこにやってきているもの」として扱えた。日本人にとっては「旬《しゅん》」や「花鳥風月」や「俳諧味《はいかいみ》」はすでにしてコンティンジェントなのである。俳句はとっくにパッシング・セオリーだったのだ。

十九世紀になると、さすがのヨーロッパ思想も神殿に置きざらしておいた可想体としての「偶然」をそろそろ降ろさざるをえなくなってきた。

ひとつには、ナポレオンのヨーロッパ統一の野望とネーションステート（国民国家）の開闢の鐘が打ち鳴らされて、国家に関する勝利の確率や国民の力の統計的判断を入れざるをえなくなってきたからだった。確率や統計は理性や合理が出くわす「見えにくさ」を平均値や曲線分布にまるめこんだのだ。しかしそのぶん、十九世紀ヨーロッパは「調査の世紀」になった。

もうひとつには、ヨーロッパは自分たちの歴史をさかのぼり、その原初には近代社会が置き去りにしてきたものがあったと認めることにした。こういうところは、理性的ヨーロッパの「抱いて普遍」が立派なところで、たとえばシェリングは人間存在の根源に「最古の原始偶然」のようなものがあることを認めようとしたし、ショーペンハウアーはどこか古き時代より世界意志のようなものがあって、それがまわりまわって「個人の運命に宿る意図らしきもの」になっているのだとみなした。

ただヨーロッパはそれでもやはり個人の知の優越感が大好きなので、そうした原始的偶然さえ個人が獲得できると考えたがってきた。ニーチェが『ツァラトゥストラはかく語りき』で、危難からの転回こそは運命であると書いて「運命という愛《アモールファティ》」を称揚したことなど、とくに有名だ。

しかし、こうしたことをヨーロッパの知が本気で気づくのは、ヴントが「民族の心理」に着目し、レヴィ＝ストロースが「野生の知」に気が付いてからのことだった。

ヨーロッパで偶然や運命の作用を入れた哲学としては、ゲオルグ・ジンメルがまあまあおもしろい。ジンメルは「個体的な主観」と「外的な出来事」の両方の相互作用を考えるような哲学が必要だろうと考えて、主観がどうであれ、それとはべつに外的におこっている出来事があり、この出来事のうちのいくつかは、どこかで必ずや主観に影響を及ぼすはずだ。そうだとすれば、「個体的な主観」と「外的な出来事」二つの関係のあいだに運命というものがあるだろうというふうに見た。

そこでジンメルはやや微妙ではあるが、ちょっとユニークな「運命の閾値《いきち》」というコンセプトを持ち出して、「個体的な主観」による認識の形成のプロセスと「外的な出来事」による体験の形成のプロセスとの重なりぐあいの、そのどこかに運命の閾値があると推断した。

いったいそんな運命はどこからくるのか。ルーツなどがあるわけはない。ジンメルはそれは世界の暗いものや解きがたいものが「意味」として個人にかかわるときにあらわれると考えた。ここにはいささかコンティンジェントなものが認められている。こういうふうに書いている。「好意的なものであれ破壊的なものであれ、われわれが運命らしいと思っているもののうちには、悟性によっても捉えられず、生の志向によっても同化されることのない何ものかがひそんでいる。このことは、われわれの生の徹底した必然性がなんらかのかたちで偶然的なものであるという不気味な感情に対応している」と。

必然と偶然とはけっこういい勝負をしているじゃないかということだ。こうして、ヨーロッパはしだいに「偶然の棚卸し」を試みるようになった。

先頭を切ったのはフロイトやユングによる「無意識」や「集合的無意識」の発見だったが、それを病理から解放したのは文学や美術や音楽などのアートの分野だった。表現主義、ダダ、シュルレアリスム、ノイズミュージック、偶然音楽などが連打されていった。ジョイスやプルーストは意識の混濁や下意識の流れを文学した。ダンセーニやメーテルリンクは偶然そのものを聖なるサイコロ遊びのように主題にした。

ハイデガーやベルクソンは「時間」に注意のカーソルをあて、ハイゼンベルクやボームやゲーデルは「不確定性」や「不完全性」に意義を見いだそうとした。いずれもコンティンジェンシーに対する二〇世紀的なめざめだった。

欧米社会が本気で「偶然」を相手にしなければならなくなったのは、世界大戦や金融恐慌の連打によってとんでもないリスクを背負わなければならなくなったからだ。これでいっそう確率や統計が跋扈して、世の中は保険会社のようになっていった。

こうなるとリスクもアクシデントもオポチュニティも金銭換算の勘定にもなってくる。ガルブレイスは経済社会は「不確実性」とともにあると強調したけれど、勝てばいいんだろう、儲ければいいんだろうという風潮には、不確実性は警告にはなりきらなかった。

まとめていえば、こうなる。ヨーロッパの哲学や思想では長いあいだ、世界がなんらかの「秩序」によって決定されているはずだという「決定論」が支配していたわけなのである。

これはどんな現象でも必ずや何かの現象に帰結するはずで、そこには必ず原因と結果が結びつけられるはずだという考え方だった。だから将来に何がおこるかは現在から見通せると見たわけだ。そして、世界はそういう決定論的な世界秩序でできていて、そこには必ずや筋の通った「合理」があると考えられてきた。

だからそういう時代社会では「偶然」や「たまたま」を相手にするなんてことは、ひどく野蛮なことで、あいかわらず非合理きわまりないものだったのである。だからこれらを次々にリスクの計算対象にしていったのだった。それはそれでリスク回避のためにはやむをえない措置ではあったけれど、そのかわりそのぶんだけ、人間の活動の大半も確率計算の餌食にさせられてしまったのである。

イアン・ハッキングはこれを「決定論の侵食」(erosion of determinism)と名付けて、それを欧米社会は「偶然を飼いならした」というふうに比喩的にあらわした。その通りである。しかし、そう思っているだけでは事情は変わらない。偶然と必然のあいだにこそ「抱いて普遍」を脱して「放して普遍」に向けて振幅させる「別様の可能性」があったのだ。

13　異質性の共存へ

コンティンジェンシーをもっとわかりやすく体現しようとした哲学者が日本にいた。九鬼周造《くきしゅうぞう》である。九鬼こそは偶然に挑んだ最もコンティンジェントな哲学者だった。

九鬼周造の父親は九鬼隆一である。男爵で駐米大使を務め、文部省時代は岡倉天心の上司だった。九鬼周造はその父とハツのもとに生まれたが、ハツは天心との不倫が騒がれて長い病院生活をおくった。

九鬼は日露戦争のさなかに一高に入って、岩下壮一・和辻哲郎・谷崎潤一郎らと交わり、東大哲学科のときはキリスト教に入信するのだが、同級の岩下の妹に激しい失恋をして大学院を途中で放棄すると、痛恨の「恋しさ」や「寂しさ」をかかえたままドイツのハイデルベルク大学に行った。そのまま八年間の留学や遊学を課した。

たちまちハイデガー、リッケルト、フッサールに学び、現象学や実存の思想の萌芽を知った。さすがにドイツの哲学はすばらしい。フランスにも行って、当時は学生だったサルトルの通訳でベルクソンにも学んだ。まさに十九世紀の「生」と「存在」の哲学頂上に出会えたのである。だがここで、九鬼ははたと考えこんだ。ヨーロッパ最高の哲学といえども、どうも「同一性」の回復ばかりをめざしているのではないか。

みんながみんな、そこを思索している。しかし、自分がとても大事なことだと思ってきたのは「恋しさ」や「寂しさ」のほうだ。これは他者との同一性（アイデンティティ）を得られないという感情だ。おそらく対象の欠如によって生じる根源的なものへの思慕というものだろう。それは異質の芽生えでもあろう。それゆえ自己同一性もままならなくなるのだろう。そうだとすれば、重要なのは「同一性」ではなくて、おそらく「異質性」というものではないか。

そう考えた九鬼は、異質性をとりこむには、東洋思想やその底流にある「無」の思想のようなものを混ぜたほうがいいのではないかと思い、禅にも関心をもっていたハイデガーにもう少し詳しいことを聞こうというのでふたたびドイツに戻るのだが、ハイデガーからは期待したほどの説明はなかった。

最新ヨーロッパ哲学からこれ以上のヒントを得ることを断念した九鬼は、八年ぶりに日本に戻ってくる。そして「何かを失って芽生えること」「そこに欠けているものがあって生じるもの」を説明しうるコンティンジェントな「独自な現在」の心的作用の解明に向けて、独自に立ち向かうことにした。

九鬼にとっての「独自な現在」とは「日本人である」ということにほかならなかった。九鬼は日本において、喪失や欠落が生む場面を考えた。社会の存在の系譜のなかの異質性においてこそ発露するものを考えた。

この考察はいったん昭和五年に著された『「いき」の構造』となったが、九鬼はこれに満足できず（ぼくもこの著書はかなり不出来だと思っている）、続けて『講義・偶然性』『偶然性の問題』『偶然の諸相』を矢継ぎばやにまとめていった。かくしてついに「偶然」が哲学されたのだ。

九鬼の偶然論は偶然の反対語の必然についての洞察から始まっている。必然性とは「必ずそうであること」「そうでないことがないこと」だ。つまり、その反対になることが不可能なこと、それが必然だ。

必然が自分の反対のものになるのが不可能だということは、これを人間の存在のありかたにあてはめれば、自分自身のうちに存在の根拠をもった自己が、そのまま自己でありつづけることを意味する。つまりは必然ばかりを追えば、自己同一的に自分でありつづけることになる。ということは、必然性はたえず自己同一性の中にとりこまれていくもので、ここから脱することがない。脱出ができるのは、そこへ偶然性を感知させることなのだ。その偶然性は自分の中にひそむコンティンジェントな「別様の可能性」なのである。

このように出発した九鬼は「偶然は遭遇または邂逅であろう」から、そこには「独立せる二元の邂逅」があるのだろうと見て、そこから偶然の気質のようなものに向かった。ここにこそ九鬼周造の面目が躍如した。

それはこういうものだった。ぼくの言い方で一行にまとめるが、「本来の偶然とは、何かであることさえできず、それゆえ何かと何かが出会うことによって、きっと稀にしかおこらないような、そういうものである」。

九鬼の偶然論はまさにコンティンジェントな「偶有的な存在学」だった。「さしかかるもの」のための哲学だった。ぼくが編集学校にこめたものとそうとうに近い。

編集学校の哲学は編集工学の世界観にもとづいている。その世界観は「抱いて普遍、放して普遍」をどのように維持するかということにある。

われわれは「知」というものに振り回されてきた。それでも小学校や中学校のころは、初々しいものだった。それが高校・大学・社会と進むうちに、自分が使う「知」を限定するようになっていった。

もともとわれわれは一人ひとりが「個別知」「臨場知」「共同知」「世界知」「普遍知」とのあいだを行ったり来たりしているはずなのである。そのほかに「分析知」や「暗黙知」とも付き合っている。

ところがある時期から、そのなかのロジカルな普遍知ばかりを重視するようになった。それは徹底すればユニヴァーサリズムというものだが、そういうものは保持しにくい。普遍主義の権化ともいうべきあのキリスト教ですら、普遍を求めて四分五裂した。イスラム主義も似たようなものだ。それなのに「合理」を誇りたいがため、たとえば企業の成長原理がそうなっているのだが、普遍主義に憧れつづけたのだ。

しょせん「普遍」なんて一様ではありえない。それどころか、いまや世界はかなりの傾斜で多極化と多元化に向かっている。「どこにも中心がない世界」なのである。アメリカ的な一極的帝国主義の減衰、EUの変容と亀裂、アジア資本主義の急成長、インターネットとスマホの波及、グーグル検索の波及、名簿と個人情報の流出、中東社会の国際化、イスラム主義の台頭とその一部の過激化、難民と飢餓の蔓延、新型ウィルスの成長、そしてグローバル・キャピタリズムの、あいかわらずの離合集散である。

こういう多極的な時代社会では、何かと何かを組み合わせないかぎり世界は見えてこない。パラメーターはあまりにも多く、それぞれの現象の推移は一様ではないからだ。現象をいくら足し算をしても全体の特徴など見えてはこない。ということは、いまわれわれが属している「系」はかなり非線形な部分が多く、その情報は多分に非構造的であって、すこぶる複雑性を帯びているということだ。

イシス編集学校も当然、この「系」に属している。そんなことはもとより予想できていたことなので、ここまであらかたのべてきたように、また本書のさまざまなページを読んでもらえればわかるように、編集学校の一部始終は多極にも複雑さにも、個別知・共同知・普遍知の行ったり来たりにも存分に対応できるようになっている。だからこそ、ここに「インタースコアする編集力」が躍如するわけなのである。

編集工学は「方法の柔かい工学化」をめざしてきた。そのために方法的に重視してきたのは、またまた合言葉でいえば3Aである。アナロジー（Analogy）、アブダクション（Abduction）、アフォーダンス（Affordance）という3Aだ。

アナロジーは連想力を、アブダクションは仮説力を、アフォーダンスは接知力をあらわす。3

Aは知覚と思索をその起動から運行まで関与する強力な武器だ。それゆえこれらを動かすことで、自在なリバースエンジニアリングが機能し、普遍を固定せずにコンティンジェントな別様可能性を編集できるようになった。

もっとも編集工学は方法の工学化であるのだから、当然、ソフトプログラムやその方法にもとづいたデジタル・プラットホームをつくってもよかったのだが、これまではそうしなかった。まずは、3Aでコンティンジェントな動向が先行して、こうした見方や考え方を自由に着脱するアナログな一群がふえていくことを重視したかったからだ。このアナログな一群は年々若くなっていて、浮世絵のミヤケマイ、靴の舘鼻則孝、数寄屋の三浦史朗、工芸販売の中川淳、日本酒の中田英寿、食の緒方慎一郎などが交ざりあってきてくれている。

それに、ぼく自身がそういう一群に感化されたかったのである。ぼくは自分自身がパフォーマティブなので、思想や論文や理論でかたまった一群よりも、3Aでコンティンジェントな一群の存在学的なパフォーマンスのほうに、ついつい共感をもってしまうのだ。ぼくが学者や評論家やアーティストといったソロになるよりも、誰かと一緒に何かをしていくという「知のパフォーマー」を好んできたのも、そういうせいだった。この誰かと一緒の誰かの中心にいるのが、イシスの師範代たちなのである。

編集学校の日々に感心したり共感したりしてきたことは、かなりある。最初は教室での稽古と指南ぶりにいちいち感心していた。

自分で撒いた種がこんなふうに芽を出し、葉っぱを広げて、花を咲かせていくのかと思うと、その花があまりにさまざまな色と形をもって鮮やかなので、我ながらこんな親バカでは困ると言い聞かせつつも、何十回となく胸が熱くなっていた。気が付くと幹も大きくなっている。

伝習座での師範による編集用法についての解説力にも感心してきた。伝習座は王陽明の『伝習録』から採ったネーミングで、知行合一《ちこうごういつ》や事上磨錬《じじょうまれん》をおこしてもらおうというつもりのもので、[守・破]のトミザワ・キムラの学匠の采配のもと、師範と師範代のために開かれるリアルワークショップである。だいたい四〇人から六〇人が集まる。校長は必ず出席をする。すでに一三〇回近くになる。これが愉しい。

伝習の「習」とは、雛鳥が羽を揃えて飛び立とうとする姿をあらわす文字なのだが、まさにその姿を親鳥たちが教えているのを見ているのが愉しいのだ。こちらは親バカではなく、ほぼおじいさん状態の愉しみだ。「格物・致知・誠意・正心・修身・斉家・治国・平天下」などと一度も申し述べたことがないのに、そんな気骨が漲っているときもあり、そういうときはふいに江戸の郷塾かと見まごうばかりの光景になっている。

伝習座は「共読」の場にもなる。江戸の郷塾には「掩巻《えんかん》」という読み方があったのだが、それを含めて全員がぼくの促しに従って読む。できるだけ千夜千冊からテキストを選んで共読をしてきた。すでにのべたように、読書はいま黙読（目読）ばかりが常識になっているが、ときに「声の文字」や「耳の文字」をともなう共読になるべきなのである。そうすれば、読むこと、書くこと、話すことが一気に重なって、たちまち立体共鳴的な読書を体験することができる。

ＣＦ制作会社の太陽企画から転じてきたコモリが制作してきた「感門之盟」の映像にも、何度も泣かされてきた。集いあってきた若い仲間たちが次から次へと映像に登場してくるのだが、これをコモリが朝ドラ総集編のように短くまとめ、そこにこれぞという感傷的な音楽をかぶせていくせいで、ぼくは事前にその映像を見ているくせに、ついつい泣かされてしまうのである。

もう一度、言いたい。

編集学校が愉快なのは、なんといってもコンティンジェントな知的パフォーマンスに富んでいることにある。編集が一から十まで「さしかかる」ということを大切にしてきたのだから、これは当然でもあった。

この「さしかかるコンティンジェンシー」が、いまでは全国規模にもなってきた。あるとき、師範や師範代たちが校長に直訴してきて、地方支部をつくりたいと言ってきた。名古屋の曼名伽《まんなか》組、金沢の加賀篝火《かがりび》組、大阪の奇内花伝《きないかでん》組、静岡のセドリ組などが誕生した。なかで最も充実していったのが、ナカノユキヨ率いる福岡の九天玄氣《きゅうてんげんき》組だった。

発会式も部会も講演会も、九州の本を集めたブックフェアも、正月のたびに贈られてくる年賀組曲的ドキュメンタリーオブジェも、群を抜いている。ナカノはみんなから「組長」として慕われ、編集学校独特の地域コモンズとしての「ふるまい・もてなし・しつらえ」を確立した。

3・11のあと、郡山在住のスズキヤスヨは「フクシマ」の喜怒哀楽と宿命と連帯の数々を学校にもちこんでくれた。明治のタモガミ、岐阜のヨネヤマ、日経BPのモリイがいちはやく連接してその活動が広まっていった。スズキの話しっぷりは、ぼくがずっと以前から求めてきた礼節的激情をもっていた。

むろん学衆から師範まで、いちいち名前は上げないが、数々の編集力の腕が上がっていることにも校長は感心している。ビジネスシーンのそこかしこに編集力が次々に着地していく様子も頼もしい。いまはシンガポールにいる三菱商事のフクモト、リクルートMSの社長オクモトの〝ふたもと〟には、いつか学校経営を任せたいほどなのである。

ひるがえって、世阿弥は「習ひては似すべし。習はでは似すべからず」と言い、それとともに芸道には「却来《きゃくらい》」がおこるという見方をもっていた。有機体の哲人ホワイトヘッドには「ネクサス」と「抱握《ほうあく》」という考え方があった。ネクサスは有機的な組織がとるネット的でネステッドな特徴のこと、抱握は存在ごと認知することである。リン・マーギュリスやニック・レーンには「共生的飛躍」という生物学的な捉え方があった。異質なミトコンドリアをとりこんでこそ、生命は進化をとげられたのである。

これでいいんだという是風がそうじゃないんだという非風を抱握して、そこに「時分の花」を咲かせることが却来である。ミトコンドリアのように「そこにさしかかる来歴」を抱握することが編集的な生命力による共生なのである。宿主と寄生の関係がリバースされていくことが、その生態系に「習い」と「似る」の却来の風をおこさせて、これを着々とネクサスに仕上げていくのである。

イシス編集学校は、そういうことを少しずつ試みて、ここまでやってきたのだ。ぼくはここでは多少の思想も持ち出したけれど、それは捉え返しをするからそうなるわけで、学衆も師範代も師範も学匠や総匠たちも、そんなことを確認しなくとも、それぞれの編集力によってこういう学校をつくってきたのだった。

かくて、これから先はこのようなネットワークの母胎を存分にいかし、そろそろソフトプログラムやプラットホームの構築や、デジタル編集エンジンの開発がおこってもいいようにも思える。これはただし、もうぼくの仕事ではない。編集力のデジタル・ソフト化に手を貸してみたいと思う諸君の参集も期待したい。ぼくはそのへんを見きわめたら、隠居を考えたい。

編集は理解の本質である

Editing is the essence of our understanding

わたしたちは、目覚めているどんな瞬間も、
周りのものすべてを咀嚼《そしゃく》するために、
ありとあらゆる音、映像、感情、物語、数を
「編集」している。
それらの情報はまるで繭《まゆ》のように
わたしたちを包んでいる。

「編集」とはまさに理解の本質だ。
誰もがそれぞれのマップを描き、メッセージを届け、
旅をするための型を創りだす方法となる。

イシス編集学校では場、教室、指南、
そして師範代によって、
この旅のための方法論が学ばれている。
この編集の旅こそが、今日の教育制度が
本当の学びの仕組みへと変貌を
とげるために必要不可欠な、
ワクワクするような可能性そのものなのだ。

―― **リチャード・ワーマン**［TED創始者］

2

編集のオデッセイ 2000–2015

赤坂から赤堤へ

21世紀の足音とともにイシス編集学校は誕生した。
この小さなネットの学校の編集稽古は、
なぜ3万人の学衆を魅了しつづけてきたのか。
「共読する方法の学校」の15年の挑戦の原点となった
開校期を中心にめぐる編集のドキュメント。

編集のオデッセイ 2000−2015

編集長・方印◎広本旅人

I

はじまりは〈編集の国〉

＊・。なんだか笑ってしまうくらいお稽古が楽しいデス。皆さんのメールが一堂に集まって巻き起こった渦巻きのうえで、まるで遊園地のコーヒーカップに乗って、グルグル回っているようで。.。.:・☆.。

——師範代　太田眞千代

```
  _/(^^) /        *:・゚
 (o￣'|￣￣￣￣ )
└.~◎ ￣￣◎~*:・゚*
```

2000.6.20〈黎明教室〉にて

◐コーヒーカップのようにめまぐるしい

2000年6月1日、まだeラーニングどころかインターネット自体が黎明期だった電子のフロンティアに、イシス編集学校が誕生した。松岡正剛が校長をつとめるこのネット・スクールは、「方法の学校」という誰も聞いたことのない標語を掲げていた。

学ぶのは「方法と編集」だが、いわゆるエディターが仕事で使う編集のメソッドとは根本的に違う。そこにあるのは、経済も文化も、遊びも恋も、みんなまとめて「編集」してしまおうという大胆な発想とチャレンジだ。「どんなものも、あらゆるシチュエーションも、わたしたちは編集することができる。だからこの学校では、主婦やビジネスパーソンから学生まで、どんな人でも〝方法〟を学ぶことができる」。編集工学者として、多領域のプロフェッショナルやアマチュアと数々の実験的なメディアを生みだしてきた松岡が、情報化時代に投じる新たな構想だった。

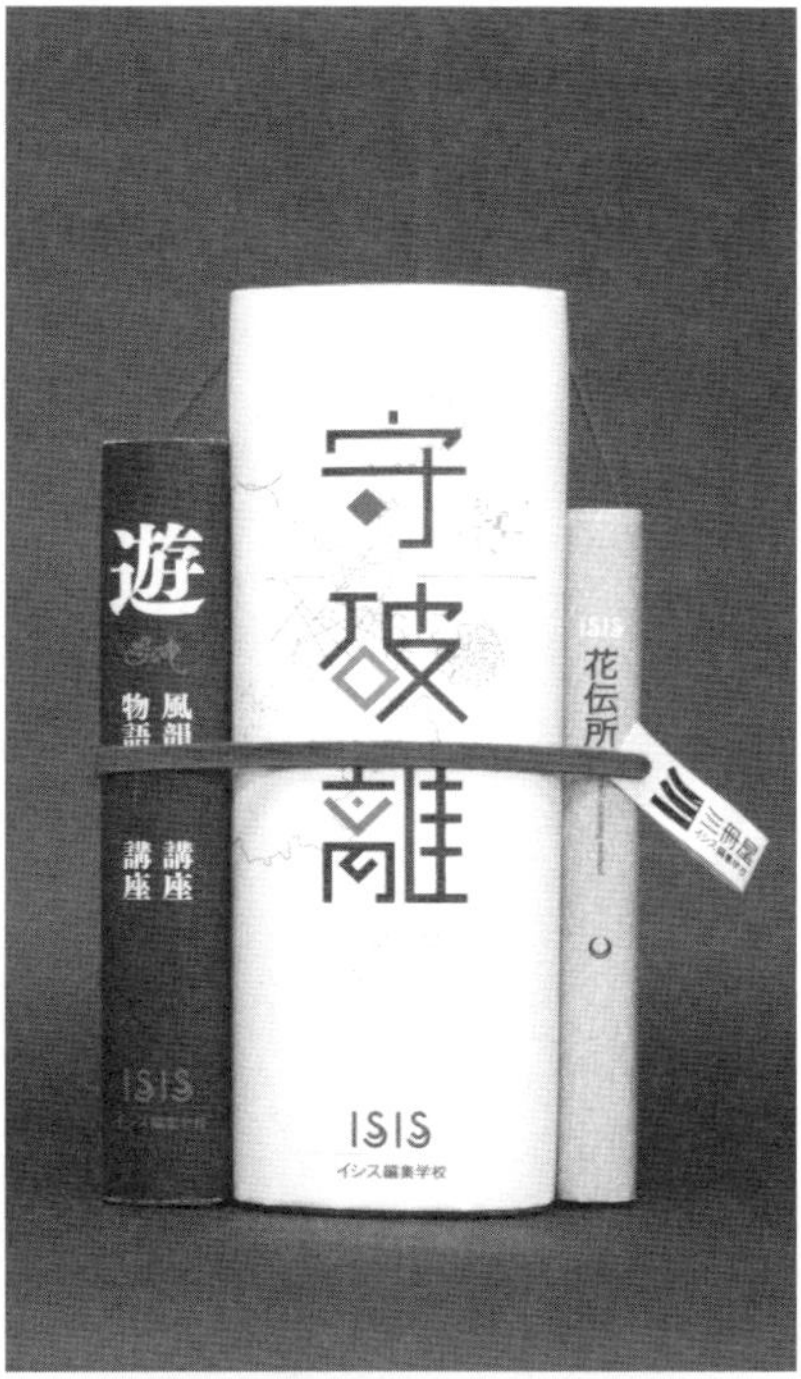

(上)[守・破・離]と[ISIS花伝所][遊]講座を三冊に束ねたブック・オブジェ。コースの連環を自由に読みあわせる愉快がある。(下)2008年夏、朝日ホールでの感門之盟ではじめて点されたISISネオン。

それから15年、イシス編集学校は3万人以上が学び、遊び、集う、ゆたかでユニークなコミュニティに育った。ウェブ上の教室では、「お題」をめぐって多様な顔ぶれが稽古をかわし、たがいの回答に刺激されながら創発をかさねていく。その様子はまるで「遊園地のコーヒーカップ」のようにめまぐるしい。人と人が編集で出会い、あたかも有機体のように進化しつづける。学校そのものが方法的でエディトリアル。これこそが「イシス式」なのである。

〈編集の国ISIS〉構想

イシス編集学校の母体となったプロジェクトがある。当時、編集工学研究所（EEL）が構想していた相互編集型コンテンツ流通プラットフォーム〈編集の国ISIS〉である。ISIS（イシス：Interactive System of Inter Scores）という名前は、この時に生まれた。

開校期の2000年代初頭は、アマゾンとグーグルが日本でもサービスインし、本格的なインターネット時代の黒船到来と騒がれた時代だ。パソコン通信の頃からEELとネットコミュニティを共同研究していたニフティもインターネットへの移行に追われていた。その一連の盛り上がりの中で、北海道大学の知識メディアラボラトリーとの合同合宿を契機に、EELで〈編集の国ISIS〉という名の新たなプロジェクトがはじまった。EELと通産省（当時）のIT教育システム開発プロジェクト等を推進していた慶應義塾大学SFCの金子郁容や鈴木寛らも加わり、ＩＴ系企業を中心に5社の協賛で動きだしたインターネット上の実験的な構想だ。その企画書の片隅に、「編集学校」という名前だけが書かれていた。中身はまだなにもない。

〈編集の国〉は、インターネット時代にふさわしい電子的な新しい知財創出のためのコンテンツ流通プラットフォームをつくろうという挑戦である。コンテンツそのものが〈ミーム〉という交換可能な価値を伴って相互編集コミュニティで交換される。このような先進的なシステム開発構想がＥＥＬでは当時いくつも浮上し、経産省、文科省、総務省のプロジェクトとして推進され

古代エジプト神話の神「ISIS」は「月の女神」なので、月と半月をデザインしました。この国は、現在・過去・未来があり、大きな国際問題なども取り上げられるすべての情報交換の場ですが、私的には、画像やオブジェなどのデザインが、若い方たちに利用されることによってどのようにイメージアップされていくかが楽しみです。
──仲條正義（グラフィックデザイナー）

〈編集の国ISIS〉開国にあたり、「インターネットマガジン」に掲載された記事。建国パーティには伊藤穰一、いとうせいこう、大倉正之助らも参加した。

ていた。〈編集の国〉には、知的な編集ゲームを楽しむコンテンツ流通プラットフォーム「M（ミーム）モード」と、ソーシャル・イノベーションを指向する電子コミュニティ「C（コミュニティ）モード」があった。このCモードがのちに編集学校のアーキタイプになる。いまや1600夜に至るブック・ナビゲーション「千夜千冊」も、じつは〈編集の国〉の1コンテンツとしてスタートしている。

しかし、独自アプリをCD-ROMで配布し、インターネット上で相互編集を楽しんでもらおうというこの構想は、思うようにはテイクオフできなかった。まだインターネット環境が脆弱で、ブラウザの日本語環境も整っていなかった当時、〈編集の国〉は早すぎる登場だったのだろう。だが、この〈編集の国〉の片隅にあった「学校」というキーワードが、ここから広がりをみせていくことになる。

編集学校の電子ラウンジEdit Cafeの画面。ラウンジ名が立ち、コメントがツリー状に連なるUIの先に、稽古を交わす声が響く。

稽古というスタイルが生まれる

2000年1月、松岡正剛『知の編集術』が出版された。松岡の情報編集のイロハを伝える初の新書で、そこには「編集稽古」なるものがふんだんに掲載されていた。「編集稽古」は、松岡が考案した「お題」だが、大野晋『日本語練習帳』にも影響を受けている。当時、松岡はこの新書を書評で絶賛し、スタッフもこぞって購入して日本語稽古に取り組んだ。編集学校の代名詞である「稽古」のイメージが松岡のなかで立ち上がったのはこのときだ。

ためしに松岡は、古代ギリシア哲学の成り立ちについてのテキストを書き下ろし、そこに「お題」を埋め込んで、開通したての社内LANを通じてスタッフに投げかけた。みんな仕事そっちのけでのめりこんだ。松岡正剛事務所の秘書で細身の女傑・太田香保はアリストテレスの三段論法の成り立ちを調べぬいた。チーフエディターをつとめていた市田炎子も夢中になった。古代ギリシアにはじまるこの書き下ろしテキストは、のちに編集学校の［離］の母体となり、三段論法の太田は離の指導者・総匠を担っていくことになる。

社内LANの小さな〝eラーニング〟を通じて、スタッフのあいだには、「ネット上で編集を交換するのはおもしろい」という機運が生まれはじめていた。それまで教科書で聞きかじったような古代ギリシアも、お題を挟むことでがぜん興味が湧いてくる。ネットを介して他者と同時に回答に挑むのは、賑わいと熱気に満ちた独特の編集体験だった。松岡は、「編集的方法」は古今東西の知に潜むものだとつねに語ってきた。アリストテレスやブッダからルネッサンス、桃山文化、さらに未来派やポップアートまでがその結実だ。「編集術」を

杉浦康平による旧装丁の『知の編集術　発想・思考を生み出す技法』（講談社現代新書）。目をモチーフにした不思議な“medium体”は高橋常政による画。

学ぶことは世界そのものに触れることであり、知の冒険、知の欠落、知のスリルにふんだんに触れながら学習していくことが、本当の学びである。スタッフたちに、そのことをぜひとも相互学習の渦のなかで体感してもらいたかったのだ。

同月、かつて産能大学で教育プログラムをつくっていたEELスタッフの宮之原立久が、一篇の企画書を提案する。この数ページの企画書から編集学校がはじまった。宮之原は松岡が絶対的な信頼をおく男だ。松岡のアイデアを具体的な企画に落とし込む手続きと仕立てが徹底していた。「松岡さんの編集メソッドは企画やプロジェクトにうってつけで、すでに前職でも社会人教育プログラムに応用していました。編集学校という未知の言葉を手がかりに、松岡さんと会議を重ね、どんな学校をつくればいいかという構想を広げていきながら、プロトタイプを一気に書き上げました。1週間ほどのスピードです」と宮之原は当時を語る。赤坂のEEL3階でつねに松岡と進捗を共有しながら、宮之原はあっという間に企画を立ち上げていった。校長は言い出しっぺの松岡がなる、そして教頭もいるだろうという松岡の一言で宮之原が教頭を引き受けた。

ボランタリー・システムとしての電子ラウンジ

カリキュラムのベースは『知の編集術』に決めた。教室ラウンジで繰り広げられる独特のコミュニケーションの仕組みには、当時EELが研究していたコミュニティ・メソッドの一つ、

「ルール・ロール・ツール」の〝ルル3条〟をふんだんに盛り込んだ。ネット上に仮想の教室をつくる。そこには先生が待っていて、生徒はお題に対して好きな時間に回答できる。教室のなかではみなの回答が見え、そこで学びが生まれる。編集学校のベースとなる「お題」→「回答」→「指南」の基本的な仕組みはここですでに完成していた。稽古の場としての教室だけでなく、雑談のできるスペースも設けることにした。これが「勧学会《かんがくえ》」だ。さらに師範代同士が意見を交わす「詰所《つめしょ》」を立ち上げた。

EEL蔵書６万冊の書棚の一角。古今東西の知をめぐる書物が情報のアドレスに従って超分類・整理されている。写真は物語、日本文化論、知と複雑系、認知心理学の棚。

教室ラウンジには、〈編集の国〉で採用していた電子コミュニティシステムを採用することにした。このシステムが誕生した背景には、1995年の阪神淡路大震災がある。日本のインターネット元年であり、ボランティア元年ともいわれるこの年を契機に、金子郁容らの先導で、EELは電子会議室システム「コミュニティ・メーカー」を開発した。その後継となる「コミュニティ・エディター」は、全国的に有名となった神奈川県藤沢市の市民電子会議室ほか各地で活用された。イシス編集学校の「Edit Cafe」は、そのシステムをベースに学校用のラウンジとして開発された。当時、金子は「松岡さんが〝コミュニティ〟に関心をもったことはすごく意外だった。このキーワードが時代を変えると確信した」と語っていた。情報交換から相互編集コミュニティへ。松岡の新たな学校構想が時代のなかでカタチになりはじめていた。

パソコンビギナーの師範代たち

開校するにはもちろん教師陣も必要だ。「師範代は誰に頼もうか」と松岡から相談をうけた太田香保は、松岡のネットワークの周辺で関心が高そうな人に声をかけていった。もちろん、「経験者」も「専門家」もどこにもいない。初代師範代のひとり太田眞千代にいたっては一介の主婦である。だが、「本読みがほしいのだ」と事務局が頼みこむと、快諾してくれた。「学校をやるから参加してほしい」ではなく、「学校をやるから先生をやってほしい」というひとっ飛びの相談だ。みな一様に驚いたはずだ。けれども誰も師範代ロールを断らなかった。「おもしろそう、やってみる、まずはパソコンを買わなきゃね」と言ってくれた。

「まだまだお題も完成していなかったけれど、見切り発車でどんどん進めた」と太田香保は回想する。なんとか第1期師範代12人が集まり、布陣が決まると、すぐに彼らを集めて「伝習座《でんしゅうざ》」というオリエンテーションを開き、お題や指南の方針を伝えた。生徒募集は大々的には宣伝せず、松岡のプライベートペーパー「一到半巡通信」にだけ掲載した。当時3000〜4000部を無料で配布していたが、開講の噂が広まり、たちまち159人が集まった。このようにして前代未聞の学校が始動していった。

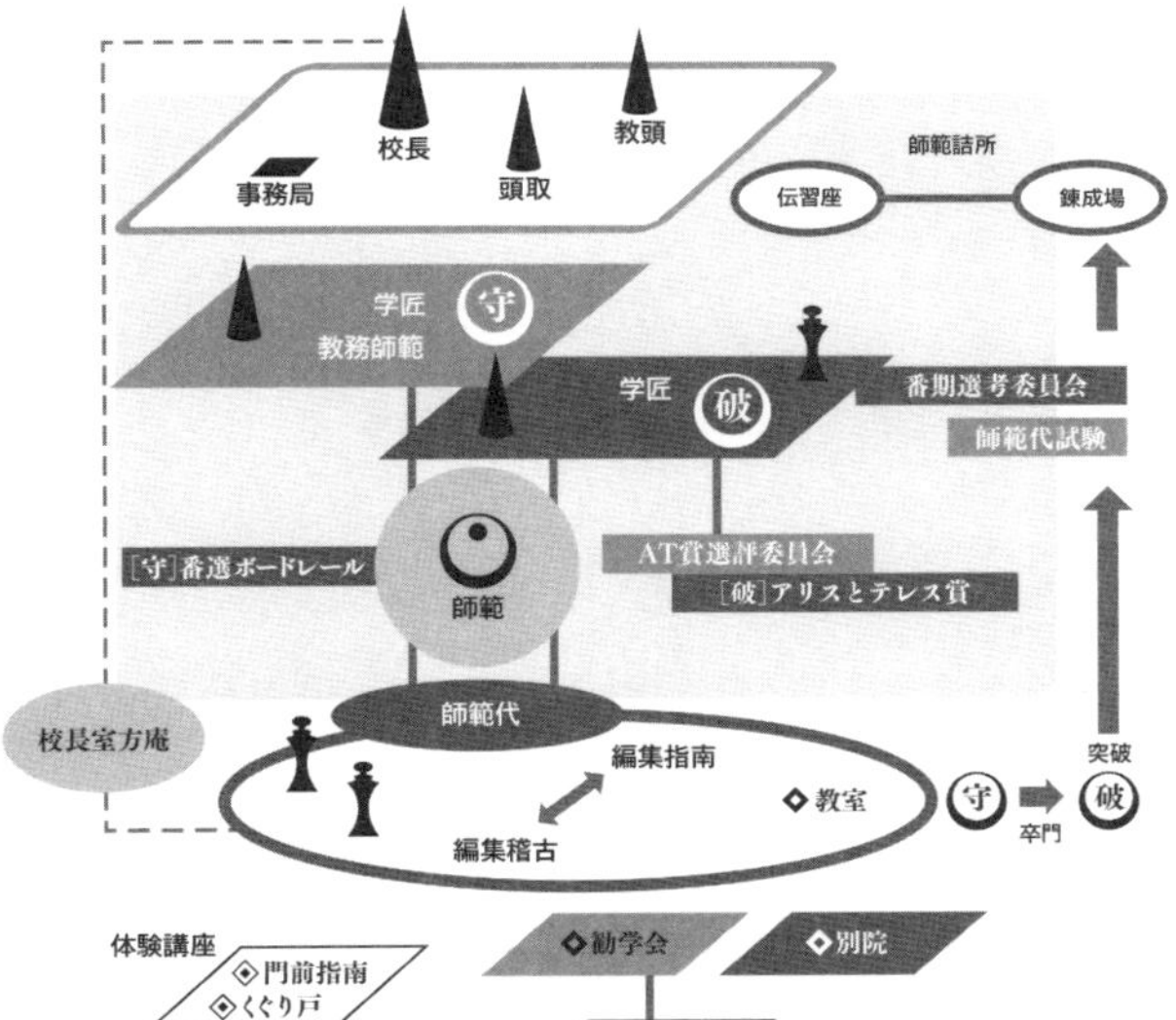

編集学校の仕組み図(2004年パンフレットより)。ヴァーチャル空間(教室・勧学会・別院)とリアルな場で稽古・交歓が起こる構造となっている。ベーシックな仕組みは、開校当初にすでに組み立てられていた。「事務局」は現在の「学林局」である。

II

指南の誕生

*・。これは新しい学び合いのコミュニティをつくる試みです。インターネット上の稽古で紡がれるそれぞれの物語。「思い出の学校、思い出の教室」がヴァーチャルな電子ネットワークの空間にあってもいいと思うんです。.。.・☆・。

——教頭　宮之原立久

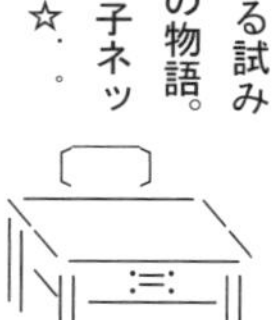

2000.8.7 雑誌「編集会議」より

お題01「部屋にあるもの」

ラウンジのオープンと同時に次々とお題文があがる12教室。01番は「部屋にあるもの」。このたったひとつの問いに、集った人びとがインターネットを介して回答を寄せあっていく。私の部屋にあるもの。植物、テーブル、ペン、緑色のソファ、海外土産のおきもの……。

赤坂EELの3階で、前日の開校準備に疲れてウトウトしていた教頭の宮之原が教室ラウンジを覗くと、そこでは師範代が続々と「指南」をつけていた。はじめてのお題に学衆はおそるおそる回答を寄せる。どれもが個性的でおもしろい。昨日まではひとつもなかった回答がひとつまたひとつと送信され、それに対して寄り添うようにコメントをつける師範代。ある指南では、「寒くなってきましたが」と季節の挨拶からはじまり、指南文の最後は絵文字のニコニコマークで締めくくられている。指南には、学衆の回答を丁寧にトレースしたコトバが連なっている。画面を見入る宮之原のかたわらで灰皿から吸い殻があふれていった。メールボックスには300通。気づけば2時間半もパソコンの前にいた。

当初、師範代には週1回、用意したコメントを返すように伝えていた。しかし、実際にはじまってみると誰ひとり用意されたコメントを返す者がいない。師範代は送られてくる回答がうれしくて、一人ひとりにあてて指南を返しはじめる。学衆は思いもよらない指南に応えて、また回答を重ねていく。師範代は仕事も家庭ももっていて忙しいはずなのに、一つひとつに指南をつけるなんて信じられなかった。1教室には10~15人の学衆がいるのだ。大変な労力がかかることを、師範代たちは嬉々として行っていた。宮之原は「これはいける」と感じた。

年齢も職業も趣味も多様な師範代と学衆が、一つのお題に回答と指南を寄せあうことで、教室が動きだす。12教室、159人の学衆が集い、ネット上で編集稽古をかわしながら、はじめての[守]が駆け出した。仕事場のテレビに目をやると、メジャーリーガーの野茂英雄がトルネード投法で三振の山を築くシーンが映っていたが、野茂の竜巻に負けず劣らず、イシスに独特のインタースコアのうねりが兆していた。

◎手探り指南からワイワイ・ガヤガヤ

当時、松岡は、師範代たちにこのように呼びかけている。

ネットワーク上の学校は、ディスタント・ラーニング（遠隔教育）と呼ばれ、世界でもニーズの高いものになりつつあるけれども、私は必ずしもまだいい成功例に出会っていません。イシス編集学校は、遠隔教育でありながら、face to face、手取り足取り、切ったり貼ったり、笑ったり困ったり、そういった人々の生きた感情や起伏をいかした新しい遠隔教育の試みにしたいと思っています。ちょうど各地に塾やカルチャースクール、自然観察グループができるように、ネットワークを介しながらも、体温のある学習の現場というものをつくっていきたい。そのためには、この学校では「師範代」の役割がとても大きい。「師範代」の個性、感情、意欲、勇気、決意、創意がとても大事なのです。

前例のない1期だからこそ、師範代たちの個性は、そのまま教室と学校の個性になった。札幌の新聞記者・泉屋昌平が師範代をつとめた〈放し方教室〉は抜群だった。松岡は「コミュニケーションの言葉をのっける手の平の感触がいい」と絶賛し、「文化の本質はこうした〝ハビトゥス（性向）〟で支えられるもの」と社会学者ブルデューの言葉を重ねた。軌を一にして、静岡の熱

伝習座では校長松岡の超編集講義がホワイトボードの板書とともに高速で繰り広げられる。編集術をシステム工学から解説する場面。

第1期から編集学校を支えてきたスーパー編集主婦・太田眞千代。［離］別当師範として膨大な参考書物を解読する。

イシス編集学校の企画を立ち上げた宮之原立久。開校後は師範代、学衆らが宮之原のワークスペースを囲んで編集談義を交わした。

第1期〈メソッドファンド教室〉の師範代・山田仁師範が双子の娘と10周年記念でステージに登壇。姉妹は編集学校と〝同い年〟だ。

血漢・平野雅彦が師範代をつとめた〈彦星教室〉、太田眞千代の〈黎明教室〉などが、次々とユニークな稽古をつくりだしていく。ある教室は柳生流のよう、ある教室はパゾリーニの映画のよう、ある教室はホームドラマのよう。師範代たちはすべてが手探りで、教室編集はてんやわんやだった。スパルタ指南を返しつづける師範代もいた。そもそも評価をどのモノサシで計ればいいかわからなかった。「スジの評価(思考の筋)」なのか、「カマエの評価(構造感覚)」なのか、「ハコビの評価(パフォーマンス性)」なのか、はたまた利休好みや織部好みというような「数寄」でいくか。最初のうち、評価の指標は多様きわまりなかったが、たがいの稽古や指南を見合うことで、指南の方針がだんだんと場で共有されるようになってきた。

未完成だったお題は、稽古の進捗にあわせて一気につくりあげた。当時の最初のお題「部屋にあるもの」は、情報をフィルタリングする稽古だ。部屋にあるもの、ないものを次々とあげて、頭の中の注意のカーソルの動きをトレースする。[守]ではこのような情報の「乗りかえ・持ちかえ・着がえ」を伝授するのだが、初期のカリキュラムでは、その一つひとつの編集メソッドをさらに3ステップに分けてかなり念入りに伝えていた。稽古の動向に素早く対応するために、お題は開講中にも大胆に改訂した。出題したあとに難易度を調整して差し替えたものもある。師範代のために指南マニュアルも用意したが、これはお題づくり以上に骨を折った。

宮之原は、睡眠時間を削り、朝までお題やマニュアルづくりに励んでは、赤坂のカプセルホテルで数時間仮眠をとって出社する毎日だった。たしかに相互編集が起動するための仕組みは意図して用意したものだったが、それはあくまで構想であって、実際に動いているさまを見るのは驚きだった。『知の編集工学』で描いた「創発」が、まさに目の前で起こっているのだ。

教室が盛り上がってきた頃、松岡が「校長校話」と題して教室ごとにコメントを寄せ、校長自らの登場にみなが発奮した。タイトルは「にぎやかで、スリリングなISIS編集学校」だ。朝5時に宮之原が松岡にその日の稽古の出来事を報告すると、その場で松岡がタイピングした。こうした初期の「校長校話」では、「おっほん、我輩が校長の松岡である」というように、いま見るとちょっとほほえましくなるような校長モードを楽しむ松岡の姿を垣間見ることができる。

最後の回答を送信する手が震えた

忘れられない1日だった。1期修了間際にサーバーがダウンし、最後のお題への回答が送れなくなるトラブルが起きた。復旧後、駆け込み組がなんとか最終回答を終えると、すぐに松岡から「みんなよくやったね！」とメッセージが届く。門跡《もんぜき》ロールを務めた牧浦徳昭は、「最後に回答を送るときにとにかく手が震えてね」とのちに当時を振り返った。

1期修了率は159人中11%。メールを毎日チェックする習慣などない時代、日常生活の合間で1年にわたるコースを貫徹できる学衆は想定よりもずっと少なかった。だが事務局は「やるしかない」と覚悟を決めた。そう思えるだけのたしかな手応えがあったからだ。

はじめての修了式は、2001年7月に開かれた。まだ「感門之盟」という名前はなく、師範代だけが集まって期の奮闘をねぎらう会だった。現在のように学衆が参加するスタイルがはじまったのは、8［守］・7［破］、広尾のレストラン「シェ・モルチェ」での開催からだ。感門之盟で恒例となっている「先達文庫《せんだつぶんこ》」は、6期までは修了した学衆にも贈っていた。松岡のメッセージ入りの文庫本が自宅に送られてくるのである。現・ISIS花伝所所長で当時学衆だった田中晶子は、自分のためだけに特別な本が贈られることにびっくりし、届いた『ラファエル前派の夢』を1日で読みきった。本を贈り相互に読みあうというイシス独特の「共読《きょうどく》」の文化は、先達文庫から生まれたものだ。師範が師範代をねぎらう表彰状「感門表《かんもんひょう》」には、EEL所属の若手デザイナーだった美柑和俊が意匠を凝らし、師範がエディトリアルな言葉を直筆で書き綴った。もちろん、「以下同文」はない。先達文庫と感門表は編集学校の伝統となり、その相互記譜はいまも連綿とつづいている。

ウーロン茶1杯で2時間

編集学校の稽古はインターネット上のラウンジで交わすが、感門之盟やリアルでのオフ会「汁講《しるこう》」なども行われている。最初に汁講を開いたのは〈OSAKAN教室〉で、2000年9月に大阪で開催した。ネット上で出会う顔とはまた違った顔をみせる学衆もいる。当日、教頭の宮之原と担当師範の木村久美子が会場に着くと、中華料理屋の前で学衆の尾崎伸行が笑顔で迎えてくれた。じつは、この尾崎は関西弁で連鎖拡張型の回答を光らせる「やんちゃ者」のひとりだったが、出会ってみれば、まごうことなき「いい青年」だった。ネットとリアルが生みだす醍醐味をあらためて実感した瞬間だった。昔も今も、汁講はただの飲み会にせず、なんらかの編集稽古を入れてほしいと師範代にオーダーしているが、なんと第1回は、ウーロン茶1杯で2時間ものあいだ、師範代の荒木基次がひたすら国語・理科・社会を講義をするハコビとなった。学衆

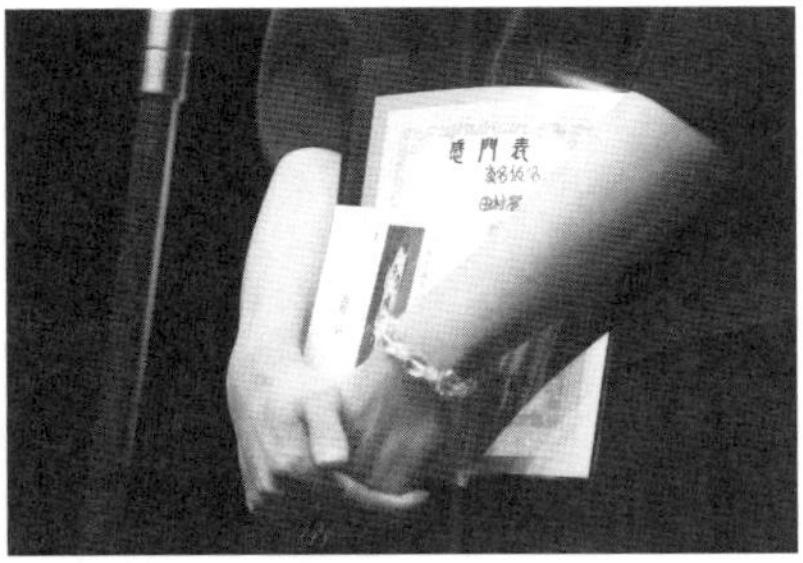

感門表と先達文庫を手に抱えて感門之盟の舞台に立つ師範代。共読の文化が、校長や師範から師範代へ、そしてまた次の師範代や学衆へと相伝されていく。

赤坂EEL内PIERで「先達文庫」の準備。校長松岡が一人ひとりの師範代に選んだ本に語りかけるようなメッセージを添える。

OSAKAN教室汁講での荒木師範代（前列中央）を囲んでの記念スナップ。イシス編集学校初の汁講には、東京から木村久美子もかけつけた（前列左）。

は「なんでいまここで国語の授業を？」と思ったことだろう。とても不思議な、しかし編集学校らしい時間が流れていった。

師範代たちが指南の技をリアルに学ぶ場「伝習座《でんしゅうざ》」で印象深いのが、第5回だ。期を越えて大勢の師範・師範代が集う緊張感あふれる空気のなかで、松岡が「編集ワークショップ十連発」と板書してナビゲートをはじめる。師範の太田眞千代が自分の教え子を遠くから母のような眼で眺めている。スタッフは、この伝習座に参加してはじめて、師範代と学衆のあいだに熱い結びつきが生まれていることを知った。現・学林局長の佐々木千佳はその姿をまるで「血族のよう」だと感じた。師範代たちは、[守]を通して学衆に愛着を抱くようになるが、[破]では教室が新たに振り分けられ、学衆は新たな師範代の教室で稽古をする。師範代たちからは、「守で担当した学衆は、破でも自分が受け持ちたい」という声が多くあがった。「自分の学衆」から離れるのが辛いというのだ。そうした想いを交歓しながら伝習座は朝までつづいた。深夜3時ごろに校長の「終わろうか」の一言で解散したが、帰る手段のない師範代たちは近くのデニーズで朝まで話しあかした。

ネットの波風にこそ編集術

一方で、ネット・スクール開校期ならではの「事件」も次から次に起こった。インターネットを使い慣れていない受講者からの電話が鳴りつづき、事務局はネットの相談窓口と化した。トラブルが起こる度に、EELのITプロジェクトを統括していた太田剛と喧々諤々の議論を交わして対策を練った。また、起こったのはそうしたシステムのトラブルだけではない。たとえば師範代にかみつく学衆もいた。誹謗中傷は削除すると規約で定めているが、規約に沿った対応では済まない類もある。しかし、多くは他の学衆が師範代に共感や同調するコメントを寄せて、場をおさめてくれた。EELが各地の市民電子会議室プロジェクトや、黎明期のネットコミュニティのレスキュー支援等で培ったノウハウに学びながら、波風を編集していった。

編集学校では、トラブルに対して出る杭は打つ式の対応は好まない。負の場面でこそ、その「対流」を「奔流」に変えるための編集を起動させたいと思い定めてきた。[ISIS花伝所]では、新師範代へのコーチング・カリキュラムで「場の編集」の指導に時間をかけ、過去の師範代たちの手捌きを伝えるケース・スタディを設けている。イシスではコンテンツ(内容)よりもメソッド(方法)を重視するが、これはお題・回答・指南に限ったことではなく、教室編集そのものの要《かなめ》にもなっている。

(上)太田香保による伝習座でのレクチャー。板書はパリシーと利休で東西の陶芸インターフェイスを比較している。(下)宮之原教頭が編集指南の要訣を講義。左端は岡山の能勢師範代、隣は静岡のせどり男爵・平野師範代。

イシスの学校案内

草創期から現在まで、フライヤーから濃密パンフレットまで。オブジェに見立て、言葉を尽くし、多種多彩にてご用意。

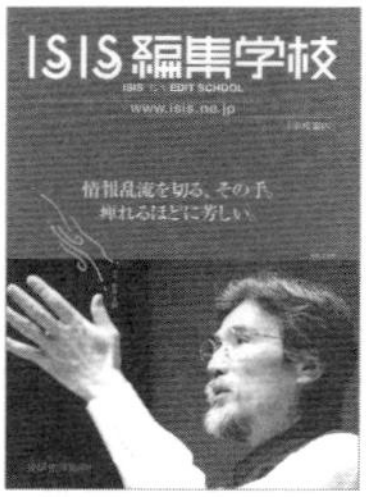

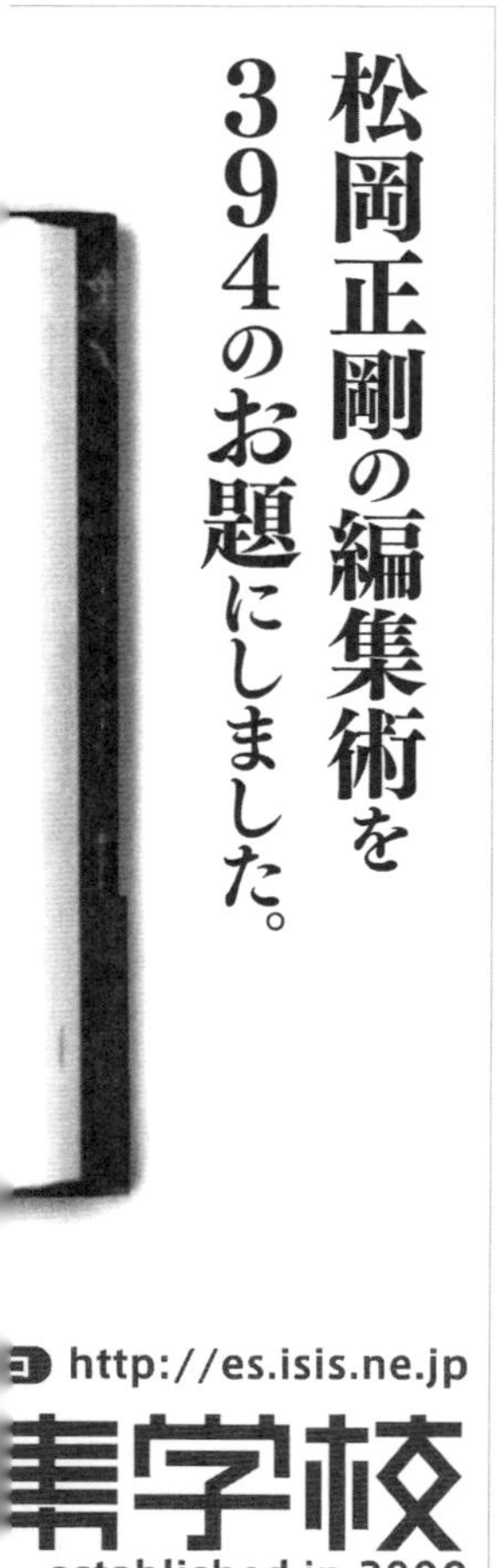

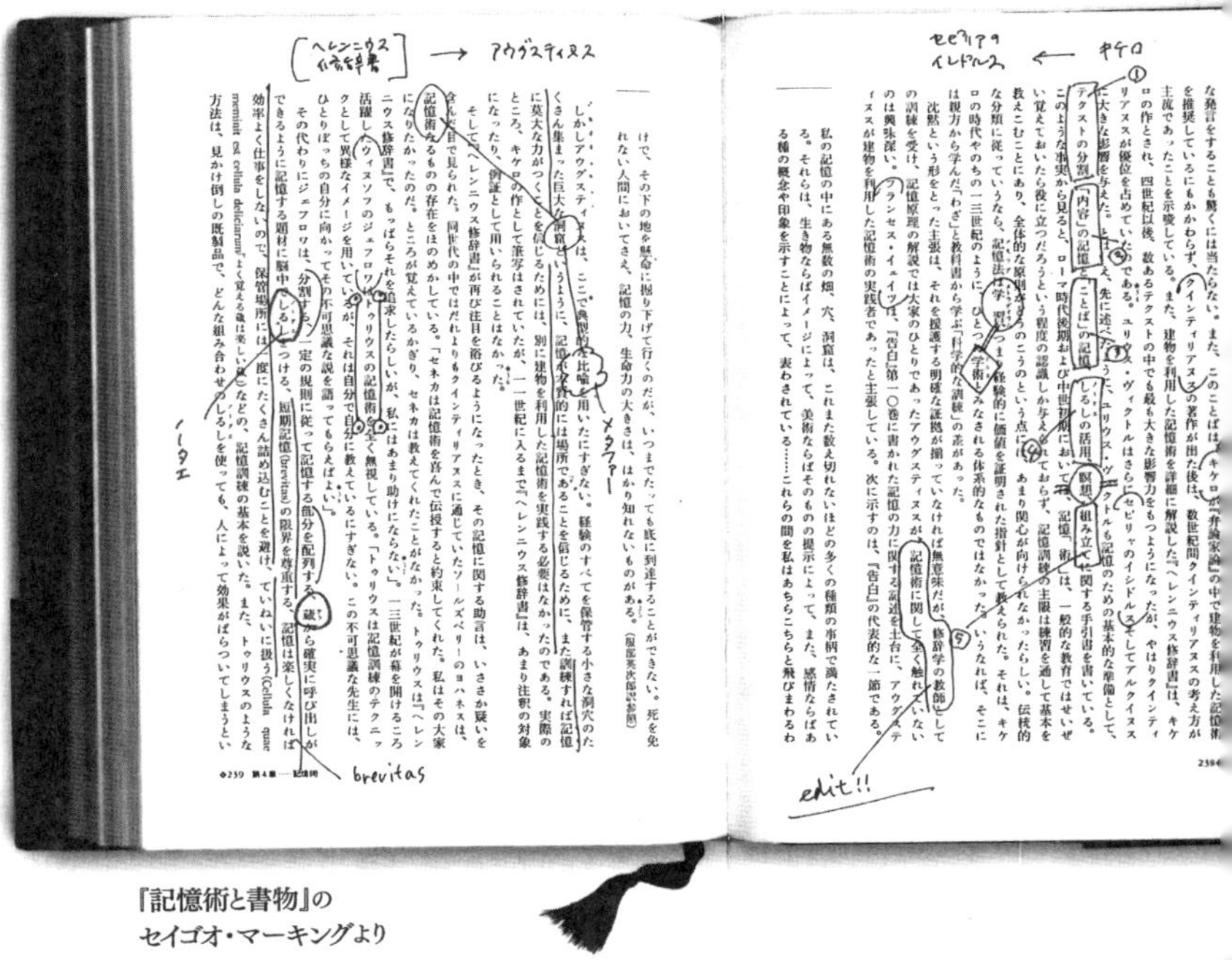

『記憶術と書物』の
セイゴオ・マーキングより

ネット

イシス編

Ⅲ

学校が編集されたがっている

*・。朝焼けは、つかの間に爽やかな秋空へかわろうとしています。はい、東京、朝になりました。週報も勢揃い。教室の鼓動が刻まれていきますね。詰所のみなさま、編集学校の「いま」、聞こえますでしょ。。:.:☆.。

——教務　佐々木千佳

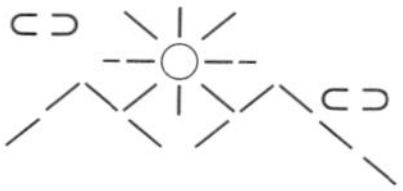

2004.9.7 詰所にて

世にない何かが芽吹いてきた

「編集学校　爆発中！」。表紙に赤サインペンで大きく書かれた教室レポートが、学林局長・佐々木の手元にいまも残っている。はじめての［守］が動き出し、編集学校の日々が一挙に加速するなかで、それぞれの教室編集の充実をイキイキと伝えようと、当時教務の佐々木や伊藤愛子は、教室レポートを作成していた。そのレポートを読んだ松岡が、先ほどの言葉を記して机の上に返したのだ。「世にない何かが芽吹いてきたんだ」と佐々木は思った。レポートの束が一冊の書籍であるかのように見えるほど、この学校で起こっていることにムクムクと自信が湧きはじめた。

編集学校は毎日がめまぐるしい。リクルート関係の職場と編集学校のダブルワークをしていた佐々木は、自転車で青山と赤坂を行き来しながら、刻一刻と変化していく教室の姿と編集学校のこれからに思いを馳せた。女性の社会進出が盛んになってきた時期で、雑誌「AERA」が「働くママの時間リストラ」と題した記事で佐々木を取材していた。eラーニングという新分野にチャレンジしながら、家事も仕事も邁進する女性。師範代、学衆だけでなく、編集学校をつくるスタッフたちも、まさに「ポリロール（多職的）」のただなかにあったのだ。

©苗代の創発力

2001年、［守］につづいて［破］応用コースがはじまった。当初、守と破は1年ずつ開講しようと考えていたが、期間が長過ぎると判断し、開校から数カ月後には守・破のセットで1年のクールにすることで決定した。だが、2期、3期と開講すると、コースの途中でリタイヤする師範代がでたり、師範代が足りなくなるという困難が立ちはだかった。早いサイクルで動かそうと焦ったために、学衆募集も間に合わなかった。そこで再度議論を重ね、2001年9月開講の4期からは、コースを守と破

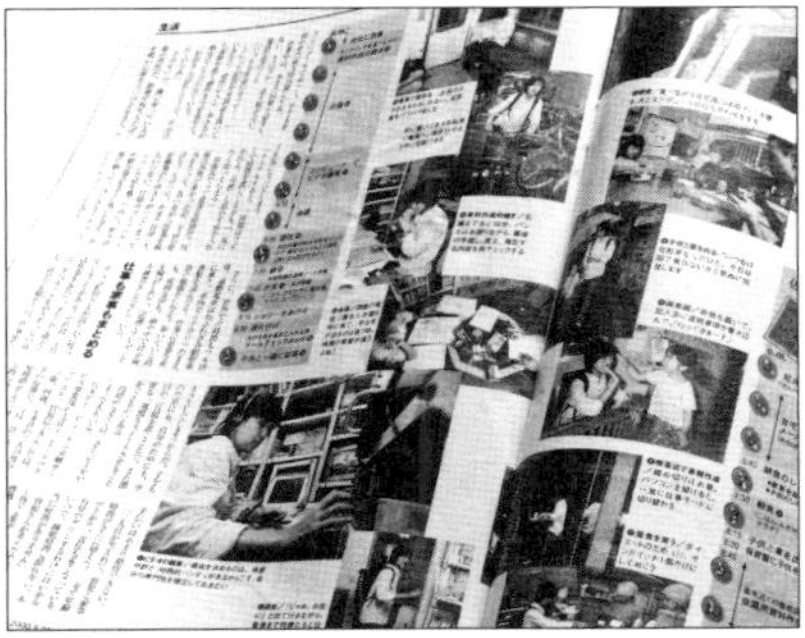

子育て時代の学林局長・佐々木千佳のスーパーウーマンぶりに「AERA」も注目。ネットが多様なライフスタイルを可能にしはじめた。

に分け、守を修了してから破へ進むという現在の仕組みに変更した。さらに、「期」ごとにさまざまなイベントを仕掛けるようにした。初期の修了率は教室によって違っていて、順調に稽古を進める学衆と遅れたり挫折する学衆は比較的はっきりと分かれていた。もっとも多かった挫折の理由は「ゴールが見えない」ということだ。長すぎるコースの設計に加えて、いまのような学衆参加型の感門之盟や全校アワードがないから、稽古の節目を感じにくかったのだ。だが、2コース制やイベントを導入し、節や瀬をはっきりと設けることで、学衆は楽しんで次の門へ進んでいくようになった。「インターネットマガジン」を創刊したインプレスの井芹昌信は、イシス編集学校が「インターネットに時間を入れた」ことに感心したと当時を振り返っている。

学校のサイズについてもよく議論した。現在の破学匠・木村は「いまの学校の仕組みのいいところは、ロールをもっている人の顔が見えているところ。別のシクミでもっと大きく始めていたら裾野は広がっただろうけれど、うまくいかなかった点もあったのではないか」と語る。スモール・コミュニティ論ではないが、教室という座のサイズには適切な〝あんばい〟がある。松岡はかつてから、やたらに規模を大きくすることを選ばなかった。〝ちょっと小さめ〟な期や教室が苗代となり、イシス的な場の文化をつくりだしてきたのである。

松岡は、スタートしたばかりの学校で、それぞれが稽古に夢中になっていることに手応えを感じていた。学校がまるで生態系のように創発的に動きだす。経済的に厳しい局面もあったが、そんなことを吹き飛ばす勢いで〝爆発〟がはじまっていた。編集学校のウワサは口コミで広がりだしていた。2000年5月には、雑誌「編集会議」で松岡の連載「編集談義」がスタートしている。学衆たちは雑誌を片手にネット稽古を進め、編集術を磨いていった。

力作の学校チラシも完成した。カメラマン大西成明（元工作舎）に依頼し、アンモナイトや電球やミニチュアのトルソーや「当たり」判子などのオブジェがつまった箱をアクリル板の上に置き、照明を裏側からあてて1日がかりで撮影したものだ。コピーは「単語の目録。イメージの辞書。ルールの群。みんなあげたい」。スタッフ総出でアイディアを練り、最終的には現場でオブジェを動かしながら一枚の絵が仕上がった。イシスのつくりものは、いつもこうしてトライ&エラーの手仕事で完成していく。なお、同時期に制作した初の学校パンフレットには、今とはおもむきの違う[離]のカリキュラム構想が書かれているが、その学校全体図を見れば、すでに学校のプロトタイプが完成していたことがよくわかる。

電汁と月影指南

「生徒のみなさん、どうですか。この教室はなかなか興奮すべきものでしょう。稽古というのは、古《いにしえ》を稽《かんが》える、という意味です。世阿弥が〝稽古条条〟と言いましたね。ぜひともそれぞれの〝時分《じぶん》の花〟を咲かせてください」。松岡が2期のスタートに寄せた「校長校話」だ。編集学校は稽古の連なりを重視し、時分の花のタイミングを逃さない。1期から2、3期をつづけざまに開講し、それぞれの講座を並行して走らせていたが、来る4期は、はじめて学衆から師範代が誕生し、それぞれの〝花〟を咲かせた期となった。学衆が師範代へロールチェンジするという師範代育成の仕組みが動きはじめたのである。師範代は学衆から募集した。この人なら任せられるという学衆に木村が個別に電話で声をかけた。師範代になるための面接を開くと伝えると、松岡校長に会えるというので、首都圏はもちろん、仙台、金沢、名古屋、大阪、福岡など日本各地から赤坂に駆けつけた。当時は校長と話せる機会はなかなかなく、感門之盟に学衆が参加できるようになるのもずっとあとの話だ。赤坂EELで3〜4時間、自己紹介や質問などをして、お茶を飲みながら話を交わし、そこで新たな師範代が決まっていく。

こうして生まれた師範代たちが、今度は自分の教室で思いおもいの編集を仕掛けていく。2002年の5[守]では、師範代の声で「電汁《でんじる》」が生まれた。電汁とはチャット的に短文メッセージを高速に交わす電子上の汁講《しるこう》（オフ会）である。主婦でウェブデザイナーの西川佳津枝の〈ペンギンドミノ教室〉で、みなが同じ時間にラウンジに集まって開催したのがはじまりだ。こういう教室の盛り上げ方もあるのかと、電汁は師範代のあいだで飛び火した。西川は「仮想人物の指南」というユニークなスタイルもつくりだしている。〝なりきり指南〟である。たとえば「月影先生」は奥座敷から厳しいモードで指南をするが、その表では素顔の西川がソフトに甘い蜜モードのコメントを滑り込ませる。不足から転じた苦肉の策だったが大いにウケた。みな教室運営で苦戦するなかで、ネット・コミュニケーションの遊びが生まれてきたのだ。

もっと類例のない学校にしたい

この時期から、ＥＥＬの情報化プロジェクトの稼働が増えた宮之原に代わって、新たに「頭取」というロールが生まれ、大川雅生が担うことになった。大川は、のちにイシス編集学校の名物となる「門前指南」のコーチでもある。当時、編集学校に入門すべく赤坂を訪れた学衆たちの多くが、貫禄漂う大川のキレのよい〝編集の洗礼〟を浴びた。また、木村が［破］教務となり、

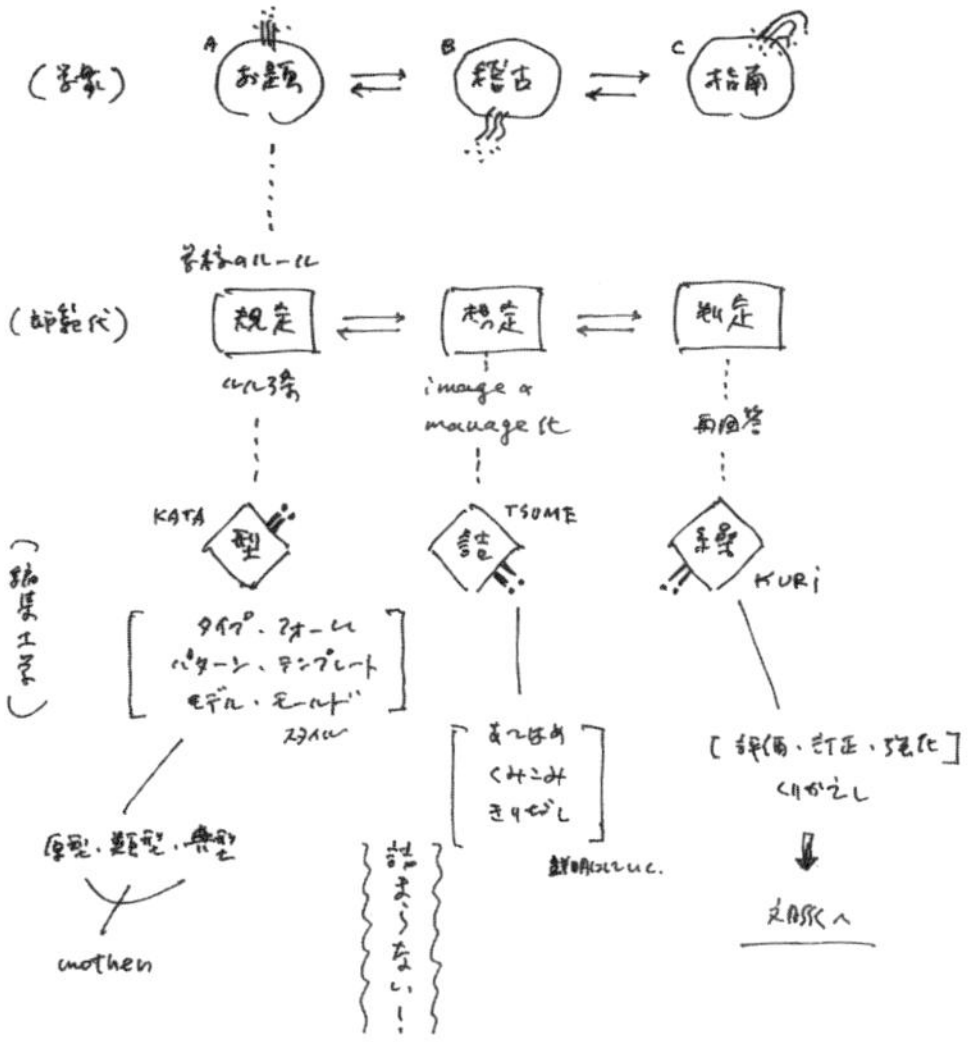

校長松岡による編集稽古の構造デッサン。お題→回答→指南を編集工学としての型・詰・繰から読み解く。

学林局では「學林」の額のまわりにずらりと全教室が掲げられている。鳴鶴三友、夜型ピンヒール、空中バッカス、あしながステラ。校長命名の教室が並ぶ。

[守]教務は事務局をきりもりしていた伊藤が佐々木とともに担当することになった。事務局は、現在の「学林局《がくりんきょく》」にあたる。1、2期の師範代たちがこぞって師範になり、学校の層が厚くなったのにあわせて、学校全体をマネジメントする各ロールが強化されていったのだ。

同時に、各講座のカリキュラムや仕立てもリニューアルしていった。破のお題を現在のかたちにブラッシュアップしたのがこの時期である。文体編集術は太田香保が、クロニクル編集術は木村が、物語編集術は大川が、プランニング編集術は宮之原と師範・川崎隆章が、松岡のディレクションを受けながら組み替えていった。ラウンジでは、「どんとはれ」が合言葉の師範・西川あづみのように個々に際立った人たちの動きがあり、それを活かして「別院」などの期全体のシクミも確立しはじめていた。

守は「講義篇Web」を整備して、「〝編集的自由〟をめざすカリキュラム」とし、師範ボード、チームラウンジなどのしつらえも充実させていった。6期には「全員卒門教室」が誕生し、9期には全学衆の「80%卒門」が実現するなど、編集学校は劇的な成長をみせた。「こんな学校、世の中にない」。だからこそ「もっともっと類例のないものにしていきたい」。松岡はスタッフや師範・師範代に発破をかけつづけた。

このころに誕生した守の「番選ボードレール（番ボー）」や破の「アリスとテレス賞」という目玉のアワードも新風を吹かせた。師範が中世日本の目利き「同朋衆《どうぼうしゅう》」のようにエントリー回答を選評していく。切れ味の鋭い講評は松岡でさえ舌を巻くものだった。編集学校の評価のメトリック（目盛り）が、いよいよ研ぎ澄まされてきたのだ。この番ボーのお題「ミメロギア」は、のちにウェブ上の公募で外部からも参加できる「全国ミメロギア投稿コンテスト」となり、編集の機知を競い合うソーシャル・アワードとして盛り上がっていくことになる。

師範代たちが赤坂のカフェを埋め尽くした

2003年6月には、200人を超える面々が一堂に会するはじめての大イベント、第1回「番期同門祭《ばんきどうもんさい》―水無月『縁會《えんかい》』」が赤坂草月会館のレストランで開催され、1～7期の教室のつながりを描いた「編系樹《へんけいじゅ》」が披露されるなど、一大モーメントとなった。〈白いバイエル〉系から〈直立猿人〉系までの教室の連なりは、生命進化の連鎖をあらわす系譜のようであり、一座建立していく室町文化の諸派のようであり、旗を連ねて走る暴走族のようでもあって、壮観かつ痛快だ。教室間の「複合的なミーム」が効果を発揮しはじめたのだ。美輪明宏、大野一雄、安藤忠雄などの著名人も大勢駆けつけ、会場に来ていた朝日新聞の記者が「ベッカム選手やロックコンサートよりすごいですよ」と漏らしたほどの活気だった。終了後には、プチ汁講に移動した師範代たちが赤坂のカフェという カフェを埋め尽くした。

学校の第一次ピークである。学校のモデルができ、いろんな人が集ってきた。7［守］は19教室に増え、森由佳師範率いる「森組」、〝お柳さん〟こと古川柳子師範代の〈蓼食《たでく》うプリズム教室〉

が名高い「伊東組」、ノマドな越境感覚が行き交う「平野組」など、師範代を肩越しに見守る師範たちの個性が冴えわたった。また、この期から冨澤陽一郎が守の教務に抜擢された。冨澤は新たなロールにこだわりをもち、就任にあたって「富澤」から「冨澤」へと自分の姓から〝点〟をとった。いわく「僕の名前はこうなんです」。松岡は「細かいことだが、こういう変化が大事なんだ」と笑いながら当時を振り返っている。師範・田中晶子にも白羽の矢がたった。スタッフに引き抜こうと、田中のもとに松岡から直接電話がかかってきた。さらに、2004年夏には教務あらため「学匠《がくしょう》」と命名され、ほぼ同じ時期に生徒の呼び方も「学衆《がくしゅう》」に変わった。この頃、編集学校の記事が朝日新聞の文化欄に掲載されている。eラーニングのモデルが確立していなかった当時、そのめずらしい成功事例として紹介されたのだ。

地域支所の狼煙があがる

EELではさまざまなプロジェクトが進展していたが、歩をあわせるように、イシス編集学校でも社会との多様なコラボレーションが萌芽してきた。企業と学校がタイアップして実現した「パイオニア賞」プロジェクト、編集学校の地域支所の立ち上げ、『ISIS式 直伝！プランニング編集術』（東洋経済新報社、2003年）の出版事業などが連発されていった。1期のメンバーたちがその経験を活かしつつ、新たなロールに挑みだしたことが原動力となった。第2回パイオニア賞は師範・小清水美恵が華々しく大賞を射止めた。景品は約100万円の大型モニタである。教室単位で事業アイディアのタネを応募する特別稽古も出現した。

2003年、日本社会では「地域活性化」がいよいよ盛んになり、地域通貨、ご当地検定、少しのちにはご当地アイドル、ゆるキャラが人気を博すなど、地域が新たな編集を求めていた。そのなかで、イシス編集学校の「地域支所」がEELの地域プロジェクトに連なるように立ち上がっていく。すでに岐阜の「織部賞」が始動し、地域住民向けの「オリベ編集学校」が誕生して

大川雅生頭取(中央奥右)による赤坂名物・門前指南をきっかけにイシス編集学校の門を叩いた学衆も多い。隣は伊藤愛子教務。

番期同門祭の最後にイシス編集学校の面々に向けて、壇上から気合いのエールを送るのは当時編集工学研究所のシステムを一手に引き受けていた太田剛。

奇内花伝組発足式での記念写真。校長が肩を抱いているのは左が初代組長の貝塚英樹師範、右は日高裕子師範。現在はナニワの女傑、赤松木の実師範が二代目を襲名。

いた。金沢では師範代・森崇哉が地域の教育プロジェクトに参加し、歴象航行型教育学習システム「クロノス」の実験授業をサポート。静岡では師範・平野が図書館の依頼で「ブックツアー講座」を主導していた。そうした動きのなかから、静岡セドリ組、名古屋・曼名伽《まんなか》組、加賀篝火《かがりび》組、関西・奇内花伝《きないかでん》組が狼煙をあげたのだ。奇内花伝組から送られてきた編集レポートは、関西にリアルな衛星校が出現するのではないかという勢いに満ちあふれていた。それぞれの支所名は松岡が命名した。目指すは、地域を結ぶ編集コミュニケーションの創出だ。「出張門前」をはじめ、支所でどんなことに挑戦できるのか、みなでとことん語りあった。

イシス初の書籍『プランニング編集術』の制作は、コンサルタントを職とする1期学衆・土井哲が、「ビジネスに役立つプランニング術を本にしたい」と企画をもちかけてきたことが端緒になった。指揮をとったのは宮之原である。執筆は、ビジネスの現場で活躍する師範代たちに協力してもらい、お題解説には必ず師範代のコメントを入れた。「お題」を世に出版していいのかという議論はあったが、ネットの学習と本の単独学習は別物だと考え、大胆に掲載することにした。ただしメインは[守]の内容だ。本格的な[破]のプランニング編集術は書籍ではじつは伏せている。

当時は、まだ[離]や[遊]といったステップアップコースがなかったが、学衆たちには、一回受講して終わりではなく、もっと自由にイシスでの関わりを広げていってもらいたかった。守・破を学んだあとも師範代や学衆が活躍できるプロジェクトが増えた背景には、こうした学校の願いがあった。

❍切実を語らずして何が編集か

2004年2月の8［守］7［破］感門之盟では、校長還暦祝いにそれぞれが千夜千冊のなかで特別好きな三冊を選ぶ「千夜数寄三冊」をみなで松岡に贈った。時を同じくして、2000年の開校とともに歩んできた千夜千冊の1000夜達成が目前に迫っていた。カウントダウンに向けて歌人の師範・小池純代による千夜短歌の伴走もはじまった。記念すべき夜に取り上げられる本が何になるか、全校が盛り上がった。ついに『源氏物語』か、いや『千夜一夜物語』に違いない、はたまた「記紀万葉」だろうと、さまざまな予想が繰り広げられた。

1000夜を飾ったのは『良寛全集』である。「淡雪の中にたちたる三千大千世界《みちあふち》またその中に沫雪《あわゆき》ぞ降る」の歌を引きながら、松岡はこの一夜で次のように問いかけた。「切実を引き受けずして、いったい何が編集であろうか。われわれはあまりにも大事なことを語ろうとはしてこなかったのではないか」。この言葉は編集学校の節目節目で語り継がれる一節となった。しかし、この言葉が発せられた本当の理由はまだ誰もわかっていなかった。

『千夜千冊全集』を配した燦架（さんか）が感門之盟の会場を飾る。全集第3巻のタイトルは「脳と心の編集学校」。

ここに始まる編系樹

送り出した学衆が師範代になり、その師範代の学衆がまた師範代になる。受け継がれる編集の魂(meme)を紡いだ7期までの系統ツリー。

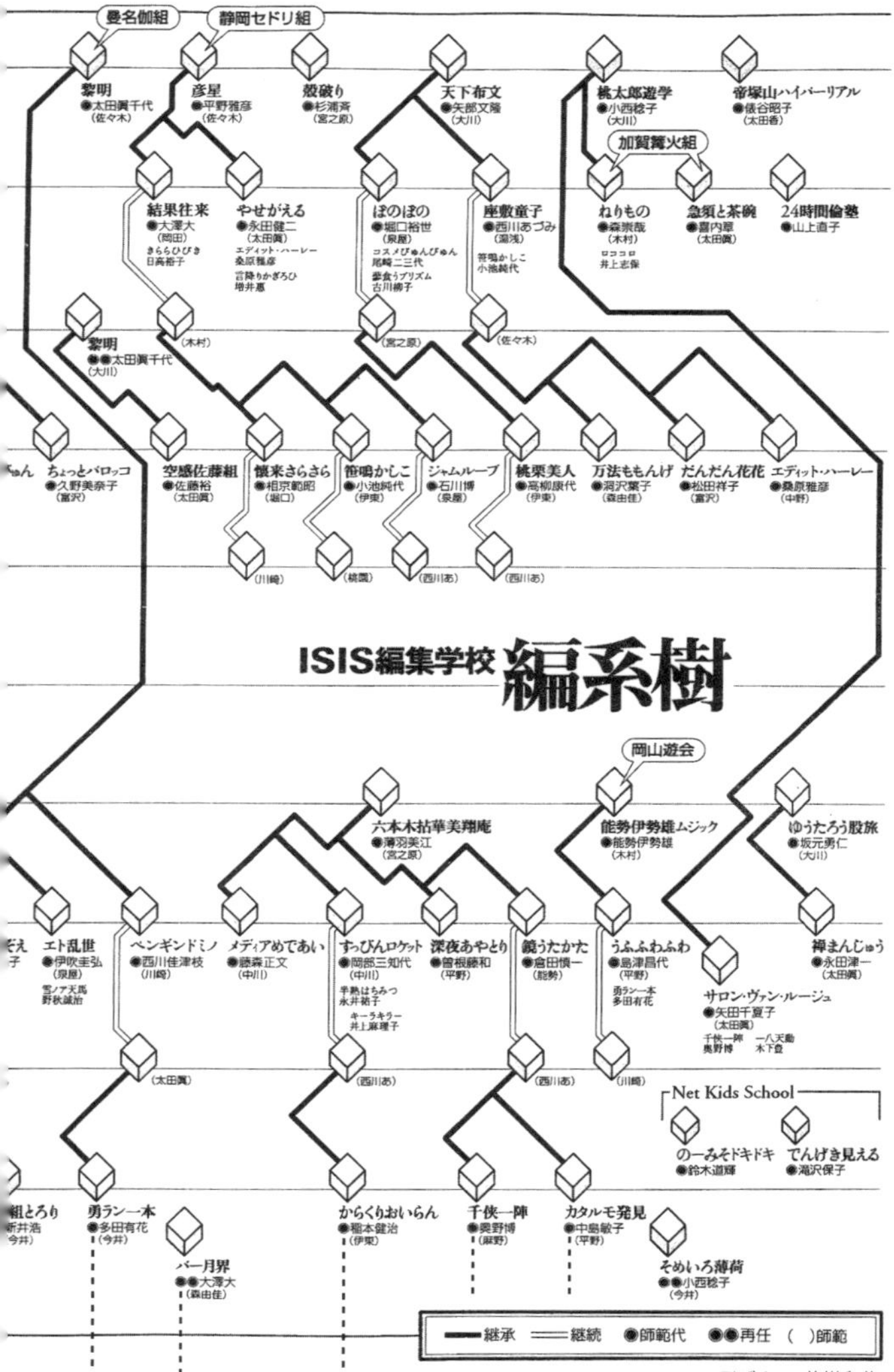

デザイン＝美柑和俊

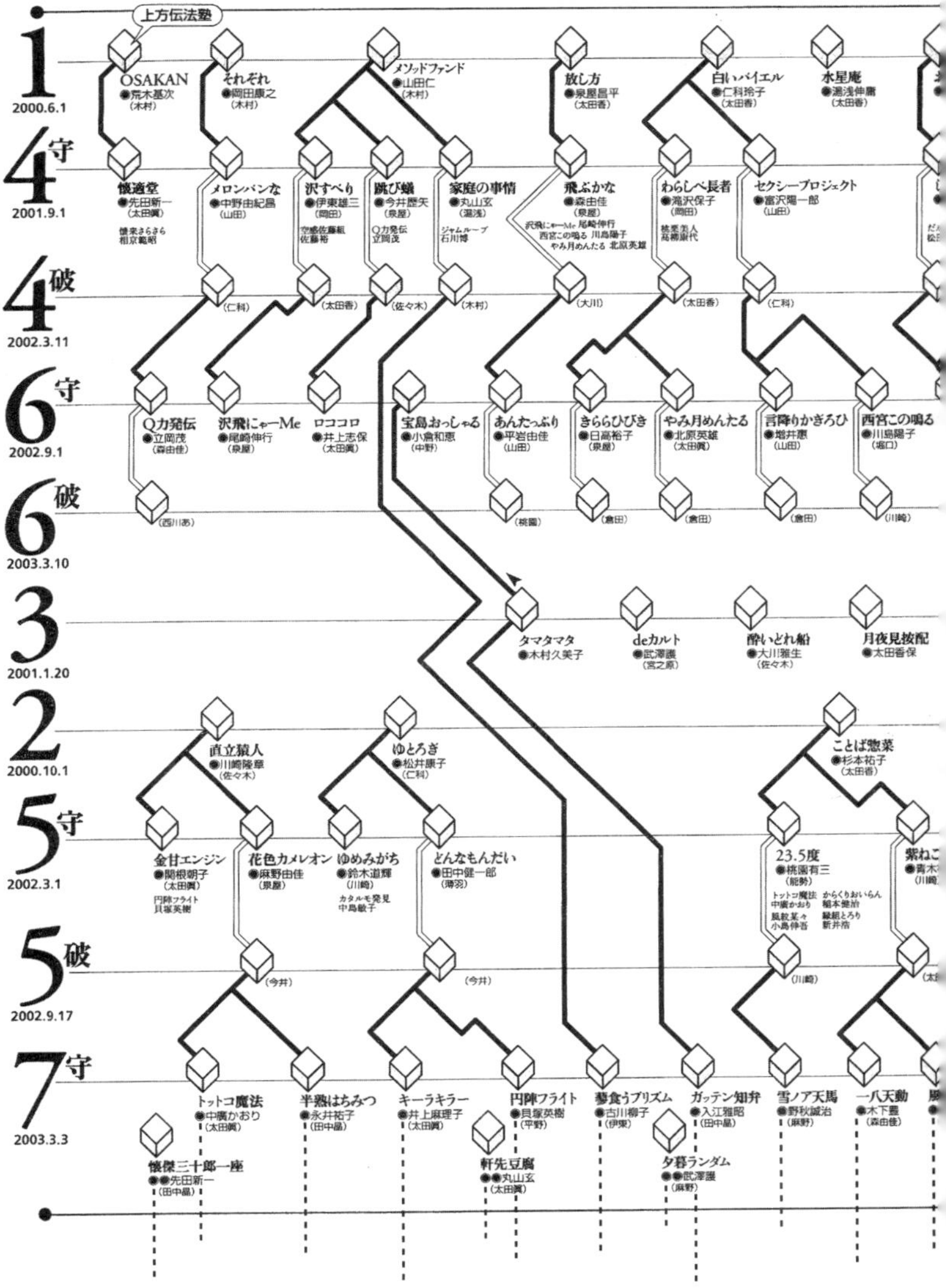

上方伝法塾
1 2000.6.1
4守 2001.9.1
4破 2002.3.11
6守 2002.9.1
6破 2003.3.10
3 2001.1.20
2 2000.10.1
5守 2002.3.1
5破 2002.9.17
7守 2003.3.3
OSAKAN ●荒木基次（木村）
それぞれ ●岡田康之（木村）
メソッドファンド ●山田仁（木村）
放し方 ●泉屋昌平（太田香）
白いバイエル ●仁科玲子（太田香）
水星庵 ●湯浅伸庸（太田香）
懐適堂 ●先田新一（太田眞）
懐来さらさら 相京範昭
メロンパンな ●中野由紀昌（山田）
沢すべり ●伊東雄三（岡田）
空感佐藤組 佐藤裕
跳び蟻 ●今井歴矢（泉屋）
Q力発伝 立岡茂
家庭の事情 ●丸山玄（湯浅）
ジャムループ 石川博
飛ぶかな ●森由佳（泉屋）
沢飛にゃーMe 尾崎伸行
西宮この鳴る 川島陽子
やみ月めんたる 北原英雄
わらしべ長者 ●滝沢保子（岡田）
桃楽美人 髙橋康代
セクシープロジェクト ●富沢陽一郎（山田）
（仁科） （太田香） （佐々木） （木村） （大川） （太田香） （仁科）
Q力発伝 ●立岡茂（森由佳）
沢飛にゃーMe ●尾崎伸行（泉屋）
ロココロ ●井上志保（太田眞）
宝島おっしゃる ●小倉和恵（中野）
あんたっぷり ●平岩由佳（山田）
きららひびき ●日高裕子（泉屋）
やみ月めんたる ●北原英雄（太田眞）
言降りかぎろひ ●増井恵（山田）
西宮この鳴る ●川島陽子（堀口）
（西川あ） （桃園） （倉田） （倉田） （倉田） （川崎）
タマタマタ ●木村久美子
deカルト ●武澤譲（宮之原）
酔いどれ船 ●大川雅生（佐々木）
月夜見披配 ●太田香保
直立猿人 ●川崎隆章（佐々木）
ゆとろぎ ●松井康子（仁科）
ことば惣菜 ●杉本祐子（太田香）
金甘エンジン ●関根朋子（太田眞）
円陣フライト 貝塚英樹
花色カメレオン ●麻野由佳（泉屋）
ゆめみがち ●鈴木道輝（川崎）
カタルモ発見 中島敏子
どんなもんだい ●田中健一郎（薄羽）
23.5度 ●桃園有三（能勢）
トットコ魔法 中廣かおり
からくりおいらん 稲本勝治
鳳皎某々 小島伸吾
緑組とろり 新井浩
（今井） （今井） （川崎）
トットコ魔法 ●中廣かおり（太田眞）
半熟はちみつ ●永井祐子（田中晶）
キーラキラー ●井上麻理子（太田眞）
円陣フライト ●貝塚英樹（平野）
蓼食うプリズム ●古川柳子（伊東）
ガッテン知弁 ●入江雅昭（田中晶）
雪ノア天馬 ●野秋誠治（麻野）
一八天動 ●木下豊（森由佳）
懐傑三十郎一座 ●●先田新一（田中晶）
軒先豆腐 ●●丸山玄（太田眞）
夕暮ランダム ●●武澤譲（麻野）

Ⅳ　時分を共読する試み

＊・。超満員の京王線の車両で。深夜の部屋で雨が吹き付ける窓を見ながら。幕張メッセのモッシュの渦中で。みなさんの回答を読み、指南を返しました。大げさではなくこの16週間は私にとって［離］がすべてでした。。。：☆。

——離別当師範代　倉田慎一

2010.6.27 6季離にて

◯編集という方法を託したい

その日、冬の陽光がさしかかる赤坂ＥＥＬに８人の師範が集まり、大理石のテーブルを囲んで、松岡の話に一心に聞き入っていた。自身が編集工学に込めてきた思い、雑誌「遊」をたった数人から立ち上げたこと、「少数なれど熟したり」という数学者ガウスの言葉をつねに懐に抱いていること……松岡は滔々《とうとう》と語った。穏やかな雰囲気のなかに、どこか張りつめた緊迫感があった。

この集いの２カ月前、松岡は病床にあった。ガンが発覚し、胃の摘出手術を余儀なくされたのだ。千夜千冊１０００夜達成直後に、生死の行方すら不確かな入院だった。集いの当日、赤坂に呼び出された倉田慎一には、「大事な話がある」ということだけが告げられていた。何の話なのか見当もつかなかった。一瞬の沈黙がさしたのち、松岡はおもむろに切り出した。「今までにない決定的なもの、編集の方法そのものをなんらかの形で残したい。編集稽古の仕方も大胆に変えていきたい。それをみんなと一緒につくっていきたい」。そして、「ついては［離］を立ち上げたい。2人、誰かやってくれるか」と問いかけた。病床から復帰した校長の確固たる呼びかけだった。

倉田は反射的に手をあげていた。興奮して前を見るともうひとり、相京範昭がまったく同時に挙手していた。「あまりに高揚していて、新しいことがはじまる瞬間にひたすらワクワクしたことだけを覚えています」と倉田は回想する。［守・破・離］という3ステップのコースウェアをつくることは、開校当初から決まっていたが、守・破とは違い、離の全貌を知る者は松岡以外、誰もいなかった。その時、この場で、倉田と相京が離の初代別当師範代になった。あわせて、かつて破の教務をしていた太田眞千代が別当師範に就いた。いよいよ離が形をなしてきた。

世界読書の胸騒ぎ

イシス編集学校の第二の山場が、この2005年の［離］と［ISIS花伝所］の開講だ。離は太田香保が総匠となり、初代の花伝所所長には佐々木が就いた。学校にとって大きな節目を迎え、アクセルを踏み込んだ時期である。同年にインプレスの資本がEELに入ったことも切り替えの契機となった。

ISIS花伝所はコーチング技術を伝え、師範代を養成する新たな機関である。佐々木、田中が主導して立ち上げ、松岡はそれを嬉しそうに後押しした。佐々木がカリキュラムの構成をプレゼンすると、松岡はその場で「これがメトリック、全部で5M」と各週のお題の呼び方と方法のコンセプトを決めていった。花伝所が立ち上がったことで、学校が完全に次のステップに入った。

つづくは離である。開講の知らせを出すやいなや、離学衆はすぐに定員に達した。みなが開講をまちあぐねていたのである。全12週のマスター・プログラムをめぐる未踏の稽古がはじまったのは、赤坂での決起会から半年後の6月27日のことだ。「自宅と職場と図書館を駆けめぐる離学衆たちの息づかいがテキストの向こうにありありと感じられた」と倉田は言う。ケータイで、のちには発売されたての iPhone を手に、リアルタイムの指南を一問一答で返していった。

議論型の稽古は激論となった。イラク戦争が泥沼化し、誰もがテロや戦争を肌で感じていた時代である。2008年のリーマン・ショック以降は、千夜千冊で資本主義の間違いをめぐる「連環篇《れんかん》」がスタートし、マルチチュードの到来を説くA・ネグリなどがもっぱら論議の風を起こし、3・11福島原発事故の直後はシステミック・リスク論が渦中となった。「9・11の時代状況をめぐった初期を〝戦中派〟と呼ぶなら、現行期は社会意識よりも方法意識を重視する〝戦後派〟といえるのではないか」。総匠太田は分析する。これほどの加速感と過密さは編集学校どころか人生ではじめて体験する、と誰もが口を揃えた。

（上）第３季［離］退院式での万酔院、（下）放恋院の記念写真。女性陣は全員ドレス姿で盛装。

（上）千夜千冊第1350夜R・ローティ『偶然性・アイロニー・連帯』。［離］開講時は、離学衆に向けた千夜が記される。（下）世界読書奥義伝［離］受講票。

第８季［離］表沙汰。離学衆は全員集合し、朝まで校長松岡、火元組からの世界読書講義を受ける。

離はかように「本気のコモンズ」だ。松岡は「千夜千冊」で次のように離学衆に語りかけている。「今日のコミュニティは、もはやコミューンや自発的な集団でもなく、結《ゆい》や座や、ネットワーク・コモンズや同門感覚がつくりだすものでも、なくなってしまったのである。リチャード・ローティはコミュニティに必要なのは〝厚みのある記述〟だとさえ言ったのだ。伝記的に、厚みをもって、諸君、諸君が属するコミュニティをもっと痛快にしていきなさい。タンタロスの罪を怖れずに」。

◉連なる風韻、翻《ひるがえ》る物語

編集学校には、このような「本気のコミュニティ」があれば、ふっと息をつける「温泉」もある。超人気となった[遊]コースである。遊では、うたを交わす[風韻講座]と、物語マザーを駆使したプログラム[物語講座]という、ポイエーシス（創意）にあふれた二つの講座が開かれている。

歌人・小池純代が導く[風韻講座]は、江戸の「連」のようなコミュニティでうたの編集技法を交わすコースウェアだが、受講した学衆は、いつのまにか風韻っ気たっぷりに旧仮名遣いの着物姿となって、この温泉郷から帰ってくる。13期・群青座の「仄明書屋《そくみょうしょおく》」では、青い着物・洋服で揃った編集歌人たちが集って話題になった。「温泉」の常連客になりたいという希望は止まないが、いつも即時定員締め切りの盛況である。一方の物語講座は、[破]の師範有志が立ち上げ、カリキュラム開発や運営を自分たちの力でつくりあげた初の講座だ。「物語編集術」に夢中になった師範たちが、技法の探求を交わしながら、次々と物語の母型を読み解いていった。編集学校が生んだ物語作品は『物語編集力』(ダイヤモンド社、2008年)として出版もされている。

2007年七夕には、事務局あらため「学林局《がくりんきょく》」が生まれ、局長にはワーキング・ウーマン佐々木が就任。ISIS花伝所所長には田中が新任となり、二人はチャキチャキと手厚く、恋情に満ちた学林局モードをつくっていった。さらに[守・破]には、学匠と師範をつなぐ新ロール「番匠《ばんしょう》」が誕生し、仕組みはますます多重で多層になっていった。

内と外のエディット・クロス

2010年の炎天下、東西南北から参集した師範・師範代・学衆、さらに編集学校OBとゲストを含めた総勢約400名が集った10周年記念感門之盟「edit cross ― 乱世の編集」は、拡張し闘いつづける編集学校の姿そのものだった。オープニング映像でマイケル・ジャクソンのカバー曲「Come together」にあわせて10年間の流行や動向が本の貌の変幻自在とともにフラッシュバックしたかと思えば、下掛宝生流能楽師の安田登が千夜千冊『良寛全集』の朗読で能を舞う。次いで、イシス編集学校の「苗代」を創った人々や企業コラボレーションの一線で活躍する人々が、内と外をクロスさせるように次々と登壇し、メモリアルな想いを語っていく。スペシャ

10周年感門之盟で松岡と語る現法政大学総長の田中優子。2015年秋開講[守]を再受講中。以下、右から千夜千冊『良寛』で謡い舞った能楽師・安田登。金子郁容。最下段右から福原義春。栄太朗は「ネットの学校なのに涙がでてきた」とコメント。松岡から教室名命名権を与えられた町田康。

ル・ゲストは出版界や教育界のトップをはじめ、作家・町田康、まつ乃家二代目女将の栄太朗まで各界から36名にのぼった。資生堂名誉会長・福原義春は「編集学校がこれほどとは思わなかった。これはもう社会現象ですね」と驚き、図書館流通センター会長・石井昭は「今の図書館には編集力が必要。ぜひ編集学校の方に図書館長になっていただきたい」と呼びかけた。編集学校の旋風が社会に吹き渡りはじめていた。

ソーシャル・プロジェクトはさらに多様化していく。企業に編集術を伝える[業]コースは、みずほコーポレート銀行などの大企業が導入、ビジネスマンに日本のメソッドを伝授するハイパー・コーポレート・ユニバーシティには経済界のトップがこぞって参加した。さらに本田技研と組み、未来型ロボットの開発に編集知を寄せ合うコンテスト「ASIMOの未来物語」などのプロジェクトを矢継ぎばやに仕掛けた。ビジネスマンたちが集う「丸の内朝大学」の「編集力めざましクラス」も評判だ。

本をテーマに相互コミュニケーションを創る「共読《きょうどく》プロジェクト」も盛んで、学林局の若手・櫛田理、後藤亨真が手がけた「三冊屋《さんさつや》」（師範・師範代たちが3冊の本をセットで選書する〝本のチマキ〟）では、青山ブックセンター六本木店に巨大コーナーが常設された。松岡正剛とEELが丸善と一緒になってつくりあげた実験型書店「松丸本舗《まつまるほんぽ》」では、店頭に立つブックショップエディター（BSE）として編集学校の師範たちが活躍している。2012年からは、帝京大学で読書術コース[序]を基礎にしたプログラムがはじまり、師範代が学生約3000人を指南。地方への広がりでは、地域支所につづき、編集術を出前授業する「参座《さんざ》」などが生まれている。「どんなものも、あらゆるシチュエーションも、私たちは編集することができる」。開校のスローガンが、時と人の厚みによって、ビジネス・書店・地域などのさまざまな現場に編集の火を熾しつづけているのである。

6万冊の本と一緒にゴートクジへ

2012年12月2日、世田谷の豪徳寺赤堤通りに何台もの大型トラックが押し寄せていた。赤坂から赤堤へ、新生EELの引っ越しで6万冊の本が詰まった段ボール約2000箱が一挙に移動した。学林局長の佐々木が本がギッシリと詰まった段ボールを軽々ともちあげ、それを師範・師範代・学衆たちにリレーしていく。校長の指揮のもと学校総出で、ゼロから〝立体書き割り〟の書棚編集をしていった。共読のための空間を、編集学校が自らの手で創りだしていく瞬間だった。天高4メートルの1階メインフロアー「本楼」は、感門之盟をはじめとしたあらゆるイベントの本舞台に仕上がった。2階には編集学校の運営拠点「学林堂」が出現した。湯島聖堂のように立派な学舎になりなさいという思いを込めた松岡の命名だ。

それから3年後の15周年記念感門之盟では、仕立てあがった本楼のイシスネオンに赤々と光が点灯し、環熟《かんじゅく》のクロニクルを一同で祝った。現在、[守]は36期を迎え、学衆は総勢3万人、師範代は580人、教室数は800を超える。イシスは「GISIS」として新生し、第2の「編集のオデッセイ」へ向け、いままさに揺動をはじめている。

2012年のGISISへの引越しは全校参加の書棚編集となった。赤堤に誕生したイシス編集学校の新拠点には、日々、師範・師範代・学衆たちが駆けつけ、新たなインタースコアを興しつづけている。

編集的先達 アストル・ピアソラ

広本旅人 Tabito HIROMOTO
ヰタ・エディトリアス教室
師範代・離半東・離別番・方印
編集者

その突出したエディット・センスを買われ、『NARASIA Q』、「千夜千冊」アーカイブ「総覧帖」、そして本書『インタースコア』の編集長を歴任する。細身な外見からは想像できない完遂力、逆境力をもち、離学衆時代「ぜったいに典離をとってやるぞ」の言葉を当時最年少で有言実行。永遠の編集長として校長から新たに方印のロールを与えられる。
受講歴◎15守・15破・4離
先達文庫：白川静『文字逍遥』

6万冊ベースキャンプ

2万冊の本棚空間・本楼《ほんろう》。数寄屋造りの棚がお迎えする井寸房《せいすんぼう》。
歴代の教室札が並ぶ学林堂。全6万冊のゴートクジISIS。

ISISの赤が鮮やかなエントランス。茶室見立ての井寸房には床の間があり、季節のしつらいが来客をもてなす。

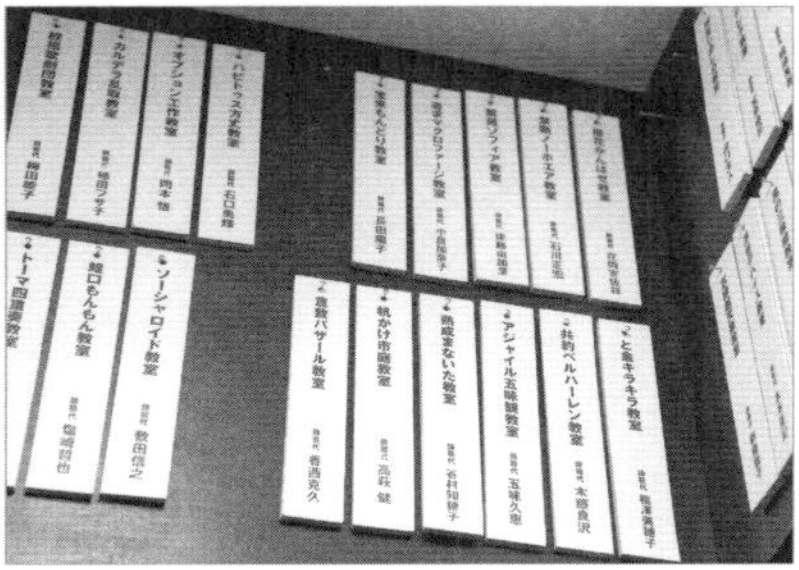

言語・物語・メディア・情報・脳科学・認知・
心理・自然科学の本に囲まれた2階の学林堂。

1 入門篇

ISIS編集学校、開校の辞

にぎやかで、スリリングなISIS編集学校

2000年4月25日

どんな人にも、隠れた「編集能力」が潜んでいます。

編集能力は、ものを考えたり、見たり、上手に歌おうと思ったり、いろいろな人と会話をしたり、ありとあらゆるところで発揮されています。けれども、これまでその編集能力が十分に引き出されてはこなかった。

インターネットが拡張し、ウェブサイトやHPが世界中にあふれ、日本語でも世界と行き来できる時代になっていく中で、「情報編集」が今日ほど問われ、求められ、編集アビリティが期待される時代はない。呼応するようにウェブエディターが待望され、宣伝会議が「編集会議」という雑誌を出す時代です。

しかしその中で、ISIS編集学校では、ウェブエディターだけを目指すのではなくて、人間の基本的な「編集能力」を一から取り出して、だれもがマスターできるプログラムを用意して

イシス編集学校のネット・ラウンジ「Edit Cafe」上にある「校長室方庵」。校長・松岡正剛の方丈の庵、方法の庵である。開校以来、方庵に校長自らが編集の要訣、稽古のヒント、師範代や学衆へのメッセージを届けてきたオリジナルテキストが「校長校話」だ。その門外不出のアーカイブから幾編かを抜粋して公開する。

みたい。師範、師範代とともに、ゲーム感覚でおもしろくにぎやかにスリリングにこの学校を開校します。是非とも、自分の中に潜んでいる、見えない能力を見てほしいと思います。

2001年7月2日

第1期を修了した諸君へ

白月の彼方から

さて、いよいよこれで「蛍の光」です。卒業生総代も在校生総代もいないけれど、そのぶん、煌々と月光が照ることでしょう。

師範代のみなさん、ほんとうにありがとう。その努力は1年を通してついに絶えることがなかった。どんな生徒さんにも同じ愛情と指南を降り注いでくれました。これは想像を超えるものでした。みなさんは、何十人ぶんの作家を凌駕し、何百ぶんもの説話を上回る語り部となり、何千もの生態系を観察する科学者に匹敵する経験をしたことと思います。ふとした出会いで師範代になっただけなのに、1年間におよぶ「社会」をつくり、そこに編集切磋琢磨の「オーロラ」を輝かせつづけてくれたこと、感謝のかぎりです。このことを思うと、何にも代えがたい熱情を感じます。いまはただただ投げキッスを送ります。

各教室の生徒さん。諸君はぼくが何十年かをかけて培ってきたものを最初に受け止めてくれた、かけがえのない勇士たちでした。編集稽古をしてくれたということ、そのことそのものがぼくの日々を支えてくれていたのです。その日夜の言葉の表情を、ぼくはけっして忘れません。いつか本にでもしたいくらいです。ちょっとだけ走った人も、いつか全コースの光景を覗いてみてください。全部走った人、大半を走った人、ぼくの耳の中で諸君の実況中継が鳴り響いていたことを、いつか想像をしてみてください。どうもありがとう。君たちのこと、忘れないよ〜。

彦星の光る水星それぞれにここは黎明むこうは土曜／バイエルは白く天下の布文かなおととメソッドおさかんファンド／昨日ダンテで今日桃太郎放し方こそ殻を破らん

では、第1期はこれでおしまい。さようなら。さぞかし不思議な思い出となることでしょう。

6月29日の「千夜千冊」は『おどりの美学』にしました。「構え」から「程」が出てくるところ、読んでください。あけて7月2日「千夜千冊」はルイス・トマスの『人間というこわれやすい種』です。フラジャイル・スピーシーズ！ われら一同、もともと取扱注意な者たちなんです。だからこそ、それぞれが相手を壊さないように、夢多き人生を！ どこかで逢おうね！

第9期[破]の突破を祝う

1から対へ、対から絆へ

2005年1月20日

数年前だったかな。突破者、というエッセイ集があったね。ISIS編集学校では開校このかた、「編集稽古・指南・別院・詰所・汁講・伝習座・卒門・学衆…」といった独特の名称を校長はつねにつけてきたのだけれど、なかでも「突破」というネーミングは我ながら傑作だと思っています。

うん、突破。諸君はまさに編集走路を突き抜けて、壁を破ったわけだ。走破し、撃破し、打破したのです。これは諸君にとって忘れられない大事な記念になるでしょう。おめでとう。

突破証、もらった？ 師範代からすばらしいお祝いの言葉が寄せられているね。大事にしてください。校長は諸君が手にする前に突破証を見るのだけれど、いろいろ味わい深いもんだ。

（中略）

さあ、これで諸君も「突破」後は、ひとつは師範代の道へ、ひとつは職場に戻り、ひとつは無為徒食に甘んじるのでありましょう（笑）。

しかし、どんな道を歩むのであれ、この1年の大半を埋め尽くした編集学校の日々の、他では絶対にありえなかったであろう絶妙至極の日夜のことを忘れないでほしい（忘れっこないだろうけれど）。とくに自分の「1」が「対」になったとき、そこにさらに「＋1」が加わったときのことを、ポール・ヴァレリーの「精神の一撃」やヴァルター・ベンヤミンの「敷居学」のように、蘇らせておいてほしい。きっとこれから役に立つ。

師範代をめざす諸君は、この春から新たなオトナのステージが待っている。ここはまたまた目眩く編集カレイドスコープだ。お楽しみに。が、その前に1月30日の広尾の「感門之盟」で、教室名を決めましょう。

では、諸君、また「千夜千冊」で会いたい！

えっ、もう終わりだと思ってた？　チッ・チッ・チッ、実はよくよくISISサイトを見ていると、これからまた番外篇もしくは1002夜以降がところどころにお目見えするのです。まあ、よく注意のカーソルを動かして。

それからもうひとつ、ISIS編集学校は今年から拡張と充実をはかることになっている。そのシステムについても、「いとへん」その他で見ておいてほしい。まあ、われわれの合言葉は、「絆」なのだ。これで何かが切れるわけじゃない。フクウケンジャクカンノン、ふくう羂索カノン、不空ケンサク観音。

「好き」という感情が認識されるよりも先に、
無意識下ではすでに「好き」という
状態が沸き上がっている。
刻々と入ってくる知覚と
辻褄が合うように、
人間の脳はつねに
記憶を書き換えている。
脳はあらゆる情報を
自分が意識しないまま
編集しているのです。

——**下条信輔**［認知心理学者］

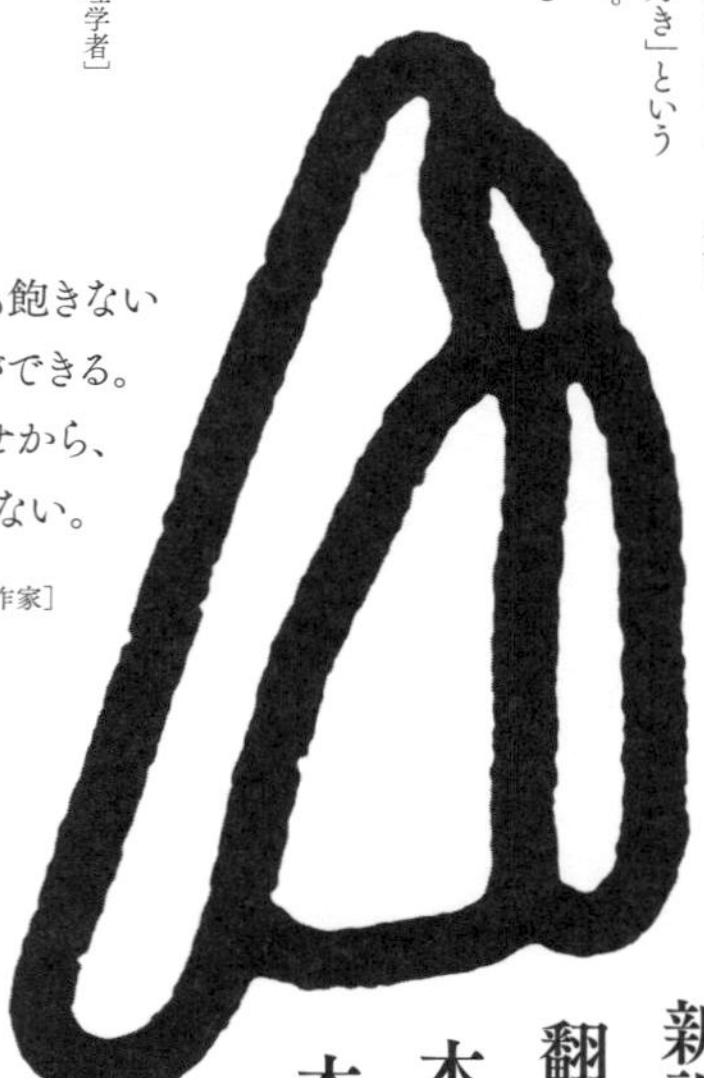

編集の力によって、繰り返し遊んでも飽きない
おもしろさを作ることができる。
有限の要素の組み合わせから、
無限のプレイの状態が生まれないといけない。

——**山本貴光**［ゲーム作家］

新訳とは〝訳し重ね〟であり、
翻訳とは〝深い読書〟であり、
本もワインも記憶に転じてからが
本番である。

——**鴻巣友季子**［翻訳家・エッセイスト］

食べきれない御馳走、読みきれない書物、
出会いきれない人達、買いきれないお洋服、
住みきれない地球。
御し難く降り注ぎ続ける幾多の情報に焼かれ
付き纏う刺激は闇のごとく人を盲目にする。
強固に閉じないと壊れ、
繋がることで初めて本当の形を知る。
何を受け入れ何を受け入れないのか
自分の箱船に何を乗せたかによって船の名前は決まる。

——**ミヤケマイ**［美術家］

3 風姿花伝の師範代

次々と生じるインタースコアの秘密は、
ロールチェンジのしくみにある。
学び手から、伝え手へ。
「師範代」という育成プロジェクトが生んだ
イシスの人がつなぐ物語。

師範代は混乱をおそれない

師範◎福田容子

多様で多才な型破り

「こんなことになるとは思ってもみなかった」。

ほぼ全員がそう言いながら師範代になっていく。そして見事に花開いていく。その数、15年で580人。教室はウェブ上にあるので、パソコンとネット環境さえあれば世界中どこにいようがかまわない。開校当初はまだまだインターネット黎明期だったから、その「さえ」が結構なハードルだったものだが、今では何のことはない。おかげで北海道から沖縄まで、日本全国はもちろん、ハワイ、チェンマイ、ブリュッセルと、世界各地にイシス編集学校の師範代ネットワークは染みわたっている。

すでに見てきたように、彼ら彼女らは専任で師範代をするわけではない。それぞれが仕事や家庭や生活をもちつつ、もうひとつの、あるいはいくつものポリロールのひとつとして師範代を兼任しており、顔ぶれは多岐にわたる。年齢も、職業も、住む場所も、これまでの人生も、とにかくバラバラだ。およそあらゆる方面に生きる者たちが、ともに学びあう仲間として輩学する。こんなにも似ていない連中が集まり指導陣を形成しているというのは、ちょっとない。イシス編集学校の自慢のひとつだ。

唯一共通しているのは、全員がもとは学衆だったということだ。立ち上げ期のごくわずかを除いて、誰もが最初は学衆として学んだ。そして、何かしら惹かれて、あるいはたまらない恋闕《れんけつ》をあふれさせて、あるいはおっかなびっくりおよび腰で、学ぶ側から教える側に転身していった。はじめて学衆として門を叩いてから師範代として教室をもつまでの期間は、最短でわずか1年半だ。

「代」と「仮」の力

どうしてそんなことができるのか。むろん、ひとつには「ISIS花伝所」という養成講座プログラムの力がある。7週間で指南の「型」を学び実践に向かうゴリゴリの熱血特訓ジムだ。ここでは、学ぶ意欲に火をつけ、チームを活性化させる生成型マネジメントを習得できる。だが、それはあくまでも基礎だ。いくら土台ができるといっても、それまで人に教えた経験のない者が、そうそう短期間で「先生」になどなれるものではない。茶道も華道も剣道も合気道も、およそ稽古事は弟子がやがて師を継いでいくものとはいえ、こんなにもすぐではない。しかしそれができるのが編集学校である。実際、師範代養成講座である花伝所は望めば誰でも受講でき、およそ8割が修了している。本気で「なろう」と身を投じさえすれば誰だってなれる。ただし「本気でなろうと身を投じる」ことだ。

カギは「師範代」という方法にある。教室で直接学衆と稽古を共にするのが、なぜ師範ではなく師範代なのか。「代」とは、シロ、カエのことで、何かの代わりをするもの、何かが代わったものである。代理、代行、代替であり、エージェントだ。すなわち師範代とは、誰かの代わりであると同時に、自分が何かに成り代わったものでもあるわけだ。「代」として「まず仮になってみる」。そうして交じっていくうちに、気づけばいつしか「成っている」。これが師範代という方法である。

「新しい学」を提唱したジャンバッティスタ・ヴィーコは、知識の伝授にもっとも望ましいのはそれが生まれる現場ごと体験することであり、そうでないかぎり、とうてい知を伝達していくことなどできないと考えた。ヴィーコの「成っていく現場」の考え方はISISシステムのコアのひとつと言ってよく、学衆が次々と「師範代」に生まれ変わっていくしくみは、その心臓機関だ。

かくして、わずか4カ月で、女は美しく、男は強く、そして誰もが優しくなっている。そこで花ひらいた才能たちは、経験と方法を、つまりは新たなOSをインストールして、つぎなる現場に入っていく。

師範代というプロジェクト

一度そうして「成って」も、師範代は（もちろん師範も）いつでも学衆に戻ることができる。現に多くの師範代経験者が、その後、世界読書奥義伝［離］や、編集技法研鑽コース［遊］の物語講座・風韻講座を受講する。入門・基本コースの［守］や［破］を再受講する人も少なくない。そのときに、かつての教え子と同じ学衆の立場で再会することは珍しくなく、そればかりか立場が入れ替わって師範代となった教え子に学ぶことさえおこる。これもまた大きな意味をもっている。「学び」を双方向のインタースコアとして捉える編集学校では、「知」は上から降りそそぐありがたいようなものではなく、対話のなかに出現してくると考える。一見、いわゆるピラミッド型のヒエラルキーがあるように見えても実はなく、役割は固定化していない。何度でもロールを着替え、「たくさんのわたし」を増やしていける。ロールチェンジをしながら、網の目のように多重多層で多情で、ときに多恨でもある関係性が編まれていくのだ。

編集学校が大切にしている方法のひとつに「ミメーシス」がある。元はギリシア語で、英語の身ぶり（mime マイム）や物真似（mimicry ミミクリー）や模造品（imitation イミテーション）がここから展開していることもあってか、「模倣」と訳されることが多いが、本来それだけではない。対話を重視したプラトンにおいては、ミメーシスとは、イデアを模倣し、再現し、共有することであり、聞き手が語り手に身を寄せることをあらわした。文化人類学の視座から認知や生態を研究したグレゴリー・ベイトソンが取り戻そうとしたのも、身体的で内在多様でミメーシスな「意味」だった。つまりミメーシスとは、ごくごく簡単にいえば、心身ともになりきろうとすることであり、相手や世界に同化していこうとすることだ。なりきり、成り代わり、混じりあい、ときにほとんどヨリマシとなる。そのなかで自分が見ているものと一体感が生まれ、ここに「主客のとりかえ」あるいは主客の未分化が生じてくる。

師範代は学衆の回答に対して「指南」をする。指導でも採点でも添削でもない。指南車の「指南」だ。指南車は中国古代の軍用道具のひとつで、車の上につねに南を指す人形が装置された、いわば古代中国版方位磁石である。この指南というもの、方法的であると同時に、大いにミメーシス的だ。コース修了をねぎらう感門之盟の壇上挨拶で師範代たちが語る言葉にもそれはあらわれていて、〈風の三味線教室〉の石井梨香は「ただただ指南をつづけるなかで、自分が消えていった」と遠くを見つめ、〈どらどら車座教室〉の村田友英は「師範代はドーナツの穴」とつぶやき、〈超人デクノボー教室〉の猿子修司は「デクノボーでありつづけることが自分の師範代スタイルになった」と背筋を伸ばした。坐忘《ざぼう》、忘我のなか、自分でも忘れていた何かが発露する。誰も予想をしなかった場が立ち上がっていく瞬間がある。

一度でもこういう体験をした人間は強い。世の中ではリーダーシップの欠如やリスクテイクできる人材の不足が嘆かれて久しいが、それならこういう経験をしてみることだ。きっと目つきが変わる。

あえて紆余曲折

無論すべてが順風満帆にいくわけではない。いや、むしろ順風満帆ではおもしろくない。教室というコンバージョンの現場では必ず想定外のことが起こるものだ。

教室は、名前から生まれる。師範代が自分で教室名の案をいくつか出し、松岡校長がそれを元に名づける。〈夜型ピンヒール教室〉、〈ミト魂ドリア教室〉、さらに〈バジラ高橋くん教室〉に〈遊泳ムナーリ教室〉、〈なかなか乱歩教室〉から〈コーニス途中教室〉に〈家庭の事情教室〉まで。知を学ぶ教室というより、もはや何か別なことがはじまってしまいそうでさえある。これはごくごく一部で、イシスの教室名はどれも総じてどこかへんだ。まったく新しい名前である。既存のイメージに侵されていない、どこにもない名前。他者から与えられるこの異質で不安定なものこそ、見知らぬ場に集まった初対面の者同士を紐帯して新しい価値観を生む媒介として、大きな力を発揮する。開講前、師範代は教室名と自分を一種合成し、まだ見ぬ教室の「らしさ」を表象して、趣向を凝らしたシグ（signature 署名）をつくる。やがて教室のイコン（icon 肖像、アイコン）

となっていくシグの一端は、本章随所で人物とともに紹介されている。

まっさらのへんな名前と、師範代、そして世界をつなぐワールドワイドウェブ。そこに1教室10名前後の学衆が集まれば、いよいよ稽古の場としての「教室」の誕生だ。期がはじまると、一定のペースでお題が出題され、学衆の回答が集まり、師範代の指南が返る。1対1のやりとりかと思いきや、じつは1対10の乱取りだ。入れかわり立ちかわり学衆と師範代のあやとりが重ねられて、教室の「色」は深まっていく。

4カ月のあいだには、大なり小なりの危機がかならず訪れる。学衆や師範代の病気やけが、家族の不幸など、文字通り不測の事態もあれば、結婚、妊娠、出産といった嬉しいサプライズもある。降ってわいた大仕事や昇進、転勤、転職といった仕事の転機も、今ほどのスピード社会ではむしろない方が珍しい。外部環境だけではない。教室内でも、議論や交歓が進むこともあれば、たとえばちょっとしたギクシャクやバチバチがあったり、しょんぼりやパッタリになったりもする。

こういったところは師範代には悩ましい局面だが、しかし同時にチャンスでもある。編集工学では情報のライフサイクルを「編集八段錦《はちだんきん》」という8つのエディティング・プロセスでとらえていて、師範代として過ごす教室の歩みはまさにこれにあてはまるとも言えるのだが、こうした教室の揺れ動きは、その7つめの段階、「含意を導入する」フェーズにあたると見ることができる。最終段階のひとつ手前。ここは、いったんまとまりを見せた情報が揺さぶられ、対称性の動揺と新しい文脈の獲得にいたるプロセスだ。編集は混乱をおそれない。世界は不安定で不確定で予測不可能なものだという前提に立ち、むしろノイズを歓迎する。不安定からはどこにでも向かえること、カオスからこそ創発が生まれることをよくよく知っているからだ。

教室に集まる情報は、どれもライブでライフだ。ゴタゴタもおきていい。それもひとつの編集機会で、厄介でなければつまらない。期が終わる頃には、「今、ここ、この顔ぶれ。どれひとつ違ってもこうはならなかった」という感慨が教室を満たしている。複雑さ、ややこしさは、可能性の豊かさのもうひとつの呼び名でもあるのだ。

そうして4カ月かけて育ってきた教室は、期が終われば閉じられる。開講から閉講までに交わされるメール数は、[守]一教室あたりおよそ1000通。それだけの知と情と意が往還したラウンジは閉じることで完成される。これを教室の「結晶化（クリスタリゼーション）」と呼んだ師範代がいた。時分の花は、限りがあるから立ち枯れない。結晶化した教室という宝物は、師範代経験者を美しくも凛々しくも優しくもする。

知への礼節

なぜこんなことができるのか。なぜそれが続くのか。それは、知ることと行うことを分けないからである。

思想家のシモーヌ・ヴェイユは、教育とは「その対象が子どもにせよおとなにせよ、個人にせよ民衆にせよ、あるいは本人自身であるにせよ、もろもろの原動力《モビル》(mobile)を生まれさせることだ」と言った。有利であるもの、義務であるもの、善であるものを教えることとは、「むしろ訓育の役回り」であり、行動をうながすための原動力《モビル》を育てるのが教育だと言ったのだ。そしてまた、そうした変容をひきおこし、「激励と活力《エネルギー》と糧のごときなにかを注入してくれるもの」は、「私的な生にあっては友人または身近にいる導き手である」としながら、「ただし現実にはそんなことはめったにない」と嘆じた。たしかにめったにないだろう。そうでなければ、世の学習論も組織論も、きっとこんなに苦労も発達もしていない。だが、それがおこっている。ここにはその「めったにない」現場が萌芽しているのだ。

「伝習座《でんしゅうざ》」は、毎期、〔守〕〔破〕開講の2~3週間前と期が折り返す頃の計2回、師範代と当期にかかわる全指導陣がともに過ごす1日だ。学匠・番匠のインストラクションがあり、師範がレクチャーをし、師範代どうしでディスカッションをし、最後には松岡校長による特別講義がある。プログラムのぜいたくさはさておき、普通なら指導者研修会とでも呼ぶところを、校長は「伝習座」と名づけた。『論語』に初出し、のちに知行合一をひらいた王陽明の『伝習録』となっていく、その「伝習」だ。そして日本では古来、情報の埒外な交換がおこる特別な場のことを「座」と呼んだ。それほどの名を与えられたものが、ただの勉強会であるわけがない。

伝習座は、校長・学林局・師範・師範代が交わしあいながら、学衆に示すべき指南の方法を相伝する場である。それは、相互コミュニケーションによるエディティングモデルの交換であり、身体と言葉の出会う時間であり、「師範代という共有知」の発揚である。私たちは、そこに身を投じて師範代になっていく。その背後には歴代師範・師範代が、あるいはヴィーコやヴェイユや王陽明が、連綿とつづく古今東西の知が聞き耳を立てている。15年、回を重ねて、124回を数えた。

三度問う。なぜこんなことが続くのか。そんなことはじつは最初からわかっていた。師範代が、師範が、そして校長が身をもって伝えていくものは、知への礼節。それが私たちを師範代にも凪にも花にもしてくれる。だからこその「代」だったのだ。

福田容子　Yoko FUKUDA
推感まいまい同盟教室 師範代・守師範・破師範
ライター／京都岡崎魅力づくり推進協議会

速度、質、量の三拍子がそろうのみならず、コンテンツへの方法的評価、厄介ごとを引き受ける器量、お題をつくり場を動かす相互編集力をあわせもつ。15周年を迎えたイシス編集学校にいよいよ現れたラディカルなISIS的才能。松岡校長は「あと7人の福田容子がほしい」と語る。
受講歴◎23守・23破・16花・7離・11遊［風韻］
先達文庫：ジャンバッティスタ・ヴィーコ『自伝』

編集的先達　**林屋辰三郎**

edits!

・国語の授業
・編集システム
・キモノとアソビ

花綵対談

国語も着物もシステムも編集OSでいける

学び手から伝え手へ。学衆から師範代へのロールチェンジは大胆でダイナミックだ。かつて師範と学衆という関係で編集をかわしあった二人が語るイシスの綾。

川野貴志◎草莽捲局教室
金蘭千里学園 国語科教諭

森山智子◎コスプレ兵法教室
着物エディター／資生堂システム担当

編集的先達　幸田文

ずっと稽古に興奮している

川野　僕は、国語の教員として教え方に悩んでいた時に松岡校長の『知の編集術』を読み、この学校がモノゴトを読みこなし理解する国語的な方法と深いところでつながっていると直感して、入門しました。でも入って稽古がはじまると、仕事に役立つかどうかは、いったんどうでもよくなってしまった。あまりにも楽しかったのです。

森山　当時、私は師範という立場でしたが、学衆時代の川野さんの楽しまれ方がタダゴトではなかったので、驚いて見ていました。

川野　ずっとわくわくしていた。あのはじまりがあったから、果てしなくつきあってやろうと思うようになりましたね。はじめて師範代をつと

「システムと着物って似てるんです」と会社を辞めて
縮緬問屋に行ったり、和紙職人をたずねたり。
いまは仕事と編集を分けずに考えられる。
――森山

編集的先達　和泉式部

めた〈草莽捲局《そうもうけんきょく》教室〉での指南も、ただただおもしろがってやっていました。森山さんは私が学衆の時は着物の仕事をされていたのですよね。

森山　もともとシステムの仕事をしていたのですが、編集工学という言葉を知って、部品をモジュール化してシステム的に動かすという見方が、着物のフォーマル度や季節感などを調整することとつながりました。そういう話をIT系の会議でするとみんなびっくりするんですよ。

川野　世の中ってみんなシステムなのに、そういう話にはなりませんからね。

森山　そうなんです。それで「システムと着物って似てるんです」と言って会社を辞めて。縮緬問屋に行ったり、和紙づくりの現場を訪ねたりして、自分がほしいものを仕立

てはじめました。ただ、いざウェブで売ろうとしたら、文章が書けない。それで編集学校に出会ったんです。［離］が終わって4年経って、また同じ会社に再就職したのですが、見え方が前と全然違います。注意のカーソルが人ではなく方法に向かって、しがらみとか人間関係的なストレスから完全に解放されているのを感じます。仕事と編集を分けずに考えられるから、会社で怖いものがないんじゃないかと思うくらい。もう10年早く編集学校に入っていたら、バリバリ出世していたかもしれません（笑）。

川野　僕も仕事をするうえで腹が据わったというか、ビビらなくなったのを感じます。やったことのない仕事でも「とりあえず引き受けてみるか」という姿勢になれているのは、編集学校のおかげです。

森山　取り扱える物量が増える。編集学校にはそういうところがありますね。

プロセスを評価しなさい

川野　僕にとってはリアルの場という機会が大きかったです。伝習座や地域ワークショップ「参座」で、大人を相手にプレゼンテーションを繰り返して度胸がつきました。

森山　編集学校ではアウトプットに求められる量と質が半端ではありません。

川野　編集ワークショップを通して、これは立派な大人でも難しいことなんだということもわかってきて、授業でも丁寧にするところや強調するところの輪郭がよりはっきりしてきました。

当たったか外れたかの結果を評価すると
マニュアルを
求めるようになってしまう。
プロセスを評価すれば
間違えることが平気になる。

――川野

森山　子どもだから思うようにいかないってことじゃないんですね。

川野　もうすぐ30歳になろうというところで、［守］の稽古であれだけ興奮したということは、年齢を問わずとも身についていないことや、おもしろく感じられることがあるんですよね。それを国語の授業でやることの意味の深さがわかってきた気がします。

森山　それは国語の授業を、編集的に、あるいは日本的に見るということともつながってきますか。

川野　ええ。授業でも、文章の中にある方法を取り出して紹介してあげるという、師範代がやっている指南をすればいいのだと思います。最初に直感した以上につながっています。答えがわからない時に仮説を立てて解きますよね。当たったか外れたかの結果を評価するとマニュアルを求めるようになってしまう。ですが、プロセスを評価すれば間違えることが平気になると思います。

でも一方で、結局、僕の授業は一体どれほど斬新なのかというと、逆に自信がなくなってくることもあるんです（笑）。自校のプロモーションにも50周年のプランニングにも編集術はオールマイティーに使えているのですが、いざ国語教育に絞ると普通に見えてしまうかもしれない。

森山　メタなところからやっているけれど、実践的には普通に見えるんですよね。でも、取りまわすスピードはがぜん速くなっているし、国語の授業もシステムの設計も着物も骨組みは一緒だということがわかるから、はじめての状況に対応する力は抜群に身についていますね。

類推力が編集力

川野　よく編集はパソコンのＯＳにたとえられます。編集学校の良さを伝える難しさは、あまりにもＯＳ的だから、たとえばウィンドウズが新しく変わってどう良くなったかを説明しがたいのに似ています。

森山　ＯＳが大事と思える人には響くけれど、結局目に見える違いはアイコンくらいで、何かに役立つということとは結びつけにくい。

川野　ちょうど今期、［守］の別院で桃太郎のきび団子の話をしたんです。きび団子をつくったのはおばあさんだけども、イヌやキジやサルに渡すつもりでつくってはいないですよね。守の稽古って、きび団子的だと思うんです。今は何に使えるかわからなくても、思いがけず使えるものが決め手になったりもしますし。

森山　おもしろいですね。わらしべ長者のワラもそうです。でも世の中の多くは、目的が見えてからスタートをきるし、計画が具体的じゃないと止まりがちです。

川野　もちろん役に立つものを身のまわりに置いておくことも必要なたしなみです。答えがある学習を積んでおかないと、答えがないことに向かっていけない。やっぱり両取りが必要なんだと思います。

森山　今日、会社で歓送迎会があり、トップが外国人になったので英語のスピーチがありました。内容はよくわからなかったのですが、『古事記』の物語を追体験してるみたいだと思うとおもしろくて。でもこれだって『古事記』を知っているからつなげられるけれど、ある程度の知識がないと類推が起こらないのです。

川野　意外なもの同士が実は似ているという校長のメソッド「相似律《そうじりつ》」は、やはり相当に深いおもしろさがあると思います。

森山　似ていると思えることがすごいですよね。『粘菌　その驚くべき知性』という本に、粘菌が広がっていく姿が鉄道の交通網の姿と似ていると書いてあって、粘菌に詳しい人が見れば、鉄道が将来的にはこう延びていくだろうという拡張のイメージが見えてくるそうです。

川野　今、教育現場は「ゆとり」と「詰め込み」のあいだで揺れていますが、詰め込み教育では教科の壁をまたぐということがおこりにくいのです。英語は英語の授業で、数学は数学の授業でしか使えないと思い過ぎてしまう。でも、国語にはいろんなコンテンツを横断できるという強みがあります。メタファーや見立てを使うことで、生徒たちの理解が進む場合もありますね。編集学校では、思考状態を「編集的自由」にしておくべきだとよく言いますが、パッと類推して納得できていくということが、教科をまたいで自由になるためのものすごく大事な技法なのかもしれません。

森山　地域をまたぐということで考えてみると、関東の粋《いき》と、関西の粋《すい》は似ているようで違うんです。関西だと「粋《いき》ですね」って言われても、じつはあまりうれしくない。

川野　メンタルモデルが根本的に違うわけですね。似て非なるものが、おもしろい。

森山　関西だと華から派生して「はんなり」「はなやか」とか言いますよね。粋《いき》は、取って取って残ったおいしいところだけど、粋《すい》は、お吸い物の上澄みのおいしいところ。ただし、「粋《すい》ですね」と言うだけでもピンと来ないでしょうから、「粋《すい》」の類語で、上方の女の人が褒められて嬉しい言葉をずっと探しています。

こんな風に文化的にも地域的にも、着物を編集工学していきたいですね。かつての担当師範として、川野さんには、これからの「国語」を大胆に編集してほしいと期待を寄せています。

（編・八田英子）

川野貴志　Takashi KAWANO
師範代・守師範・破師範・守番匠・花伝師範

中高一貫校の国語教師を本業に持ちつつ、2009年の入門以来途切れることなく各種ロールを担う。ISISフェスタでも夜学師範をつとめるなど、活躍は八面六臂。妻も守・破を修了、現在は3歳児と0歳児の父として幼児教育にも奮闘している。大阪在住。
受講歴◎21守・21破・6離・14花・8遊[風韻]
先達文庫：紀田順一郎『謎の物語』

森山智子　Tomoko MORIYAMA
師範代・守師範・花伝錬成師範・松丸本舗ブックショップエディター

資生堂SE時代にシステムと着物は似ていることに気づき開眼。迷彩柄の帯にワークブーツを合わせたり、洋服生地を着物に取り入れるなど大胆な着こなしをばっちり決める。松丸本舗では看板ブックショップエディターとして大活躍。森山目当てに通い詰め、書籍にお金を費やし読書家になったファンは数知れない。
受講歴◎13守・13破・4離・5花・6遊[風韻]・7遊[物語]
先達文庫：倉本四郎『鬼の宇宙誌』

数字でみるイシス編集学校——イシスコア❶

Total Numbers
総数

師範代総人数——580人

師範総人数——123人

師範代、師範ともに、男女はほぼ同数。

千離衆総人数——290人

[離]の退院者からなる千離衆（せんりしゅう）は、もうすぐ300人超え。

韻去者総人数——244人

風韻講座の修了は韻去（いんきょ）という。

績了者総人数——110人

物語講座の修了は績了（せきりょう）。[遊] の修了者も続々と誕生している。

感門之盟総数——50回

イシス編集学校の卒業式である感門之盟。第23回からはその期を象徴するタイトルを掲げるようになった。
第23回「真夏のダブルページ」／第24回「イシス本仕込み」／第25回「ポリロール 多冊主義」／第26回（10周年記念）「editcross 乱世の編集」／第27回「越境インタースコア」／第28回「共読区」／第29回「イシスのミノリ」／第30回「ただいま、編集中」／第31回「連創力」／第32回「守役・守流・守縁」／第33回「タビノ ヲワリノ ハジマリ」／第34回「守想八景 さずかる偶然・さずける必然」／第35回「《翻》はためく編集・ひるがえる物語」／第36回「ときめく花 破ときめぐる」／第37回「歩みは前に、縁は四方に」／第38回「抱いて墨条、放して踏修」／第39回「昨日からの未来」／第40回「花の瀬、際の破」／第41回「イシスぞ、モノガタリ。」／第42回「われら、原郷に還る」／第43回「響く声、躍る文字」／第44回「感歌會」／第45回「花綵イシス」／第46回「恋して条々、焦がれて極上。」／第47回「十離退院式」／第48回「環熟イシス」／第49回「創熟イシス」／第50回「感歌會」

感門之盟参加者総人数——12000人以上

580人の師範代が祝福を受けてきた。

伝習座総数——124回

第1期師範代から校長直伝で相伝を重ねてきた。

風《かぜ》をおこす人々

ここからは、師範代の「らしさ」ごとに、「風」「姿」「花」「伝」の４つの群像を紹介していく。まずは「風」。ここに登場するのは、それぞれの現場で、まだ世の中にないもの、これから生まれていく世界を創りだしてきた編集人たちだ。創意、創造、創発、創世。「創」には「風」がよく似合う。

吹いて、はらんで、巻き込んで。
よどみをなぎはらい、
かけだした風、一陣。

edits!

・サイエンス
・大学ゼミ
・思考とカタチ

ネット時代のポスドクにおくるエディトリアル・サイエンス宣言

白木賢太郎◎ラーメン代謝教室
筑波大学准教授タンパク質学者

編集的先達　湯川秀樹

科学思考の生きた型

科学の発見には、セレンディピティと呼ばれるある偶然が重要な役割を担う。セレンディピティは、最初から求めてはいけない。A・フレミングのペニシリンしかり、湯川秀樹の中間子しかり、S・プルシナーのプリオンしかり、何かの目的に向かって邁進していくなかで、相矛盾した状況にふと気づいて発見されたものだ。

やってくる偶然に迎えにいく偶然が出会わないと、いい発想は生まれない。このように偶然と察知の両方を生かすことが編集工学の基本のキの字。この編集の型は、[守]で一つひとつを稽古したあと、師範代として指南をして、ようやく少し身についてくるものである。

.。☆.。.:*・゜.。☆.。.:*・゜.。☆.。.:*・゜.。☆.。..。

））　やってくる偶然に　））

迎えにいく偶然が出会わないと、

◆――いい発想は生まれない――◆

偶然と察知の両方を生かすことが

編集工学だ。・・〜

.。☆.。.:*・゜.。☆.。.:*・゜.。☆.。.:*・゜.。☆.。..。

僕の研究論文には、カーボンナノチューブの溶液分散や酵素の超活性化など、編集工学の基本を応用した論考が何篇かあって、アメリカ化学会やイギリス王立協会などの専門誌に掲載されたが、こうした科学論文には、IMRAD型と呼ばれる型がある。ハーシュ指数で世界一の業績があるハーバード大のG・ホワイトサイズは、この論文の型を「アウトライン」と呼び、研究室のメンバーの編集力を鍛えていることは有名な話だ。

実験して得られたデータの方が正しいのであって、研究の背景や目的、仮説、結論の方をむしろ編集すべきなのである。つまり、論文はすでに終わった研究成果のアーカイブ・デバイスではなく、科学思考の生きた型なのである。

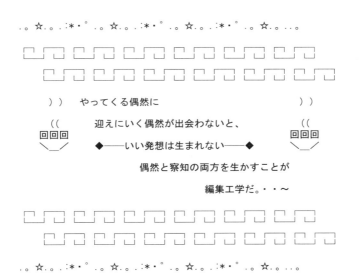

だが、この科学的な思考ができないポスドクが増えていると同僚が話していた。きれいなデータは取れるが論文にまでもっていけない彼らを「フィギュア1コレクター」と言うのだと冗談めかしていたが、そういった傾向は確かにあるだろう。

計測技術がナノテクノロジーとともに急速に進歩し、精度のいい特別のデータが簡単に取れるようになってきた。情報をただ集めることも、ネット社会になってからは格段に楽になった。だから、編集力が不足したままでも博士号が取得できてしまう状況になってきたのだ。

科学と編集工学はとびきり相性がいいが、編集はほかにもいろいろな場面に登場する。あらためて思い出してみると、わかりやすい例としては、長年連載している「現代化学」誌の科学エッセイは、［破］の型である「いじりみよ」（位置づけ、状況づけ、理由づけ、見方づけ、予測づけ）や「3つのカメラ」を意識して書くし、研究室の運営は「よもがせわほり」の「ほ」（方法の強調）や「り」（隣接と波及）に鍵があるだろう。

大学の僕のゼミは、伝習座のカタチを真似たところがいくつもあって、全員が発表をすること、視線が交叉する方向に座ること、新人研修は先生ではなく最下級生が指導することなどが、根拠をもってデザインされている。専門書を読む朝輪読では、編集稽古のように予習不要のお題にして、毎回1本の論文を「型」で読む。学生も参加しやすく、目利きも鍛えられる。学び・教えを一体にし、発表者・聴衆のロールを入れ替えるというように、大学教育に不

伝習座での白木番匠による「編集学校をモデルにした大学教育の試み」の講義。ゼミ、講義、研修、博士課程の学生指導などへの応用例を紹介した。

白木賢太郎　Kentaro SHIRAKI
師範代・守師範・守番匠・花伝錬成師範・離別番

ラーメン大好きなタンパク質研究者。5離退院後、師範代、師範、番匠、離の別番を歴任。師範時代の伝習座では「編集学校をモデルにした大学教育の試み」と題して、イシス編集学校の方法をいかに大学教育や研究に応用しているかをレクチャーした。ゼミには伝習座、講義には編集稽古、博士課程には花伝所モデルを活用し、大学の現場にインタースコアを持ち込んでいる。
受講歴◎19守・19破・12花・5離
先達文庫：岩田慶治『草木虫魚の人類学』

足したイシスの方法を持ち込んでいるのだ。

万象のコトバ　思考のカタチ

最初に編集学校を知ったのは、本屋でたまたま見かけた緑色の装丁の『物語編集力』だった。たった半年で誰もがこんな物語を書けるというが、いったいどんな魔法が隠されているのだろうと思った。立ち読みしてこんなに興奮したのもはじめてのことだ。翌日には入門の申し込みをしたが、やがて見えてきたのは、作文技術のようなものではなく、科学や学問の本来であった。

編集学校は、話を聞いて知識を増やすといった学校ではなく、自分がすでに持っているものを編集することを学ぶ学校である。だから、同じお題からさまざまな学びや異なる何かが表出してくる。

僕の場合、それが科学や学問の仕組みであった。そして、森羅万象にはコトバがあり、思考にカタチがあるといった、いわば当たり前のことにも気づいたのであった。

はじめての伝習座で松岡校長に、いったい白木君は手間暇かけてなぜここに来ているのだねと聞かれたことがあった。あまりの直球にかえって返答に困ったが、重ねてこうおっしゃった。編集とはね、ちょっと手のつけようのないところを何とかするためのものなんだよ、と。

その感じがいまでは少しわかる。難しい仕事が降ってくれば、いったん「お題」とみなして分節化し、思考の型に落とし込んで考えてみることである。そうすれば、やっかいな案件も何だか楽しめるではないか。

edits!

・企業文化
・ブランディング
・物語編集

ビジネスとブランドの大胆な再編集へ

奥本英宏◎多軸ピボット教室
リクルートマネジメントソリューションズ 代表取締役社長

大久保佳代◎猫町たまたま教室
TCD チーフプロジェクトマネージャー

キャリア面談でモデル交換

奥本　一つひとつの編集術も役立っていますが、師範代として、日々千本ノックのように学衆さんたちと「エディティングモデルの交換」を行ってきたことが、私の経営者としての仕事に大きな影響をおよぼしています。

大久保　私もそうですね。

奥本　一言でいうと、メンバーの思考プロセスが深く読めるようになりました。たとえば、私の会社では、半期に一度、全従業員が面談者を自分で指定してキャリアを相談する「自己申告面談」を行っています。私も毎回30名ほどのメンバーに指名されますが、そこでの問いかけや、語りかけの質が変わりました。
以前は、一貫して自分の視点から

どのお題も、教室でのやりとりも、
普段の生活どころか
生命の仕組みにも通じる型だと知ると、
世界の根っこを体験しているようで
ちょっと畏ろしい。
──大久保佳代

編集的先達 老子

編集的先達 荘子

相手を理解しようとしていましたが、師範代を経た後は、話しているあいだに「キャリアということばの意味が、自分と彼とでは全然違う」

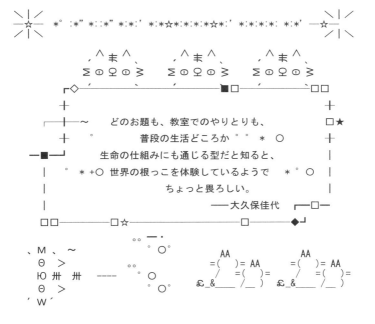

とか、「彼女の仕事のモチベーションはここにあって、おそらくあの上司がロールモデルなのだろう」といったことがくっきりと見えるようになった。相手の立場から問いを立てる力が上がりました。メンバーにも会社にもより良い、より前向きなキャリアを協力して探していけるようになったのです。学衆さんの回答の奥にあるエディティング・モデルをしっかり受容したうえで指南を返す師範代メソッドが、ビジネスで確かに活きています。

「寓言」でブランドの原型をさぐる

大久保　私はさまざまなブランディングに携わっているのですが、ブランディングそのものが、じつはエディティング・モデルの交換です。奥本さんがメンバーの言葉の奥にモデルを見るように、ブランドにも、商品やサービスの奥に、ふるまい、らしさの核となるモデルが潜んでいるんですね。

たとえば、「既存商品のイメージが強すぎて、どんな新商品を創ればよいかわからない」と悩む老舗企業がいくつもあります。看板商品そのものがブランドだと思い込んでいる限り、彼らは身動きが取れません。そこで私たちは、問いを立てます。まったく違ういくつかのジャンルで自分たちのことを見立ててもらうと、意識化されていなかったブランドの原型が見えてくる。荘子の「寓言」アナロジーですね。

そうするうちに、守るべきもの、変えてもよいものがわかって大きな決断ができるようになる。私たちはナビゲート役です。そのモデルを消費者とやりとりする「アイダ」でブランドが育っていきます。まさにインタースコアですね。

奥本　大久保さんと企業の関係は、師範代と学衆がつくりだす関係に似ていますね。

大久保　じつは[守]にも、まったく同じ「らしさ」をあぶりだすお題があります。どのお題も、教室でのやりとりも、普段の生活どころか生命の仕組みにも通じる型だと知ると、世界の根っこを体験しているようで、ちょっと畏ろしい（笑）。それほど、活用しがいがあるわけです。

情報ジャングルの羅針盤

奥本　学衆だったときにショックを受けたのは同じ教室の仲間たちの回答です。ちょっと私には思いつかないものばかりで、何とか真似できな

ISISフェスタ「EditBiz ビジネスを変える編集三位一体」で講師をつとめた奥本師範代。ビジネスの課題が変化したときに、編集の型が動的に使えることをワークショップで実証した。

いかと試行錯誤の日々でした。

縦糸を意味する「経」の字が指すとおり、経営とは縦につながる継続性を第一に考える仕事。企業経営を続けていると、どうしても横への広がりが希薄になります。たとえば、思考回路が企業カルチャーから抜け出せなくなってくる。

その点、編集学校では、主婦、学生、学校の先生など、仕事では知りあえない方々の意外な見方を知ることができます。私にとっては大きな経験でした。

大久保　編集学校に関わっていると、始終発見があります。奥本さんも以前受講されていた「ハイパーコーポレートユニバーシティ」で、先日、進化生物学者・長谷川眞理子さんのお話を伺いました。長谷川さんにとっては、「ティンバーゲンの４つのなぜ（至近要因、究極要因、発達要因、系統進化要因）」が、情報のジャングルを生き抜くための羅針盤だとおっしゃっていた。

ひるがえると、私の羅針盤は、世界を読み解き、組み替える「編集」という見方だと思い当たりました。私の生きる道しるべです。

企業の尺度を変える

奥本　さまざまな人と協力して何かを創りだしていく作業がさらに楽しくなったことも、編集学校で得た財産です。最近、石巻市桃浦の再興プロジェクト支援をしています。筑波大学貝島桃代研究室と協力し、仲間たちとともに漁師学校の企画支援、桃浦の6次産業化などを検討しています。まだまだささやかな活動で成果もこれからですが、これまで培ってきた仕事スキル、編集スキルを十二分に活かせる場です。
東日本大震災以降、これまで多少のボランティア活動を行ってきましたが、さらに一歩踏み出し、積極的に関わろうと思ったのは、編集学校を受けたからだと思います。「力が湧き、仲間がふえ、世の中が見えてくる」のが編集学校だと松岡校長はおっしゃっていますが、そのとおりだと思います。

大久保　編集学校には地域創生プロジェクトに関わっている方が多いですね。[破]で町づくりプランの稽古を経験することも影響がありそう。
私は[破]や[物語講座]、[離]で学んだ物語編集に大きく影響を受けました。そもそもブランドを見直すことは、企業の物語を書き換えていくことですが、最近考えているのは、物語の尺度について。ある企業の周年企画に関わって感じたことですが、どの企業も創業からの歴史を語りますよね。でも尺度を広く取れば、ノートは石板やパピルス、ペンは石器や葦ペンまで遡ることができる。
本来、すべての企業に創業前の歴史があって、人類の歴史の延長線上に自社の事業を位置づけられるかどうかが問われているのではないかと。その先端を自分たちが担っていると考えると、将来の見通しも変わってくるでしょう。いま、クロニクルと物語の大胆な再編集が必要だと感じています。

（編・米川青馬）

奥本英宏　Hidehiro OKUMOTO
師範代・HCU塾生

ハイパーコーポレートユニバーシティで塾生として学んだのち、イシスへ。破では、ハイパー出身者としてはじめてのアリストテレス大賞を受賞する。その後、守・破師範代、ISISフェスタ講師を歴任。企業研修の業界最大手リクルートマネジメントソリューションズの代表取締役として、組織マネジメントに独自のインタースコアを活かしている。
受講歴◎30守・29破・21花
先達文庫：司馬遼太郎『十六の話』

大久保佳代　Kayo OKUBO
師範代・HCU塾生

アパレルブランド、インテリアブランドの広報職を経て、TCDへ。以来、プロジェクトマネージャーとして数々のブランディングに携わってきた。〈猫町たまたま教室〉の「猫町」は萩原朔太郎の少々奇妙な小説である。たんなる猫好きのお姉さんではない。ISISエディットツアーのナビゲーター、JapanWareのブランディングでも活躍中。
受講歴◎24守・25破・9離・16花・13遊[風韻]・6遊[物語]
先達文庫：クラフト・エヴィング商會プレゼンツ『猫』

edits!

・ゲーム
・ルル3条
・脳と物語

ピカソ的多次元のソーシャルゲーム

赤羽卓美◎サイバー渦巻教室
ゲームクリエイター

編集的先達 グレゴリー・ベイトソン

3つのコースウェアを通過する

編集学校で、「読む」と「書く」が表裏一体だとはっきり気がつきました。自分が理解することと人に説明することは、向きが違うだけで同じことをしているのです。とはいえ、理解と説明の技術は違いますから、どれほど優れた学衆でも、最初は指南はできません。

どの師範代も、指南するなかでどのような言い方をすれば理解してもらえるかを学び、成長していきます。それぞれ視界が違う学衆・師範代・師範の3つのコースウェアを通過したときには、「読む＝書く」を完全に理解できるようになります。

学衆・師範代・師範の見方を合わせると、まるで世界がピカソの絵のように見えてきます。ピカソの絵は、

```
  ∧＿∧
 (｡･ω･｡)つ━☆・*。
⊂　　 ノ 　　　・゜+.
 しーＪ　　　°。+ *´¨)
　　　　　　　　　.· ´¸.·*´¨) ¸.·*¨)
```

☆ ☆ ☆ ☆ ☆ ☆

↓

一つのタブローのなかにいくつもの視点を描く。

編集学校は、僕が知る限りでは

→ 世界で一番おもしろいソーシャルゲーム。←

↑

■――――――――――――――――――――――――┘□□□□□■

+…………………………………………………+ ◆■□□□□

+…………………………………………………+ ◇□□□□□□

◆■■□□□□□□□□□□□◇□□□□□□□□□□◇□□□□□

一つのタブローのなかにいくつもの視点が描かれていますが、世界があのように多次元に映るのです。あるいは、ドットのなかに奥行きが見える3Dステレオグラムのような視点といってもよいかもしれません。いずれにしても、他にない楽しい感覚です。

僕にとって、現実と違うルール・ロール・ツールで動くものはすべてゲームですが、編集学校はピカソ的多次元を手に入れることをゴールとする、僕が知る限りでは世界で一番おもしろいソーシャルゲームです。

ただ悔しいのは、ピカソ的多次元の感覚や楽しさを人にうまく伝えられないこと。何とかゲームで表現できないかと頭をひねっていますが、今のところ、ポケモンカードゲームのようには成功していません。

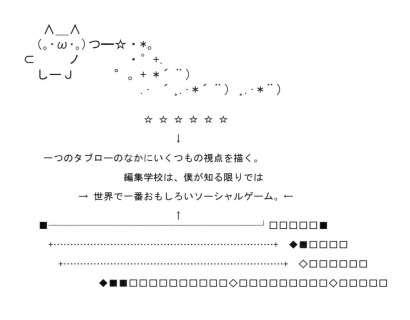

脳そのものが物語的にできている

僕は仲間の「破」師範とともに「物語講座」を立ち上げました。その過程でよくわかりましたが、物語とは、いかなる形式にも語り替えられるものです。小説や童話だけでなく、クロニクルも歌詞も広告コピーも何かの企画も物語です。なぜかといえば、人間の脳の構造そのものが物語的にできているからです。

脳を模倣したコンピューターのアルゴリズムと物語の関係を、僕はグレゴリー・ベイトソンの『精神と自然』で知りました。脳が生み出すものはすべて物語といって過言ではないのです。最近、ビジネスや政治でも物語が注目されていますが、当然のことです。

今、世界は、古典力学的世界観から量子力学的世界観へ急速にパラダイムシフトを起こしているように見えます。量子力学的な世界記述の方法、世界の読み解きの方法が求められていますが、おもしろいものが一向に出てきていません。語り手と物語が足りていないのです。物語編集の得意な、これまでにない科学者の出番が来ています。

赤羽卓美　Takumi AKABANE
師範代・破師範・遊［物語］綴師

糸井重里が率いるエイプにて「MOTHER2」の開発をサポート。その後、クリーチャーズで「ポケモンカードゲーム」シリーズを開発し、日本のトレーディングカードゲーム市場を育成する。編集学校では物語講座を率いる「綴師」。冬でも半ズボンを履く。目下、株式会社デイヴィッドプロダクションにて新たなゲーム事業を構築中。
受講歴◎9守・9破・2離・12遊［風韻］
先達文庫：稲垣足穂『僕の〝ユリーカ〟』

赤羽綴師による物語講座「蒐譚場」講義。

IT革命以後の相互記譜型システム

浅羽登志也◎ITドラム教室／ノードチェンジ教室
ITコンサルタント

編集的先達　シルビオ・ゲゼル

ネットの秩序を再構築する

私はこの20年余り、インターネットのインフラづくりの仕事に関わってきた。インターネットは破壊的イノベーションだと言われているが、破壊したのはコミュニケーションサービスのガバナンスだった。インターネット以前の電話のネットワークは、サービスとインフラが一体で不可分であり、インフラの提供者がサービス全体をコントロールしていた。しかしインターネットは、インフラからサービスを切り離し、インフラを利用するアプリケーションにそのコントロール権を解放した。これがインターネットが引き起こした革命の本質である。

イシス編集学校に興味をひかれるのは、そんなインターネット・サービス全体の秩序を再構築するためには、サービスを構成するアプリケーションや利用するユーザーが、相互記譜型編集交換システムの方法のもとで協調動作する必要があるのではないかと感じているからだ。

方法にこそ着目せよ

イシス編集学校の稽古で一番心に残っているのは［破］のクロニクル編

★☆★　♪　★☆★　♪　★☆★　♪　★☆★　♪　★☆★　♪

明け方の5時32分。　.☆゜。

クロニクルのエッセイをまとめ、.☆゜。

稽古の振り返りを書いている

途中で、涙が溢れて　゜。○☆

止まらなくなった。

。･･。o○o。.～.～。･･。o○o。.～.～。･･。o○o。.

★☆★　♪　★☆★　♪　★☆★　♪　★☆★　♪　★☆★　♪

集術である。ある分野の歴史を描いた本から歴象データを抽出し、そこに自分史を重ねあわせて年表をつくるものだ。

最後の回答を終えたのは明け方の5時32分。エッセイをまとめ、稽古の振り返りを書いている途中で涙が溢れて止まらなくなってしまった。

選んだのは『中東　迷走の百年史』。エッセイの締めくくりには「中東を理解しようとするプロセスが自分を理解することにつながり、前進する大きな力を得た」と書いた。

世の中を理解することは、とりもなおさず自分を理解すること。イシスの編集術とは、不可分に見えていた世界から自分を切り離し、そして再び世界と向きあうことを可能にする方法だった。

場に関わる人々が相互受容のもとでモデル交換をしていく編集稽古のあり方は、インターネット上でのコミュニケーションのこれからのあるべき姿を象徴しているように思う。それがグローバルかつ複雑化する社会を主体的に生き抜くための基本的なスキルになるはずだと確信する。

主体的であるためには、主体ではなく方法にこそ着目せよ。これがとてつもなくおもしろい。

浅羽登志也　Toshiya ASABA
師範代・守師範・花伝師範

日本で初めてインターネットの商用接続サービスを提供したIIJの最初の社員の一人。2015年までIIJイノベーションインスティテュートの代表取締役をつとめた。バンドでドラムを叩き、安曇野で自然農を学ぶマルチな活動家でもある。DIAMOND onlineで「イノベーション的発想を磨く」を連載中。
受講歴◎17守・17破・6離・8花・5遊[物語]
先達文庫：イヴァン・イリイチ『シャドウ・ワーク』

師範代の教室宣伝

新師範代による教室をテーマにした創作チラシ。写真切り貼り、手書きイラスト、工作コラージュ。教室博覧会の舞い踊り。

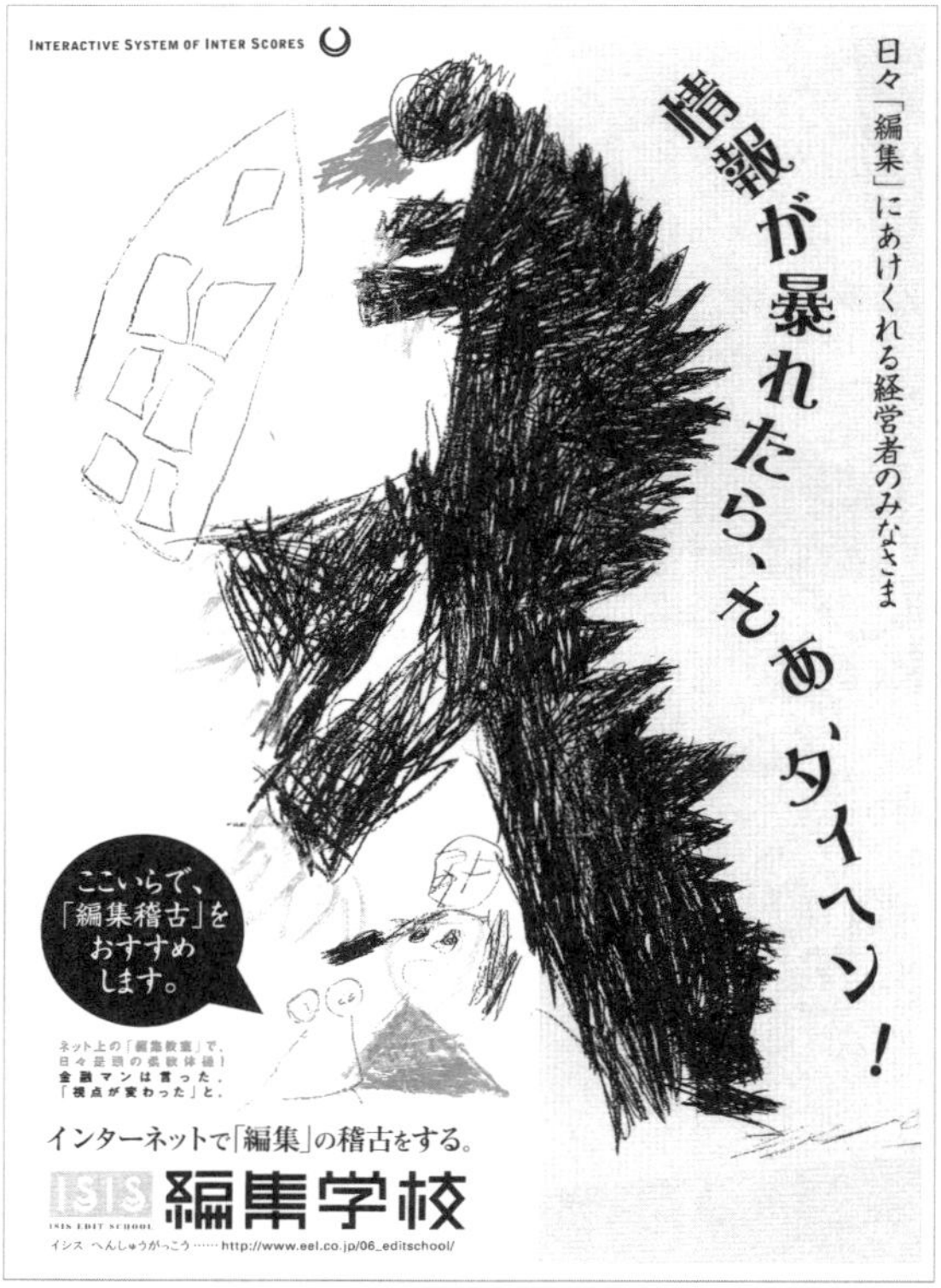

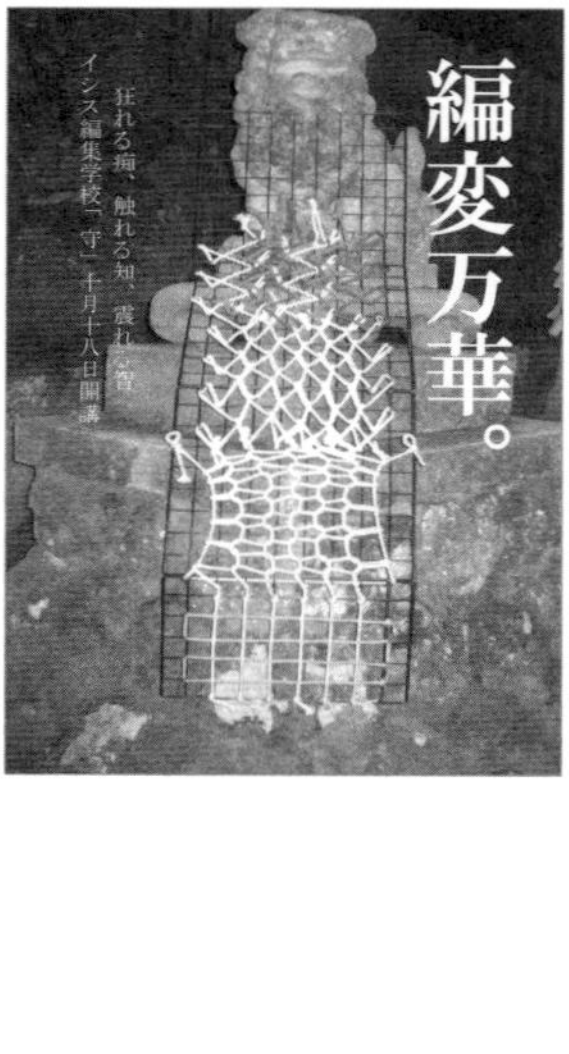

情報を、どう斬るか。
突くのか、跨るのか、薙ぎ倒すのか。
槍ひとつとっても、戦い方には型がある。
これは、巴御前の型「馬上組打」。
内田三郎家吉を討ち捕った
名勝負は語り草になっている。
まずは、入門編［守］へ。16週間コース受講料84,000円
世の中の斬り型が見つかる。
ISIS編集学校
インターネット・コミュニティで学ぶ ISIS［イシス］edit school
今すぐGO! ⇒ http://www.isis.ne.jp

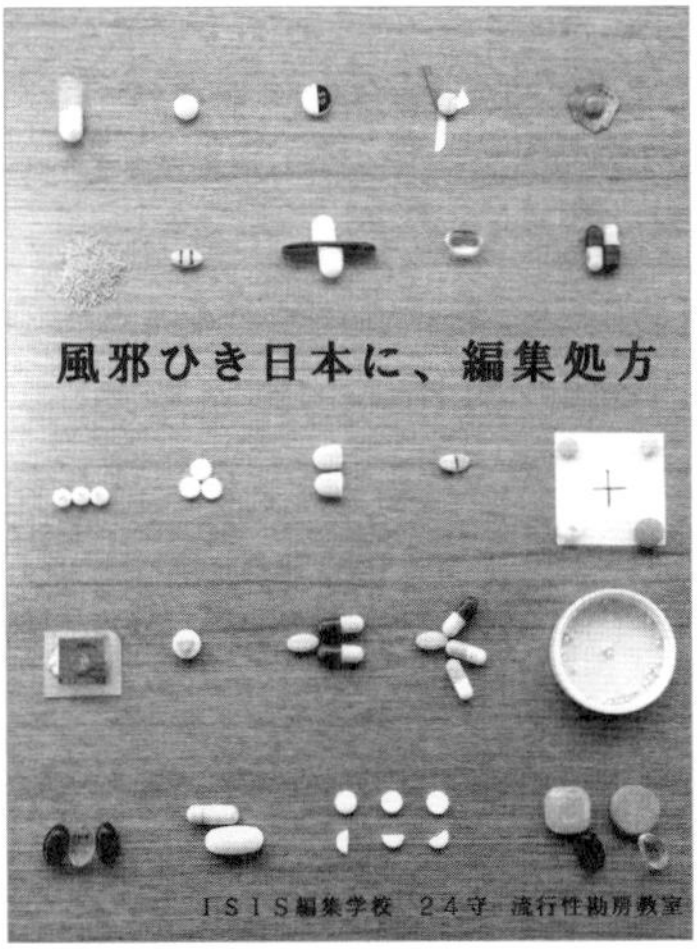
風邪ひき日本に、編集処方
ＩＳＩＳ編集学校　２４守　流行性勘所教室

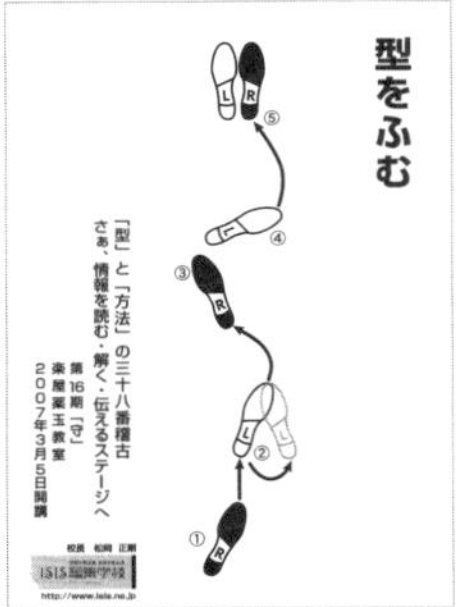
型をふむ
「型」と「方法」の三十八番稽古
さあ、情報を読む・解く・伝えるステージへ
第16期「守」
楽屋薬玉教室
2007年3月5日開講
ISIS編集学校
http://www.isis.ne.jp

~~~＊ISIS＊
騙編片返変辺
習秀集州衆周
顎格楽学岳括
交好工講校弧
□編集は遊びから生まれる。
□今ここにも編集は動いている。
□共振が随所でうなりをもって響き逢う。
~~~＊~~~＊~~~調弦振動教室~~~＊~~~

編
集
数
学
足
千
指し方も編集！ 読み方も編集！
只今、第10期「守」生徒募集中！
編集学校

ようこそ、
編集ワンダーランドへ。
ISIS
イシス編集学校

千装ダリア
35守
イシス編集学校

情報の
上下左右と
おつきあい
イシス編集学校
第36期［守］基本コース10/12開講 受講生募集中!

数字でみるイシス編集学校————イシスコア❷

Best Ever
歴代最高

最高修了率————86%

▶31[守]、22[破]が同率

[守]の平均修了数は75.9%。インターネット上の学校として、破格の成果と自負している。

[守]最多発言数————2662発言

▶7[守]円陣フライト教室（貝塚英樹師範代）

[破]最多発言数————1685発言

▶17[破]楽屋薬玉教室（大武美和子師範代）

[離]最多発言数————9416発言

▶10[離]超境院（田母神顯二郎別当師範代／小坂真菜美別番／金宗代右筆）

教室や院にて4カ月で交わされた対話の数々。数だけでなく中身も濃い。

最年長師範代————80歳

▶倉部健治（蓮條方舟教室）

最年少師範代————21歳

▶堀志保（ロコココロ教室）

最年長学衆————78歳

▶篠原義男

最年少学衆————10歳

▶品川唯夏

学衆は小学5年生から喜寿の年長者まで。師範代は大学生から傘寿の塾講師まで。

うしろ姿《すがた》も指南

写真家・土門拳は言った。「気力は眼に出る。生活は顔色に出る。年齢は肩に出る。教養は声に出る」。では編集魂はどこに出るだろう。言葉を得た身体術トレーナー。作家を志す雌伏の男。家事と医療をまたぐ病理医。世界に問いを突きつけつづける投資家。その気概は言葉よりも行いよりも、佇まいににじみ出る。

残り香、足音、無常迅速。
心意気は背中が語る。
迸るパッションの体現者たち。

edits!

・コミュニケーション
・稽古の場
・言葉とワタシ

言葉が変われば ワタシが変わる

渡辺恒久◎夕凪アルケミスト教室／カラダ仮屋教室
身体術トレーナー

編集的先達 E・E・カミングス

小心者、コトバの門を叩く

言葉を発するのも苦手な小心者だった。声はむろんのこと、自分が書いた文字も大嫌い。思いを文章にして他人の目に晒すなぞ想像するだけでゾッとした。小学校に上がって以来、劇の類には一度も参加したことがない。

大学を出てしばらくは翻訳と通訳を仕事にした。言葉への苦手意識にもかかわらずそれができたのは、たまたま海外暮らしが長く、英語に長けていたのと、しょせん他人の言葉、他人の思いや考えをオレは代弁しているに過ぎないと、責任を転嫁することができたからだ。相変わらず、自分の言葉に自信は持てなかった。

このままではいくらなんでもマズイ。言葉との関係をあらためたい。

○ノ　　　　　＼○／
|￣　　　　　　／
／＞　　　　　ノ)

・・・・・―＊・・・・・―＊・・・・・―＊・・・・・―＊・・・・・―＊・・・・・―＊・・・

―　―　―　―　―　―　―　―　―　―。―　―　―　―　―　―　―

∫∫--μ

他力本願というのか、　　　　☆・＊。

☆・＊。　　チョー無責任主義というのか、　　　・

◇　◆　◇　そんなことは一切おかまいなし。　・。。＊

言葉は、方法に連れて来られたものであり、　∞

ワタシがこだわる必要もない。

〜〜＊〜〜〜〜〜〜〜〜〜。〜〜〜〜〜〜・〜〜〜〜〜

―　―　―　―　―　―　―　―　―。―　―　―　―　―　―　―　―

・・・・・―＊・・・・・―＊・・・・・―＊・・・・・―＊・・・・・―＊・・・・・―＊・・・・・

コトバを扱えるようになるための稽古がしたい。……気づけば編集学校の門前に佇んでいた。

拳を上げてはまた下ろし、ポケットに突っ込んで知らぬ態を装ってもみたが、気になるものは気になるのだ。逃げる腰をなだめすかして、ようやく門を叩いてみると、それは音もなく開いて、私を招き入れてくれた。

他力本願あるいはチョー無責任主義

メールでのやりとりだからマンツーマンだろうと安心していたら、10人ほどの教室ですべてが共有されるシステムだと知り、焦りに焦る。

お題が来る。次々と来る。入力と消去を繰り返しながら、できた回答を出せずに幾日が経つことも少なくなかった。が、あることがわかって

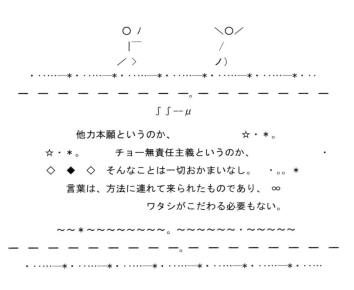

から、それは変わった。

　どんな問いにも、数え切れないほどの答えがあり、それは人の知識や能力によって差ができるのではなく、そこでとられる「方法」によって動かされるものなのだ、と腑に落ちたのだ。

　方法次第で答えが変わるというのなら、そこで出てくる言葉は、方法に連れて来られたものであるわけで、だから、ワタシの言葉ではないし、ワタシがこだわる必要もない。

　しかし、そのワタシは、ワタシが使う言葉でつくられている、というのも事実なので、方法を動かしている間に、ワタシ自身も変わるのだ。

　方法を通して言葉とともに自分が変化するプロセスを、ボクはただ見て楽しんでいればいいんだもんね、ということになる。それを他力本願というのか、チョー無責任主義というのか、要するに、そんなことは一切おかまいなし。

　小心者は、小心者のまま出遊する術を身につけてしまったのです。

渡辺恒久　Tsunehisa WATANABE
師範代・守師範・守番匠・花伝師範

ハワイ・マウイ島に住む、「あいだ」の編集の達人。野口整体、合気道と編集工学を重ね、"身体する編集"を考え続けている。指南、指導の間合い、詰め方、禅機を見る動きは他の追随を許さない。師範代時代の感門之盟の壇上では般若心経「羯諦羯諦、波羅羯諦。波羅僧羯諦、菩提薩婆訶」と絶唱し、聞く者の胸を詰まらせた。
受講歴◎11守・11破・3花・3遊[風韻]
先達文庫：河合隼雄『影の現象学』

edits!

・小説家
・師範代と我流
・NAZO

自己流や挑戦が許されるどころか、褒められる

岡村豊彦◎津軽アロハ教室
ITエンジニア／シナリオライター

編集的先達　藤子・F・不二雄

ワールドモデルを読み飛ばしていた

吉村昭『羆嵐《くまあらし》』は、北海道の開拓村で6人がヒグマに殺害された事件を取材したドキュメンタリー小説ですが、「大正三年夏に勃発した第一次世界大戦は短期間に終了することが予想されていたが、戦火は急速に拡大し、日本も日英同盟にもとづいて参戦、ドイツの租借地である青島に兵を派して攻略した」とはじまり、冒頭の1頁で当時の日本経済が好況に転じたことをひとしきり記しています。

この記述は、一見、ヒグマの話と関係がないようで、じつは全体に利いています。近代日本がいくら発展しようが、自然は変わらず厳しく人間に猛威を振るう。その対比が鮮明に浮かび上がるからです。編集学校

♪♪。.:・'♪♪。.:・'° ♪♪:・'° ♪～:・'° ～♪♪♪。.:・

◇※◇ ◇ ◇※◇ ◇ ◇※◇

¶／ ｜ ＼ 物語のワールドモデルなど眼中になく、
† ／ ｜ ＼ǂ ただ奇抜な発想を求めて
／ ｜ ＼ ＳＦを読み漁る
／ ｜ ＼ 小説家志望の
／ ｜ ＼ 30代でした。

◇※◇ ◇ ◇※◇ ◇ ◇※◇

♪♪。.:・'♪♪。.:・'° ♪♪:・'° ♪～:・'° ～♪♪♪。.:・

を受ける前なら、ここを読み飛ばしていたでしょう。物語のワールドモデルなど眼中になく、ただ奇抜な発想を求めてSFを読み漁る小説家志望の30代でしたから。

知を次世代に返す

［破］と［遊・物語講座］で、ワールドモデルをはじめとする物語の要素や型の大事さを痛感し、それまでの自分の「作品」の底の浅さ、視野の狭さを思い知りました。［離］では、自我を粉々に砕く強烈な体験をしながら、知の最前線で数えきれないほどの見方を知りました。

「離を終えたら、そこで得た知を次の世代に返してください」と、［守］の師範代だった田中さつきさんに言われたことがきっかけで、次は師範代に。師範代時代は、基本は押さえながらも、我ながらやりたい放題、実験三昧。自らの文章修業の場を設けるなど自己流を貫きました。

編集学校では、自己流や挑戦が許されるどころか、褒められる。仕事では味わえない目くるめく体験に没頭して、守破の師範、花伝所錬成師範にも携わり、気づいたら守をはじめて7年が経っていました。入ったときは小説を上手に書く方法を知りたかっただけで、これほど長く関わるとは思いもしませんでした。

書き続けて、世の中に打って出たい

2014年には、[物語講座]などでの学びを活かし、松岡校長が世界観設計と監修に携わった謎解き絵本スマートフォンアプリ「NAZO」のシナリオライティングを担当しました。平日深夜、長い時は明け方まで続く打ち合わせが幾度もあり、仕事との両立は大変でしたが、いま思えばかけがえのない時間で、松岡校長の赤字が入った原稿は宝物です。

一方この5年、小説の執筆は捗っていません。小説の読みが格段に深まった分、自らの創作にも厳しくなり、以前のようにやみくもには書けなくなりました。しかし、今後は再び創作に力を入れ、いずれ物語で世の中に打って出たい。それが松岡校長や編集学校に応えることにもなるはずです。

岡村豊彦　Toyohiko OKAMURA
師範代・守師範・破師範・花伝錬成師範・遊[物語]師範代

津軽出身。国内大手IT会社TISのSE。小説家になる夢を追いかけて編集学校の門をくぐり、いつの間にやら名師範。破や花伝所の師範として、多くの優れた師範代を生み出してきた。物語講座の師範代も務めている。感門之盟ではつねにアロハで裸足。2015年、植田フサ子師範とイシス婚。
受講歴◎20守・20破・6離・14花・2遊[物語]
先達文庫：赤坂憲雄『東北学／忘れられた東北』

edits!

・病理学
・時間編集
・編集ファミリー

私は母であり病理医であるマクロファージ

小倉加奈子◎遊求マクロファージ教室
順天堂大学練馬病院病理医

編集的先達　熊川哲也

医療の内外に対角線を引く

イシスでは、公私混同の編集術を学ぶことができます。言い替えるなら、仕事と家庭のアイダ、医療と社会のアイダ。二つの異なる領域に関係線を引く力が身につきます。

［守］に入門したのは、ちょうど本の執筆企画が舞い込んだ時期でした。本のテーマは病理と臨床検査を一緒に解説する研修医向けマニュアル。両分野をあわせた本は世の中にありませんでした。その後、「病理診断」を担う「病理医」を広く認知してもらうNPO活動に参加するチャンスがめぐり、高校生に病理診断を体験してもらうセミナーの企画運営もすることに。

学衆として、師範代として編集稽古と並走しながら、マニュアル本の執筆やセミナーの企画も進め、専門分野同士、あるいは医療と教育分野、医療の内と外で、たくさんの対角線が引かれていきました。

公私混同の時間編集

仕事と子育てが忙しい中で師範代をやるには、時間編集が肝になります。出勤前に学衆の回答を覚えて、自転車を漕ぐあいだにも、バスの車

〜〜＊〜〜〜〜〜〜〜〜〜。〜〜〜〜〜〜・〜〜〜〜〜

((（◎）)))))))))))))))　（・・）（＊。）。）〇）；？）

子どもを寝かせてから指南をこなす。

仕込みを1日のあらゆる時間のなかでつくりだす。

同僚も家族も巻きこんでいく。

それが私の公私混同のやり方です。

((((（◎）))))))))。。（..　？）((((((◎)))）（・・）

〜〜＊〜〜〜〜〜〜〜〜〜。〜〜〜〜〜〜・〜〜〜〜〜

中にも指南を考える。病理診断に少し集中力を欠いたら気晴らしに指南を練る。仕事と本末転倒にならないように睡眠時間を確保しつつ師範代のロールに向き合いました。

子どもを寝かせた22時以降の約2時間。そこで3つの指南をこなす。そのための仕込みを1日のあらゆる時間の中でつくりだす。1分たりとも無駄にしない心持ちです。やがて、夫、父、そしてなんと息子まで編集術を学ぶようになっていきました。私を取り巻く同僚も家族も巻きこんでいく。それが私の公私混同のやり方です。

教室名にある「マクロファージ」は白血球のひとつ。時と場に応じて自在に形を変える細胞です。免疫を活性化したり、異物を食べるなど多様な役割をもち、もっとも編集的で編集力が高い細胞なのではないかと思います。たとえるならば私は、母であり病理医である「マクロファージ」のような存在です。編集術で、マクロファージな教室や職場や家庭や社会を創りだしていく。これが私の活動のスローガンでもあります。

小倉加奈子　Kanako OGURA

師範代・守師範

病理医であり、妻で、二児の母で、同居する親からみると娘、そして師範代。仕事も生活もイシスもすべて重ねて加速する編集達人。教室の変化や兆しや感情をありのままに秘密の小倉日記に記述する。臨床検査医のための共著作では、「医療は編集である」というメッセージを伝えた。夫は師範代、父と中一の息子は学衆というイシス一家。

受講歴◎26守・26破・19花

先達文庫：大庭みな子『現代語訳　枕草子』

edits!

・キャピタリズム
・世界読書
・目次録

資本主義の来歴をインデックス化する

蛯川明男◎融即ドリブル教室
投資家

編集的先達　松尾芭蕉

「投機」としての編集工学

投資家の仕事は、ベンチャーから不動産、株、債券、為替など全体を投資対象とする。どの国の何を買ってもいいし、売りから入ってもいい。投資家は、経済全体はいうまでもなく、政治、軍事、宗教、文化、人間心理などすべてを勘案しなければならないということだ。

「投機」とは、speculationの訳語で、確実な根拠なしに推測することを意味する。だが、そもそも常識が言うところの「根拠」とは、そんなに確かなものだろうか。「常識」の側は、自らの根拠に自信をもっているだろうが、じつはその根拠自体が朧げで揺らいでいる。推測を欠いたままに常識に従っていては、相場を後追いした「現状の追認」にしかな

大事なのは、人間にとってケーザイとは何か、
仕事とは何か、といった大局的視点を、
ミクロな視点とともに洞察しつづけることだ。

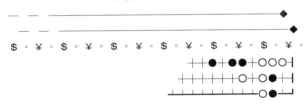

らない。

一見、常識外れでも、よくよく考えてみると関係が明らかになることがある。そうしたことを看破する力を「洞察」と言うが、編集工学が取り組むのはまさにここである。

大事なのは、人間にとってケーザイとは何か、仕事とは何かといった大局的視点を、個にもとづいたミクロな視点から洞察しつづけることだ。すると必ず、人間とは何か、生きる意味とは何か、在るとはどういうことかという存在の哲学までを編集せざるをえなくなる。

偶然も必然も、所与も創造も、有限性も無限性も、諦念も希望も、すべてを情感的に受容しつつも、それをメタに編集していく複眼を大胆にもつこと。そこにしか編集的自由は生まれない。

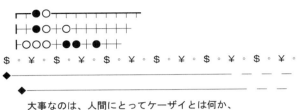

蜷川明男　Akio NINAGAWA
師範代・離半東・HCU塾生

5離をぶっちぎりで典離したあと、「目次録・自由の国家」を編集しつづける孤高の編集哲人。いかなるときにも圧倒的な質・量・速度で他の追随を許さず、6離半東のときには、離学衆全員がかかっても蜷川ひとりに敵わないと言われた。サッカーをプレイする身体派であり、冷房に弱いというフラジャイルな一面ももつ。
受講歴◎9守・17破・5離・11花
先達文庫：唐木順三『朴の木』

ライフワークと化した「目次録」

［離］のプログラム「目次録」には、資本主義の来歴をコード毎にインデックス化する「自由の国家」というパートがある。私が編集を担当するのはここだ。

「目次録」は、世界のあらゆる情報を再構成・再編集し、目次立てをするという途方もないプロジェクトだ。「全体」を本気で扱うには、とてつもない大きさが要求されるし、最初の編集プランを遵守していたのでは、限界はすぐにやってくる。

そこで、異質なもの、埒外なものを平然と取り込んでいく技術が必要になる。編集とは自己還帰するものであって、ダブル・コンティンジェント（相互作用する偶発性）なものである。能動的に対象を編集することで、対象から編集される受動が生まれる。それを何度もフィードバックしていく。するといつしか編集が自己展開しているかのような相貌をもちはじめる。

「目次録」には、たくさんの見えない線が引かれている。編集の世界は、線形的な因果律ではなく複雑系である。ひとつの目的にひとつの手段があるのではなく、無限の過程、方法、中間項が関係している。そのどこまでを意識化して編集のパレットに乗せることができるかが重要だ。

これは単純に方法論的な問題ではない。いうまでもなく編集は、知性だけでは動かない。馬力が出なければ高度な編集力があったとしても持ち腐れになる。

基本エンジンになるのは「感応力」である。相手が持っている優れ

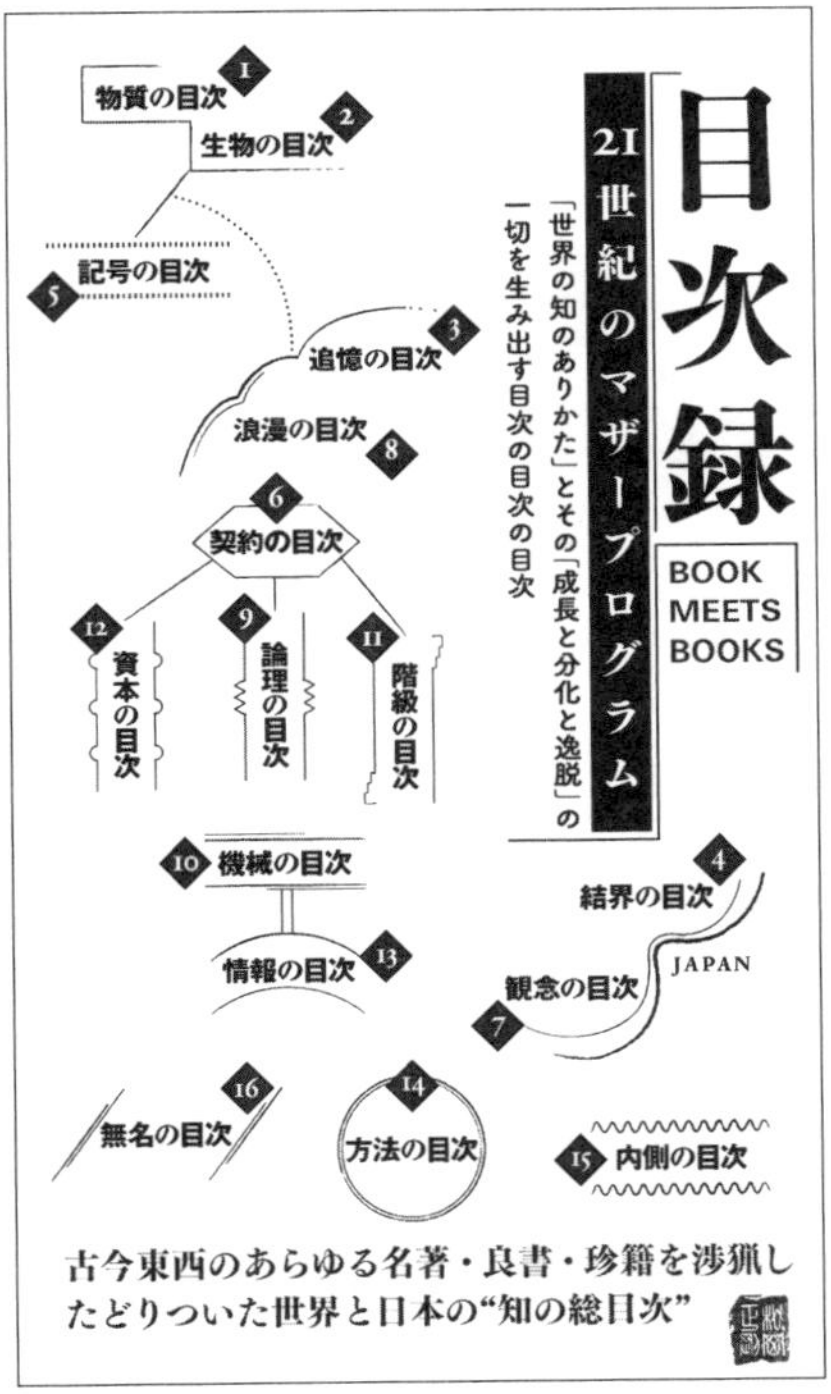

松岡正剛が古今東西の総合知を世界読書するための「目次の目次の目次」として設計する「目次録」。親・子・孫の3階層からなるインデックス型のコード体系で、現在、親コードは16個、孫コードは5000個を超える。それぞれのコードは、図書館の十進分類法のような静的なカテゴライズではなく、ダイナミックな相互コンテクストのもとに配置される。図は、2011年に連想検索型エンジンへの応用としてネット上で実験的につくられた「目次録」チャート。この後さらに、蜷川が手がける「自由の国家（目次）」をはじめ、「代償の国家」「技芸の国家」「相伝の国家」などが新設されている。

たものを察知して反応して、さらに引き出していく力だ。とりわけ編集対象や編集仲間の存在力に感応することで情動のエンジンを駆動することがポイントとなる。「とことん」という方法によってのみ見えてくる世界があるのだ。

世俗的な障害や雑音がこの「ほとばしり」によって押し流されることで〝本質〟が顕現する。しかし、異物をたんに併合してしまうのではなく、具体的な個物のすべてに寄り添っていく。そうして、たとえ理念にすぎないとしても全体を志向しつづける。その地点に至ってはじめて、ホリスティック（全体的）な編集と言えるのではないか。私が「投機」するのは、まさにこの一点である。

師範一書の真行草

師範の風姿を体現創語、戯画に遊字に、千編万花。期を全うした師範に、〃その人にはこれしかない書〃が、一ロールに一度だけ校長より贈られる。

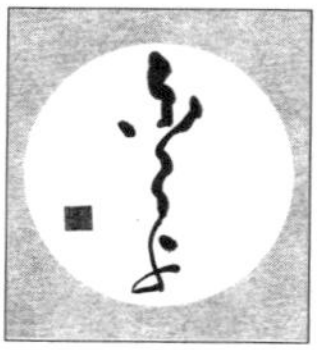

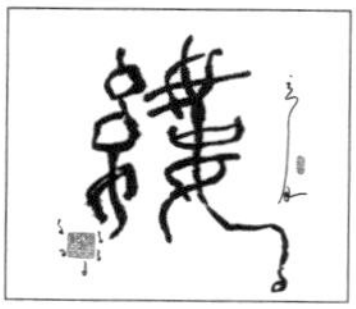

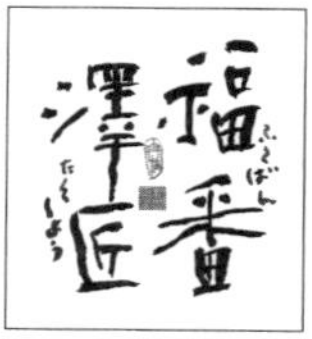

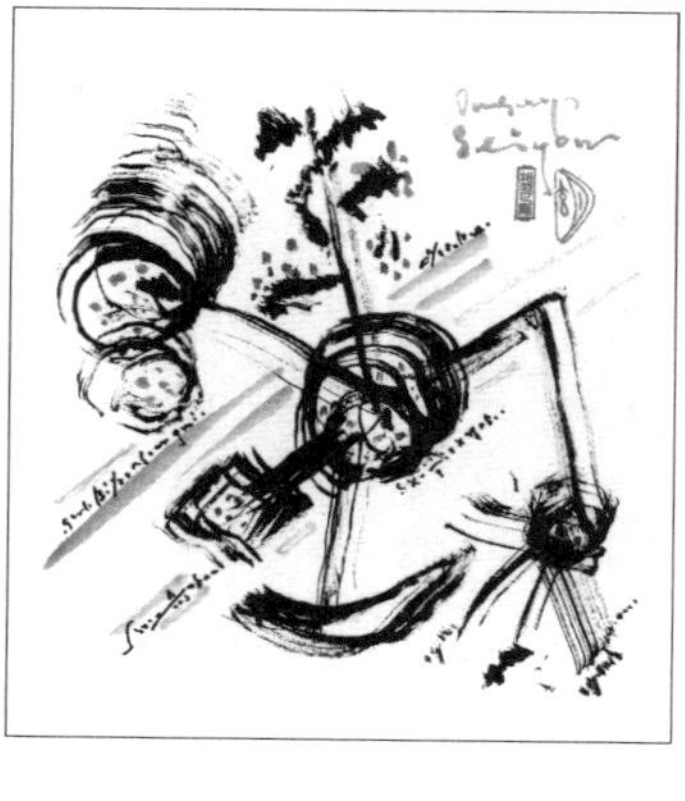

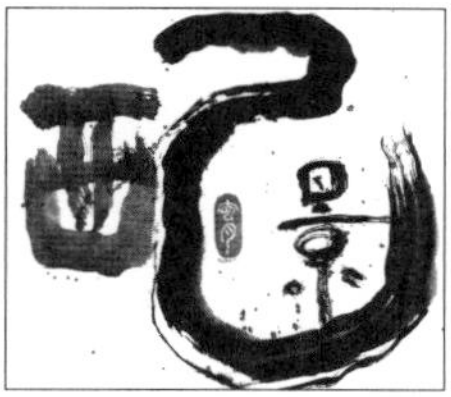

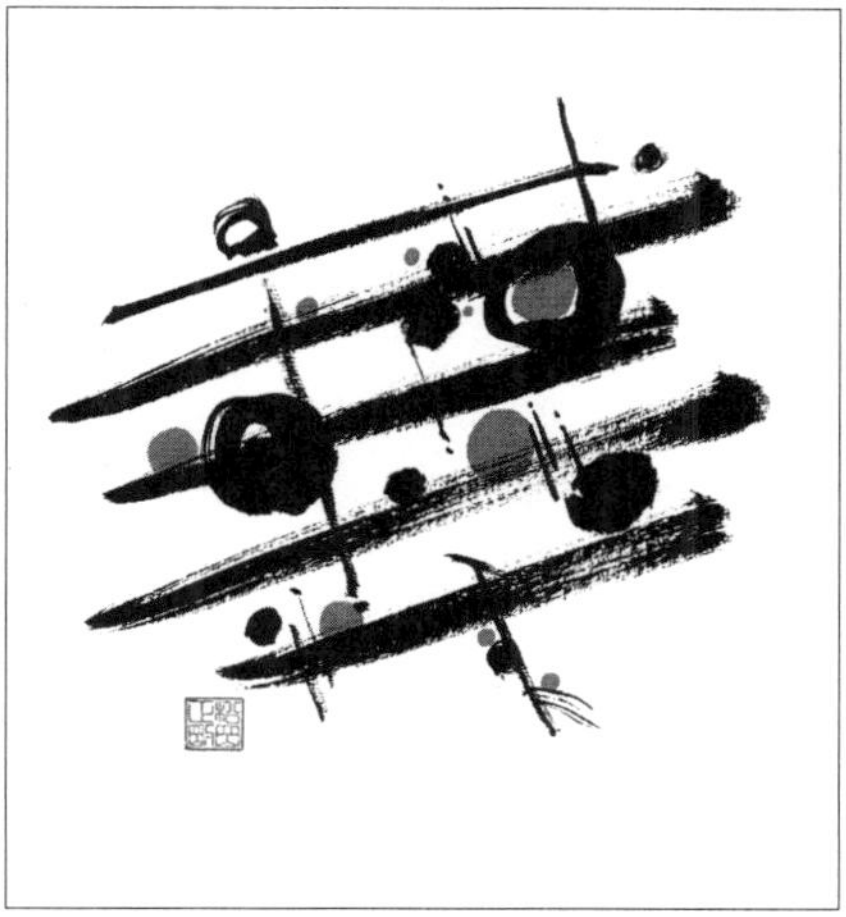

数字でみるイシス編集学校――イシスコア❸
The Greatest
達人たち

全員卒門・突破教室――3教室

▶山手橋姫教室：丸山ちさと師範代（18期）
▶遊泳ムナーリ教室：畠山尚子師範代（22期）
▶ビター臨界コーラ教室：大原慈省師範代（22期）

［守・破］どちらも全員全番回答に導いた希有な師範代。

最多教室名ホルダー（4教室）――3人

▶今井歴矢：跳び蟻教室／とても跳び蟻教室／蟻のトポロジー教室／ぽたら日乗教室
▶高柳康代：桃栗美人教室／バー月界教室／柿八点前教室／参上台目教室
▶森由佳：飛ぶかな教室／夕空くじら教室／森の都は豆印教室／多冊キネマ教室

3教室は20名。師範代ロールに魅入られたエキスパートがいる。

最多師範代登板数――6期

▶森由佳

最多師範登板数――20期

▶森由佳
▶大音美弥子

数多くの師範、師範代を生み出してきた「イシスの母たち」。

最多再回答数――20回

▶藤田ゆう子学衆×蜷川明男師範代：融即ドリブル教室

この2人は、他のお題も平均6〜7回、濃密にやり取りを繰り返した。

全6講座修了者数――22人

イシス編集学校マスターが続々誕生している。

淘江貴子／赤松木の実／松永真由美／久保田仁美／大原慈省／中西和彦／岡本尚／加藤之康／米川青馬／小濱有紀子／倉部健治／石田正純／近藤茂人／田母神顯二郎／前原章秀／大野哲子／森山智子／相部礼子／福澤美穂子／塚田有一／大久保佳代／岩野範昭

アメリカでＭＢＡを取得後、一転、日本の匠の世界に飛び込んだ研究者。チェンマイを基点に世界を飛び回る経営者にしてダンサー。花と言葉と都市に向きあうガーデンデザイナー。「花と面白きと珍しきと、これ三つは同じ心なり」。世阿弥の花を宿しながら、その眼はつねに古今東西を見わたしている。

花《はな》のさざめき

あでやかに、謎めいて。
大人が本気で世界を遊ぶ、
予断無用の一本勝負。

edits!

・MBA
・リバースエンジニアリング
・職人

資本主義も床の間も仕立てます

青木穣◎鳳鳴六曲二双教室
HIGASHI-GUMI／表具師

編集的先達 寺田寅彦

MBAがひっくり返る衝撃

――編集学校に入ったきっかけを教えてください。

パリに在住していた頃、成田空港の本屋に文庫本の『知の編集工学』が平積みしてあるのを見て、ジャケ買いしました。化粧品会社の研究者でしたから、「知」や「工学」という言葉には敏感でしたが、そこに「編集」という言葉がつながっているところが新鮮でした。松岡校長のことは知りませんでした。

――読んでみてどうでしたか？

パリに帰ってゆっくり読むつもりだったのが、着くまでの機内で読みきってしまいました。幼い頃から興味をもっていた遊びや音楽、映像編集、スポーツなどがすべて「編集」という一言で要約できることに驚愕

MBAをとって、自分は資本主義社会のなかで、
大企業のなかでやっていこうと
誓った数カ月後でしたからね。
しばらく立ち直れないほどショックでした。

しました。ああ、自分が好きだったのは「編集」だったんだと、かみなりが落ちた瞬間でした。

――化粧品の研究職を選ばれたということは、もともと研究がお好きだったのですか？

研究は好きですが、もっと言えば「ものごとの仕組み」を観察して発見することが好きなんです。理屈でものを考えることが得意でしたが、感覚的で直感的なものの見方も好きでした。だから、理系も文系も、モノもヒトも宇宙も一緒にリバースエンジニアリングする編集工学にピンときたのでしょうね。

――編集学校に入り、どんな稽古生活を送ったのでしょうか？

当時学んでいたMBAのビジネススクールが落ち着くまで数年。待ちに待って21[守]に入門したのですが、卒門してもどこか物足りない。だから迷わず進破しましたが、それでも満足できませんでした。『知の編集工学』ってもっといろんなことが書いてあったよな、という感じ。正直、編集学校ってこんなもんかなという気持ちも少しありました。だから、何の予備知識もなく[離]に申し込みましたが、これがとんでもない代物だった（笑）。

――[離]でようやく満足できたのですね？

「満足」という言葉はしっくりこないですね。40年間の価値観がひっくり返る衝撃をうけました。MBAをとって、自分は資本主義社会のなかで、大企業のなかでこうやっていこうと誓った数ヵ月後でしたからね（苦笑）。しばらく立ち直れないほどショックでした。

ただ、プログラムの最後に提出した「離論」の最後に、「実家の表具屋を手伝いたい」という言葉を書いたのですね。しばらく忘れていましたが、数年経ってそれが現実になりました。

つくる・まねる・為立てる

——［離］を退院後、〈鳳鳴六曲二双教室〉の師範代をされましたね。アメリカからの海をまたいだ指南はいかがでしたか？

普段はアメリカに住んでいることは意識しませんでしたが、伝習座と感門之盟での帰国を除くと、教室オフ会である汁講を開催することができなかったので、学衆さんたちに申し訳ない気がしていました。

でも、だからこそテキストでの編集可能性を追求しました。一字一句、スペースや改行のひとつにも気をつかいましたし、毎日辞書を引いて、指南の言葉を増やすことも自分に課しました。師範に相談して開催した、教室チャット大会「電汁」は大いに盛りあがりました。結果的に、教室と勧学会の発言数がそれぞれ1300と1100を超えたのは教室の誇りです。

——それでは4カ月、問題なく進んだのですか？

25［守］は東日本大震災の直後にはじまったので、教室、学校、そして日本全体に、どこか暗い不安がまとわりついていた期でした。それでも教室は盛りあがり、最後まで全員横並びで進んでいきました。しかし、全学衆卒門を信じた矢先に、教室を牽引していた学衆さんが緊急入院されました。残念ながら卒門には至り

（右）青木が勤めるHIGASHI-GUMIの横浜にある倉庫兼仕事場である「組場」。試作された本棚、コンテナなどが所狭しと並べられている。
（左）HIGASHI-GUMI製作の「ネステナー」。ネスト（巣）とコンテナの一種合成で、本棚と移動式デスクが一体化しており、自在にワークスペースをデザインすることができる。

ませんでしたが、いま振り返ると、それがかえって教室の仲間意識を高めたと思います。

他にも指南漏れなどのミスや削除したい発言もいろいろとありましたが、なにごとも編集機会にすることを心がけて、発言の削除はしませんでした。

——その後、師範、そして番匠とロールを変えられていかがですか？

はじめて師範を担当して[守]ボードのディスカッションを経験したときに、これが守という講座を動かすおおもとのエンジンだなと実感しました。師範ロールは、運営に関与しながら学衆ともコミュニケーションができる、とても編集しがいのあるロールです。番匠は、さらに運営の役割が大きくなりますが、毎日全員のメールを体に通す感覚は他では得がたい貴重な経験でした。

——最後に今後の編集を教えてください。

表具は「仕立てる」ものですが、「為立」とも書き、「為」は「つくる」とか「まねる」などとも読みます。編集学校はもちろん、いろんなことを為立てていきたいですね。

青木穣　Yutaka AOKI
師範代・守師範・守番匠・花伝錬成師範

化粧品メーカー・カネボウの研究者としてMBAを取得。離を退院後、イシス編集学校で師範、番匠をつとめる。これからの日本には編集こそが必要であると目覚め、カネボウを退社。丹波篠山にある実家の表具屋を継ぐべく、ゴートクジ本楼を設計したHIGASHI-GUMIで知と空間をつなぐディレクターとして修行中である。
受講歴◎21守・21破・6離・14花
先達文庫：ポール・オースター『リヴァイアサン』

edits!

・チェンマイ
・オーガニック
・共有知

チェンマイでのものづくりと世界読書の旅

花岡安佐枝◎探花かんばせ教室
サルラボラトリーズ ディレクター／コンテンポラリーダンサー

編集的先達 ウォルター・シュピース

世界の息づかいを感じながら

モロッコ、ネパール、インド、あるいはトルコなどさまざまな場所を巡り、そこで知った自然素材やつくり手と関わりながら、チェンマイ郊外の村の女性たちと、自然との調和や伝統の継承を下敷きに化粧品をつくってきました。

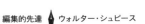

あるときは石鹸製造者や大量の薔薇の命を奪う蒸留家、あるときはヒマラヤの野生の大ミツバチの保護役、あるときは各地の製造チームのトレーナーというように、さまざまな役割を担いながら13年が過ぎました。それは現在進行形で、あたかも旅をしながらものづくりをつづけるような時間です。

そんな旅のなかで、心打つ風景や人や出来事と出会うとき、いつも私

=================ときに現場の鬼工場長として、=================

・・　ときに舞踊手として、　・・

・＊・この熱帯の自然の響きに満ちた空気を通して世界に触れ、・＊・

・・　その一部に溶けるように　・・

=================ある稽古をつづけていく。=================

の胸に立ち現れるのは、ホメロスや聖書、マルコ・ポーロやイブン・バットゥータ、イブン・ハルドゥーンやT・E・ロレンスの旅行記や歴史書、ハーフィズの詩、さまざまな国の伝説や神話といった、子どものころから親しんだ書物の一節です。

本はあらゆる場所も時間も結ぶ羅針盤でした。ベルベル人と素朴で優美な地中海世界とイスラーム。あるいは花の蒸留方法、ヒマラヤ山中の薬草の名、石鹸の歴史……。

旅先で目の前にあらわれる物事と自身の記憶の書物とを見比べて、全身に世界の息づかいと手触りを通過させながら、未知の、けれど懐かしい場所へと分け入っていたのでした。おもしろいことに仕事の旅と世界読書の旅は、私にとってはまったく同じなのです。

蜜なる時間と親しい手触り

昨年、私はタイ・チェンマイで新ブランドを立ち上げました。そこでは、ともに経験を重ねてきたスタッフたちと伝統的な知恵やイメージ、工夫を取り出し撚《よ》りあわせていく、まさに工房やスクールのような共有知の方法が生まれつつあります。

自ら最前線に立ち、ひとり荒野に分け入っていく役割から、若い仲間たちが懸命に進んでいくさまを少しだけ後から伴走し見守る役割へと、私の居場所も移りました。彼女たちが迷ったときは、水先案内人か森の老賢者のように道標を指差し、あるいは星の王子様を惑乱させるキツネのように少しだけ謎かけし、勇気づける。それぞれが人生で体得してきた方法を抽出しながら、繊細な細部

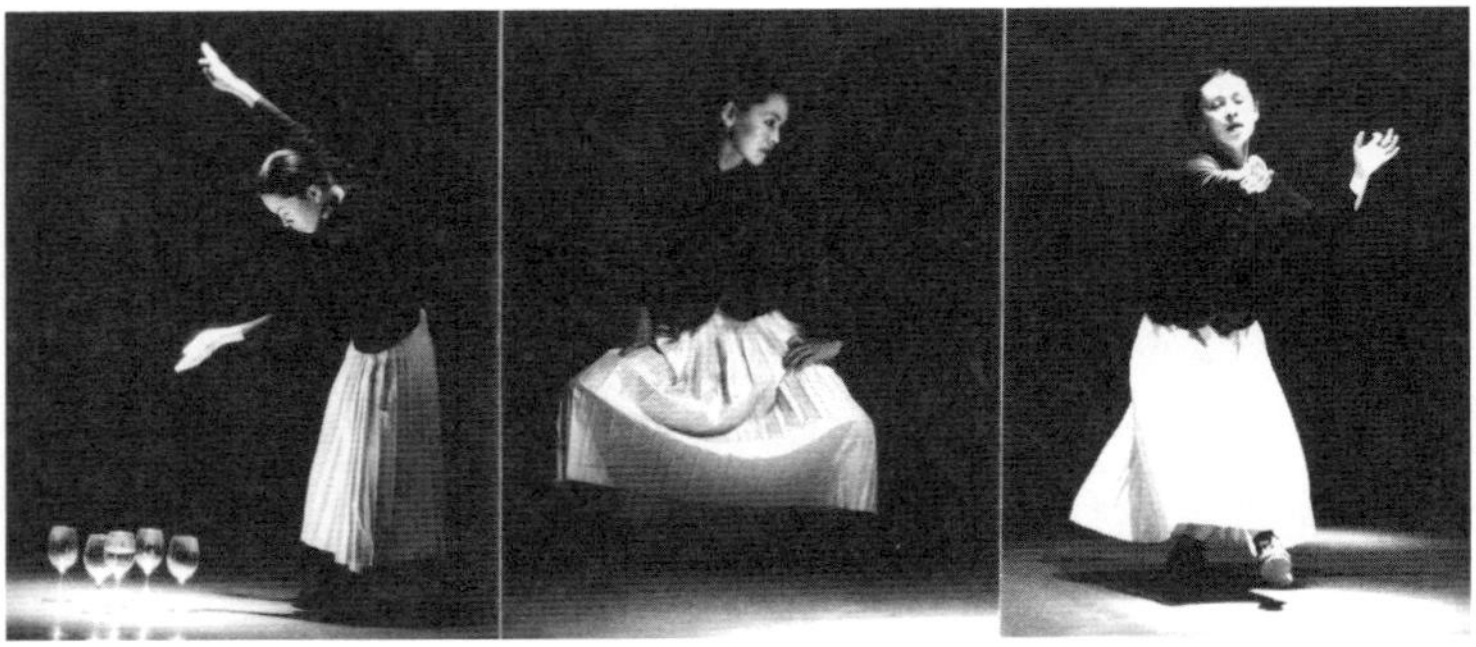

花岡によるコンテンポラリーダンスの連続写真。最近ではチェンマイでも公演を行っている。（撮影：高橋成忠）

を肉づけし、その変容の過程を読み取っていく。人と方法が新しい命を得て、つねに若返りながら育っていく場所をつくるという今の役目に、かつてない醍醐味を感じています。

　それは、学衆から「花伝所」を経て師範代へと、イシスでのロールが変化した過程にも重なります。師範代を経験すると、学衆のころに野放図に回答していた自分を、師範代・師範たちがいかに受容し、次の過程へと導いてくれていたかを、あらためて窺い知ることができます。

　教室では、仲間たちや師範代が、いつも誰かの存在に耳を澄ましていました。当時、私は過労から大病を患い、そのためにイメージや言葉、記憶が分断され、以前の芳醇で色鮮やかな物語に満ちた世界との交感を失いつつある時期にありました。

　そうしたなかで毎日必ず届く、豊かでみずみずしい応答は、まさに頭のなかを探る方法稽古にもつながり、いつしか記憶をつむぐリハビリにもなっていたように思います。あらためて自身と世界が少しずつ結ばれ直す時間は、全身が潤される蜜なる時間であり、奥底に横たわっている編集工学という方法は、広大でそれゆえに懐かしく、失いかけた記憶よりさらに遠く親しい手触りを思い出す契機にもなったのです。

個から他・多へと眼差しを移す

　過去の仕事では、絶対にこうでなくてはならないと他のすべてをなぎはらい、我を張ることで事を進めざるをえない場面も多々ありました。しかし、最近では我と他の二つは、両立する気がします。むろん、たが

カレン族の村へ織物と染色の調査に出かけたときの写真。技能者との協働や工房に技術を取り入れるために行っている。(撮影:大橋二郎)

いが磨きあい、競いあい、見たこともないものを見ようとする切磋琢磨は必須です。けれど、たがいの足音や息づかいに耳を傾けあう行為は、孤独ではなく、より豊かな知恵や方法を共有できる喜びであると確信するのです。

これからも、ときに現場で鬼工場長として、ときに舞踊手としてひとりで、熱帯の自然の響きに満ちた空気を通じて世界に触れながら、その一部に溶けるようにある稽古をつづけながら、私は歩んでいくことでしょう。編集学校で学ぶ側から導く側へと移ることができたように、仕事でも個から他・多へと眼差しや振る舞いの対象を移していく。そうして、この風土に鳴り響く言葉や存在とともに、一歩ずつ大地を踏みしめていきたい。その継続は、私という個の存在より長く多く大きく、どこまでも伸びていく気がするのです。

小さな個の確認と充足からはじまった旅ですが、いつしか仲間たちがずいぶんと増え、旅はまだまだ続きそうです。もちろん羅針盤に編集工学を大切に抱いて。

花岡安佐枝　Asae HANAOKA
師範代

タイ・チェンマイにてオーガニック・コスメ会社の経営プロデュースを一手に取り仕切る一方、コンテンポラリーダンサーでもある身体編集派。離の回答では、連綿とつながりながら、五感を揺さぶる文章が独特な世界観をつくりだすことから"花岡劇場"の異名で呼ばれた。「千夜千冊」で松岡が対話の相手、「花」嬢として何度も取り上げるほどの総合的知性派でもある。
受講歴◎20守・21破・6離・16花
先達文庫:プルタルコス『エジプト神イシスとオシリスの伝説について』

edits!

・自然と植物
・めぐり花
・連句的方法

花綵列島のまことの花を笑《さか》せたい

塚田有一◎依代ドードー教室
グリーンディレクター／ガーデンデザイナー／温室代表

編集的先達　世阿弥

［離］を受けて、「名を正せ」という方法にはっとしました。言葉と自然の関係にあまり疑問も持たず、僕は植物の仕事をしていたのです。

　たとえば「花」は「端」であり、「話（す）」であり「放（つ）」でもある。眠っていた力が時節のおとずれとともに漲って割けるから「咲く」。古事記では「笑う」は「咲《わら》う」と当てられています。お節供や行事のワークショップでこうした語根や名づけの話をはじめたら、活け花や作庭や節供の型の意味を伝えやすくなりました。

　東日本大震災後からつづけているワークショップ「めぐり花」は、［遊・風韻講座］がヒントです。連句のように、たまたま座に集った人々で花を活け、空間を立ち上がらせる。活け花の型と連句の型のアワセ

＝＝＝＝＝＝＝＝＝＝＝＝＝＝＝＝＝＝＝＝＝＝＝＝＝＝

▲　人と人の間に花を添えて、それぞれの　▲

▼　身体に刻まれた歳時記を出現させる。　▼

》》》●《《《　自然との関わりの中で　》》》●《《《

▲　何を切り出して、　▲

▲▲　どう表出させるか。　▲▲

▲▲▲　＝＝＝＝＝＝＝＝＝＝＝＝＝＝＝＝＝＝＝＝＝　▲▲▲

フラジャイルな「一企草本」
感門之盟で「業」の修了者に贈られた記念品。校長のアイデアを塚田が作品としてひきとり、気持ちが伝播された。

ISIS FESTA「一日だけの子ども編集学校」にて
「月に捧げる花」を子どもたちと編集。お節句や歳時記を「地」に想像力を連環させる「めぐり花」で、本楼に時分の物語を咲かせた。

によって、その場にしかできない世界が生まれます。師範代として学衆に寄り添った経験も活きています。
　人と人の間に花を添えて、共時的に自然や地球、宇宙と繋ぐ。それぞれの身体に刻まれた歳時記を出現させる。自然との関わりの中で何を切り出して、どう表出させるか。道端の猫じゃらしも季節の流れを自分で語っています。人間も同じです。

塚田有一　Yuichi TSUKADA
師範代

別荘や個人邸の作庭、植物による空間編集の他、世田谷ものづくり学校「学校園」などワークショップを展開。amana × ARART @Tent London 2014をはじめ多様な舞台で活躍する。東日本大震災後、「花綵列島プロジェクト」を始動し、各地で「めぐり花」をつづける。里香夫人、長男・慎一と家族で編集学校を受講。慎一は中学2年で進破した最年少破受講記録保持者。
受講歴◎16守・17破・5離・8花・11遊[風韻]・1遊[物語]
先達文庫：李御寧『「縮み」志向の日本人』

肖像写真：Rift岩谷亮

数字でみるイシス編集学校――――イシスコア4

Fruits by ISIS
実りの数

家族受講の世代数――――3世代

▶鹿間一家（寛子、朋子、絵理香）
▶小倉一家（凱夫、圭吾・加奈子、拓海）

夫婦や家族での受講は当たり前。親、子、孫の3世代受講も誕生した。

イシス婚数――――15組

イシス編集学校で初めて出会って結婚したカップルのことを「イシス婚」と呼ぶ。

校長校話の数――――125話

本書の「校長校話」で紹介しているものはごくごく一部。

三冊屋の組数――――1330組

編集学校の面々が協力して生み出してきた本の組み合わせは膨大。無印良品有楽町「MUJI BOOKS」での「三冊屋」リストから抜粋すると――。

▶**テーマ〈手書きの手紙でほっこり〉** 森見登美彦『恋文の技術』（ポプラ文庫）／辻邦生、水村美苗『手紙、栞を添えて』（ちくま文庫）／金井美恵子『お勝手太平記』（文藝春秋） Selected by 大音美弥子師範

▶**テーマ〈きものにほっこり〉** 小村雪岱『小村雪岱―ちいさな美術館』（青幻舎）／林真理子『着物の悦び きもの七転び八起き』（新潮文庫）／宮藤官九郎『舞妓Haaaan!!!』（角川書店） Selected by 森山智子師範

▶**テーマ〈すてきなひとりを味わう〉** 谷川俊太郎『すてきなひとりぼっち』（童話屋）／ポール・ギャリコ『雪のひとひら』（新潮文庫）／トーベ・ヤンソン『ムーミン谷の十一月 新装版』（講談社青い鳥文庫） Selected by 八田英子師範

▶**テーマ〈東京の道・未知を味わう〉** 永井荷風『日和下駄 一名 東京散策記』（講談社文芸文庫）／森まゆみ『東京ひがし案内』（ちくま文庫）／久住昌之『散歩もの』（扶桑社文庫） Selected by 森井一徳師範

▶**テーマ〈装うことの不思議を味わう〉** 鷲田清一『ひとはなぜ服を着るのか』（ちくま文庫）／坂口恭平『ズームイン、服！』（マガジンハウス）／クリスチャン・ザイデル『女装して、一年間暮らしてみました。』（サンマーク出版） Selected by 原田淳子師範

先達文庫総数――――1217冊

松岡校長が師範代一人ひとりを思い浮かべて選んだ本は1000冊を超えた。

色紙総数――――330枚

師範への色紙は、書画、造語、造字など松岡校長独自の作品。

編んで伝《つた》えて

イシス編集学校の方法には人が混じっている。編集のヴィークルはいつも人だ。数奇をとことん極めたいナニワの趣味人。奇妙な教室名を得て世界を切り開く方法を授かった編集者。「わからなさ」が何よりのエンジンという観劇好きの敏腕エディター。縁と連と座を愛し、知と志を相伝する「方法」の達人たち。

人間というフラジャイルな種が、
生きていく勇気の源泉。
方法に託す原郷への憧憬。

edits!

・日本数寄
・未詳倶楽部
・千夜千食

あんたらフルスロットルでいかんかい

赤松木の実◎シンドロ六甲教室／巴御前さま教室
クリエイティブディレクター／ライター

編集的先達　白洲正子

――うつわが好き、着物が好き、歌舞伎が好き、文楽が好き。現場が好きで、人が変化するのが好きで、なにより松岡正剛に首ったけ。うつくしいもの、美味しいもの、オモロいもん、過剰、逸脱、「へんこ」を愛し、惚れたらとことん突きつめないと気がすまない。好きが高じて、2014年9月9日、数寄を透き通らせたウェブサイト「sophistyle」をスタートさせた。メインコンテンツ「千夜千食」は、赤松木の実の舌を満足させた美味をつづる食の千夜詣で。タイトルは、むろん師匠・松岡正剛の「千夜千冊」にあやかった。「日々、真摯に、懸命に、ひたむきに、無我夢中で、真剣に食べる」の言葉のとおり、その毎日はただただまっしぐらだ。

赤松の仕事場の1階にあるブックサロン「ポリロールスタジオ」。特注の本棚にはユングの『赤の書』やデザイン関係の書籍がディスプレイされている。編集ワークショップ「浪花参座」もここで行われる。

数寄はとことん。

好きなものは増える一方。
周りにあるすべてを
追体験したくて、
夢中で深入りしていった。

松岡校長のまわりでは、人とコトが動く。その知的興奮がたまらなく、まわりにある現象すべてを追体験したくて、夢中で深入りしていった。10[守・破]を終え、すすめられるままに[花伝所]へ。入伝式で「つまらない質問をするな」と一刀両断した校長・松岡正剛の厳しさに背筋が伸びたのをよく覚えている。

15守・破師範代を経て、[風韻]1座、[離]4季、[物語]1綴《てつ》と、次々と受講。そう、風韻も物語も「1」。新しい講座はとりあえず受けてみる。初物が好きだから。

そのころ、まだ「連塾」が最中だったのは僥倖《ぎょうこう》だった。初めて参加したのは、2008年7月、歌人の岡野弘彦さんらをゲストに迎えた第3期「JAPAN DEEP1」。そこから松岡正剛の濃密プライベー

「回會」のメンバー。左から数寄屋造り建築家の三浦史朗、祇園ない藤5代目の内藤誠治、赤松を挟んでHIGASHI-GUMI代表の東亨、イベント企画会社ポマトプロのプロデューサー西井克之。

トクラブである「未詳倶楽部」にも入り、2度目の師範代を経て、次世代リーダー育成の私塾「ハイパーコーポレートユニバーシティー「AIDA」」を受講しはじめて4年目になる。

校長の場づくりはどれも毎回一流のゲストを招くのが常。あらゆる分野の第一人者が語る極上の話が魅力なのはもちろんだが、同じくらいほれぼれするのが、それを引き出す編集者・松岡正剛のすごさだ。そういうときの顔は編集学校の松岡校長とは少しちがう。「校長」は未詳倶楽部では「松岡さん」になり、ハイパーでは「塾長」になる。

金太郎飴はどこを切っても同じ顔が出るけれど、松岡校長は2度と同じ顔の出ない新種の金太郎飴。編集学校の中と外、いろんな側からかわるがわる見ることで深まるものがあり、この人を師と仰いで本当によかった。そう思う。

――そうして学ぶほどに「リアルな場で編集を生かしてこそ松岡学徒」という赤松の思いは強まった。しかも今は誰もがメディアになれる時代。自分もインプットするばかりでなく、アウトプットしたい。しなければ。そう思ったとき、掌中には娘時代から長年はぐくんできた「数寄」が、胸中には師匠松岡正剛の「方法」があった。それが形になったのが「千夜千食」であり、自社1階にしつらえたブックサロンであり、「回會《かいかい》」である。回會は未詳倶楽部からスピンオフした小さなクラブ。大人の男女5人が「着物で装う。美味しいものを食す。にほんを遊ぶ」を掟に、そろいの扇子をあつらえた

赤松のサロンに掲げられたエバレット・ブラウンが撮影した松岡正剛の湿板写真。書は校長筆の「浪華参座」。

り、三ツ星フレンチを食べたり、歌舞伎や文楽を観たり、深夜にラーメンをすすったりしている。

きっと私は、人生を編集する時期にきている。数寄はとことん。飽きることはない。だから好きなものは増える一方。そうしてあれもこれも突きつめようとしていると、ある日、実はそれらが底の方でつながっていることに気づく。その関係線を見つけたときの感動といったらもう。2度の師範代ロールを経た今、ものごとがクリアに見えるようになり、どんどん迷いが減っていく。編集学校で得た知の方法は次々と視野を広げ、次に向かう方向を見せてくれる。

（編・福田容子）

赤松木の実　Konomi AKAMATSU
師範代・守師範・花伝錬成師範・奇内花伝組組長〈二代目〉・HCU塾生

20代前半で立原正秋の小説に感化され、「着物はかく着るべし」と思い定め、白洲正子、青山二郎へと趣味を深めた。自分をお菓子にたとえるなら「てんこもりのクリームあんみつ」。伝説の23守〈巴御前さま教室〉で最後に学衆に贈った言葉は「フルスロットルでいかんかい」。ブログ「千夜千食」連載中。
受講歴◎10守・10破・4離・2花・1遊[風韻]・1遊[物語]
先達文庫：米原万里『ガセネッタ＆シモネッタ』

edits!

・まれびと
・教室名の妙
・言語感覚

そもそも教室が世界である

米山拓矢◎まれびとフラクタル教室
編集者

編集的先達　澁澤龍彦

わが教室は「まれびとフラクタル」

レオ・レオーニの平行植物のように、奇妙な名をもつ教室。わがクラスは〈まれびとフラクタル教室〉だった。これは松岡校長が名づけてくれた…ものではなくて、どういうわけか自分のネーミング案がそのまま採用されていたので、びっくりした。イジってほしかった、のに。でもそれと同時に、この名を世界の片隅に育ててみなさいと松岡校長に背中を押してもらっているのだと心強くも思った。

共同体の外部からやってくる古代の神「まれびと」は、昔の日本人が直観でとらえた〝情報のシンボル〟としても見ることができるだろう。情報の「フラクタル（自己相似形）」の一つのあらわれがまれびとだ。あた

＊　唯一無二の教室は、
°　世間を逸脱しつつ再生を宿す
・°・:＊・°＊　やわらかい繭のよう。
・　＊:
たんなるメールの文字に・＊
いつしか相手の肉声や表情が立ち上がってくる ☆

かも来訪神のように、さまざまなものの内と外を往ったり来たりしながら、世界の入れ子構造に遊びたい。そんな気持ちで名づけた。

言葉の響きも、意図もおよそわかりにくい教室名だったので、学衆さんたちは面食らっていた。最初は「まなびと」「まれぶと」「フラクラル」「フレクラル」と書かれていたりして、思わず笑ってしまうことがしばしばあった。しかし、後になってみるとこのわかりにくさが良かったのだと思う。

なぜ名前を間違えるのか、名を違うとはどういうことなのか。教室名から生じた問いが、それまで見えていなかった人と人のあいだにある言語感覚のズレに気づくきっかけとなっていった。

お題をテコに交わしあいを重ねるなかで、一つの言葉や同じ問いから似たようなプロフィールが生まれてくることは、むしろ珍しいことなのだと気づいた。身近にあるコップひとつをとってみても、脳内に結ぶ言語風景は千差万別だったのだ。

テクストの贈与 相互記譜のトポス

まれびとフラクタル（をはじめとするさまざまな教室名）の対極には、誰もが知っているごく普通の言葉がある。たとえば、仕事、会社、学校。これがクセモノで、既知の語句であるにもかかわらず、それぞれの頭の中にあるイメージや意味づけが他者とぴたりと重なることはほとんど稀だ。ある人にとって会社とは動物園のようなものであり、別の人にとっては憎悪と同義だったりする。学校という言葉から連想するもののちぐ

風韻講座のリアル講座「仄明書屋」では三組に分かれ、歌合を行う。自組の短歌は手放しで誉め称え、他組の短歌は鋭くあげつらうクリティカルな遊び。星取り表をつける米山連雀。隣は高柳康代連雀。

はぐだし、家族、結婚、愛、そして自由もしかり。つまり、人が心に抱いている「言葉の意味の輪郭」は、それぞれサイズもばらばら、かたちもいびつなゲシュタルトの万華鏡。これでは世の中がうまく回っていくほうがむしろ不思議というものだ。

　そこで新たな局面を開いていく方法が、教室名のごとき「名づけ」の力なのだと思う。名前にはすでに物語が宿っている。新しき名には未だ語られていないお話が潜んでいる。

　翻ってみると、古代中国で孔子は「必ず名を正さんか」（『論語』）とする一方で、荘子は「われ、こころみに汝のために妄言せん」（『荘子』）と対角線を引いた。一見すると不真面目なのは荘子だが、言葉を狂わせながら真実の世界を見ようとする方法は、じつは正名を熟知したうえでな

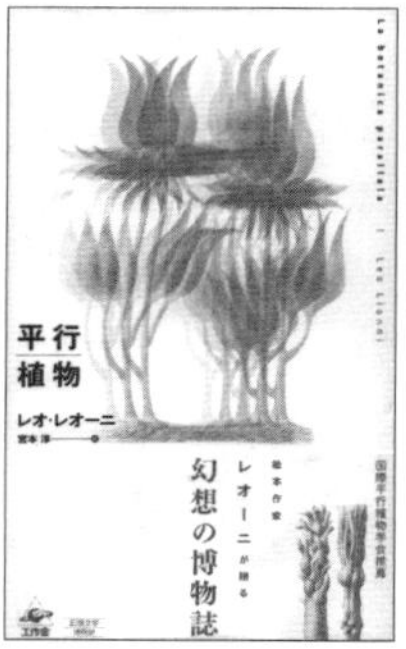

（右）レオ・レオーニ『平行植物』（工作舎）。（左）「フラクタル」とは、マンデルブロが命名した部分と全体とが同じ自己相似性を示す図形。シダ植物は全体と分岐する葉が相似形になっている。

米山拓矢　Takuya YONEYAMA
師範代・破師範・離右筆・離別番・風韻連雀

離の右筆、別番、風韻講座の連雀をつとめ、米山の知に裏打ちされたやわらかでしなやかな言語感覚には松岡校長も一目置いている。書いてよし、話してよしの言霊の匠。校長とも親交のある歌人・岡野弘彦に私淑、短歌の結社に在籍し、日々の研鑽にもいとまがない。千夜千冊1500夜目は『柿本人麻呂』であると予言し、ぴたり的中させた。
受講歴◎18守・18破・5離・9花・3遊[風韻]
先達文庫：中村雄二郎『共通感覚論』

ければできない、〝よみがえり〟の手立てだったのか。

　唯一の名を持つ教室は、世間を逸脱しつつ再生を宿すやわらかい繭のようなものだった。そのなかで、乙女なサラリーマン、男前なお母さん、関西系のラガーマン、江戸前の物語女子、鉄道オタク、筋肉フェチなど、通常なら出会わないメンバーが仮の一夜を積み重ねていく。額を寄せ合ってくり返すテクストの贈与は、言葉の姿かたちを共に織り直してゆく楽しい共同作業。そこに不思議な愛着が芽生えてゆく。

　ただのメールの文字に、いつしか声や表情が立ちのぼる。ベネディクト・アンダーソンが「国家は想像の共同体である」としたように、共通の言葉からあるひとつのコミュニティが生まれ落ちる過程を追体験しているようにも感じた。編集速度と型がもたらしてくれた歴史的現在の皮膚感覚とも言える。それは言葉を扱う喜びであるとともに、言葉の恐ろしさでもある。

　どんな教室にも、時が来れば回答の〆切が訪れる。講座が終わってしばらくするうちに、ふと、教室は世のどこにでもあるのではないかと思うようになった。インターネットや与えられたお題はなくとも、インタースコアの方法と意志があれば、わが身はどこにあっても教室でのやり取りの一部を再現できる。実在であるにしろウェブ上であるにしろ、教室がたんなる方形の空間ではなく、相互記譜のトポスであるとすれば、むしろ教室が世界を切り開いてきたのかもしれない。ならば、そもそもは教室が世界だったのだ。

edits!

・とりちがえ
・離論
・読書と観劇

ダメな主人公を見るとなぜワクワクソワソワするのか

米川青馬◎キャンプ云亭教室
ライター／編集者

編集的先達　フランツ・カフカ

30歳で［離］を受けて、ルイス・トマスの次の言葉に衝撃を受けた。「ヒトを本性の深いところから衝き動かしている特徴は、役にたちたいという衝動であり、たぶんこれは私たちのあらゆる生物学的な必然性のうちで最も根本にあるものだろう。私たちはこの衝動の使いかたを間違え、意味をとりちがえ、これを自己愛と混同し、さらにこれを欺こうとさえする。しかしこれは私たちの遺伝子のなかにあるのだ」。この言葉で自分は生まれ変わったと、［離］の最後に告白したほどだ。

　なぜか。今やはっきりしている。ダメな主人公を見ると、ワクワクソワソワすること。読書中、観劇中、あるいは実生活でも静かに意地悪く笑ってしまうこと。死や悪や性や恋や狂気や不幸や変態や自堕落やすれ

僕は昔から、
自分と他人の「役にたちたい衝動」と、
間違えやとりちがえ、
混同や欺きの両方に、
おそらく人一倍
興味があったのだ。

違いや行き詰まりといったことにばかり気が向くこと。カフカが好きなこと。それでいて、割と前向きに楽しく働いていること。一切合財の説明がついたからだ。僕は昔から、自分と他人の「役にたちたい衝動」と、間違えやとりちがえ、混同や欺きの両方に、おそらく人一倍興味があったのだ。編集学校でそれを知ったのは必然だろう。ここはどちらにも満ち満ちている。

米川青馬　Haruma YONEKAWA
師範代・破師範・破評匠・離秘書・離右筆・離別番

「楽しみと不安が入り混じる感じは嫌いじゃない」。36歳であっさり一介のライター・編集者になった。号は云亭（うんてい）、趣味は観劇。好物は納豆巻きとスイーツ。道産子なので雪の日に傘はささない。
受講歴◎11守・11破・2離・5花・8遊[風韻]・6遊[物語]
先達文庫：エドワード・ギボン『ギボン自伝』

2015・3・1

交歓するセレモニー感門之盟

ヒリヒリ、ジンジンする瞬間を幾度となく越えてここまで来た。突破者や放伝生の門出を祝う一期一会のオケージョン、花綵《はなづな》イシス第45回感門之盟の蜜な一日。

9時　感門団集合〜リハーサル

感門団の朝は早い。綿密に準備を重ねてなおリハーサルに励む。大忙しの一日だ。

13時15分　校長挨拶　蘭亭序　感ずる文

はじまりは蘭亭序。15年目にして45回を数える「感門之盟」は松岡校長による王羲之で幕が開いた。33破突破、22花放伝の式祭のため、ゴートクジ本楼に集まった面々が、それぞれの懐から感慨を出しあう。そこで交感される気持の高ぶりが、まだ見えない門、感門に向かっていく。「一契は時間を超えて万契の契りを結ぶ。そういう関係をもとうじゃないか」と漢詩を解説する校長。編集学校に連なる3万人の「花綵イシス」の感門にふさわしい「感ずる文」だ。

13時35分　33破　突破式　開破!

恒例の「別院ミニシアター」で開幕した破の突破式。編集工学研究所のプレスリーこと小森康仁が制作した映像だ。「あわせ、かさね、きそい」のあらゆる編集技法が駆使されている。編集学校は手を抜かない。その基本は「遊びごころ」だ。

13時40分　感門表授与式

師範から師範代に「感門表」が授与され、師範代が壇上からメッセージを放つ。ヒエラルキーはないが礼節を好む編集学校の方法である。「幼児の言語習得プロセスに似たしくみが、破の4カ月に凝縮されている」（吉野陽子師範代）、「破るのには痛みを伴う」（吉津茂径師範代）、「破の学びのベースは寛容である」（長田陽子師範代）など、名言がまた生まれた。

14時20分　「先達文庫」授与式

師範代のために校長が本を選び、扉にメッセージを書いて指南の労をねぎらう。校長の言葉は、時に師範代を裸にする。編集ファミリーに気取りは無用だ。「もう誰の本かわかった?」と謎解きを楽しむ校長でもある。かつて校長は言った。「一番大事なものこそ人に渡すのだ」と。編集学校に集う人々が受け継ぐ心意気である。

14時45分　「アリスとテレス賞」授与式

破きってのお楽しみアワードはAT賞の名で親しまれる「アリスとテレス賞」。お題は、一冊の本を800字にまとめる「セイゴオ知文術」、3000字で物語を書く「物語編集術」だ。学衆たちは、大賞を狙い、師範代と一蓮托生となってしのぎを削る。

33破セイゴオ知文術AT大賞を受賞した市川よしか学衆は、石垣りんの『空をかついで』を選本。原爆と福島を重ねて描いた自らの作品に思いを込めて朗読した。

『雑司ヶ谷水物語』で物語編集術AT大賞を獲得したのは中村いずみ学衆。イモリを語り手にし、普段は見えない地下世界にイマジネーションを広げていったところが評価された。

15時30分　「突破証授与式」＆「落冊市」

休憩の間には、師範代から学衆に向けた「突破証授与式」が各教室主導で行われる。恒例の「落冊市」も大盛況。校長のマーキングが施された稀少本や、千夜千冊のキーブックなど、喉から手が出る本が並ぶ。本日のなごみ菓子は沖縄の「くんぺん」。「お・も・て・な・し」なんて、編集学校ではずっと前からあたりまえ。

15時45分　舞台裏の感門団

休憩時こそ本領発揮！とばかりに、怒濤の舞台転換や落冊集計に大わらわ。

16時00分　時分の花　22花伝所 放伝式

入伝式の映像のあとに登場した田中晶子花伝所所長。22花は4道場から19人が放伝。対して指導陣は12人。手厚い指導を繰り広げた師範と錬成師範、花目付の濱口由貴には、校長が見立てた「花伝選書」が、はじめて師範を務めた二人には、校長直筆の「花伝扇」が贈られた。「欲望」というキーワードを出した三津田知子師範の言葉を引き受けて、「欲望があるから制御が生まれる。最初から制御して何になる」と校長。齋藤成憲師範も、「学衆はもっとあばれていい」と続け、景山和浩師範が、「思い通りにならないことが編集のきっかけになる」と結んだ。

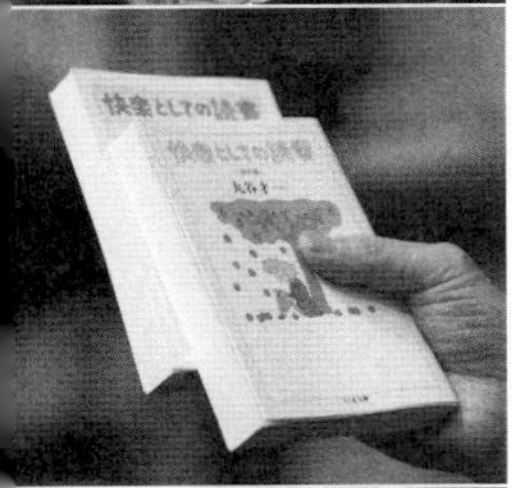

中泉享子

16時30分　教室名発表

次期開講の教室名は、師範代考案の教室名候補に松岡校長が手を入れる。それがいま明かされる。合図は、9年ぶりに晴れ舞台に立った仁科玲子師範のドラムロールだ。〈増幅ドライブ〉〈さみだれ海峡〉、〈ソラリス落雁〉……。教室名が次々に告げられた。〈おとづれスコア教室〉の新師範代・上杉公志は、「回答」を「楽譜」、「指南」を「楽譜を読み解く演奏」になぞらえ、「知れば知るほど深まる不足をエネルギーに変え、学衆さんとの教室を温かく育てていきたい」と覇気宣言。

17時20分　結餉（ゆうげ）

人と人が結びあう機会に思いを込めて名づけた夕食会。感門団のセレクションは、33破にちなんで三色丼。「守・破・離」、「ロール・ルール・ツール」。3という数字は編集に欠かせない数字でもある。

18時25分　校長校話『花綵編集論』

編集学校はコトバを大切にする学校である。発足当初から「いとへん」を標榜してきた。しかし、現在の同質化した社会では、「コトバを編む」だけでは足りない。「コトバの奥にある脳は欲望とくっついている。マーケットも編集もソコと結びつくことが大事です」と松岡校長。

そして取り出したのが仏教の〝五蘊〟。「これは、五感より広い、深い、動きがある、ドライブがかかっている」。実は、「蘊」は集まるという意味。まさに「集めて編む」。編集の極意であり、編集技法の奥の院だ。

「皆さんには様々な技法を身につけてもらいました。ぜひ、その技法を超えて、世の中に複合化した機会をふるまってください。機会はチャンス、オケージョンであり、オポチュニティ、セレンディピティであり、全部まとめてコンティンジェンシーです。そこに価値の連鎖がはじまって新たな花綵列島ができるだろうと思います」。

蘭亭序に帰した感門之盟。各人が見せたハイパーな風姿に期待を寄せながら、「まだまだみんなに渡したいものがある」と次のステージに思いを馳せる校長だった。

19時25分　記念撮影〜閉会

「カンモンノメイーッ」。124人の笑顔がまさに一堂に会したおひらきの一枚となった。

（編・梅津明子）

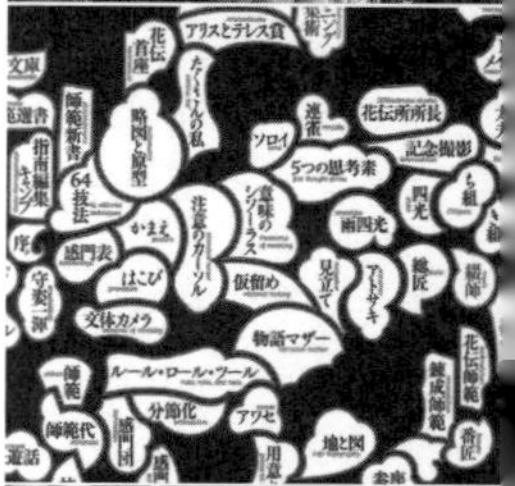

イシス感門団

ハレ舞台を支えるボランタリー集団

感門之盟での心づくしの「もてなし・しつらい・ふるまい」を支えているのが、編集学校の有志による「イシス感門団」だ。学衆や師範代として参加し、感動した。次はイベントをつくる側、もてなす側で役に立ちたい。みんなの思いを代表して、感門団誕生の立役者・村井宏志が語る。

村井宏志　Hiroshi MURAI
原色ファニー教室・臨舟回遊教室師範代・師範・離右筆・花伝師範・花伝首座　HCU塾生／編集者

自身の7離退院式でもあった感門之盟に並んだコンベンショナルなパーティー料理に違和感をもって学林局に直談判。「自分が見てきた感門之盟はもっと型破りの趣向に満ちていた。あの創意工夫を取り戻したい」。同期師範代を中心に有志を集め、感門団を結成した。
受講歴◎19守・19破・7離・10花・9遊[風韻]
先達文庫：E.A.ポー『ポー名作集』

編集的先達　手塚治虫

有志が集まり、一丸の「団」へ

会場の設営や演出から全体の人員配置、マイク回しやタイムキープまで、すべて団員がします。でもみんな素人ですよ。そんなことをどこで勉強したわけでもない。ただ編集学校が好きで、この感門之盟をかけがえなく思っているからこそ、持ち前の卒意で有機的に動けているのです。

参加者に配る「ＩＳＩＳ ＮＥＷＳ」も感門団でつくっていますが、教室のようすをホヤホヤの状態でもりこみたくて、完成が当日の朝になることも。ルイス・トマスがいうように「人間は自分以外の何かの役に立ちたい」のです。編集学校では、客席でみていた観客だれもが舞台にも上がれるのと同様、楽屋の裏方にもなれる。それをシステム化したのが感門団です。すぐれて編集学校的な共同体モデルだと思います。

２０１２年の発足から3年。現在の総勢は68人。最初は手伝いから始め、小西明子、島陽子、中山有加里らとともに、じょじょに企画やマネジメントにもかかわるようになりました。今では感門之盟はもちろん、ＩＳＩＳフェスタをはじめ本楼で行われるイベントの表裏を担当しています。わずか3年でここまで成長したのは、有志によって自発したものだからでしょう。

手探りでスタートし、右往左往と一進一退を重ねて自己組織化してきた自律型のチーム。しかも、ロールは固定化せず、新旧老若、顔ぶれも立場も縦横無尽。ベテラン師範の方法に、［破］を終えたばかりのフレッシュなメンバーの気づきが混ざって育っていく。教室とはちがう意味での多様性と可変性をもっています。人にはいろんな輝き方がある。しくみや場がないならつくればいい。それができる自由が僕らにはあるのです。

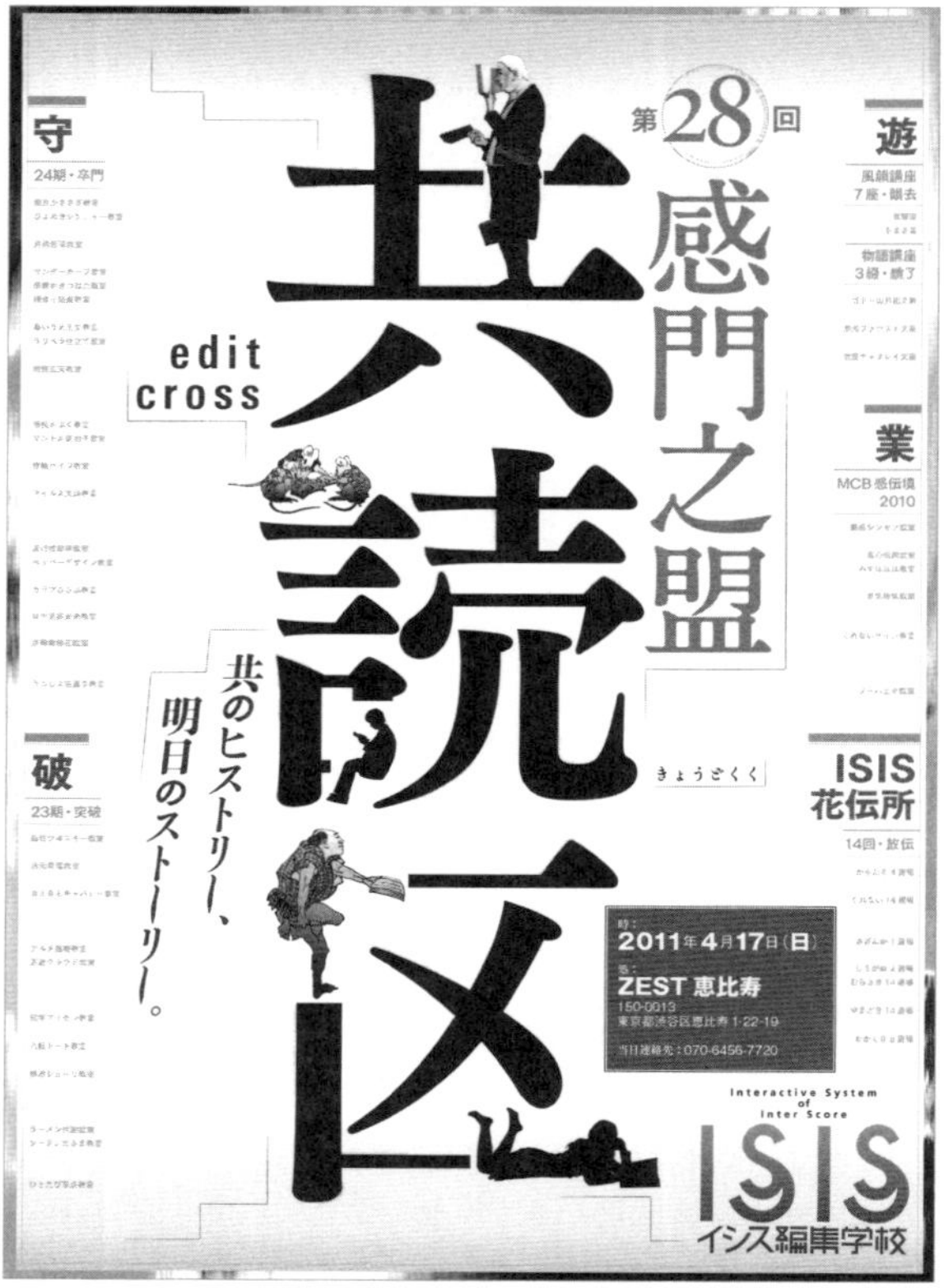

感門之盟の友

ポリロール、多冊主義、共読区、連創力、昨日からの未来。
イシス流行語を生んできた感門之盟タイトルポスター総揃え。

edit cross
イシス編集学校 第27回
感門之盟
越境インタースコア
6座「風韻講座」
13回「ISIS花伝所」
23期「守」
edit cross
越境スペシャルトーク
ご愛嬌校歌演習
校長校話
見つける力 動かす知
ISIS
イシス編集学校

第30回
感門之盟
ただいま、編集中。
26［守］
25［破］
16［ISIS花伝所］
9［遊］風韻講座
4［遊］物語講座
kadensho
ISIS
イシス編集学校

ISIS NEWS
イシス編集学校

感門之盟
守
破
離
遊
花
感門通信
ISIS花伝所
イシス編集学校

イシス編集学校10周年記念
感門之盟
乱世の編集
編集、交差して
真夏に、転変、
時は乱世の胸騒ぎ。
［離］退院
［破］突破
7・31
New Pier Hall

門に入って、本へ出る。
感門之盟
ポリロール
多册主義。
ISIS

編集の祭典ＩＳＩＳフェスタ開幕！

生命に学ぶ・歴史を展《ひら》く・文化と遊ぶ
6万冊の書棚空間・本楼を舞台に、2週間をこえる夜学を連打する。

イシスの極みを祭り仕立てで

「脳はあらゆる情報を自分が意識しないまま編集している」。2015年春に開催されたＩＳＩＳフェスタのゲスト講師、カリフォルニア工科大学の認知心理学者・下條信輔の言葉である。

生命に学び、歴史を展き、文化と遊ぶことが編集の祭典ＩＳＩＳフェスタのテーマだ。サイエンスから伝統芸能まで、身体から企業コミュニティまで、編集を軸にイベントを展開する。能楽師の安田登は甲骨・金文文字を題材に文字が心と論理を生んだ秘密を読み解いた。2階席までが聴衆で埋め尽くされたのは、理論物理学者の佐治晴夫の夜学。「ゆらぎ」をテーマにボイジャーが収録した宇宙の音、地球の声が本楼に響い

（右上）社会学者の大澤真幸は「資本主義を思考して編集する夜学」と題して、自らの思考をA4一枚にひとわたりまとめる方法を伝えた。（右下）佐治晴夫と松岡正剛の対談。（左上）柴崎友香による「小説家が物語を編集する夜学」。（左下）エバレット・ブラウンは、幕末明治の時間、面影、影向を甦らせる湿板写真の方法を初公開。

た。編集工学研究所とエディトリアルテキストマイニングを協業する、エイベック研究所の武田隆は企業コミュニティの可能性を編集工学と重ねる夢を熱く語った。

経済・キモノ・文芸の方法重ね

イシス編集学校は「方法の学校」だ。それゆえにISISフェスタはプロの技を伝える「方法の祭典」でもある。ビジネスにいかに編集を持ち込むかを型で伝えたのは、パイオニアで商品設計を担当した橋本元司、新規事業のコンサルティングから経産省等の事業評価委員もつとめる師範代・竹内裕明たちだ。師範・森山智子の着物夜学では、『源氏物語』『細雪』といった文学やファッション雑誌から編集術を取りだし、そこに着物のあわせ、かさね、そろ

（右上）「九州の音なひ」の釜炒り茶。（右下）山本貴光による「知のゲームを編集する夜学」。（左上）三中信宏が持ち込んだ６ｍの系統樹。（左中）能楽師・安田登の金文・甲骨文字講義。（左下）師範代による「子ども編集学校」。ガーデンプランナーの塚田有一と植物に触れ、チェロ奏者の松永真由美と音楽を楽しみ、野村英司と見立てや物語で遊ぶ。子どもとおとなが混ざってインタースコアした。

いの方法を見出した。

芥川賞作家の柴崎友香の題材はパノラマ写真、『東京プリズン』『ヴァイブレータ』の赤坂真理は記憶に残った風景。二人の作家に共通していたのはそれぞれ回答が見つからないお題こそが、想像と創造の源泉になるということ。これらは編集学校のお題が正解がないお題であることに通じる。

触発連鎖する知のサロン

ＩＳＩＳフェスタはインタースコアが起こる「ＩＳＩＳの祭典」でもある。編集学校の九州支所・九天玄氣組の「九州の音なひ」では、釜炒りで茶葉がはぜ、博多から鹿児島までの方言が交わされ、焼酎の発酵が響く。音をテーマに人・事・物が共振するイベントに仕立てあげた。

(右・左上)極めつけは、芸能のなかでも編集の精髄ともいえる人形浄瑠璃を目前で堪能する「本楼文楽 一ノ段」。玉男襲名直前の吉田玉女による三人遣い、太夫に豊竹呂勢大夫、三味線に鶴澤藤蔵を招き、本棚空間が文楽芝居小屋に変貌した。二ノ段、三ノ段も予定されている。(左下)「本楼落語 夏の一」では21人抜きで真打昇進を果たした春風亭一之輔が落語二席のあいだに参加者の小咄を指南。

本楼に6mを超える系統樹が飾られたのは進化生物学者の三中信宏の一夜だ。お題は、グループで任意の情報を分類し、鎖、樹、網状にまとめあげるというもの。ゲーム作家、文筆家の山本貴光の夜学にはアーティストのミヤケマイや能楽師の安田登も参加。知をテーマにチームでカードゲームを作成し、プレイを楽しんだ。参加者と師範、プロフェッショナルが混ざりながら、編集を学び楽しみ極めるクラブ文化のような場が生まれている。

知の空間としてのスペース、編集を旗頭に人々が集うサロン、分野をまたぎ新しい学を立ち上げるアカデミア。編集を伝えるための編集の祭典として始まったISISフェスタからは、当初の目的を超えて、多くの可能性が芽吹きはじめている。

コース&ソース

守、破、離、遊、
そしてISIS花伝所。
編集を学ぶ**コース**は花伝所を通り
師範代となることで円環を描く。
そこから生まれる才能のリソース。
知の**ソース**(源)に遡り、
方法を味わい深く伝える多士済々。

離《ri》 世界読書奥義伝

遊《yu》 技を磨く

編集的先達 トーヴェ・ヤンソン

岡部三知代
すっぴんロケット教室/竹中工務店ギャラリーエークワッド

師範代時代は、小さい子どもをかかえ、設計担当として建築現場をヘルメットをかぶりながら駆け巡り、編集稽古をポリロールした。ギャラリーの立ち上げをまかされ奔走し、学芸員となって、メセナアワード2014を受賞。その企画運営にはイシスで学んだ編集力が遺憾なく発揮されている。

編集的先達 アクセル・ヴェルヴォールト

日玉浩史
ラジカル玄語教室/ダンサー、陶芸家

ベルギー・ブリュッセル在住。震災後に始めた被災者支援活動を通じて福島の陶芸家と出会い、その縁で陶芸を始める。やきものを通して「日本という方法」を模索。2年後にはロバート・デ・ニーロのホテルにテーブルウェアを提供。師範代時代の学衆に女優・真行寺君枝がいた。

編集的先達　ゴータマ・シッダールタ

庭野光代
インドラ一乗教室
立正佼成会 次代会長

世界の宗教者との対話のため、世界中を駆け回る多忙のなか、10離では典離を獲得し、師範代もつとめる。見つめられると誰もノーとはいえない眼力の持ち主で、佼成会からは多くの学衆がイシスの門を叩いている。にこやかに「自信がない」というのが口癖だが、その表情は誰よりも自信と確信に満ちている。

◎イシス編集学校 コースウェア

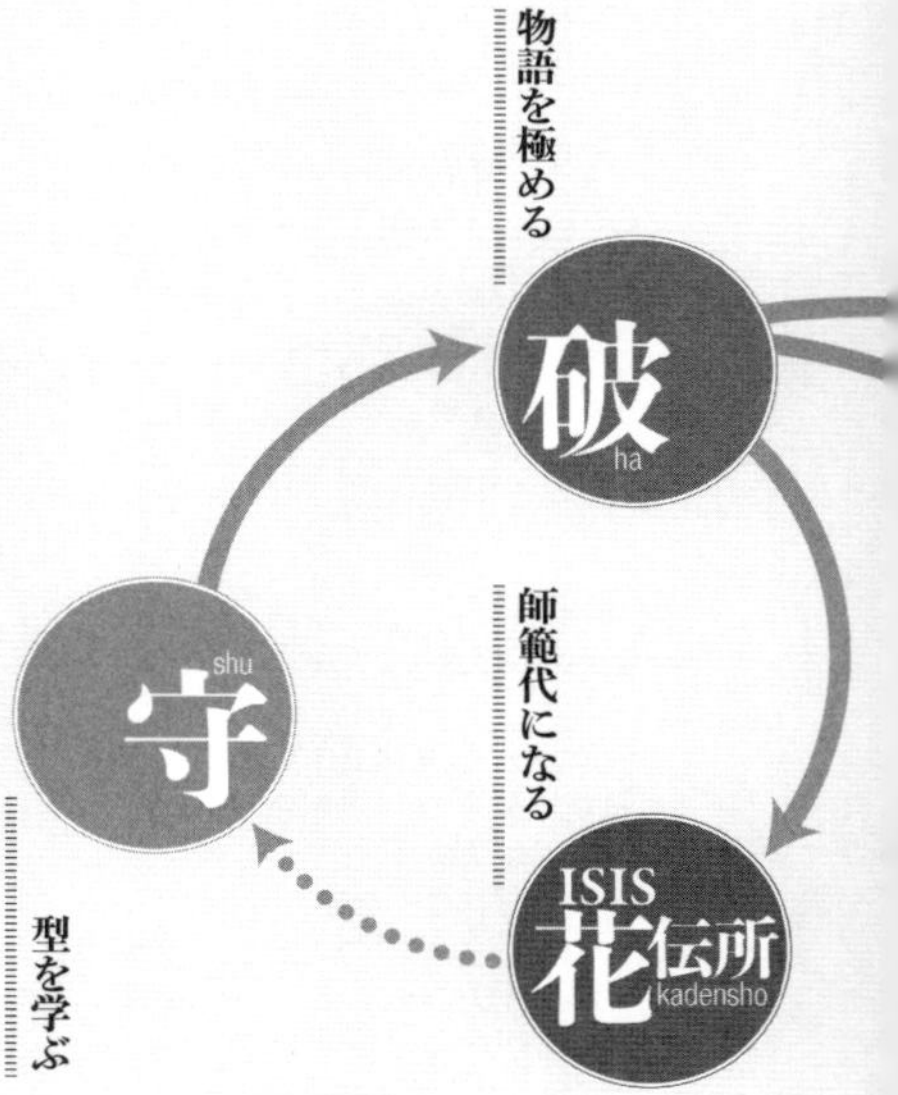

編集的先達　ライムンドゥス・ルルス

矢萩邦彦
道侠オルガン教室／鏡明塾主宰
スタディオアフタモード代表取締役

日本初のアルス・コンビネーター。命名は松岡正剛。東大生で最年少典離である吉野良祐をはじめ、多くの塾生をイシスに送り込んでいる。皮のベストを着た小洒落た吟遊詩人のような風貌からは想像できない、熱いインタースコアの応酬を20守の道侠オルガン教室で繰り広げ、伝説の教室といわれた。

編集的先達　武満徹

日高裕子
きららひびき教室／ソフトディバイス

背筋の通ったダンサーであり、インタフェースデザインに携わる。言葉はつねに前向きで美しく、届くメールはきらきらと音をたてるように響いたと指南を受けた学衆は口を揃える。第2回番期同門祭で司会、10周年感門でオープニングメッセージをつとめたイシスのシンボリックな存在。

代&匠

師範代の「**代**」は
校長の代、苗代の代。
編集を伝える先陣をきり、
新たな才能を育てる。番匠と学匠の「**匠**」は
意匠、名匠の「匠」。趣向をめぐらし、指導の妙で支える。
大にも小にも用意と卒意の目を配るイシスの代・匠。

編集的先達
西村伊作

阪本裕一
苗代ローリング教室／主夫

2度の師範代では不本意に終わり、7離では退院できず、自らの学衆であった五味久恵とイシス婚後、イクメンに。3度目の師範代では参観教室になるほどの見事な指南を繰り広げ、10離で退院快気し、復活急成長。丸の内朝大学で師範代をつとめたのち、師範としても学匠が一目置くほどの充実を見せている。

編集的先達
ジョルジュ・バタイユ

野村英司
鏡面カレー教室／寺子屋豆鉄砲

移動カレーの販売車で旅をつづけ、塾を開き、落ちている蜜柑でジャムをつくって店に売るバイタリティあふれたノマドでフラジャイルな少年のような師範代。ISISフェスタでは子ども編集学校で国語の授業として、お絵かき紙芝居をつくらせるなどユニークなレクチャー、編集指南を繰り広げつづけている。

編集的先達
勝海舟

竹川智子
推命道観教室／TIS

本業の人材マネジメントとイシス式人材育成を重ねることに関心をもちつづけている。師範、番匠として、自他の俯瞰力、評価力に優れる指導者。ビジネスウーマンの横顔をもつ一方、占いの四柱推命や易にも関心がある。離学衆時代に書いた自らの自虐的似顔絵で松岡校長をして「ホラー」と言わしめた。

編集的先達
荒俣宏

川邊透
見仏ゼフィルス教室
元J.フロント リテイリング

昆虫マニア、虫系ナチュラリストとしても知られ、昆虫採集のシーズンには師範代はつとめられない。師範代としての編集指南の経験が、ブログ「むし探検広場」での読者の難問奇問1万件に答えることに活かされている。2014年には『昆虫探検図鑑1600』を上梓した。

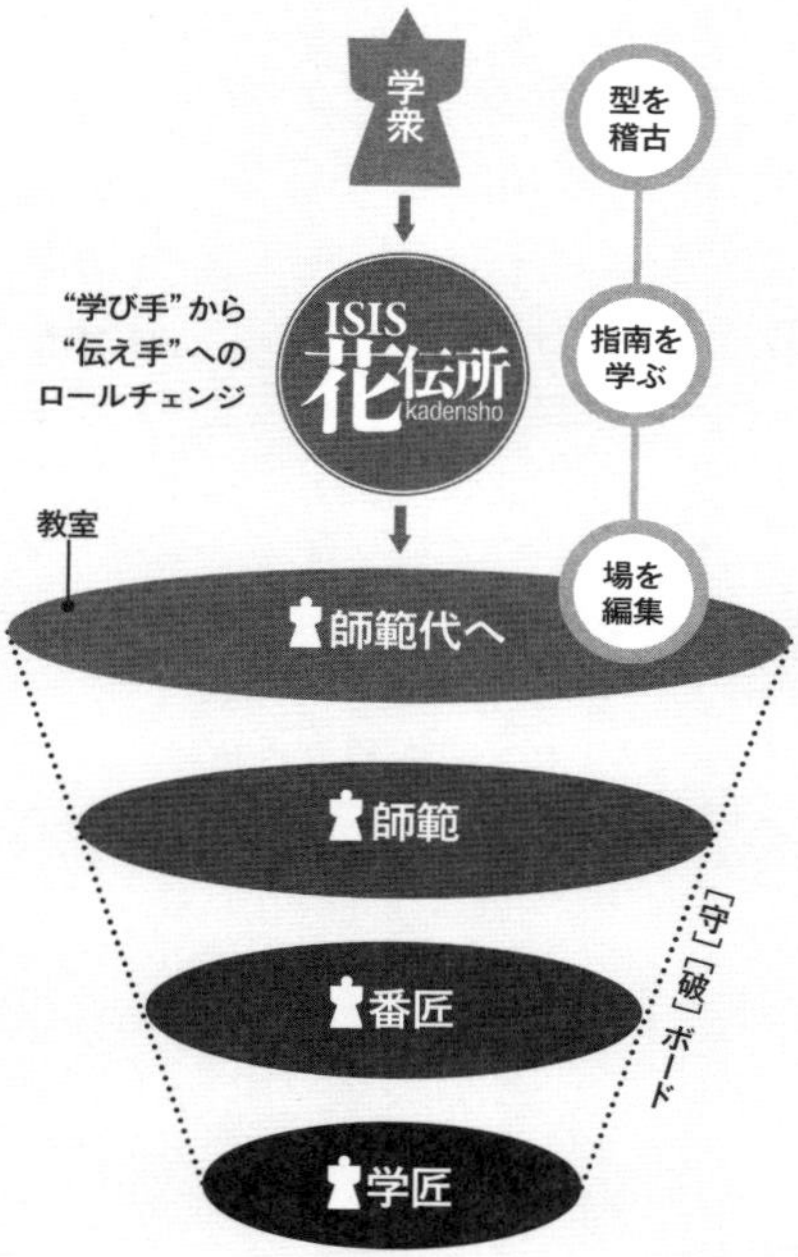

編集的先達　森茉莉

伊藤有紀
どうどう闇鍋教室

名古屋市職員をしながらの師範代では指南が遅く周囲をハラハラさせたが、師範に抜擢されるとやわらかい指導者として輝く。名古屋参座を立ち上げ、これからのイシスを担う女神として活躍を期待されていた矢先、2011年6月に急逝。いまでも多くのイシス編集学校関係者の心に面影として生き続けている。

編集的先達　永井豪

関富夫
田楽雑技団教室
日本タタ・コンサルタンシー・サービシズ

ポータルアイランドの代表取締役をつとめたSEで太極拳マスター。破番匠、花伝師範を何度もつとめ、アスキー文字づかいの巧みさとすがすがしく明解な指導ぶり、編集の深い理解に定評がある。校長から編集学校への貢献に敬意を表して「関富」の書が贈られた。守破を受講した妻はピアノの先生。

伝法&交法

勇み肌ではあるが粗野にあらず。
一人ひとりに当意即妙に型を伝えるのが師範代の方法。
広く報せるとしても投げっぱなしにはしない。
相互の交わしあいを興すのが
教室の方法。お題・回答・指南は
伝法と**交法**で動く。

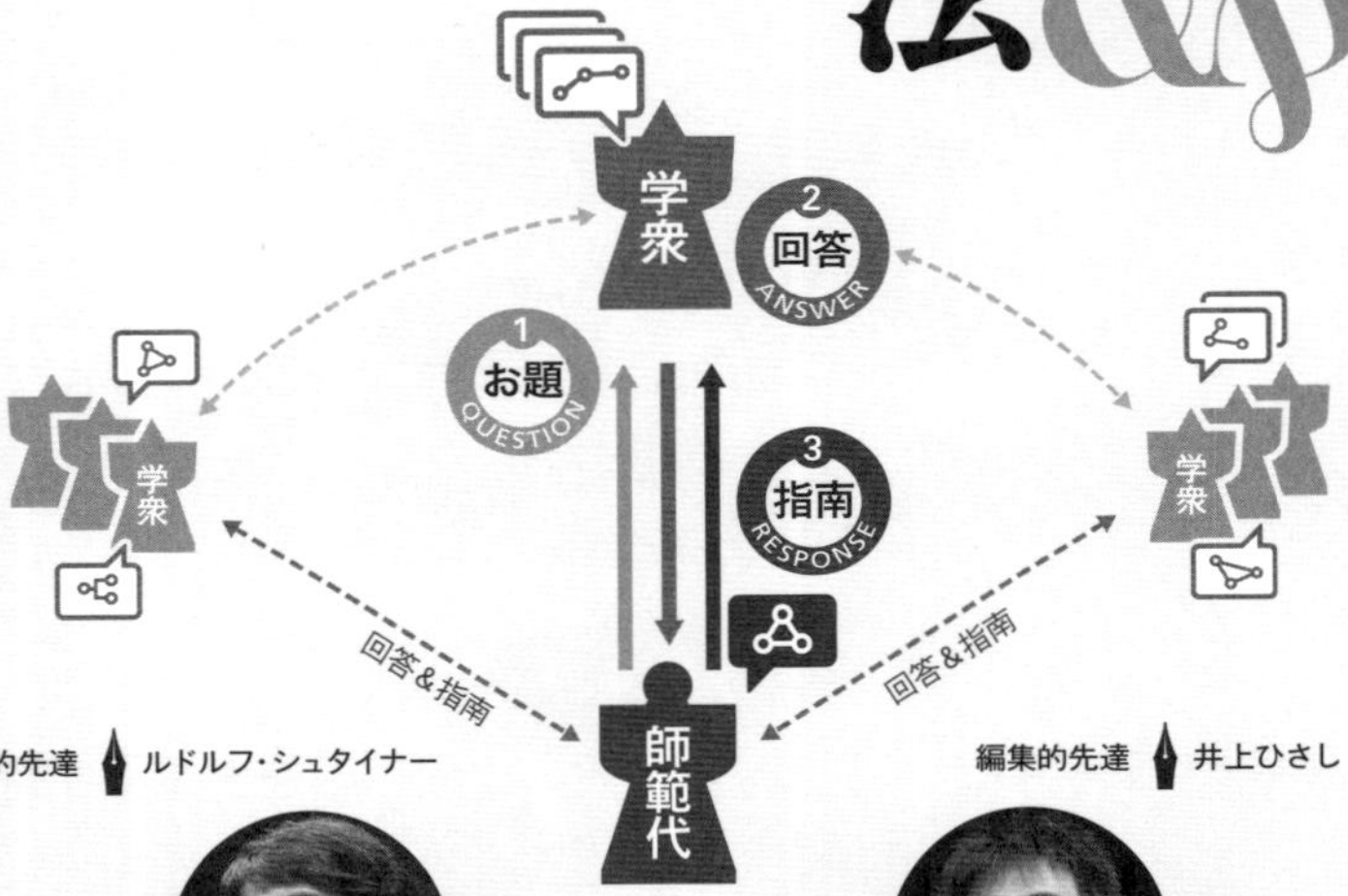

編集的先達 ルドルフ・シュタイナー

三津田知子
修験ハイジ教室／児童指導員

花伝所入伝時に出家得度。感門之盟で密教僧の袈裟姿で登壇し、衆目を集めた。情に厚い一方、稽古に対する構えには熱く厳しい指導を徹底している。守師範、花伝師範をつとめ、輪読座座衆としても座の中心的存在であり、古典を編集的に図解する力を指南、指導に存分に活かしている。

編集的先達 井上ひさし

景山和浩
八雲でんねん教室／日刊スポーツ記者

スポーツ新聞に見立てた教室ポスター「イシスポ」は今も語り継がれる名チラシ。用意と卒意、機をみた絶妙の助言、安定した活動は、師範の手本となる師範として、冨澤学匠が森由佳師範とともに最も信頼をおいている。その柔和な性格で怒らない師範としても知られる。

編集的先達 マリリン・ファーガソン

薄羽美江
六本木拈華美翔庵教室
MC Planning, Inc.代表取締役
六本木アカデミーヒルズ講座『賢者の本』や松岡と佐治晴夫の共著『二十世紀の忘れもの』、茂木健一郎との共著『脳と日本人』をプロデュース。2期の師範代、その後師範をつとめる。長年、国内外企業の人財開発、能力開発、組織開発、個と組織のコミュニケーションデザイン、ブランドデザインを行う。

編集的先達 みうらじゅん

清水伺名子
のほほん鬼龍院教室／高知大学

スイッチがはいると、とことん指南を繰り広げる、さわやかな土佐っぽ、男前な師範。週一日は必ず編集稽古を休んでピラティスでインナーマッスルを鍛えている。震災後の感門之盟「イシスのミノリ」では稲穂をもってキュートに司会をつとめた。立ち姿、振る舞いが端正で田中花伝所長がいつも頼りにしている。

編集的先達 井上ひさし

猿子修司
超人デクノボー教室／新幸企業

守破離物語を経てほぼ全ての講座を受講後、満を持して花伝所に進み、師範代、師範の道を進む。イシス編集学校一の子だくさんとして知られ、5人の子どもの父親でもある。教室名の超人デクノボーは宮澤賢治のコンセプトからの一種合成であり、その雨にも負けない編集ロードは休みなく続いている。

編集的先達 A・リンドグレーン

五味久恵
芯々グリッサンド教室
TIS
その明晰な仕事ぶりを見た同僚、後輩が、五味のようになりたいと井上高明師範代を筆頭にイシスの門を続々と叩いている。草食動物が食糧を蓄えるように、ぶれないコンスタントな編集ワーク、尽きることない向上心は稽古に臨む構えの鑑として“五味モデル”と評される。夫は阪本裕一師範、二児の母。

Note & Node

北海道から沖縄まで。アメリカから中国まで。
24時間365日。インターネットの教室で
編集稽古がつづく。浮かび上がる光景は、
入門からやむことなく書き込まれる**ノート**であり、
卒門を迎え結節点を結ぶ**ノード**でもある。

編集的先達　ハンナ・アレント

田中里実
八窓サザエ教室
北海道情報大学 日本語講師

極寒の北海道で雪かきをしながら一途な指南、稽古をつづける姿が離で香保総匠の心をつかみ、総匠賞を獲得。エゾ参座ではインストラクターとして活躍している。教室名チラシを一人二役で芝居仕立てで説明するなど、不思議なキャラクターの持ち主。夫はダルマの異名をもつ義本将之師範代。

師範代
〈天然ドリーム教室〉
クリエイター
@カフェ

編集的先達
葛飾北斎

小島伸吾
風紋某々教室／ヴァンキコーヒー代表

2期にわたり火元組をつとめ、離学衆に兄貴と慕われる。名古屋で珈琲屋を営む傍ら、版画デザインも手がけ、ISISコーヒーをプロデュースした。宇宙物理学者・佐治晴夫のイベントをISISフェスタで実現。松岡校長の似顔をゲバラ提灯の版画に仕立て上げた。妻の貴ボーこと小島貴子も師範代。

編集的先達
九鬼周造

吉津茂径
高次ボランチ教室／Glass Lewis & Co.

雑誌「サッカー小僧」の編集者から、結婚後渡米、現在はオークランド在住。米国人の妻との交渉で年1回のチケットをもらい、師範代ロールをつとめている。破師範代中、編集稽古が滞りがちだった学衆に喝を入れ、「遅れるのはいい。駆けつけないのがいやなんだ」という名言を残した。

学衆
ビジネスマン
@通勤電車

編集的先達　ルドルフ・シュタイナー

能勢伊勢雄
能勢伊勢雄ムジック教室
岡山ペパーランド代表
1974年よりライブハウス・ペパーランドを設立。78年から松岡正剛が提唱した「遊学」の実践として岡山遊会を開催しつづけている。魔術的言語主義なる指南で学衆を魅了し、いつ終わるともしれない編集稽古を繰り広げた。その一部は自らの著作『スペクタル能勢伊勢雄1968-2004』で公開されている。

竹島陽子
窯変みさき教室
リース商社 経理担当

編集的先達　美輪明宏

「おじゃましまんにゃわ」と今にも言い出しそうな生粋の大阪師範。構造的な編集工学の分析と感門での涙もろい一面のギャップにファンも多い。浪花参座では入門者を導き、師範代として2度登板、守・花伝の師範もつとめる。表層・中層・深層あらゆる場面で欠かせないマルチプレイヤー。

ちのへん&いとへん

『知の編集工学』、通称「**ちのへん**」と
方法日本を地において、
古今東西の世界知・共同知・個人知を
縦糸・横糸につなぐ「**いとへん**」で
情報の海図を描く。

編集的先達
L・ヴィトゲンシュタイン

塩田克博
酔道恋道教室／カネカ

知力・胆力・編集力を兼ね備え、イシス編集学校の“塩ジイ”とも呼ばれる一方、酒好きで自らを“バッカス”とも呼ぶ。破師範、番匠在任時には、物語編集術で翻案する5つの映画を解読し、その資料はいまだに継承されている。田母神顯二郎とともに8離から別当師範代として、千離衆を育てる。

編集的先達
リチャード・ファインマン

小坂真菜美
仮留綸子教室／主婦

圧倒的速度と物量をこなす編集力からコンパイルの女帝と言われる。6離で典離したのち、ホノルルに移住。帰日後、離別番となる。問い、対話、読書すべてで方法的、構造的にとらえることができるイシスを代表する編集才能。編集工学研究所員に対しても編集工学レクチャーを行い、小坂会を開く。

編集的先達　**マーシャル・マクルーハン**

古川柳子
蓼食うプリズム教室／明治学院大学教員

第1期離で典離。おりゅうさんの愛称で親しまれ、個性的な面々が集った学衆を全員卒門に導いた。担当教室の蓼プリ衆とはいまでも汁講を開催している。テレビ朝日のクロスメディア編成局長として活動後、明治学院大学でメディア論、マスコミュニケーション論を中心に講師をつとめる。TEDxSeedsでも登壇。

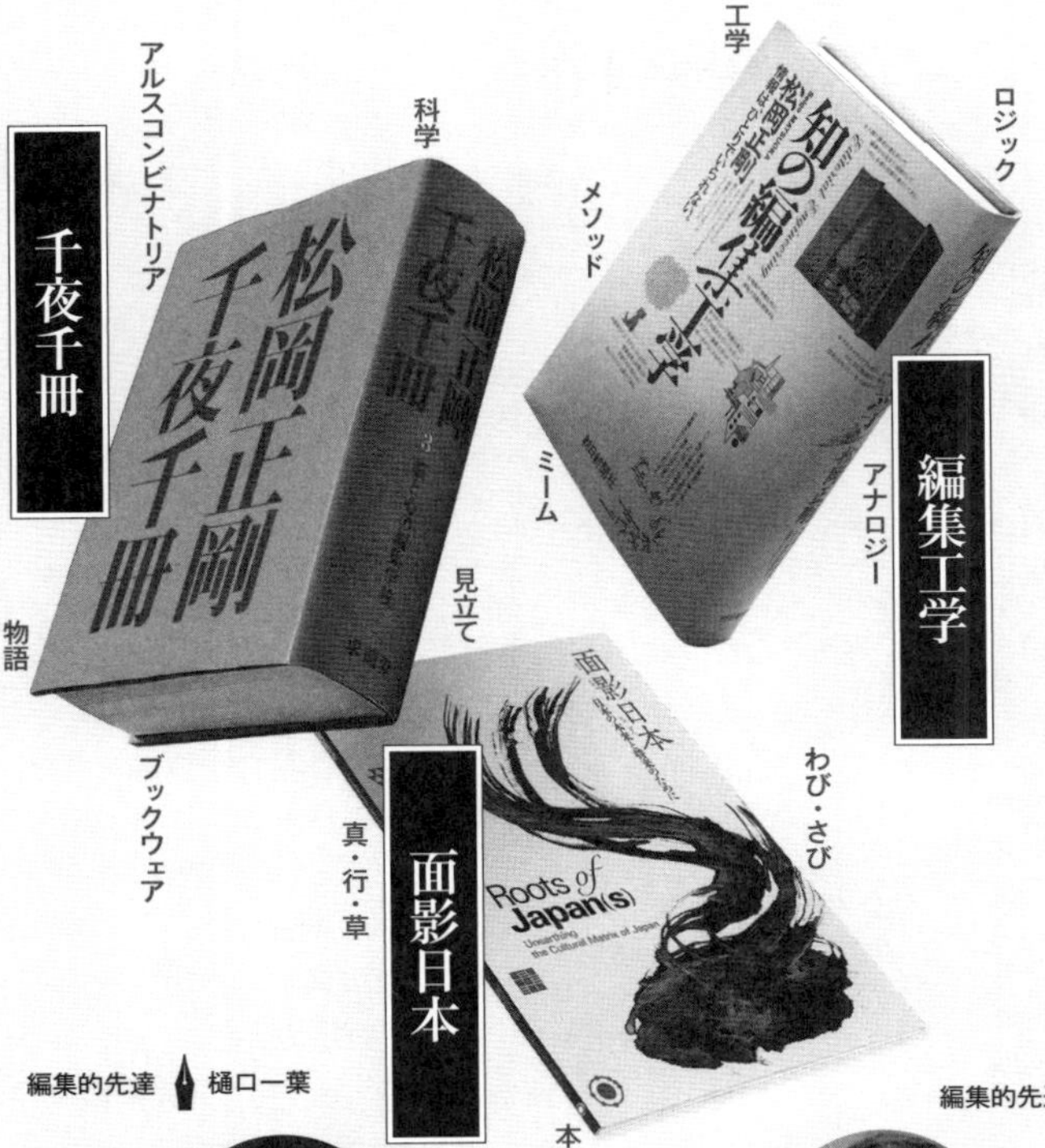

編集的先達 樋口一葉

永田健二
やせがえる教室／永田会計事務所

退院後も離の文巻を共読する「東京声文会」を、松岡の著作など多くの書物を揃えた自らの税理士事務所で毎月主催している。離を退院した千離衆が集うラウンジ離想郷では、「遊」（工作舎）のコンテンツを抜粋した「１日１度の遊学計画」を日々アップし続けている。

編集的先達 空海

高橋秀元
バジラ高橋くん教室／輪読師

松岡正剛に「学者10人分」と言わしめるほどの知力の持ち主であり、数多くの編集工学プロジェクトを支えてきた。日本の古典を共読する輪読座では空海、三浦梅園、井筒俊彦、折口信夫などを共読。2015年からはライフワークとなる「日本哲学」を標榜し、新シリーズを開座した。愛称はバジラ。

編集的先達 伊丹十三

川崎隆章
直立猿人教室／放送作家

落語、ラジオに精通し、編集の国開国にも携わる。巨体と卓見から川崎大師範と呼ばれる。プランニング編集術の発想飛び道具の考案者。教室memeが受け継がれ、“猿人系”教室を大量に産出している。10周年でオリジナルの校歌斉唱、九天イベントでは国会方言答弁を企画し、大喝采を浴びた。

編集的先達 石牟礼道子

田中さつき
十五夜はねる教室／地域コミュニケーター
耶馬溪映画祭実行委員長
大分の耶馬溪で暮らす。九天玄氣組の母親的存在で、ISISフェスタの九天イベントでは釜炒り茶の釜を提供。輪読座九州の旅では大分咸宜園での講義の後、自宅を宿として、皆をもてなした。離学衆時代は文巻を部屋中にはり、稽古に励んだことでも知られる。

共読&遊学

ビジネス、教育、地域×編集のキーワードは、孤読でなく**共読**、留学でなく**遊学**。

企業から出遊し、大学や地方に共創を興す。書物を交わしあい、異業と混じる学びこそがインタースコアの肝である。

編集的先達 田辺聖子

吉井優子
アルカナ・ミザール教室
日本ロジテム 営業
丸の内朝大編集力めざましクラス出身の初の師範代。長年テニスに携わることで培われた、ラリーの応酬に根負けしない持続力とサーブ&ボレーのような瞬発力を活かしたスタミナとスピードを誇る。感門団での献身的な働き、輪読座、実香連での貪欲な向学心でどこまで成長するか、期待の新星。

編集的先達 松本隆

小林佐和子
スズカゆれる教室
早稲田大学アカデミックソリューション
気骨ある師範代で、［業］、セキスイすみか塾、藤沢市民記者養成、三鷹市ネットワークコミュケーション研修で師範代もつとめる。競馬好きで校長からは「馬」の書をもらった。師範として師範代に気合いをいれるために、「寝なくても死なない」との名言を残した。

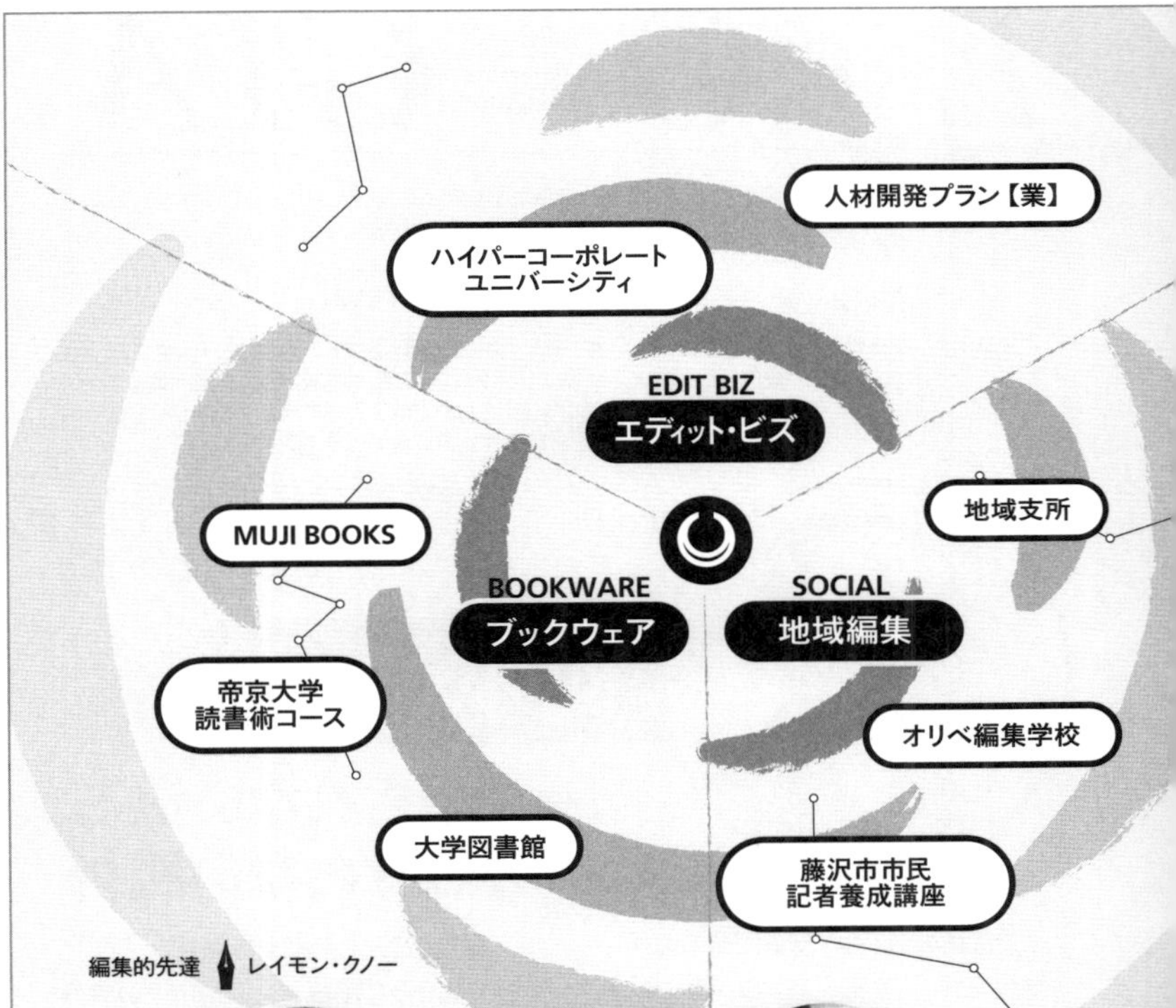

齋藤小麗
共読ナビゲーター／太陽企画

映像プランナーとしてBOOKS SEIGOWの製作に関わり、入門。がらっぱちな振る舞いでありながら、小さな体から産み出される太陽のようなエネルギーでJapanWare、共読ナビゲーターなど多くのプロジェクトで活躍中。本書『インタースコア』のタイトルをイチオシしたのが彼女だった。

高宮光江
共読ナビゲーター
国立国会図書館国際子ども図書館 司書

花伝所放伝後、帝京大学の共読ナビゲーターや編集学校の広報部であるSNS伝奏連をつとめ、数々のイベントレポーターとして活躍。魔法使いのようにとらえどころのないネットワーカーでもある。自らの交友関係から玉男襲名直前の吉田玉女の本楼文楽を実現させた実績もある。

ミメシス（模倣性）　ミメシスには「現象を模倣する」という意味があるが、プラトンにおいては、すなわちイデアを模倣し、再現し、共有することだった。近年では「見まねによるコミュニケーション」を「ミメシス・コミュニケーション」ととらえる見方も生まれている。

アナロギア（類推性）　アナロギアには「比例」や「相似」の意味がある。由来は、ギリシア哲学者の幾何学的測量にさかのぼり、のちに「類似性・類推性」の意が派生した。現代の情報理論に出てくる「アナログ」はアナロギアを語源とし、形態や図形、プロポーションなどの類似性や相似性を利用する方法だ。

鷗外の下駄《げた》

わりきれない漱石
やりきれない鷗外

人生問題の漱石 ／ 歴史問題の鷗外
全国松竹系、漱石 ／ ミニシアター系、鷗外
我輩は漱石 ／ わが愛は鷗外
へそまがりな漱石 ／ いしあたまの鷗外

アールヌーボーの漱石
ゴチックの鷗外

ユーモアの漱石 ／ 戦闘的鷗外
高等遊民　漱石 ／ 高級官僚　鷗外
ティーチャー漱石 ／ ドクター鷗外
片えくぼの漱石 ／ 伏せまつげの鷗外

ひややっこの漱石
テリーヌの鷗外

着流しの漱石 ／ 紋付の鷗外
猫がつぶやく漱石 ／ 鳥がはばたく鷗外
炎天の漱石 ／ 濃霧の鷗外
人力車でゆく漱石 ／ 騎馬でゆく鷗外
下町の漱石 ／ 山の手の鷗外
掉さす漱石 ／ 帆を張る鷗外
黒板の漱石 ／ 白衣の鷗外
チョークの漱石 ／ チョーシンキの鷗外

MI *Imitate* M *Mimesis Mimicry* E *Metaphor*

「ミメロギア」は、イシス編集学校の名物編集稽古。古代ギリシア時代の編集技法「ミメシス」（模倣性）、「アナロギア」（類推性）を一種合成した造語です。二つの全く関係のなさそうな言葉の「類似」と「対比」を際立たせて、つなげるエディトリアルゲームです。よく比較される明治の文豪、夏目漱石と森鴎外をミメロギアした回答群の一部がこちら。最短評論、共演CMも生まれます。

漱石の草履《ぞうり》

寝ころんで読む漱石
正座して読む鴎外

音読の漱石 ／ 黙読の鴎外
お金になった漱石 ／ 愛になった鴎外
トヨタな漱石 ／ マツダな鴎外
「お前が悪い」漱石 ／「時代が悪い」鴎外
火鉢にあたる漱石 ／ 暖炉を見つめる鴎外
癇癪の漱石／公爵の鴎外
ビスケットの漱石 ／ まんじゅうの鴎外
佇む漱石 ／ 立ち止まる鴎外
太田胃散の漱石 ／ バファリンの鴎外
かすりの漱石 ／ べっちんの鴎外

出席をとる漱石 ／ 脈をとる鴎外

情の漱石 ／ 浄の鴎外
新札漱石 ／ 診察鴎外
「我輩は胃病みである」漱石 ／「余が診て進ぜよう」鴎外
マドンナに憧れた漱石 ／ 舞姫に焦がれた鴎外

ロンドンでウジウジ漱石
ベルリンでラブラブ鴎外

2 編集稽古篇

編集工学序説ふう談義（1）

並木が呼ぶ虫

2010年1月

編集学校では「お題」が出ますね。この「お題」とは何かということです。

お題とは、むろん「問題」という意味です。問題とはいったい何なのか。たんなる疑問や質問とは違いますね。われわれは問題を前にして、どうなるのでしょうか。

当面する状況から切り出された主題に対して、経験や知識にもとづく情報になんらかの方法で近づき、その主題がもたらす範囲でさまざまな推定をしてみること。これが問題を前にしたときの態度でしょう。

問題を前にするというのは、それが問題とされることによって、何かがおこることのほうに意識や意図や意表が向くことなんです。この「向く」ということがとても大事です。この「向く」のニュアンスを伝えたくて、わかりやすく「お題」と言っているのです。

かつ、編集学校で「注意のカーソル」と言っているのは、このように、問題に対して作動して、

「向き」を求めてアプローチしようとするときの、われわれの意図が注がれる動点のことです。意図が注がれるから〝注意〟です。ということは、そうですね、ここにも「向く」ということがあります。「お題」と「注意のカーソル」は一蓮托生なんですね。いずれ詳しく説明します。

さて、そもそも問題には基本的に3つのタイプがあります。「与えられる問題」、「発見する問題」、「作り出す問題」です。まず、かんたんに3つを概観しておきましょう。

「与えられる問題」(give problem) には、問題の対象があきらかで、その問題をとりまく現状、前提条件、そして制約条件が推定できます。そのうえで、ここには検討方法、解決方法、評価方法が入ってきます。問題が与えられると、そこに検討、解決、評価をめぐる方法が見えてくることはたいへん大事なことです。

しかし「与えられる問題」は、自分がその問題の当事者や近似者ではないばあいが多いので、ついつい実感に乏しくなるという限界がつきまといます。けれども、その実感を引き込んでくる、あるいは想像することが、このばあいのコツになる。このことをおぼえておいてください。

「発見する問題」(find problem) は、まさに問題を発見しながらその問題につきあうことです。〝そこ〟に問題があると見ることによって、それまでのんべんだらりとしていたとおぼしい状況にクサビを打ち込んでいるのです。このクサビが「発見」の作動にあたります。では、「発見」とは何かということは、しばらくあとの回で説明します。

この「発見する問題」の特徴は何でしょうか。当然、「発見する問題」にも、検討、解決、評価をめぐる方法が見えてきますが、「与えられる問題」にくらべて自分が介在しているぶん、実感が強いという性質がありますね。むろん、だからといってその問題が解決されるとはかぎらない。それより、どのように問題を発見できたのか、その道筋を見ることが重要です。

「作り出す問題」(make problem)は、編集工学的にはちょっと意外なものです。われわれが状況や状態に変更を加えるのではなく、状況や状態を把握する視点や立場を変更すること、それが問題を作り出すということなのです。もっとわかりやすくいえば、ここでは問題を生み出しているのです。

ということは、「作り出す問題」では、われわれが自分自身でその問題が問題になる条件（前提条件や制約条件）を勝手に設定できるということです。これはたいそう創造的なことですね。しかし、この創造というのは、問題を捏造することではなくて、〝それ〟に対する視点や立場を新たにもつということが創造的なのです。

これが問題の3つのタイプです。

では、ここでちょっと立ち止まってください。この3つのタイプはどういう動向をもっていましたか。〝give〟と〝find〟と〝make〟がありましたね。これ、実は「編集」の一連の動作なんです。〝give〟され、〝find〟して、〝make〟する。これが編集の基本動作です。編集学校では、この〝give〟と〝find〟と〝make〟を一連で体験していくことを「編集稽古」と呼んでいるのです。

いまさら言うまでもなく、編集稽古とは「お題」に対応することですね。つまり問題に対応することです。ただし、積極的に対応することですよね。この「積極的に」というところが、実は〝give〟と〝find〟と〝make〟が一連するということなのです。

一般に、われわれは問題を前にすると、いろいろな対応をします。①問題に怯む、②問題を解釈しようとする、③問題の一部にかかわる、

④問題を拡張する、⑤問題を先送りする、⑥問題を解決する、⑦問題を別の問題に変える、といった対応です。

編集稽古でも、だいたいは以上のような対応のどれか、あるいは組み合わせになるはずです。

しかし、これらに"give"と"find"と"make"を一連させようとすることが、編集稽古における積極的対応なのです。お題に対応して編集稽古をするというのは、ざっとは以上のようなことなのです。

どうですか、少しはウォーミングアップできましたか。それでは、質問。「この世でいちばん不変なことって何ですか」。これはね、「変化すること」、これがいちばん不変なことなんです。

なぜこんなことを言うかというと、編集の本質のひとつに「変化」があるからです。「変わる」ということを感じること、知ること、思えることが、実は編集的に「わかる」ということなのです。だから、「かわる」と「わかる」は編集学校のキャッチフレーズなんですね。

「わかる」は「分かる」「判る」「解る」です。では、「かわる」は？　そうですね、「変わる」「代わる」「替わる」「換わる」ですね。それぞれ意味はちょっとずつ違いますが、それは白川静さんの『字統』『字訓』『字通』などで調べてみてください。

ともかくも「かわる」が「わかる」です。それが編集の基本の基本です。これから、その中身や方法の広がりをいろいろ話していきますが、まずはここまでを実感してほしい。いいですね。

編集の時代である。
インターネットが普及し、世界中のこれまで知ることのできなかった
様々な情報が簡単に手に入るようになり、
私たちはついに置かれた状況による知の格差をなくしたかに思えた。
ところが実際には、情報をどう見ればいいのか、
何と何を結びつけてどう括ればいいのか途方に暮れてしまった。
何を知っているかではなく、どう編集するかの知が問われている。

――**為末大**

自分の思いをカタチにするチカラ、
それが「情報編集力」だ。

――**藤原和博**［教育改革実践家］

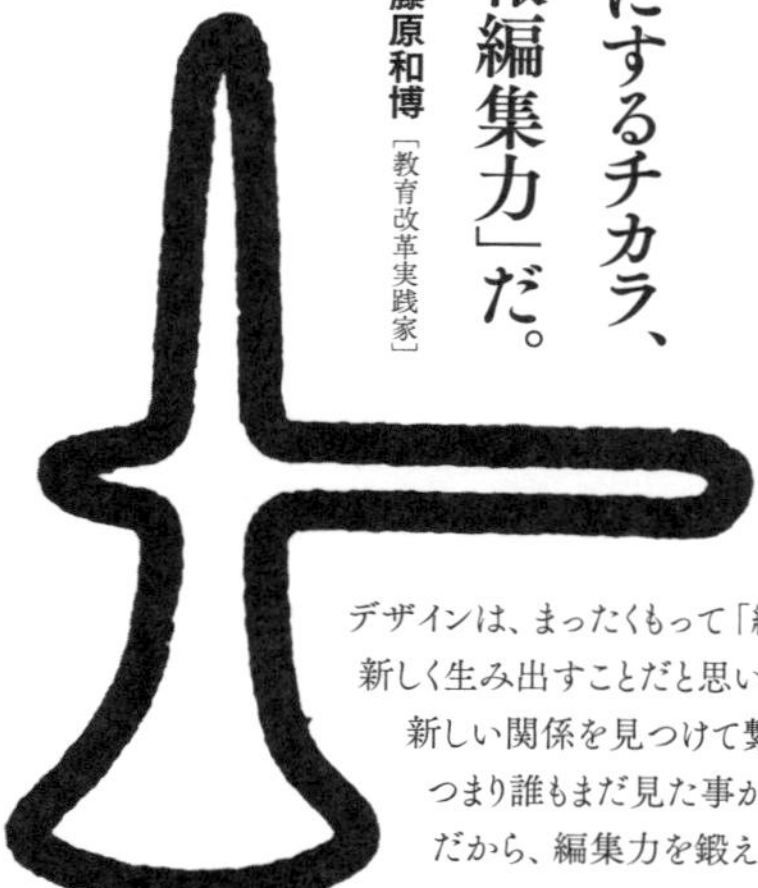

デザインは、まったくもって「編集」そのものです。
新しく生み出すことだと思い込んでいる人がいますが、それは違う。
新しい関係を見つけて繋ぐこと。
つまり誰もまだ見た事がない「繋ぎ」を発見することなんです。
だから、編集力を鍛える必要がある。

――**佐藤卓**［グラフィックデザイナー］

図形言語《パラテクスト》としてのダイアグラムは、
文字言語《テクスト》に並び劣らず、
人類の知の体系を扱うための優れた編集ツールだ。

――**三中信宏**［進化生物学者］

4

守破離というコースウェア

型を守って型に着き、型を破って型へ出て、
型を離れて型を生む。
校長・松岡正剛の知と方法を凝縮した
イシス編集学校の「お題」をめぐって、
「問・感・応・答・返」が連環する。

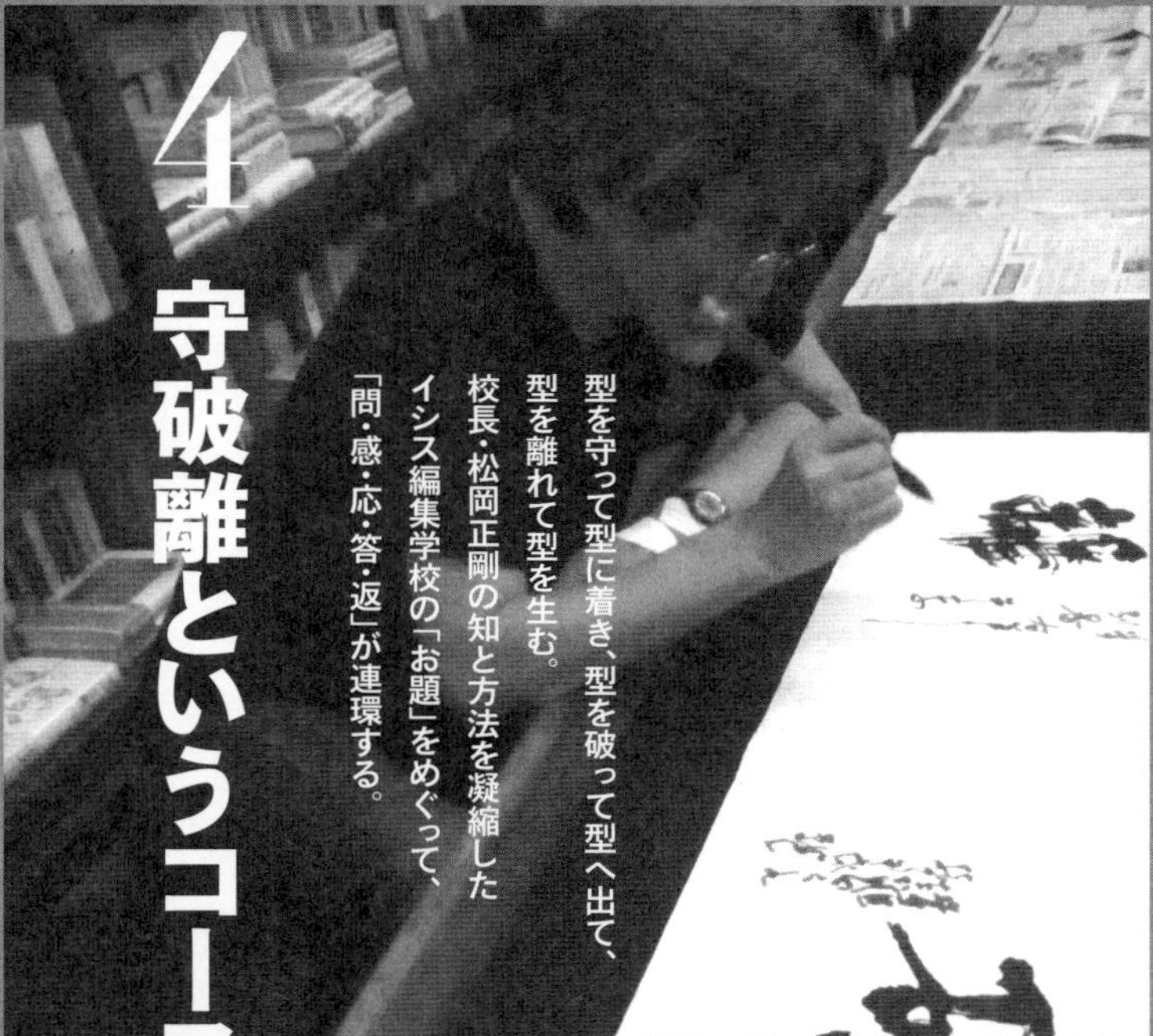

守破離というコースウェア

稽古条々でつながっていく編集道

学林局◎橋本英人

編集稽古はとまらない

気がつけば編集稽古に夢中になっていた。出張のフライトを待ちながら、犬の散歩をしながら、洗濯機を回しながら、暇さえあれば「お題」のことを考えている。コップの使いみちを考えたり、ワインを言い換えたり、レシピをまねたりといった、一見、他愛のない遊びのようなお題だ。なのに、その遊びがおもしろくてたまらない。ときに寝食を忘れて没頭する。編集学校で学ぶと大なり小なり誰もがする体験で、卒門や突破を祝う感門之盟では、異口同音にそういった話が飛び交う。

編集稽古の何がそんなに人を夢中にさせるのか。まず、回答を考えること自体がそもそも楽しいということがある。「コップは何に使える?」と問いかけられて、あれに使える、これにも使える、そんなことにも使えるよね、と、発想が加速する知的エクスタシーがくせになる。もちろん、なかには難問もある。だが、困難な迷路ほど抜けたときの充足感が大きいことは言うまでもない。

次に、人の回答がおもしろい。ときに自分の回答体験以上にエキサイティングだ。教室に10人の学衆がいれば、10通りの回答が届く。そのなかには、自分では一生かかっても思いつけない発想が絶対にある。たとえば「コップは何に使える？」の問いなら、食器、楽器、容器などは当たり前。「壁に当てて盗聴」「沢山積み上げて集中力を鍛える」などもまだ序の口で、「胸に当てて巨乳のふり」「グラスの底に向かってオーイ！　と呼んでみる」といった妄想派もいれば、「断水などに備えて水を溜めておく」「投げて泥棒を攻撃する」という実用派もいる。よくそんなことを思いつくものだと感心したり呆れたりすると同時に、がぜん興味がわく。師範代は、いったいこの回答になんと指南を返すのか？

師範代が返してくれる指南のおもしろさには2通りある。ひとつはもちろん、自分の回答を思いもよらない角度から照らしてもらえる斬新さ。たしかに自分が出した回答なのに、師範代の手にかかるとなんだかとってても素敵ないいものに思えて、ホクホクしてくる。そうなるともうやみつきだ。次々と回答を送らずにはいられない。指南のもうひとつの魅力は、他の人の回答への指南である。意外性に感心していた回答の発想のひみつをときあかしてくれたかと思えば、そんなのあり？　と呆れていた回答をおおらかに受容し、さらなる可能性を示唆したりする。入門当初にこうしてただただ見惚れていたあざやかな捌《さば》きが、属人的なコミュニケーション力でも話術でもなく、「指南」という方法のなせるわざだったのだと知るのは花伝所で学んでのちのこと。さらに、そうした「問・感・応・答・返」の手がかりはもちろん、「さしかかり」や「つかのまの様子」や「別様の可能性」の突起までもが、実はすべてあらかじめお題に埋め込まれていたと知るのは、その道を二巡、三巡としていくなかでのことだ。[守]学衆は、刺激的な38のお題とキラキラした師範代のすがたを眩しく仰いで春めく苗代を卒門していく。

お題・回答・指南が躍動する場が教室だ。インターネット上なのに、次第に時間と空間が立ち上がっていくことに驚嘆する。まるで本当に教室があり、刻限を告げるチャイムが聞こえるような「場」が生まれるのだ。そこに多士済々が集まり、真ん中にはいつも師範代がいる。

シャドウ・ワークの解放とヴァナキュラーな価値の回復を訴えたイヴァン・イリイチは、人々が社会や生活をコンヴィヴィアルなものとして取り戻すことを希求した。コンヴィヴィアルは「いきいきとした共生」という意味で、出入りする全員のふるまいが教室という場を動かしていくイシスの教室の生命感は、まさにコンヴィヴィアルだ。学衆を傍観者に終わらせない。破格の修了率を支えるイシスのちからのひとつである。

なぜ「お題」か？

最初のインタースコアを体験する基本コース［守］が編集術を一口サイズのエクササイズにした思考のストレッチなら、つづく応用コース［破］は編集工学プロセスを最少単位化した〝次第〟であり、その奥にある［離］は編集的世界観の扉だ。

［守・破・離］といっても、必ずしも一直線ではない。［守］への入門から［破］を突破するまでは一本道だが、その先はどんな道へも進める。コースウェアとして用意されているのは、師範代の方法を学ぶ［ISIS花伝所］、［遊］物語講座・風韻講座、そして世界読書奥義伝［離］。それ以外にも、編集学校や編集工学研究所とともにさまざまなプロジェクトの機会を創発する「コンティンジェント・リンク」の可能性は無限で、本書『インタースコア』も、編集学校の師範・師範代・学衆有志を多数含むプロジェクトチームで企画・制作が進められた。

どんな道をつくってもいい。ゆえに、編集稽古という旅に地図はない。世界は見えているところだけにあるのではなく、「見えないあたり」も含んで成立する。旅立ちは身ひとつでよく、入門に必要なのはインターネット回線とやる気だけ。最初は、カリキュラムはおろか、教室や稽古のしくみさえ伏せられている。開講初日、学衆は届いたメールを見て不思議な名前の教室に自分がいることを知り、驚きや当惑や期待や興奮とともに最初の門を眺める。開講後も、はじめからすべてが公開されるのではなく、編集稽古の進展につれてじょじょに視界が開け、先行きが見えてくる。師範代の案内と指南を道しるべにして、一題一題リズミカルに、あるいは猛烈な勢いで、編集稽古が重ねられていく。これは編集学校のすべての講座に一貫する作法だ。

こうしたイシス独自のしくみは、「奥」を大切にする日本の方法にも呼応する。まず道があり、道をすすめば門が見え、門をくぐれば庭が開け、そこを越えれば建物にいたり、建物に入ればなお奥がある。たとえば、歌舞伎では重要人物はつねに「奥の一間」ですべてを聞いていて、奥は機を得たときにだけ開かれる。

このように、道や場を進むにつれてさしかかりが起きる構造を、[守・破・離]のプログラムは応用している。世阿弥の序破急が、それぞれの段階に「序・破・急」の心得すべてを響かせたように、編集学校において、複数のコースのお題は縦横に連環し、円環する。ただ順番に道が開かれるのではなく、そこかしこにしのばせてある関係線が綾となり、全体としてのコースウェアを生み出しているのである。

伏せて、開ける

1章で松岡校長が言ったように「編集に極意があるとすれば、そのひとつは『伏せて、開ける』ということにある」。はじめに伏せて、さしかかったら開けていく。この伏せと開けの「くるりくるり」が起こるあらゆる結節点、それが「お題」だ。「お題」という「問い」が立つことで、学衆のアタマの中で理解と察知がいきいきと回転しだす。学衆は、最初は師範代の指南によって、やがては自分で自在に「お題」に出たり入ったりすることで、情報の「開け伏せ」を自由に起こせるようになっていく。だから編集学校では、すべてが「お題」になっているのだ。

編集は遊びから生まれる。編集は不足から生まれる。編集は対話から生まれる――『知の編集術』の言葉だ。「お題」は遊びの始まりであり、不足の発見であり、対話の作法そのものであり、編集学校の門をたたくと同時に、そのめくるめく編集道がはじまるのだ。本章では、そうした「お題」の様子を含め、［守］［破］［離］［遊］［ISIS花伝所］の各コースのすがたと色気を、それぞれの講座ディレクターや指導陣が語り下ろす。

橋本英人 Hideto HASHIMOTO
函館出身。漁師の家系に育った甘いマスクの持ち主。ワシントン大学に編入し美術史を専攻。帰国後、松岡正剛を知り、26歳で編集工学研究所の門戸を叩く。人気先行から最近では仕事捌きの実力も兼ね備えるようになり、学林局のボランチとして活躍。教室名の〈天然ドリーム〉は、タフな天然さとチャーミングな鈍感力を象徴している。

編集的先達　アンリ・マティス

守

［*shu*］

型の原点　稽古の原郷

学匠◎冨澤陽一郎

門から門へ　学衆から学匠へ

守に入ることを「入門」、修了することを「卒門」という。入学と卒業ではない。門をくぐればそこに道があり、教室には師範や師範代や学衆たちがいる。忘れられない編集稽古の光景や光跡が残っていく。

７守の開講とともに守学匠としての日々がはじまった。すべての教室のメールを受け取り、膨大な文字情報を眺めつづけた。師範代の動きと教室の様子を見ることから出発した。同じお題と型を稽古するにもかかわらず、多様性は予想をはるかに超えていた。師範代と学衆によってモードもコードもこれほど違うものなのかと驚かされた。

私にも学衆だったときがある。1期〈白いバイエル教室〉の仁科玲子師範代のもとで編集稽古を楽しんだ。守破を修えて、4期〈セクシープロジェクト教室〉の師範代になり、学衆と一緒に毎日大騒ぎした。その後師範となり、伝習座ではじめて師範代をやる人たちに向けて、自分自身の師範代体験を語った。のちに伝習座の名物となる「ようそこ先輩」(「ようこそ」ではない)である。何か自分にできることがありそうだと感じた。師範代は指南をすることが役目だが、師範にあらかじめ決められた仕事は少ない。自発的に方法を考え、場の中で学びを創発する。私が6期ではじめて師範として教室を共にした師範代は、名古屋で起業家を育成している久野美奈子と、岡山のママさんライター松田祥子だった。久

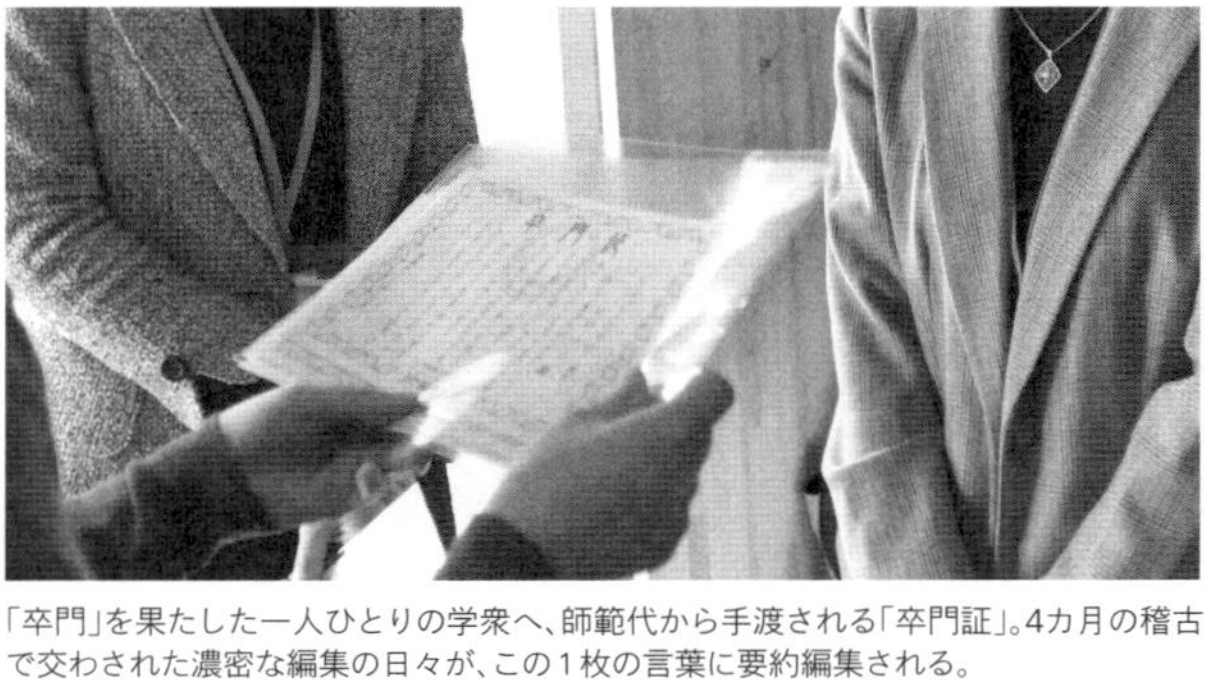
「卒門」を果たした一人ひとりの学衆へ、師範代から手渡される「卒門証」。4カ月の稽古で交わされた濃密な編集の日々が、この1枚の言葉に要約編集される。

方程式も法則も歌も、すべては先人の編集。次は私たちが編集を楽しむ番です。——番匠・景山和浩

野は博学多識な大人の学衆をまとめあげ、編集学校初の全員全番回答という快挙を成し遂げた。松田は若い学衆の可能性の芽に水をまき、陽をあて、花を咲かせてくれた。師範として師範代が教室のヒロインになっていくプロセスに伴走できる喜びを感じた。

当時は師範と師範代が交わしあうためのチームラウンジがなかったので、直接メールで久野、松田両師範代に助言を続けた。私が師範代だったときに山田仁師範が投じてくれたタイミングのいい声掛けを師範の基本に据え、経過が見えるように、師範代へのメールを学林局にCCで送ることにした。それを見た学林局から、講座運営を手伝わないかと声がかかったのが、学匠を担う発端だった。静岡に仕事や家族をもつ私には簡単なことではなく、返答を保留した。しばらく考えあぐねていたが、松岡校長の「講座リーダーが赤坂じゃなく静岡にいるのがおもしろい。冨澤くんはいいモデルになる」という言葉を聞き、そういう見方もあるのか、ではひとつやってみるかと決意した。1期の学衆として門をくぐってから3年、こうして守学匠になった。2003年の春の足音が聞こえていた。以来、もうすぐ13年が経つ。

学びの匠の思考実践

まだモデルのない学匠ロールは試行錯誤のくりかえしだった。いかに師範代や師範を見守り、働きかけ、場や期全体を動かしていくか。ひたすら考え続けるが、答えはなかなか見つからない。

学林局の佐々木千佳、田中晶子と議論を重ねた。この師範代の指南はどうか、どんな助言が人を成長させるのか、師範に求められるものは何か、学衆の稽古は順調か。ときには激論にもなった。

師範とは、伝習座の準備から師範代の育成法、教室編集まであらゆることを交わしあう。コーチングとコミュニケーションとコンテンツが、師範が集う守ボードで組み合わさっていく。その数えきれない仮説と実践と失敗が多くの師範代を育て、学衆に稽古の奥を感じさせ、800を超える教室を支える基盤をつくってきたのである。

うまくいくことばかりではない。手が動かない学衆がいれば、師範代にも足のすくむときがある。師範代が壁にぶつかったときこそ、師範が可能性や転機を見出していかなければならない。そこを引き受けなければ、師範はつとまらない。日々の積み重ねの果てに、どうにか講座運営というものが見えてきたとき、守は20期近くになっていた。

この時期に生まれた新しいロールが「番匠」である。堂々たる包容指南で知られる森由佳と、学校愛にあふれる稲本健治が初代番匠に任命された。校長は赤坂の編集工学研究所に学匠と番匠を集め、「学匠が全体をつくる、番匠が全体を変える部分をつくる」という示唆を与えてくれた。いっぺん

守の型が情報編集におけるシステム思考のベースになる

あらゆる情報のインプットからアウトプットまで、私たちは意識しないで編集をおこなっている。そのプロセスを取り出して、情報の収集、入れ替え、関係づけ、構造化、表現までを38の型として身につけるのが守の編集稽古である。守を卒門して、破に進み、花伝所を経て師範代となることで、守で学ぶ編集術を立体的に深めることができる。

用法1	用法2	用法3	用法4
隠れた型に気づく	**情報の関係を動かす**	**発想の転換に向かう**	**表現の自信をつける**
視点を変える	意味を発見する	流れをモデル化する	モードで魅せる
乗りかえ篇	持ちかえ篇A	持ちかえ篇B	着がえ篇

に視野が開けたのを覚えている。

以降、番匠は学匠とともに講座全体を見守り、しばしば学匠の相談役にもなってくれた。イシス編集学校の誇る、錚々たる名コーチたちである。番匠は全体を支えながら、新しい伝統とも呼べる細やかな充実をつくり続けている。

たったひとつでたくさんの世界

教室には、師範代と師範と10人前後の学衆がいる。教室はネット上にあるが、2ちゃんねるのように匿名やハンドルネームではなく、本名で集っている。編集稽古がはじまって最初のうちは自己紹介もなく、ただ名前だけがわかっていて、それぞれの回答が見える。やがて、稽古を通して互いの思考の癖が感じられてくる。05番「カブキっぽいもの」を出しあい、06番「たくさんの『わたし』」で自己紹介をする中で、それぞれの性格や趣向が見えてくる。編集談義を交わす勧学会《かんがくえ》では「寄せ書き大会」を行い、みんなで言葉に遊びつながりあう。師範代の指南から人柄が伝わり、師範の言葉が体温をもって伝導してくる。誰もがだんだん自分の教室名に愛着を感じるようになっていく。回答と指南が加速し、学衆同士の稽古が共鳴することで、独特の疾走並走感覚がおこってくる。

いわゆる「ネットの学校」のイメージが、編集学校には当てはまらない。リアルとネットが混

守 4用法38番

◆ **用法一：「乗りかえ篇」　情報の基本をつかむ（収集・分類・入れ替え）**

01 番………… コップは何に使える？
02 番………… アタマの中の探検
03 番………… 部屋にあるもの・ないもの
04 番………… 公園の秘密
05 番………… カブキっぽいもの
06 番………… たくさんの「わたし」
07 番………… ラベリング・トラベリング
08 番………… 豆腐で役者を分ける
09 番………… ホタルの飛びかた
10 番………… 「の」の字の不思議

◆ **用法二：「持ちかえ篇A」　情報の関係を動かす（編集思考素と階層化）**

11 番………… 序破急　　三間連結型
12 番………… 松竹梅　　三位一体型
13 番………… 祭りの姿　　二点分岐型
14 番………… ラジカセ　　一種合成型
15 番………… 老若男女　　二軸四方型
16 番………… 層なんです
17 番………… サンドイッチもコロッケも

◆ **用法三：「持ちかえ篇B」　情報の構造をとらえる（分岐とモデリング）**

18 番………… 二本松をつれてくる
19 番………… 三本足のカラス
20 番………… 社長のプロトタイプ
21 番………… コンパイルとエディット
22 番………… レシピを真似る
23 番………… たとえばの話
24 番………… 見立てて遊ぼう
25 番………… 風が吹けば三味線が聞こえる
26 番………… 即答・ミメロギア
27 番………… ダンドリ・ダントツ
28 番………… ルール・ロール・ツール
29 番………… 犬と女の物語――カット編集術

◆ **用法四：「着がえ篇」　情報の意味を広げる（シソーラスとモード）**

30 番………… 1000 本のワイン
31 番………… ヴィッシュゲーム
32 番………… 鍵と鍵穴の言葉
33 番………… ようやく四字熟語
34 番………… ああ、オノマトペイア
35 番………… Suica で済むか――多軸ネーミング編集術
36 番………… やわらかいダイヤモンド
37 番………… アワビがねじれた――センテンス編集術
38 番………… 文章を着がえる

ざり、溶けあい、ひとつになっているのだ。秘密は、日々に「お題」があること、人が介在して見ていること、「方法」の型を評価しあっていることなどにある。稽古を通して、お互いのアタマの中が共有されているという不思議な状況が生まれてくる。ときには家族よりも、教室の仲間の方が自分のことをよく知っていたりもする。余談ではあるが、そこから切なく甘い関係がふくらんでいって、生涯のパートナーを見つけたカップルもすでに15組以上いる。「イシス婚」と呼ばれ祝福されている。

「印象に残っている教室はどこですか」とよく訊ねられるのだが、この質問には困る。学衆に尽くし、変化し続けてきた師範代や師範の姿はどれも格別で、簡単にこの教室とは言えない。どの教室も世界で唯一の存在なのだ。

学衆や師範代、師範が不揃いの木々だとすると、組みあがっていく教室は現代建築よりも歴史的建造物と言った方がしっくりくる。学匠はそれらを支える大地になれたら本望だ。教室は生きている。笑いや涙や息づかいがある。

編集システム：別院・汁講・番ボー・伝習座

教室の稽古や勧学会での交流以外にも、守を支えているものがある。ひとつは、教室を越えて期の全員が参加する「別院」だ。ここには番匠が控えていて、学匠とともにすべての教室の動向を見ながら、情報発信と全体のコミュニケーションを動かすという難しい役どころを担っている。開講したばかりの時期はまだ別院は閉じられていて、1カ月が過ぎたところで開けられる。この段階、手順、開け伏せの具合も編集である。かつては師範や師範代や学衆が入り乱れて自主企画を立ち上げることが多かった。番匠がナビゲーターになってから教室への併走感覚が生まれ、別院は教室・勧学会につづく第三のインタースコアの場になった。

オフ会である「汁講」も独特だ。たんなるリアルの集まりではない。企画や実施は師範代に任されている。ルールはひとつ、何らかの編集ゲームを入れることだけ。集まる場所もワークショップの内容も師範代が考え、万全の準備で汁講を迎える。緊張しながらの初対面だがすぐに打ち解ける。学衆たちは稽古の感想や手応えを熱心に語り、学衆に囲まれた師範代は心底楽しそうで、見守る師範の眼差しは温かい。学匠はこの汁講の景色に、いつもめっぽう感動しているのだ。

全学衆が参加する編集アワード「番選ボードレール」(略称:番ボー)は、

28守〈姐さん新奇劇教室〉の汁講は、「松丸本舗」にて開催。奥山和栄師範代(右から2番目)、遠島啓介師範(右端)、そして学衆とが編集稽古のアトサキを1日中語り尽くす。

あえて自分をとまどいのなかに置いてみる勇気が、私たちを「次」に導いてくれます。——番匠・伊藤真由美稽古の成果の腕試しでもある。学衆は教室で課題の回答を送り、師範代の指南を受ける。ここまでは普段の稽古と同じだが、番ボーは何度も何度も再回答と再指南が連なっていく。師範代によっては彩指南、彩回答などと呼ぶ。回答に彩りを重ねていくわけだ。学衆が最後にこれはと思った回答を選んでエントリーすると、師範たちが「同朋衆」という目利きとなって、エントリー作品を評価し、講評していく。学衆の稽古も師範代の指南も、この番ボーによってうんと飛躍する。講評する師範もあわせて、かさねて、そろえる編集力を発揮する機会だ。番ボーは、守を盛りあげるアワードであり、教室を動かすトリガーであり、編集学校の誇るイベントなのである。

舞台裏で行われる「伝習座」。この師範や師範代のためのリアルな場での学習機会は格別だ。師範から師範代へ指南の骨法をつたえる「用法解説」。先達として師範が教室運営の経験を方法として手渡す「ようそこ先輩」。職能、技能、才能と編集を重ねて語りなおす「とびきりイシス」。そして、松岡校長が師範、師範代に編集術と編集的思想を講義する「校長校話」。毎回違う内容で、二度と同じことはしない。方法を共有し交換し、切磋琢磨する唯一無二の場である。テーマを考え、師範への采配をし、次第を組み立てるのは学匠の仕事だが、伝習座はいつも予想を圧倒的に超えていく。方法が人と混じり、師範や番匠の魂が伝わるのだ。こんな場はどこにもないと自負している。イシスの門をくぐった学衆にはいつか師範代になって、伝習座の時間と空間が生む学びを体験してほしいと願っている。

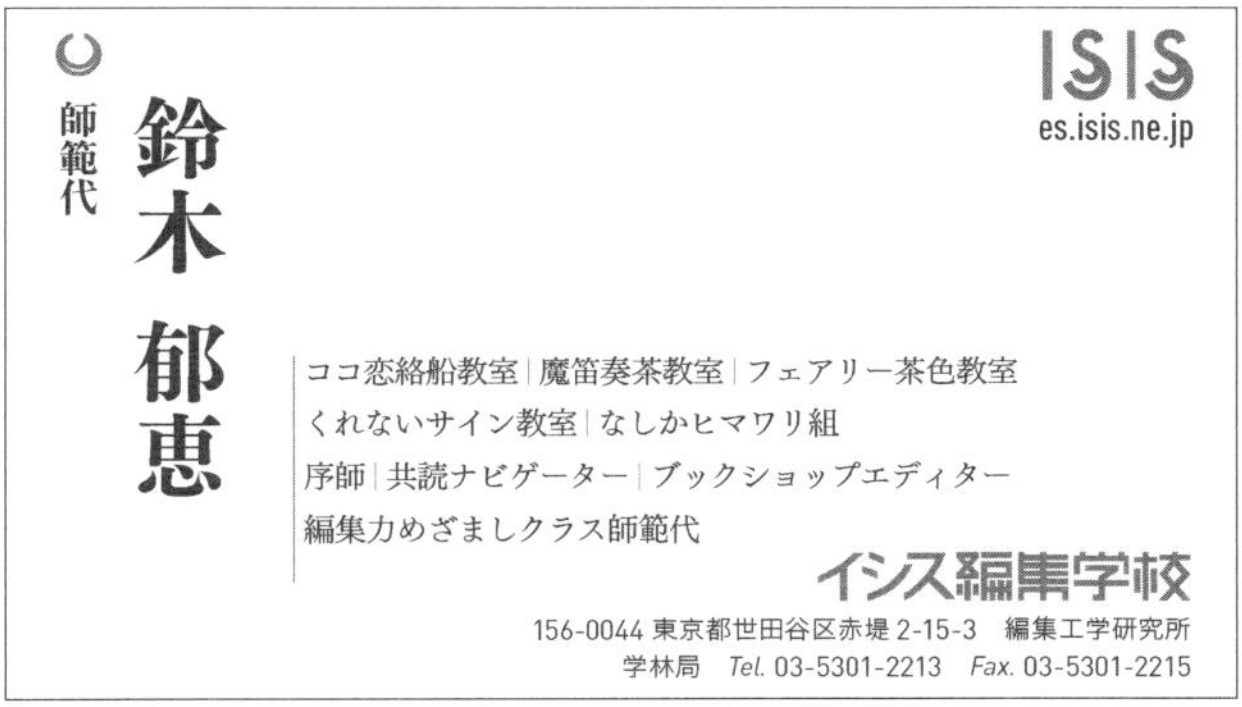

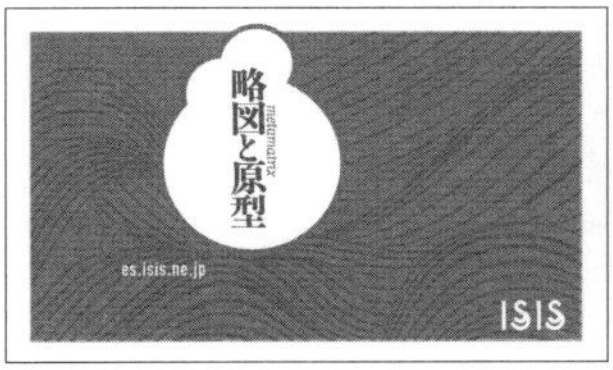

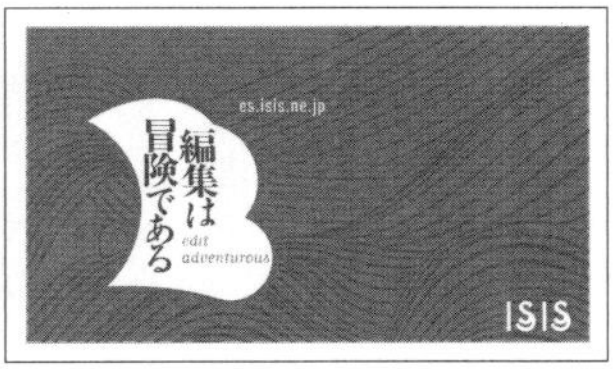

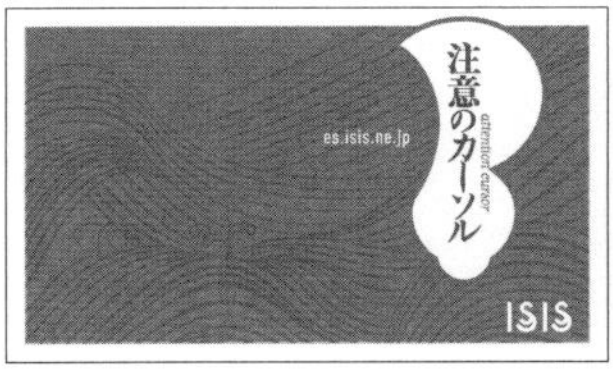

師範代になると手渡されるイシス名刺。表面には教室名と編集学校のロール。裏には自らが選んだ編集用語。ここから編集談義が始まる。

門と門の間を見守る

今の時代、「入門の覚悟がなくなり、卒門の歓喜が薄くなっている」と松岡校長は言う。あらかじめ何が得られるかわかっているサービスを消費し、そのコスト・パフォーマンスだけを気にする者には「門」は見えない。未知が待つ「門」に飛び込む気概と、次の「門」を超える意地をもつ者にだけ「門」は見える。

イシス編集学校は徹底的に「門」にこだわってきた。開校以来、ずっと「門」を大切にしてきた。その思いは、編集学校の門をくぐった者たちに受け継がれている。

卒門の期限が近づいてくると行うカウントダウン「守姿一渾《しゅしいっこん》」は、師範や師範代が発した言葉を別院に配信するものだ。教室や勧学会の学衆の言葉を師範代が編んで届ける。守の結実の形であると同時に、それもまたプロセス。入門はスタートだが、卒門はゴールではない。すべては途中であり、また新しい門がひらく。歩みを止めてしまえば編集の道半ばになる。歩きつづけることによってのみ、編集は磨かれていく。何度でも入るべき門と卒するべき門が訪れるのだ。

いつのころからか守は、「編集学校の原風景」と言われるようになった。そこには「見守る」という方法がある。師範代が学衆を見る。学衆も師範代を見る。学衆同士もお互いを見合う。師範は師範代の肩越しに教室を見る。それを番匠や学匠が見て、全体を見る。その横で学林局が、奥からは校長が見ている。

しかしただ見ているだけではない。型を通して、型を守って見るのだ。関係を、変化を見る。全部を見て、引き受ける。見るはまた一様でもない。観るでもあり、診るにも視るにも看るにもなる。多重多層に見守りが動いているのが守だ。学衆にとって、イシスの「見守る」力をはじめて感じる場なのである。だからこそ守はそれぞれの原風景になりえるのだと思う。

第1期修了のあと、松岡校長は「編集稽古をしてくれたということ、そのことそのものがぼくの日々を支えてくれていたのです」と語った。「その日夜の言葉の表情を、ぼくはけっして忘れません」という言葉が深く胸に響いた。1期を卒門した私は、当時まだ松岡正剛に会ったことはなかったが、校長の表情をイメージすることができた。今思えば、このとき「門」を感じていたのだろう。

守の教室を、イシス編集学校で学んだ誰もが愛おしいと感じていることを誇らしく思う。唯一の教室が、いくつも並んで渾然一体となるのが守の姿だ。今日も私は静岡の空の下で、守の様子を見守っている。日本のあちこちで、世界のどこかで、同じ門をくぐった者同士が、お互いを見守っている。

冨澤陽一郎 Yoichiro TOMIZAWA
販促プランナー、イベントプロデューサーから転身して、守学匠を専任。丸の内朝大学「編集力めざましクラス」の師範代ディレクションも行う。イメージとマネージをつなぐイメージメントに優れ、経験に裏打ちされた「見る力」によって、世阿弥がいう「せぬ隙の前後をつなぐべし」を体現する。

編集的先達 阿久悠

編集口伝の伝習座

１２０回を超える校長と指導陣による知行合一、事上磨錬の場。
師範は師範代に編集、編集術、編集工学の神髄を伝える。

紀尾井町の剛堂会館ビルで20［守］の伝習座（第66回）を実施。校長と師範による千夜千冊の共読では、緊張した空気が張りつめている。伝習座では一人ひとりにインストラクション・マニュアルが配布され、師範代は自作の教室チラシを発表する。後半は師範・番匠の編集レクチャー、最後は校長によって編集的世界観、編集術の秘訣が語られ、締めくくられる。

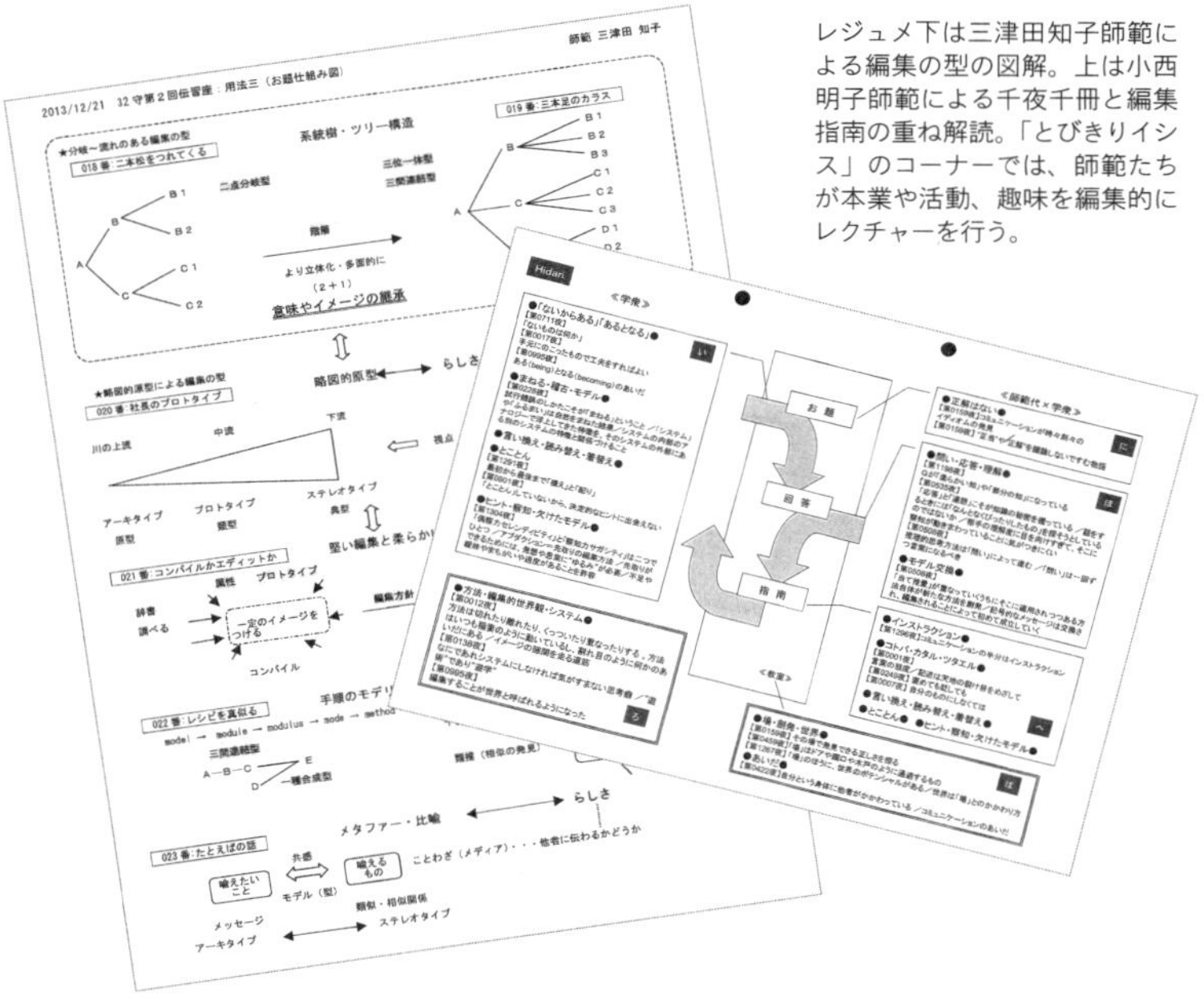

レジュメ下は三津田知子師範による編集の型の図解。上は小西明子師範による千夜千冊と編集指南の重ね解読。「とびきりイシス」のコーナーでは、師範たちが本業や活動、趣味を編集的にレクチャーを行う。

【とびきりイシス】—クロスジャンルの編集レクチャー

[システム]「らしさ」が駆動するブリコラージュ型システム開発
小池和弘師範（アスクル）

[地方創生] 沖縄の日々と歴史を編集する
渡會眞澄師範（那覇市立病院）

[学生教育] 編集学校をモデルにした大学教育の試み
白木賢太郎師範（筑波大学）

[復興支援] “負”に立ち向かう編集 —被災地の子供たちに本を贈る
鈴木亮太師範（みずほ証券プリンシパルインベストメント）

[J-pop] 沢田研二の編集力
八田英子師範（大日本印刷）

[ITメディア] インターネット創世期からソーシャルメディア時代の編集まで
根岸伸佳師範（ネットマークス）・青木穣師範（HIGASHI-GUMI）

[著作権] 著作権と編集 —リスペクトとリコメンデーションの贈与論へ
福澤美穂子師範（日本音楽著作権協会）

破

［*ha*］

数寄の編集力に及ぶ

学匠◎木村久美子

一から対へ、対から絆へ

相談ごとがあるといつも太田眞千代に電話をしていた。「教務」を二人で担当した6・7破、イシス編集学校がスタートして3年目の頃である。師範が勧学会に登場し師範代をサポートするしくみは1期からすでにあった。5破では、師範のカマエとハコビとホドを「師範の三見」として、後見・拝見・臨見という三つの役割に託し明文化もしていた。しかし、まだ何かが足りない。

校長は事あるごとに「編集学校にとって師範の役割が大きい」と言っていたが、ピンときてはいなかった。師範代からは、師範代活動はそれぞれ充実してはいるものの孤独だというつぶやきを耳にしていた。

ターニングポイントは9破だった。2004年7月、「千夜千冊」1000夜達成カウントダウンと8破突破へのラストスパートがほぼ同時だった。『良寛』を言いあてた相京範昭を筆頭に、多勢が伴走するなかで濃厚凝縮シンクロニシティがおこり、おおいに沸いた。そして秋、9破開講と松岡校長の癌の手術が重なる。詰所は、師範・師範代の見舞いの言葉と気持ちで埋まった。倉田慎一の「校長の意思を継ぐために不退転の決意をもつ時が来ている」というメッセージを切っ先に、方法の魂を共有し乗り切るのだという心地が、各所からびんびん伝わってきて胸がつまった。松岡が抱えた負が、「絆」を一段と強くしたのだった。

9破突破を祝した校長校話「一から対へ、対から絆へ」で、松岡校長は9破師範陣をこう評した。――モダリティの把握と「欠けているもの」に対する認識が名人芸の高柳康代。モデル思考がとんでもなく多彩に駆使できる小池純代。学衆一人ずつへの語り口と例示コンテンツがうまい奥野博――。彼らが師範ロールを一気に押し上げた。現在にいたる破師範の原点がここにある。

編集学校は通過するコミュニティであることがいい。――師範・森井一徳

教室や師範代を支えるためのしくみ「破ボード」がスタートしたのも9破だ。

小池をはじめとする師範たちとの出会いは、私自身を破る契機にもなった。人見知りとロベタと喧嘩っ早さのやっかいな三位一体が少しほどけて、「このまま」から「そのまま」へと相互編集状態に入ればいいのだと思えるようになった。学匠は、破という場にとってのメディウム（媒質）であって、ときにイヴォケーター（励起子）の役割を果たせばよい。8破で命名された「学匠」というロールに、ようやく確信を持てるようになっていた。

破では、新師範が誕生するときに「過去期の先輩師範に学び・真似ぶ」と題してレポートを書いてもらう。「師範の三見」を機軸に先達の師範活動を特徴検出し、自らの師範ロールの可能性を広げてもらうのである。まず、10破の小清水美恵や高森美和がすばらしい継承スタイルを編んでみせた。期を重ねるごとに師資相承ともいうべき姿が重層的に積みあげられ、これまで50人におよぶ歴代破師範によって錬磨されてきた。17破から番匠ロールもスタートした。田中俊明と森美樹を皮切りに、塩田克博、高柳康代、迫村勝、関富夫、大武美和子へと受け継がれてきた。番匠は、期の運営を支えるいわば方法の大工であり、［破］の航行をサポートする〝バラスト（底荷）〟（千夜千冊627夜『短歌一生』）

「七茶の法則」をあしらった〝Mシャツ〟を纏う［30破ボード］メンバー。

の役目も担っている。

期があらたまるごとに師範代がさっそうと登場し、新しい学衆もやってくる。無数の教室物語が紡ぎだされていく。その背後には、自分たちが受け取ったものを次にやってくる人たちに手渡していきたいという、師範や番匠たちの想いが脈々と流れている。学匠もまた、この創発するシステムと心意気に支えられてきたのだ。

4つの編集術が破る世界

Ⅰ 文体編集術

［破］では4カ月かけて「文体」「クロニクル」「物語」「プランニング」の4つの編集術を学ぶ。スタートは「文体編集術」。創造的に編集的に書く文章という意味をこめて、作文ではなく「創文」とよぶ。学衆は、お題01番：5W1H活用術で創文の基礎をあらためてたたき込まれる。創文はたんなる作文練習ではない。たった100字の文章であっても、いかようにでも再編集可能なのだ。お題の背景には、松岡校長が「これこそ編集稽古の原典である。編集工学のためのエ

自らの稽古に突破というケリをつける。それは自分で選択して進んだ道へのリスペクトです。——師範・大澤靖永

クササイズのバイブルである」と、千夜千冊（138夜）でも絶賛しているレイモン・クノー『文体練習』がある。

文体の総仕上げは「セイゴオ知文術」。とっておきの一冊やこの機に臨んで挑戦したい本を選び、800字の創文にするというものだ。セイゴオとついているのがミソで、松岡が自身の編集稽古だという千夜千冊に学び真似て敢然と交わってほしいという意図が込められている。アニー・ディラード『本を書く』（千夜千冊717夜）に託して校長はこう語る。「書くとは自分の未知と出会うこと。書くことがあるから書くのではない。書けそうもないことがあるから、書くわけだ」。創文を通して、［離］につながる共読的編集・共読的世界への入口がここに開く。

‖ クロニクル編集術

「こんな面白い編集稽古、誰が考えたんだ！」。のちに離別当師範代を担う成澤浩一が10破学衆時代にこう叫んでいた。当然だ。2カ月目のクロニクル編集術は、『情報の歴史』の編集構造や編集方法が存分に生かされている。3年にわたるこの型破りな年表の編集制作プロセスに携わりスタッフの誰よりものめり込んだと自負している私が仕上げた、とっておきのカリキュラムなのである。

遠い記憶を呼び起こし、時代を丸ごと捕まえる。自分史や一冊の本から情報を集めて動かし、既知と未知の情報をクロスさせて「新しい関係」を発見する。われわれは、いつからか自分と世

破 4つの編集術

0-00 番　はじめに自己紹介

【文体編集術】

1-01 番　創文の基礎：５Ｗ１Ｈ活用術
1-02 番　創文の基礎：いじりみよ
1-03 番　キーノート・エディティング
1-04 番　インタビュー編集術
1-05 番　モード文体術
1-06 番　「３つのカメラ」文体術
1-07 番　セイゴオ知文術

【クロニクル編集術】

2-01 番　事前準備：「課題本」を選ぶ
2-02 番　私の "誕生年" はどんな年？
2-03 番　自分史を編集する
2-04 番　『本』から「歴象データ」を抽出する
2-05 番　「自分史」と重ねて年表を完成する
2-06 番　「年表」を動かす・分類する
2-07 番　フラッグを立てる
2-08 番　新たな関係を発見する

【物語編集術】

3-00 番　事前準備：シリーズから１本選んで、映画を見る
3-01 番　キャラクターを読みとる
3-02 番　ストーリーを読みとる
3-03 番　「翻案の方針」を決定する
3-04 番　キャラクターを設定する
3-05 番　全体構成とシーンを設定する
3-06 番　ナレーターを決めてストーリーを書く

破師範・山口桃志による装丁。

【プランニング編集術】

4-00 番　町名および○○町の概要
4-01 番　〈よ〉与件の整理
4-02 番　〈も〉目的の拡張
4-03 番　〈が〉概念の設計
4-04 番　〈せ〉設営の構造
4-05 番　〈わ〉枠組みと展開
4-06 番　企画のまとめとプレゼンテーション
4-07 番　自己評価（相互ディスカッション）
〈ほ〉方法の強調　〈り〉隣接と波及

界を分断して考えるクセがついてしまっている。けれども、本来「自分」というものはたくさんの他者や出来事、そして世界とつながっているのだ。「歴史的現在」に立つ、という感覚に触知できるのもクロニクル編集の醍醐味だ。

Ⅲ　物語編集術

物語など書いたこともないのに書けてしまう。このヒミツが解き明かされるのが物語編集術だ。物語マザー（母型）をつかい3000字の物語を一気に仕上げる。

2008年2月、破の成果を『物語編集力』（ダイヤモンド社）として出版した。語り継がれる堀江久子の秀作「盂蘭盆会」をはじめ、27篇の物語エチュードが掲載されている。この本を読んで物語を書きたくなったと入門

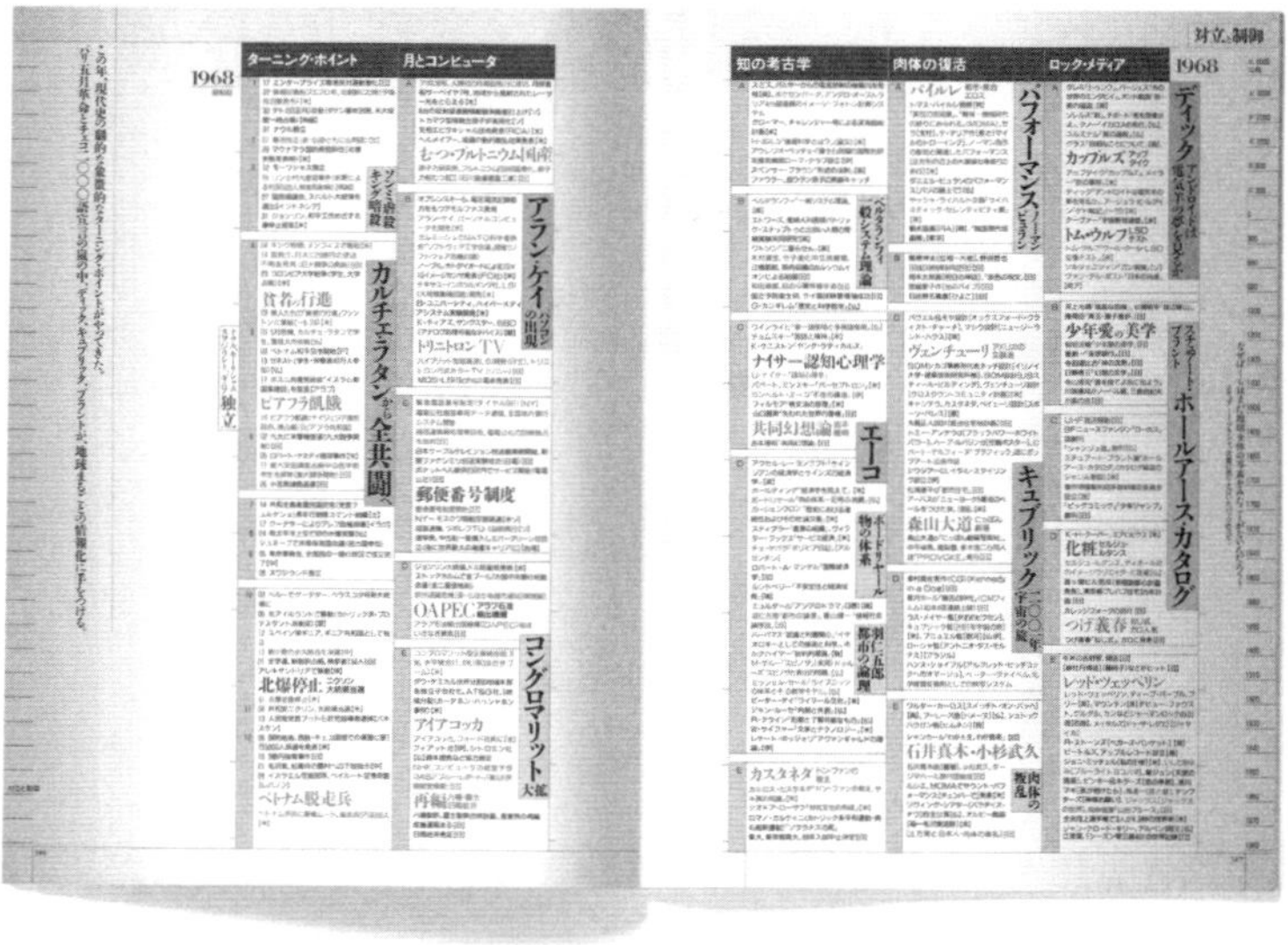

『情報の歴史』1968年のダブルページ。大小のヘッドライン（見出し）によって、あらたな「関係の発見」がおこり、膨大な歴史情報に目鼻がついてくる。

する学衆は多い。

カリキュラムには、松岡が手掛けた「オペラ・プロジェクト」や国際物語学会における研究成果が活かされている。神話学者ジョセフ・キャンベルが解明した英雄伝説「セパレーション→イニシエーション→リターン」のモデル構造がそのひとつだ。「スター・ウォーズ」「007」「男はつらいよ」など5本の映画シリーズから一本を選び、ストーリーの型を取りだし、物語の五大構成要素にもとづいて組み立てる。これを「翻案《ほんあん》」という。

Ⅳ　プランニング編集術

締めくくりは、守破の総集編プランニング編集術である。人口3万人の町を仮想し、「好き」をたっぷり注入して命名し、活性化プランを考えるというものだ。「よもがせわほり」と「7つの発想飛び道具」の二つのメソッドで構成されている。企画を立てる際には、与件と目的から一挙に概念工事する。そこからいったん脱出して物語を想定し、シーンごとの分節編集を徹底する。すぐにコンセプト・メーキングに走らないという仕事のやり方は、編集工学研究所で長年携わってきたプロジェクトでも基本中の基本である。

編集に終わりはない。じつはこれが［破］の稽古の特徴なんです。――師範・田中俊明

赤坂稲荷坂のＥＥＬで開催された第63回・18破「伝習座」。当時は、ＰＩＥＲと名づけられたこの空間がフル稼働していた。

10周年を記念して「校歌」を募集。30曲のエントリーがあった。22破〈にっぽん一本教室〉による替え歌を熱唱する急ごしらえの合唱隊。

突破した学衆には、校長のサインつき『知の編集工学』が贈られる。感門之盟でブビンガ・テーブルを飾る「33破から23花へ！」。

破のお題は、松岡の仕事メソッドや作業プロセスをリバース・エンジニアリングしてカリキュラム化したものだ。［破］は、校長・松岡正剛の見方や考え方を手順化し、「お題」としてプロセス開示したものなのだ。社会やさまざまな仕事の場、クリエイティブな制作場面など、現実に起こっている課題に向き合うための実践的方法が学べる、まさに校長仕込みのスペシャル・メソッドである。

しかし破は、メソッドを得るだけのコースではない。哲学者のアルフレッド・N・ホワイトヘッドも言うように、プロセス・イズ・リアリティ。守の型を組み合わせ、新しい視点を導入し、動かすのが破の稽古である。破では、ノイズや混乱を恐れず、お題の意図をあえて多めに引き受け、自分を過剰にすることがエンジンになる。どこかに突破口を見つけ、果敢に自分の内と外を破る。だからこそ破は「仮留め」と「推敲」のプロセスを重視する。一所に留まらずつねに「情報」を動かし、自らも動き続けるのだ。［守］が〝苗代〟と呼ばれ、［破］が〝ノマド（遊牧）〟っぽいと言われる所以がここにある。

破は、「方法としての自分」を見つけることで、「従来の自分」という殻を破る。思考の癖を破り、読書の幅を破り、仕事の限界を破り、情報の渦を破る。それは、未知に立ち向かう勇気をも

日常と編集を切り離さない。日常に収まるようにしていては、「自分」は破れません。——師範・吉野陽子

つことでもある。稽古と指南を積み重ね相互編集状態に入ると、自分と相手とが同時に変化する。そこに、一人だけでは味わえない稽古の楽しさやダイナミズムが生まれる。破は、変化を加速させる編集装置でもある。

「たくさんの私」のその先へ

「木村くんは、本当に編集学校が好きなんだねぇ」と、杉浦康平さんに笑われたことがある。松丸本舗「造本」コーナーのお礼にうかがったつもりが、ついつい編集学校の自慢話に夢中になってしまったのだ。工作舎のデザイナーとして活動していた70年代半ば、松岡に連れられて初めてお目にかかって以来、菫色の憧れを持ち続けてきた杉浦さんの一言である。恐縮しつつも、そのまなざしが嬉しかった。「好き」(数寄)は何かに執着することである。その執着のはてにすんでしまうのっぴきならない感興のことでもある。

タルホ=セイゴオの「遊星的郷愁」も、ノンちゃんやシュティフターの「幼な心」も、みんな松岡に教わった。「戦闘的断片性」も「宇宙的礼節」も叩き込まれた。それは、たくさんの好き(数寄)に遊び、本気で夢中になりなさいということであった。松岡正剛に師事してすでに40年を越えた。長いとも言えるが、さしかかる「そこ」は、いつだって新鮮だった。未知の好奇心にあふれていた。しんしんと時は熟す。かけがえのない偶然・必然・当然の先に待っていたのが編集学校だった。

たくさんの数寄に出逢うチャンスが、破の随所に仕込まれている。「00番：はじめに自己紹介」は、古今東西の好きな「人物」、少年少女のころ好きだった「モノ・コト」、好きな「千夜千冊」をそれぞれ3つずつ挙げる。破では、徹底的に「好み」にこだわることで編集稽古が充実する。大事なのは、既知が未知にさしかかる瞬間を逃さないことだ。端緒は、すでに［守］稽古06番「たくさんの私」にあったのだ。

「千夜千冊」を第1夜から熟読しつづけている学衆もいれば、入門してはじめて読む学衆もいる。松岡校長を知ったきっかけもさまざまだ。しかし、［守・破］を経ていくなかで、校長への憧れはふくらんでいく。「方法の冒険」をめざす師範や師範代の校長への想いが、「なつかしさ」や「恋しさ」や「切実さ」と一緒になって香ばしく感染していく。その様が、いつもまぶしい。

旅立ちから帰還へ。破は、学衆と師範代が回答・指南を繰り返し、試練を乗り超え境界をまたいでいくモノガタリそのものである。そして、師範チームが綾なすモノガタリでもある。

学匠は、一番最初の読者であり、刻々と綴られていくこの物語がたまらなく好きなのだ。

木村久美子 Kumiko KIMURA
桑沢デザイン研究所学生時代に松岡と出会い、工作舎にデザイナーとして参画。『スーパーレディ1009』などを手掛ける。溌剌としていたが笑わない子だったと松岡は当時を語る。松岡事務所を経て編集工学研究所へ。『アートジャパネスク』制作に携わり〝日本〟にめざめる。「編集学校はライフワーク」が信条。遊講座の学匠もつとめ、数々の編集才能をプロデュースし続けている。

編集的先達　稲垣足穂

アリスとテレスの三賞

モードに優れたアリス賞、知と方法のテレス賞、双方を兼ね備えたアリストテレス賞。校長、評匠、師範により評価される。

アリスとテレス賞は、「セイゴオ知文術」と「物語編集術」の2回開催される。知文術の選本や物語のテーマには、時代の気分や動向も映しだされる。指南・推敲の応酬によって練り上げられた回答は、読み応えも十分。

Aristoteles Award intro Anthology
アリスとテレスのイントロアンソロジー　師範：小池純代

〈セイゴオ知文術篇〉

800字で一冊の本を創文する「セイゴオ知文術」。学衆たちはどんな本を選び料理したのか、冒頭の一文から窺ってみましょう。

アリス： 第1回はめでたく３賞の大賞が揃い踏みでした。
テレス： ３つの賞の色がすでに表れてますよ。まず、アリストテレス賞から。

―― 旬を喰うとは、つまりは土を喰らうこと。

【アリストテレス賞】古川柳子◯４［破］家庭の事情教室
『土を喰う日々―わが精進十二ヶ月』水上勉

テレス： 記念すべき第一投。腕力強そうですね。
アリス： 時間と場所を一掴みにして、読み手を文中にひきずりこんでます。
テレス： 旬は「喰う」もので土は「喰らう」ものという色づけに腕前を感じますね。

―― 色というものが殺された小説である。

【アリス賞】平岩由佳 ◯ ４［破］飛ぶかな教室
『音符』三浦恵

アリス： 「色」が「殺された小説」ってどういう小説なのかしら。
テレス： 殺された「色」がかえって鮮やかに感じられるでしょ。
『音符』って小説、実は青春小説なんです。
アリス： うーん。青春のアンビバレンツがここに集約されてるわけですね。

―― 古来、人は神を招き降ろすために舞った。

【テレス賞】丸山シズ枝◯４［破］メロンパンな教室
『神話の力』ジョセフ・キャンベル＋ビル・モイヤーズ

テレス： うーん。実にテレスっぽい始まり方。
アリス： テレスっぽいってどんなふうなのかしら。
テレス： ふふふ。わたしみたいな感じです。

特別に格別に集う別院

教室の垣根を払い一堂に会するラウンジが別院。期ごとに番匠が仕立て、師範による編集術レクチャーが届けられる。

［破］別院は、放課後の廊下や校庭のような空間。禅寺や港町、レストランに探偵社、ラジオ局やタイムマシーンへと、ワールドモデルの乗り換え自在。期の終わりに「感門之盟」の［破］オープニング映像を飾り、やがて懐かしい記憶として刻まれていく。

アスキーアートの名手・迫村勝番匠による「26◎温泉破乃湯」。感門之盟では手づくり「のれん」も披露。

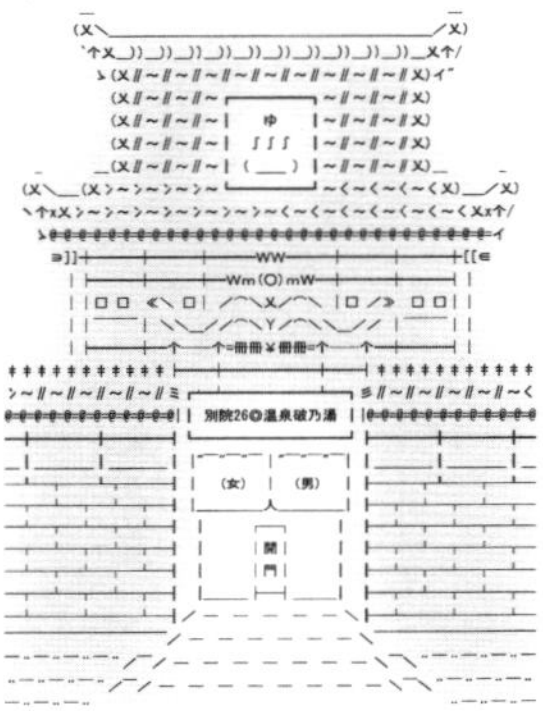

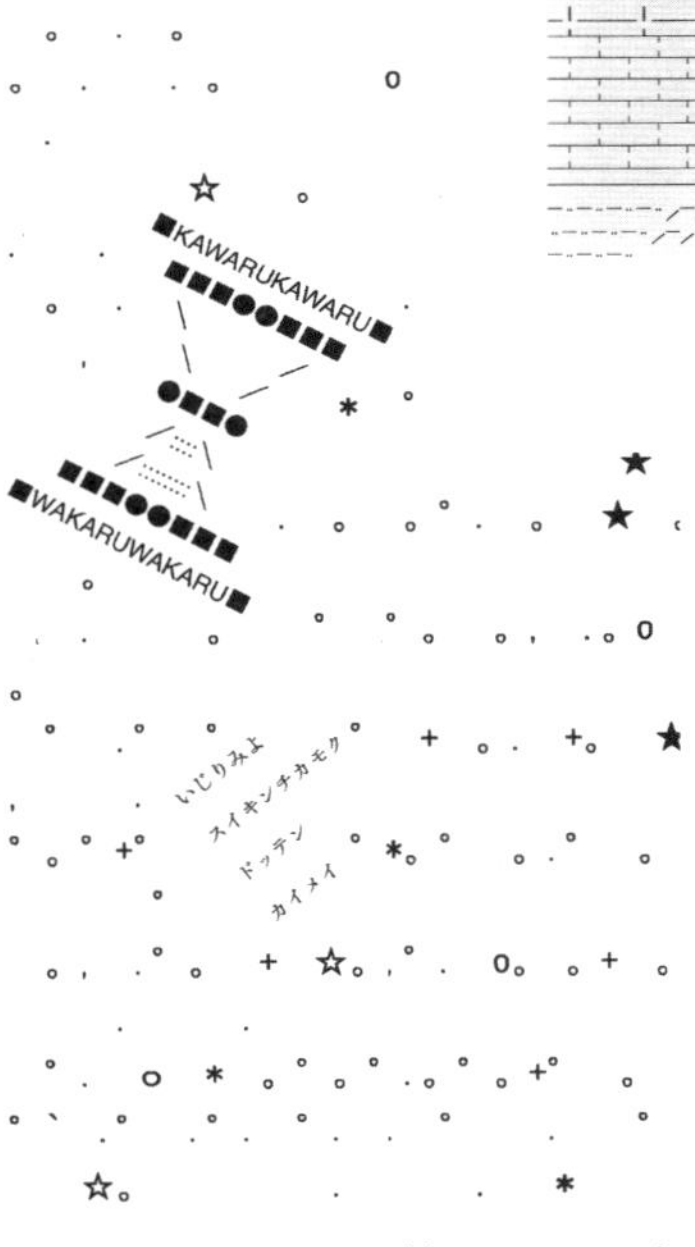

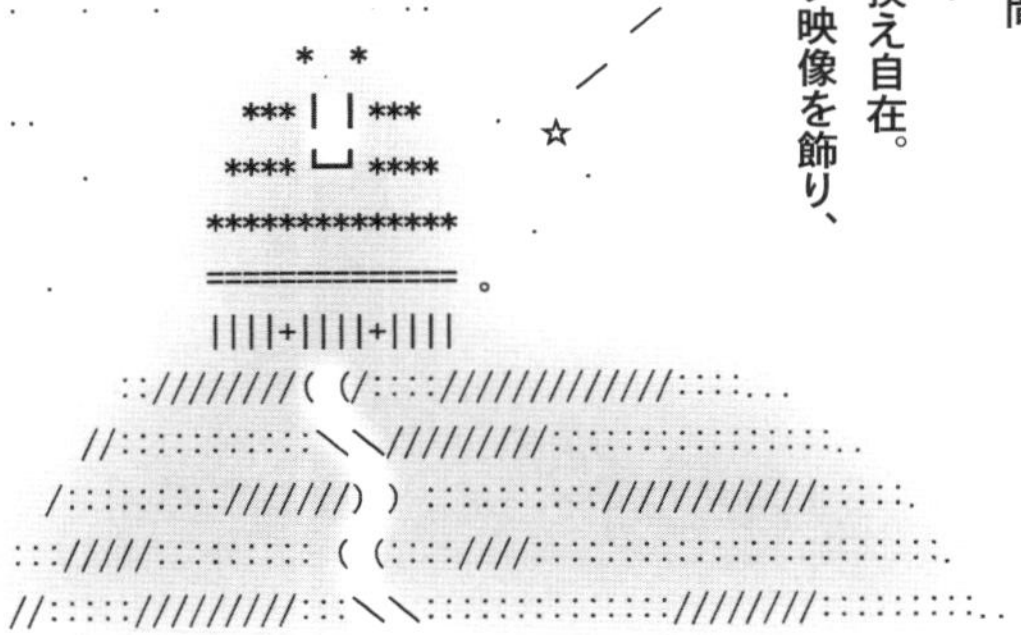

離

［ri］

松岡正剛直伝
「世界読書奥義伝」という覚悟

総匠◎太田香保

全うできないことをプログラムした前代未聞の講座

2005年6月27日、土曜日の正午すぎ、第1季［離］が開講するなり、いきなり松岡正剛から、玄黒《げんこく》院と悠窓《ゆうそう》院に「文巻《ぶんかん》」が配信された。「文巻」とは、松岡が離のために書き下ろしたオリジナルの学習用テキストである。

その冒頭にはこう書かれていた。「最初に編集思想にとって、ごくごく前提的なことから話します。いったい編集って何なのか。それを一言で言ったら『何をしていることなのか』『何をめざそうとしたことなのか』ということです」。

つづいて、松岡の編集思想の根本を明かす稠密な文章が展開し、その最後に「指図《さしず》」というお題が埋め込まれている。なんと、ありとあらゆる辞書や事典をあたって、ある言葉について調べよというものである。

イシス編集学校開校5年目にして、［守・破］の先にあるべき［離］がようやくお目見えした。この瞬間を長らく心待ちにしていた学衆たちも、この唐突なはじまり方にはかなり意表を突かれたことだろう。


話し方は文化です。しかもそこには類の文化と個の文化がある。――別番・小坂真菜美

写真家・十文字美信が撮影した世界読書奥義伝［離］のポスター。第1季には伊東雄三や堀口裕世をはじめ、開講を待ち望んでいた師範、師範代たちが大挙して入院者に名を連ねた。

離は、この世でただひとつの松岡正剛直伝の編集講座であり、イシス編集学校の「奥の院」である。開講は1年から1年半に1回限り、募集は守・破修了者のみで30人限定、〝入院〟の可否を志願書と課題文によって審査するというように、まず入り口に高いハードルが設けられている。だがこれは松岡が用意した試練のほんの序の口にすぎなかった。じつは松岡正剛は、「このプログラムを全うできるのは、30人の学衆のうちせいぜい2、3人」という、とんでもない目論見で離を組み立てていたのである。

開講初日は、いきなりの第1信に続き、学衆に応答の暇すら与えないテンポで、さらに第2信、第3信と「文巻」が届けられた。編集思想からはじまったその内容も、たちまち言語とイメージ、観念と概念の発生と派生へと展開が加速し、関連するテーマの「千夜千冊」を読むことを促す「照覧《しょうらん》」という指示や、それらをふまえて十二分な考察を経なければ書けない「一燈《いっとう》」と称するお題も出題された。

量とスピードに早くも圧倒されてしまったのか、両院でようやく学衆が最初の「指図」への回答を寄せはじめたのは夜8時をすぎてからだった。待ち構えていたかのように、その遅れ馳せの回答ぶりに対して、院での指導を担う別当師範代から武道の稽古さながらの叱咤が飛ぶ。翌日曜日には、多くの学衆たちが資料集めのために、朝から書店や図書館を駆けずり回り、両院のラウンジでは終日、回答と指南の応酬がつづいた。

このように、松岡から届く「文巻」を熟読しながら、そこに埋め込まれた「指図」や「一燈」

10[離]の修了式＝退院式での校長校話。「世界読書奥義伝」のバナーは松岡の直筆。連続的工学を意識した「流」、大胆に発見的につなぐ「線」、新しいしくみをつくるリーダーシップとしての「束」。「流・線・束」で方法日本に向かってほしいと語った。

などのお題に取り組んでいくというのが、離のプログラムの基本である。平均すると1回につき約2000字のテキストが、1日に5~7回にわたって配信される。そのなかに、辞書や文献に当たり、考察を深めなければ回答できないようなお題が3~5問。「照覧」で指定される資料もどんどん増えていく。

お題はテキストで書く回答を求めているものがほとんどだが、なかには、手描きで図解をして松岡正剛宛にFAXで送ることを指示する制作型もある。これを「商量《しょうりょう》」という。さらに、開講から1週間後には、古代中国の思想家たちを網羅的に調べ、膨大なレポートを共同作業で作成せよという大型商量が予告もなく出題された。期限はたったの3日。まだ互いの素性も編集力もはかりかねている学衆同士のチームワークのみならず、リーダーシップまでが試される課題である。

これらすべてを全うしようとすれば、学衆たちは最低限、文字通りに「寝る間もない」ほどの臨戦態勢で走り続ける以外にない。「30人の学衆のうちせいぜい2、3人」という松岡の想定は決して大げさではなかったのだ。

「文巻」の構造と松岡の編集思想

「文巻」は「コスモスとカオス」から「伝統と前衛のあいだ」まで、ぜんぶで12のテーマ=部立てによって構成されている。第1季では、これらすべてをA4サイズの紙に出力すると

1000枚近く（一般書にすると2000ページ）のボリュームだったが、その後も毎年毎季、松岡が精力的に加筆してきたため、2014年開講の第10離で配信された文巻は、1500枚を超えている。松岡正剛の著作物としては、「千夜千冊」をべつにして、ダントツのボリュームである。

それほどの労作を、松岡は「ぼくが死ぬまで世の中に公開しない」と宣言し、離学衆以外は手にすることも読むこともできないものにしてきた（編集学校従事者を除く編集工学研究所スタッフにも伏せられている）。

1年に30人限りという特定少数の学衆のために、なぜ松岡はこれほど膨大なテキストを書下ろしたのか。またそこに手を替え品を替えたくさんのお題を埋め込み、ほとんどの受講者が脱落せざるをえないほど過酷なプログラムに仕立てたのはいったいなぜなのか。そして、そもそも「世界読書奥義」とは何なのか。

松岡が組み立て、実践してきた「編集思想」は、「知識を方法にするのではなく、方法を知識にする」ことを説く。ここでいう「方法」には、古

五感総動員、知識総動員、推理総動員のフルバージョン。これでもまだ足りない。——別当師範代・相京範昭

入院中に離学衆が集うリアル講義・表沙汰。初めて本楼で開催された九［離］では、物質の国家から無名の国家、方法の国家にいたるまで、すべての目次録コードが飾られた。

世界読書奥義伝

離 文巻プログラム

1 「コスモスとカオス」
2 「言葉の世・文字の代」
3 「境界と物語の誕生」
4 「ルールの発見と適用」
5 「メディアとしての書物」
6 「アルス・コンビナトリア」
7 「図解と系譜と事典」
8 「恋愛と戦争と資本主義」
9 「ああ、目次録」
10 「見方のサイエンス」
11 「日本という方法」
12 「伝統と前衛のあいだ」

第5季［離］退院式での火元組記念写真。総匠、別当、別番、右筆、半東はすべて黒衣の正装で、離学衆の満身創痍の香ばしい12週間を讃えた。

代のギリシアや中国に萌芽した「論理の知」、中世ヨーロッパに普及した「類推の知」、さらに近代以降に飛躍した「調査の知」「分類の知」「抽象化の知」「代行の知」「統計化の知」など、そして20世紀以降の「メディア化の知」「マネジメントの知」などなど、すべての「方法知」が含まれ、それらを総合化するものとして「編集知」を置いている。もちろん、この「編集知」を身に付けてもらうことが、離の目標である。

「文巻」の部立ては、これらの多様な「方法知」をできるだけ歴史の流れに沿って学べるように組み立てられている。といってもそれらをあますことなく解説しているわけではない。むしろ、コンテキストを断ち切るようにして「指図」や「一燈」や「商量」が頻繁に差し挟まれるため、その行間を学衆が自分たちで埋めていくしかないような構造になっている。つまり一見すると「方法知」のエンサイクロペディアのように読める「文巻」は、じつは学衆を巻きこみながら成長していく〝エンサイクロメディア〟としてプログラムされているのだ。

禁止こそが起爆に替わるチャンスであり、タブーが前衛となり伝統を生む。——右筆・金宗代

第5季[離]で典離を獲得した福田徹には「墨踏」の書が贈られた。典離額の文字はすべて校長直筆の造語。

「編集知」を身に付けるためには、さまざまな「方法知」を次々に持ち替え、また時代ごとの様式やモードに着替えながら、歴史と現在を行き来する思考の加速状態に入ってもらうこと、みずからが「メディア」となり大量の情報を通過させながら、既知から未知への編集的冒険をし続ける速度を体感してもらうことがどうしても必要である。松岡が過剰なまでの情報量やお題を文巻に込めているのはこのためである。

もうひとつ重要なことがある。離すなわち「世界読書奥義伝」は、「松岡正剛のような博覧強記」の読書家養成のための講座では、断じてない。松岡はたんなる教養やリベラルアーツに代わるものとして「編集知」を提唱してきたのではない。「編集知」とは、いかにして歴史的現在に立って「世界」とかかわっていくかを模索するためのものである。「世界内存在」として、自分が生きて生かされる〝場〟や〝時〟に対して、どのようにして新しい意味や価値を創発していくか。これこそが「世界読書」の意味であり、離は、この松岡正剛の方法哲学を、切実な思いをもって受け止め、実践していってもらうことまでを伝授しているプログラムなのである。

このことは、季を追うごとに、「文巻」のボリュームがさらに増大してきたことにも関係している。アメリカの戦争と中東情勢の行方、リーマンショックと金融危機、東日本大震災と原発事故、あるいは進展が著しい脳科学やヒッグス粒子探索の動向、日本の「カワイイ」から「クールジャパン」までの体たらく……。時代の動きとともに進んでいく松岡正剛の世界読書の軌跡は、つねに「千夜千冊」によって万人に公開されると同時に、非公開メディアである「文巻」にもずっと反映されてきた。松岡正剛が生きている限り、「世界読書奥義」のためのこの営みはつづいていくはずである。

「一生の離」という伝統を培った者たち

ことほどさように、［離］は松岡正剛の生き様そのものを象ったものといっても過言ではない。といっても、イシス編集学校のすべての講座がそうであるように、離もまた松岡が一人でつくったものということではない。それどころか、歴代の別当師範代、また途中から新たに加えられた別番や右筆《ゆうひつ》や半東《はんとう》といった指導陣の熱意と方法論によって、松岡が当初予想もしていなかった離の伝統が生まれ、育まれてきたのである。

もっとも予想外だったのは、「30人のうちせいぜい2、

主語じゃなくて述語が描く世界観。それが世界読書編集です。——別当師範代・土屋満郎

［離］の退院認定証。あまり知られていないが毎季少しずつデザインが変わる。

3人」という読みが大きくはずれ、第1季からずっとこれまで、入院者のほぼ全員がこの過酷なプログラムを全うしてきたことである。つまり、松岡の計画は見事に覆され、離は創生期以来これまでほとんど脱落者が出ない講座になっているのである！

なぜそのような誤算がおこったのかは、いまだに松岡も首をかしげるばかりだが、おそらくは、初代師範代である倉田慎一と相京範昭が、松岡の編集思想をそれぞれの個性と人格によって体現しながら、30人の学衆を全身全霊で引き受けてくれたことが大きかった。この2人の姿勢こそが離のミーム（文化遺伝子）をかたちづくり、2代目師範代の成澤浩一・土屋満郎、3代目師範代の田母神顯二郎・塩田克博によってずっと継承されてきたのである。

第1季から10年間、2院の学衆が共読のために集うラウンジ「離れ」において、文巻と千夜千冊に併走しながら、その〝筋読み〟のコツを丹念に案内し続けてくれる師範の太田眞千代の存在も欠かせなかった。

太田は、もともとイシス編集学校創設のとき、パソコンにもインターネットにも不慣れな主婦だったのだが、まったく世の中に先行モデルのない師範代という役割を二つ返事で引き受けてくれ、とことん学衆に寄り添う今日の編集学校の師範代のマザーモデルとなった。編集学校随一の読書家でありながら、そのことを誇ることなく、離でもつねに学衆たちの「共読」のための場を慈しみ育んできてくれた。そんな太田に、松岡は「母匠」という格別な尊称を贈っている。

それとともに、やはり「文巻」が破格な構造とおもしろさをもったテキストであるということも、脱落者の少ない理由になっているはずだ。このすべてを松岡から受け取るまでは、どんなに艱難辛苦を与えられようと耐え抜いてみせる。そのような一世一代の覚悟をしたくなる学衆の気持ちは、いまなら私もよくわかる。

私もまた、「総匠」として離にたずさわりながら、毎季のように「文巻」の行間にひそんでいる松岡正剛の「知」の命脈に気づかされている。たったひとつの気づきによって、突然宇宙が晴れ渡ったかのように見通しがよくなる朝もあれば、足元にまで及びそうな時空の裂け目に気づいて愕然とする夜もある。この光と闇を行き来することこそ、「世界読書」という冒険旅行の醍醐味なのだ。

そして「文巻」は、いまの私にとって、またおそらく離を体験したすべての学衆にとって、日々の仕事はもちろん、あらゆる思索や活動や好みのホームベースのようなもの、いつでもそこに帰っていけるマザーステートなのである。

そんな離は、いつしか、「一生の離」と呼ばれてきた。これは理想ではなく、完全に、10年間の事実をあらわしたものである。

太田香保　Kaho OHTA

慶應義塾大学日吉情報メディアセンター（図書館）元司書。平成元年、松岡正剛事務所入社。リサーチ、管理能力にすぐれ、松岡正剛のビブリオテカールというべき存在。最近は、事務所にピアノを持ちこんで、楽譜を通してのインタースコア実践とドビュッシーの練習にいとまがない。学衆の誰もが敬意を払う離の総匠。

編集的先達　エドワード・サイード

火と方法の世界読書

学ぶことが至高の歓喜となりうる場

別当師範代◎田母神顯二郎

［離］には「世界読書奥義伝」という格別の銘が刻まれている。密呪《みつじゅ》の響きさえ聞こえてくるが、山門をくぐったものは、荘厳なる〝真面目〟に直ちに搏《う》たれることになる。離は、火と方法の異空間。比類なき知と編集術の道場である。それは、137億年の多様な流れに身を浸し、それぞれの〝本来〟に根ざした創造へと向かうためのイニシエーションの場でもある。

わたしはかつてフランスに留学し、サルトル、フーコーらを輩出した高等師範学校に身を寄せたこともあるが、いかなるエリート養成所といえど、離ほど根源的で、横超的で、広大無辺な世界読書を要求する学舎はありえない。何より、知と愛がかくも緊密に結ばれ、学ぶことが至高の歓喜となりうる場など、離を体験したものでなければ想像すらできないだろう。しかも離は、鞏固《きょうこ》な意志を持ち、一定のリテラシーを備えたものすべてに開かれているのである。

この世には、凡人も非才もいない。あらゆる人の、本覚《ほんがく》と天資を起爆させてこその修行である。人が生まれ変わるということが、ここではごく自然に行われる。「仏から仏へ」。そう叫びたいほどの真実がある。いかに高度であれ、いっさい手抜きのない、本物の知の技法を伝えてこそ、人は根源的な火に目覚める。これこそ「松岡正剛直伝」の玄義《げんぎ》の一つである。

数万冊の書物の記憶が宿る

それにしても、[離]における世界読書のなんと壮麗にして精妙であることか。そこには千夜千冊が凝縮されているのはもちろん、その先には数万冊の書物の記憶が宿り、宇宙開闢《かいびゃく》以来のすべての情報と記録に結ばれている。それはベルクソンの言う「持続する宇宙」であると同時に、華厳にいう帝網《たいもう》に似た世界である。ホワイトヘッドの有機宇宙に、天台の十界互具《じっかいごぐ》と一念三千が重なっている。離の後半では、孔子の正名と荘子の狂言をデュアルに使いこなし、プラトン、アリストテレスに遡る西洋的編集術の精髄を身に通している必要がある。

ヴィーコ、ヘルダーの歴史主義、パースのアブダクション、バルトの間テクストを超境しつつ、ドゥルーズのいう潜勢態《せんせいたい》をバロック的精神で、たえず現勢化していくことが求められる。洞窟絵画からプルーストのマドレーヌへ、カリカチュアから心敬の冷え寂びへ、「超感覚」を研ぎ澄ませるための旅がどこまでも反復される。教観二門と創。離では教えと実践に、ポイエーシスが香らなければならない。

〝我も他も〟

世界読書と言えば、「バベルの図書館」を想起する人もいるかもしれない。しかし[離]ではまったく別の仕方で、宇宙という書物との相互記譜が交わされる。そこにはバベルがもつ、あのアイロニーの如きものはどこにも見られない。それは〝マザー〟としての書物空間、つまり創造に開かれたヴィヴァリウムであり、スクリプトリウムなのである。

かつて松岡正剛は私に語ってくれた。いずれの領域であれ、その精髄を理解しているものは、世に5人いるかいないかなのだと。不幸にして、ほとんどの人間はこの根本真実から遠ざけられている。そしていたずらに読書量を誇る「知識屋」が跋扈《ばっこ》し、虚無の虚無を増幅させていく。ハーヴァードであれオックスブリッジであれ、離の「本気」に比べれば、眩暈《げんうん》を振りまく術を伝えるソフィスト養成所にすぎない。まして歌を忘れた日本の最高学府は、茶番でなければ悪夢に等しいものとなっている。

ひとたび〝本物〟がわかれば、あらゆるものは俄然その真価を見せはじめる。芭蕉の言う如く、高くこころを悟ったあとは、あらゆるものを肯定する道に入らねばならない。ここまで来て、真の〝離〟が成ったと言える。一切が誰のうちにも宿っている。足りないのは、火と方法、そして大智大悲に似た〝本願〟なのである。

編集的先達　ヴァルター・ベンヤミン

田母神顕二郎　Kenjiro TAMOGAMI
師範代・離別番・離別当師範代
明治大学 教授 フランス文学専攻

世界読書奥義伝[離]の別当師範代として、多くの学衆を導きつづけている奥の院の門番。フランス文学を専門とし、アンリ・ミショーを研究する一方、感門之盟では涙を見せる熱い人でもある。震災後、「ふくしま再生プロジェクト」を立ち上げ、月刊誌「エディットふくしま」を発行するなど、鈴木康代とともに福島の再編集活動を牽引しつづけている。
受講歴◎16守・17破・6離・9花・12遊[風韻]・6遊[物語]
先達文庫＝J.C.カリエール『ぼくの伯父さんの休暇』

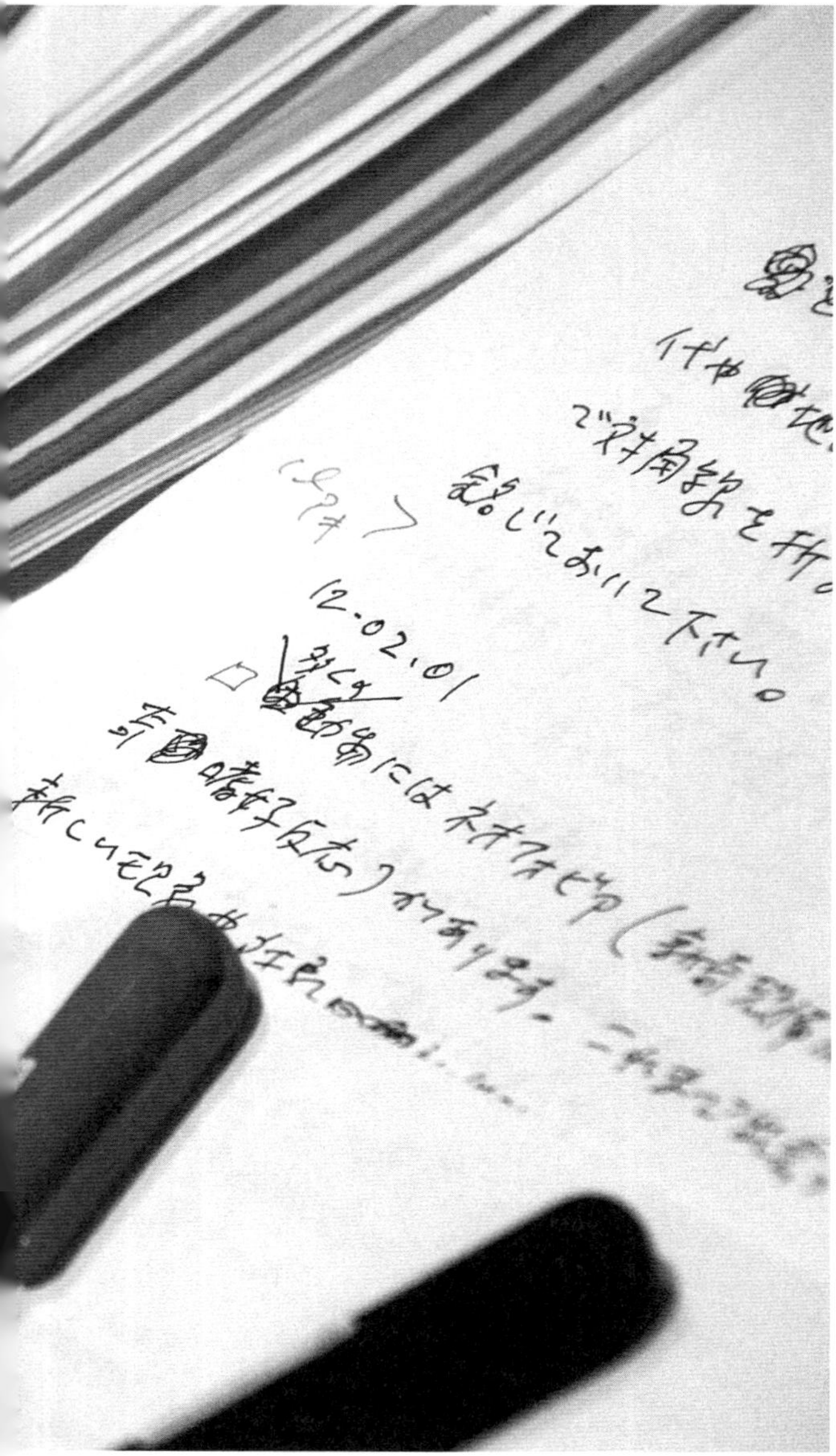

1500枚の文巻

松岡正剛による加筆と離学衆によるインタースコアで増殖しつづける文巻。
火元校長直筆朱入れ原稿を本邦初公開（第10季文巻）。

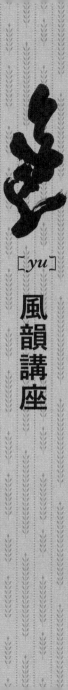

遊

〔*yu*〕

風韻講座

ときに雅、ときに粋、若干は野暮に

師範◎小池純代

うたをあそび、編集にまなぶ

風韻講座は日本の定型詩であそびながら編集技法をまなぶ講座である。日本の定型詩、つまり音数の決まった詩の形式には、五七五の俳句や川柳、五七五七七の短歌、また、七五七五や七七七七五といった歌謡などがある。

千数百年ものあいだ、日本人はこの五音、七音のリズムであそぶことをたのしんできた。その長い歴史をたったの3カ月で振り返りつつ踏み締めるカリキュラムは次のようなものである。

松　「おなじみの好きなもの」……五音七音になじむ
「ふたたびみたびミメロギア」……編集稽古の経験を定型に添わせる
「なつかしの編集思考素」……俳句を編集思考素で分類する
梅　「付き合ひのいい五七五」……句を付けるどきどきを感じる
「愛想のいい七七」……句を付け合うわくわくを覚える
桜　「桜の森の幔幕《まんまく》の下」……芭蕉の発句から連句をはじめる
「わびさびみやびなヴィッシュゲーム」……古語辞典と仲良しになる
藤　「ある日あるときオノマトペイア」……ことばの意味と音の間を行き来する
「まさかさつま」……回文で意味と無意味の間を右往左往する
菖蒲　「アクロバティックにアクロスティック」……七七七五の都々逸《どどいつ》形式で折句を知る
「ノスタルジックなニューモード」……今様形式で七五七五のリズムに和す
牡丹　「室内吟行」……画像を五七五の俳句形式に移す

この講座に名前がまだなかつた頃、校長からいただいたことばは「文藻の琳派」であつた。——師範・小池純代

感門之盟で校長から小池師範に贈られた色紙の数々。（右）

連雀それぞれの雰囲気を捉えた、校長による「雀」の書。

十三座・群青座「仄明書屋」の吟行。赤堤山・善性寺境内にて。

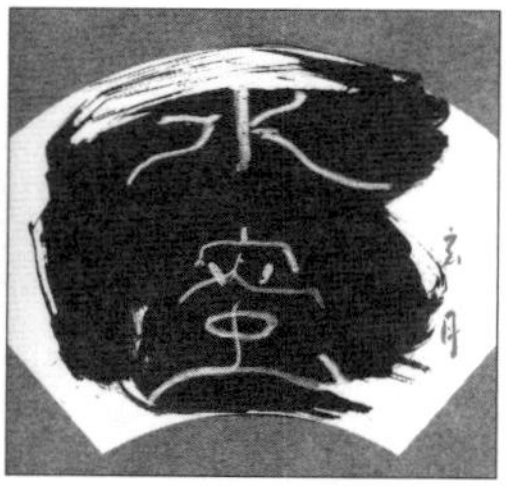

六座・水蜜座の感門之盟。講座に設けられた数々のアワードで最も多く賞を獲得した韻去者に贈られる「ポケット太夫」。花札にちなんだ「四光」「雨四光」の賞。

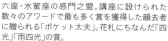

萩　「コレポンレモン」……香りを五七五七七の短歌形式に託す
「あかあかやあかあかあかやあかあかや」……ことばの音から子音を取り外す

芒　「間も間々もメモ」……ことばの音から母音を取り去る
「芒《すすき》の原を歩く月」……リアルの場で吟行、句会、歌合等々、丸一日遊び倒す

菊　「からくれなゐのからごころ」……漢詩の世界を身近なものにする
「やまどりの尾のやまとうた」……人麻呂の長歌を暗誦する

紅葉　「あなたのなまへのアナグラム」……ことばから意味を引きはがす
「いよいよいろいろいろは歌」……いろは歌を作る

柳　「雪にふる雨ちる霰《あられ》」……文字と余白の美に触れる
「かりそめのこころごころのかりごろも」……先達の詩歌をたくさん摂取する

桐　「矢色《やいろ》さはさは夜数《やかず》俳諧」……短時間でできるだけ多くの句及び歌を作る
「そろそろアンソロジー」……これまでの稽古を振り返りつつ詞華《しか》集を編む

お題が松から始まり桐に終わるのは、小さな歳時記でもある花札に肖《あやか》っているからである。

歌を詠むことは「きれいな花」の、その奥へ分け入ってゆくやうなものだと思ひませんか。——黄連雀・相部礼子

ときに雅に、ときに艶に、ときに粋に、若干は野暮に。あるときは花下の忘我、あるときは月下の没我、あるときは賭場の捨身、そんな一座になってくれることを期待して組み立てた。

週に2、3題の出題に対する回答として制作物をほぼ1週間で提出していただく。簡単そうだと思って取り組めば苦しくなり、厳しそうだと思って構えればゆったりたのしめる。総じて、脳が軽く汗ばんで快適に疲れるほどの編集エクササイズである。

イシスの温泉、湯加減上々

毎期、20名前後の学衆がひとつの教室に集まり、互いの回答に驚き、切磋琢磨し、こざっぱりとした明るい表情で座を去ってゆかれる。風韻講座が「編集学校の熱海」「イシスの温泉」と呼ばれる所以である。

とくに効能あらたかなのが「桜の森の幔幕の下」と題した連句の稽古である。ほかの番稽古と併行して、週に2、3句のペースで互いの句に自作の句を付け合ってゆく。当初は五里霧中で句を付けていた学衆たちが、自身の連想と、守るべき型の構造とのせめぎ合いに悩むなかで、あるとき不意に一座の想念に掬われながら流れてゆく快感に目覚める。霧中が夢中に転じる瞬間である。最後の七七の句を付けるときには、このままずっと連句をつづけていたい、と呟くまでに変貌しているのだ。

連句のみならず、詩歌は問いと応えをその原型に含んでいる。編集学校の出題と回答と指南の応酬による編集稽古の型と相似しているのだ。とは言っても、短時日で俳句も短歌も今様も都々逸もいろは歌も作り半歌仙を巻き万葉集の長歌を暗誦するなんてことは、じつのところ無茶である。そこを軽々とたのしげに歩いてゆけるのは、編集という視座と経験を学衆全員が共通して持っているからだろう。自分たちが各種の定型を宿とする旅人であると同時に、自らも仮の宿となって詩歌という旅人を迎え入れる。この贅沢な矛盾をよろこぶ身構えが風韻を受講する前にすでにできているからである。

一座が開かれるや、学衆一人ひとりの編集力が刺激し合い何度も発火し着火する。イシスの温泉の熱は学衆個々の地熱と相互の摩擦熱によるものなのである。

講座がかたちになる前から見守る校長、学匠、学林局によって期毎の座の場は設えられている。2007年(平成19年)11月に第1座を開講して以来、第13座を数え、243名の学衆が風韻講座を巣立ってゆかれた。そのなかから連雀《れんじゃく》というロールが生まれ、講座運営の一翼を担い、深化と進化を進めてくれている。編集学校ならではの有り難い一景である。

小池純代 Sumiyo KOIKE
高校時代に歌の道へ。「千夜千冊」のサイトにイシス編集学校を発見し、入門。師範と言えば小池と称される。繰り出す評価の言葉は、風韻のみならず、[破]AT賞講評でもあこがれの的。滋味深く軽妙かつ深甚で、笑いあり棘ありの語りはイシス名物である。求龍堂版『千夜千冊全集』の一夜一夜に短歌を一首一首つけた。

編集的先達　藤原定家

風韻好みの趣向

小池純代宗匠が名づけた十三の座名。正式名称は長く、略称は二字。連衆が集う仄明書屋は歌をあわせ、句をきそい、評をかわす趣向づくし。

一 **小笹座** ２００７冬
——さきゆきは小笹の雪のほのあかり座

二 **草枕座** ２００８夏
——そのかみの寝ものがたりの草枕座

三 **泡雪座** ２００８冬
——あたらしき名こそ欲しけれ泡雪座

四 **夏盛座** ２００９夏
——雷の大太刀佩きて夏盛座

五 **雪蔵座** ２００９冬
——雪蔵といふべき野とはなりぬる座

六 **水蜜座** ２０１０夏
——水蜜を小力として食みしか座

七 **葦笛座** ２０１０冬
——葦笛の音の濃淡そのまま座

八 **弓弦座** ２０１１夏
——月の弓弦に虚ぞねむれる座

九 **南天座** ２０１１冬
——南天の枝置かれてある座

十 **煙草座** ２０１２夏
——ことごとくに煙草巻いて吸ふあそび座

十一 **小梅座** ２０１２冬
——木末の小梅な落ちそな落ちそ座

十二 **珈琲座** ２０１４初夏
——山の名前の珈琲二杯座

十三 **群青座** ２０１５初夏
——群青が闇に戻ってゆくまで座

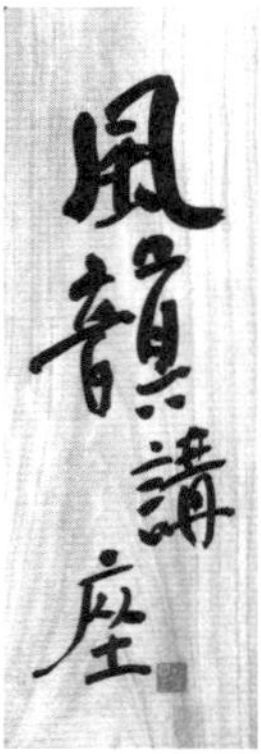

「ちまき」は歌仙を巻くための特設ラウンジ。

リアル稽古 2008.7.20

第二座◆草枕座

仄明書屋《そくみょうしょおく》

ほのあかりの下、
語りと示しが行きかう。
無尽蔵のことばから
句のことばが浮かび出す。

「連塾 JAPAN DEEP」のゲスト岡野弘彦の「桜」の歌から『万葉集』を経て釈迢空の世界へ足を踏み入れてみた。学林局謹製「千夜千冊詩句歌留多」の歌留多会で推量をたのしみ、自作朗読で律動をよろこび、『死者の書』のメディテーションを結びとする丸一日の旅路。むすびに呼応するかのようなスタッフ渾身のお手製「夜明けのおむすび」には連衆たちの歓声があがった。

室礼 しつらい

仄明書屋では、夏冬それぞれの趣向が連衆をもてなし、その座にちなんだBGMが流れる。

グレン・グールド
バッハ「ゴールドベルク変奏曲」

仄明選

仄明で選ばれた句歌には、短冊(校長の書)が贈られる。

《歌会》

《書屋吟行》

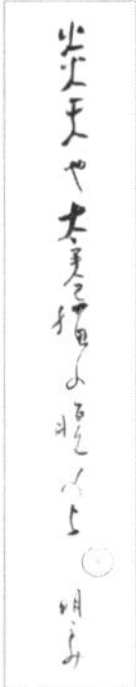

炎天や太巻猫の腹の上　中道明美

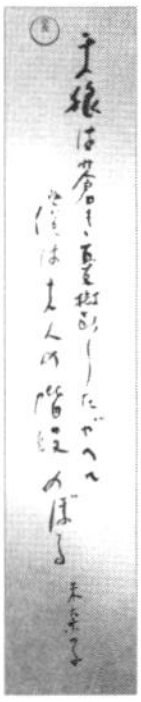

天狼は蒼き憂鬱したがへて
僕は大人の階段のぼる　秋元未奈子

校長による俳句編集。

遊〔yu〕物語講座

物語技法を伝える方舟

師範◎野嶋真帆
師範◎森美樹

［破］の母胎から生まれた

ある男の人生が、別の男に乗っ取られる。男は何者なのか。いや、そもそも自分自身は何者だったのか——。福島原発をめぐる新聞記事を素材に学衆が編んだ物語の一節である。タイトルは「本当の私」。私たちはふだん、目や耳に入ってくるニュースを頭の中で編集している。関心の焦点を絞ったり、連想を広げたりしながら、物語を読み取っている。しかしその記憶は語られないまま失われていく。それが編集稽古「窯変三譚《ようへんさんたん》」のなかで、ミステリーの型と出あうことで、本人にとっても思いがけないかたちに仕上がっていく。物語が生まれると思っていなかったところから物語が誕生する。これが物語講座の醍醐味だ。

物語講座は、師範たちのコレクティブ・ブレインによって生まれた初のコースだ。かねてより［破］の木村学匠と当時の番匠・師範は、破の成果を次のかたちにつなげたいと語り合っていた。その第一歩として、「物語編集術」を母胎に、出版と新講座の立ち上げを目的とするプロジェクトが2007年9月に発足。翌年2月の『物語編集力』の出版を経て、講座開発を志望した10人の師範（赤羽卓美、今井歴矢、奥野博、小池純代、高柳康代、田中俊明、野嶋真帆、林十全、古野伸治、森美樹）が3チームに分かれてカリキュラムを完成させ、11月11日に物語講座が開講した。

講座のしつらいは物語らしさにこだわり、教室を「文叢《ぶんそう》」、学衆を「叢衆《そうしゅう》」、期を「綴《てつ》」、修了を「績了《せきりょう》」という。1綴の3教室は校長による命名で〈浮雲ガリバー文叢〉〈青猫テンペスト文叢〉〈ソラリス細雪文叢〉となった。

3つのカリキュラムは新聞記事を元にして編んだ話を落語、ミステリー、幼な心の物語の3つ

人生の豊かさは、どれだけ愛おしい物語たちを胸に携えているかだと思う。――5綴叢衆・山田寛

のジャンルに書き換える「窯変三譚」、写真から場面を編集して物語編集術の技法を磨く「トリガー・ショット」、クロニクル編集術をベースにして時代と人物の物語を編む「編伝1910」からなっている。物語講座は、物語編集の技法を磨く講座であり、物語を編むことで[守・破]の編集技法を磨く講座でもあるのだ。

語りのるつぼ蒐譚場《しゅうたんば》

はじまってみると講座は意外な進行をした。週に1篇の物語を書きあげていく「窯変三譚」は、開講前にはもっともハードな稽古ともくされ、トライアスロンという別名で呼ばれるほどだったが、脱落する叢衆は少なかった。望外の成果だ。落語のモードを写すだけでなく、滑稽さを生む「型」に踏み込んだニューモードも生まれている。一方、[守・破]の型を援用し、取りかかりやすいと思われた「トリガー・ショット」は、ときに叢衆を戸惑わせた。自分の頭の中にもたげてくるストーリーをそのまま書こうとしても、シーンという部分から物語の全体を組み上げるお題がそれを許さないためである。だが、指南を研鑽する「師脚座《しきゃくざ》」で、校長から「物語を書こう書こうとさせすぎないこと。お題だからね」と示唆された。戸惑うから、いいのだ。

物語の完成に向かう手順を踏むだけでなく、お題の一つひとつが編集稽古としてしくまれている。ただ書くのでなく、物語を編集しながら自らの「知」を動かす「自己〝物語〟編集」を体験で

物語講座 お題一覧

＜1＞窯変三譚 ◆ “笑い”と“謎”と“幼な心”を物語にする

新聞記事を素材に、現在進行形の出来事から物語をかたちづくり、3つの釉薬（ゆうやく）を使って、メッセージを「落語」「ミステリー」「童話」というジャンルに窯変させる創作に挑戦。

［01］創造の景色
　STEP 1：ろくろをまわせ
　STEP 2：素焼きを窯へ
［02］笑いのフォルム
　STEP 1：ふつうとへんのあわい
　STEP 2：ニュースのおとしどころ
［03］封印のルール
　STEP 1：謎は渦巻く
　STEP 2：逆巻く謎
［04］幼な心のスコープ
　STEP 1：記憶の文様
　STEP 2：幼な心のキミへ

＜2＞トリガー・ショット ◆ 一片から一編へ、物語フラグメントの冒険

ひとつのイメージ写真からエピソードを紡ぎ出し、「カット編集術」「シーン編集」「視点の編集」といった技法を重ね、物語へと膨らんでいくプロセスを体験。

［00］パンドラの箱
［01］千のイメージからひとつのシーンへ
［02］シーンをめぐるセカイ
［03］物語のトリガー
［04］姿を刻み、影を写す
［05］語り手の羅針
［06］幕は上がった
［07］時をズラして読みをユラす
［08］世界を見る目、語る声

＜3＞編伝1910 ◆ “時間の幹”から、“時代の面影”を彫り出す

グループワークを起点に、年表からワールドモデルを膨らませ、それぞれある一人の人物像を彫りだし「編伝」を編み、歴史の狭間に壮大な物語を発見する。

［01］なにはさておき1910年
［02］年表の向こう側
［03］世界の中心で何を叫ぶ？!
［04］ドコにもあってソレだけのソレ
［05］面を象る　影を彩る
［06］眼力の分別　手力の洞察
［07］摘んで構えて入れ替えて
［08］よみがえる面影

きるのが物語講座なのである。その道中で、師範代は叢衆の回答から、不確実な、まだ意味をなさない物語の可能性を見つけ出し、かたちになりつつあるストーリーを磨き上げるところまでのパートナー役をつとめる。鏡のように「語る行為」に寄り添いながら、文芸編集者のように「語られたもの」を作品として読者に受け渡すのだ。しかしその道筋は直線ではなく、迷いも行きつ戻りつもある。私たちは理想と現場を往来しながら綴を重ねた。

転機がおとずれたのは5綴である。そのことを実感したのは、2013年5月12日、はじめて物語講座だけで行われたゴートクジISISでの感門之盟「《翻》はためく編集・ひるがえる物語」だ。本の楼閣に設えられた舞台では、作品集「綴墾巻《てっこんかん》」が本に仕立てられて績了者に手渡された。それは小さな部分ではあるが、講座の進化を象徴するものに見えた。3綴から講座のディレクターをつとめている赤羽綴師のこだわりが溢れた造本だ。

舞台では、各綴の最優秀者に贈られる「冠綴賞《かんてつ》」を受賞した山田寛の「風のなかの雪山獅子」をはじめとする優秀作品の一節が、編集学校出身のプロの俳優によって朗読された。声を得た物語は、本楼の空気を変え、聴く者の心を揺さるぶ力を確かにもっていた。

もうひとつ、講座に変化をもたらしたものがある。それは2綴からはじまったリアル稽古「蒐譚場《しゅうたんば》」である。半ズボンの綴師や金髪、着物姿の師範陣の出迎えからはじまる場は、黒澤明の「夢」のナラトロジーや宮沢賢治の「銀河鉄道の夜」のナラティブをめぐりながらモノガタリめいていき、作品をつくるグループワークで大きな熱気に包まれる。叢衆は、物語のるつぼのな

物語講座の創設メンバー。5綴・蒐譚場。

物語講座を受講した生え抜きの前原、大原、小濱、相部の4人が5綴から指導陣に加わった。写真左から大原、相部。6綴からは、講座を立ち上げた師範に替わって文叢を切り盛りし、新たな相互編集のモデルをつくっている。

各綴の「綴墾巻」

一綴 2008――
ソラリス細雪文叢
青猫テンペスト文叢
浮雲ガリバー文叢

二綴 2009――
ヴァリス羅生門文叢
リヴァイア山椒魚文叢
檸檬レスコー文叢

三綴 2010――
ゴドー山月記文叢
岩窟チャタレイ文叢
赤光ファウスト文叢

四綴 2011――
鏡の国のナジャ文叢
外套マクベス文叢
一握のモモ文叢

五綴 2012――
ナルニア異邦人文叢
幻談タンジール文叢
道草ワルキューレ文叢
氷点ポラリス文叢

六綴 2013――
雨月カンタベリ文叢
路傍デミアン文叢
ペガーナ舞姫文叢
木のぼりロビンソン文叢

七綴 2014――
さかしまシンドバッド文叢
若草セブンローズ文叢
日本橋カルメン文叢
それから宝島文叢

八綴 2015――
キッチン八犬伝文叢
変身オーレリア文叢
モロイメロス文叢
黒猫セラフィタ文叢

かで、自分の内に籠っていた物語を他者と交わしあい、ぶつけあうことで物語体験が変化していくのだと語る。そこには、自分の可能性や予測を超える物語が生まれる醍醐味がある。講座そのものが、叢衆の声や勇気を記譜した物語なのである。

物語の本来と将来をむすぶ

冷戦構造や経済成長神話が崩壊し、社会の「大きな物語」は摩滅し、分断された「小さな物語」に籠る私たちは、新たな生きる意味を求めている。

松岡校長は『物語編集力』の序文で、効率や絶対的な是非ばかりを求める世の中の動向が日本を一様にすると警鐘を鳴らしていたが、言葉や物事が文脈や母型を失い、意味が膠着する事態はさらに顕在化した。すみずみまで浸透したグーグル化やコンプライアンス化によって一極集中型社会が加速しているからだ。変わらぬポストモダン的状況の中、あらゆる意味づけはすでになされており、このままでは意味を問う機会すら失ってしまうだろう。物語の危機は、欠けていることに気づかなくなることにこそ、ある。いまラノベやアニメにはまるゼロ年代の若者たちに物語編集力が溢れはじめているのは、自らで意味の境界をつくらざるをえないという〝欠如への気づき〟のせいではないだろうか。

一方、臨床心理や介護医療の現場で、物語形式で対象に迫る「ナラティブアプローチ」が成果をあげている。希望を失いかけている人の〝欠けたもの〟を探りながら、その人固有の物語をともに語りなおすことがケアの現場で行われている。この語りを見守る姿勢は、どこか物語講座の師範代に似ている。物語という方法があたりまえになりつつある時代が来ているのだ。この時代に物語講座は何ができるのだろうか。

績了者たちは、暮しや仕事の中に濃密な意味を見出している。文学賞の受賞を経てデビューした王城夕紀のような作家や編集工学研究所が開発に携わった物語×謎解きスマホ・アプリ「NAZO」のシナリオ担当者も現われた。「社会と私」や「ネットと自分」の間に物語る型を置き、モノやコトから多様な意味やイメージを引き出せる者たちだ。

社会を統《す》べる「父なる物語」が無力でも、世界をつなぐ「母なる物語」が講座の方法の中には生きている。私たちは、一様な日本や欠如を隠ぺいする社会を覆すことができるのだ。ホメロスにもジョイスにもキューブリックにもなりうる叢衆とともに、新たなオデュッセイアを謳っていきたい。

編集的先達　梅棹忠夫

編集的先達　デヴィッド・ボウイ

野嶋真帆　Maho NOJIMA
物語編集術第1回アリストテレス大賞を『カミナリ山』で受賞。離・右筆の相棒であった吉野陽子とともに図解の女王と称される。長らく物語講座の師範をつとめたあと、36守師範代として再登板。

森美樹　Miki MORI
乃村工藝社プランナー。講座学匠・木村の信頼も厚く、破師範、番匠、評匠や風韻講座の連雀と数々のロールを担う。10年以上イシスに関わり続けても、つねに初々しさを失わないのが魅力。

物語「冠綴賞」抜粋

写真を物語のトリガーにする。1910年の歴史事象から物語を紡ぎ出す。
物語講座の結実からの抜粋2編を紹介。

【トリガーショット】

『海仏』

――4級［冠綴賞］宮前鉄也◎一握のモモ文叢

第四章：潮祭

海は静かであったが、風は微かに時化の兆しを孕んでいた。登の船は絹のように収まった海面を引き裂いて進み、巌は、不規則に高まる鼓動に胸を押さえていた。遠方に、海に降りては突っつく海猫の群れが見えた。

「あすこに群れが居るとよ。あれも狙わんか」登が沸き立ったが、巌は首を強く左右に振った。

トリガーとして提示された写真群。

「うちらが狙うんは、そぎゃん雑魚やありゃせんわ」

「じゃあ鮪か、鰹でも狙うんか」やや間があって、巌がじっと登の顔を睨め付けた。「違う、仏像ば獲る」

「ああっ」と登は声を荒げ、巌に詰め寄った。「巌しゃんや、頭おかしくなりよったか。海に寺があるっちゅうんか？竜宮城やあるめえし、漁師が魚獲らんでどうするっぢゃ」

巌は腰元にあった銛を掴むと、切っ先を登に向けた。

「俺は耄碌しとらん。黙って俺の指示通りに船ば走らせろ」

登は巌の目に、紅の阿修羅を見た。

【不寛容な時代に普遍な美しさを求めた建築家 その背景】時代の証人：四本腕の十字架（寛容の象徴）

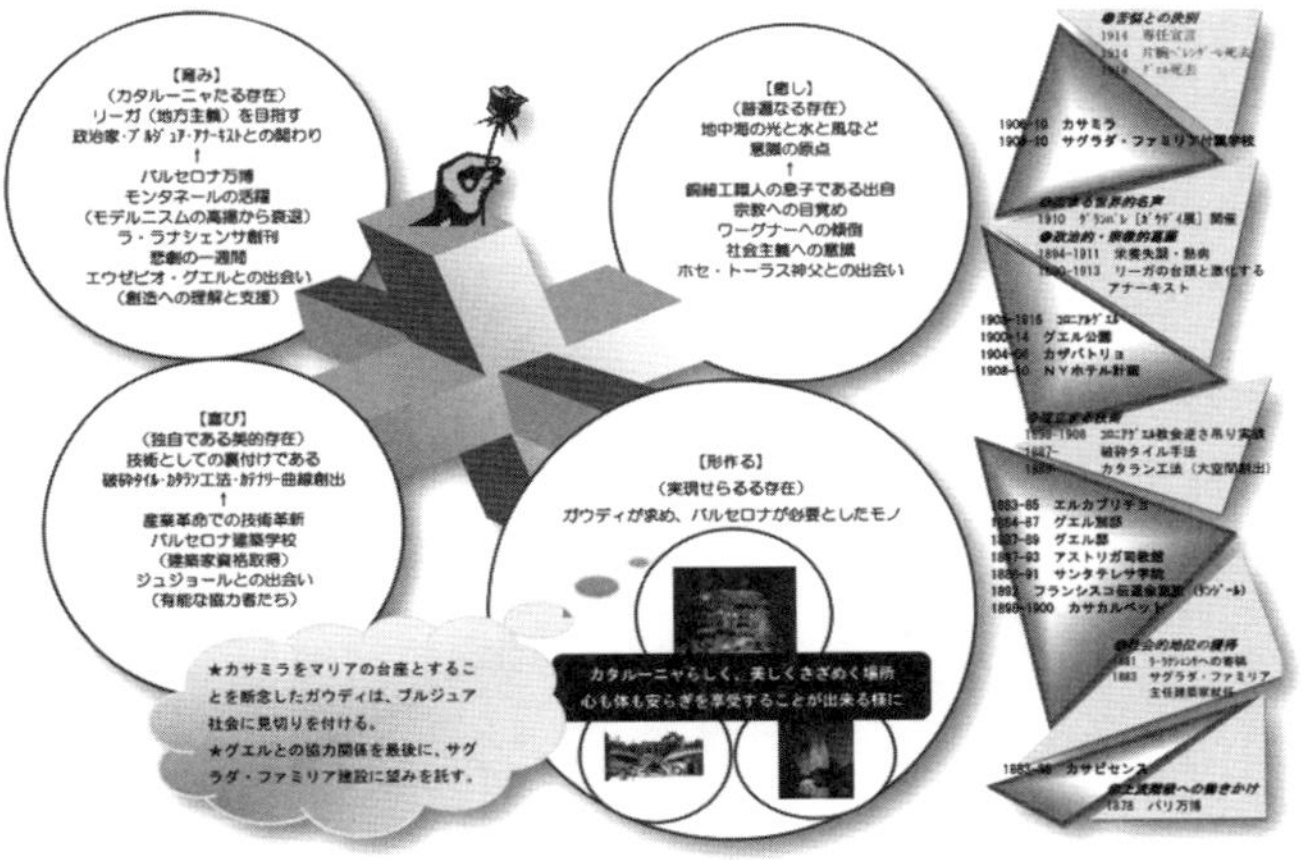

物語づくりのために作成されたダイヤグラム。

【編伝1910】

『ガウディの言い訳 四方の腕にカタルーニャを抱いて』

―3級［冠綴賞］大蔭直子◎赤光ファウスト文叢

序 サグラダ・ファミリアはバシリカとなった

着工から128年、11月7日。彼の望みは叶ったのだろうか…。

シュールレアリスムの奇才サルバドール・ダリが「子牛の肝臓でできた柔らかい門」「多彩色ののどが波打つ極上の神経症」と賞賛し、近代建築の巨匠ル・コルビジェに「ガウディという事件」「バルセロナの恥」と酷評されたアントニ・ガウディ。彼が創り出した幾多の造形の中でも、私は異形の存在である。絶妙にバランスを保ち張り出した二対の腕、色鮮やかなタイルに飾られた『四本腕の十字架』。私は常に人目を惹き、バルセロナを見詰め続けてきた。

「人は二次元で、天使の知性は三次元で動く」

彼の言葉通り空中に三次元を描き、十字架をダブルクロスさせた私は、造り続けられた25年の間にその姿形を少しずつ変えながら、何度となく多くの建物を飾ってきた。そしてサグラダ・ファミリアに現れる時を待っている。

ISIS花伝所［kadensho］

日本のコーチングメソッドを創る

ISIS花伝所所長◎田中晶子

入伝式というイニシエーション

師範代はとびきりの貌《かお》をもつ。一人ひとりの貌に、いきいきとした編集的現実感「エディトリアリティ」が現れている。はじめて師範代として教室に立つ時も、「問・感・応・答・返」が板についてきて稽古が盛りあがる頃も、学衆の稽古にドライブをかけていく折も、指南の表情やしぐさはもちろん、着こなしさえも際立ってくる。どんな人にも未萌の魂が潜んでいる。その〝寝た子〃を揺さぶり、とびきりの貌を引き出すことが、［ISIS花伝所］の師範たちの役割だ。花伝所は、イシス編集学校の師範・師範代・学林局が支えあい編集道の「代」を創る場であり、編集的才能を〃寄せて、上げる〃プロジェクトなのだ。

2010年、銀杏並木が少し色づきはじめた11月3日午後、青山TEPIAホールの地下講習室に、受付をすませた入伝生が続々と入ってきた。10周年を迎えてはじめての入伝式である。定員を超える38名が第14回ISIS花伝所の門をたたいた。大半は［守・破］を終えたばかりの学衆で、なかには［離］で名を馳せた強者たちもいた。午前中に打合せを終えた19名の師範と、学林局スタッフを含め総勢64名。息苦しいほどの熱気のなか、私はマイクのスイッチを入れた。

花伝所は編集学校の講座で唯一、リアルに集まってスタートするプログラムだ。演習に入る前に、松岡校長を含めた指導陣と、ともに学ぶ入伝生とが一座建立《いちざこんりゅう》を期するのだ。入伝生を前に、松岡校長は「高をくくるな」

さしで、並んで、寄り添って、手招き、目配せ。指南はまずスタイルから決めたい。——花伝師範・高柳康代

総勢64名が集った第14回入伝式。7道場が総掛かりで演習に取り組んだ。

といきなり檄を飛ばした。続いて指導陣全員が一列に登壇し、演習のカマエを言い渡す。入伝生の多くは、感門之盟でのにこやかな校長と師範しか見たことがなかっただろう。〝士官学校〟と呼ばれる花伝所。心していたとはいえ、大半に緊張が走り、幾人かはこれまでとは違う講座の幕開けに目を輝かせた。

入伝生はネット上の道場で7週間の演習を満了ののちに「師範代認定証」を手にする。その短い演習期間で、師範代として稽古の指南から教室運営までを仕込まれる。物見遊山の気分や戸惑いは演習を停滞させる。7週間はあっというまなのだ。入伝式のこの日、この瞬間をもって、これまで体験したことがない新たなロールへの挑戦に意気揚々と出陣してほしい。だからこそ、入伝式で境を明確にするのである。

師範たちが式の出端で伝える言葉は、花伝式目を学ぶためのカマエとハコビをつくっていく。「要領よくやっても型に入れない。愚直にやるのみ（古野首座《しゅざ》）」、「反省は要らない。リバースしてフィードバックせよ（真武師範）」、「サナギになって液状化をめざせ（中村師範）」。19名の師範たちが次々と仕込みを重ねる。入伝生の自己紹介では、校長は提出された一人ひとりのシートに赤字でマーキングをしながら、問いを投げかけ、それぞれの個に踏み込む。

花伝所の〝花〟とはなにか。ISIS花伝所は、世阿弥の『風姿花伝』にちなんで名づけられた。式の最中、校長は黒板にチョークで能舞台を描いた。そこに〝一調二機三声《いっちょうにきさんせい》〟〝離見《りけん》の見《けん》〟〝目前目後《もくぜんもくご》〟〝せぬ隙《ひま》〟〝時分の花〟といった世阿弥の決め言葉を書き添えていく。寄り来るものを

花伝所

5M 花伝式目

M1【Model】モデルをつかむ 〜 指南の基本フレーム

［M1-1］演習1：回答のどこを見るか
［M1-2］演習2：指南で何を伝えるか
［M1-3］演習3：指南をどう組み立てるか＜指南アプローチ＞
［M1-R］●M1　演習のまとめ

M2【Mode】モードを立てる 〜 指南の言葉を使い分ける

［M2-1］演習4：「《受容》の言葉」を使い分ける
［M2-2］演習5：「《評価》の2つの意義」をつかむ
［M2-3］演習6：「《問い》の指南」で気付きを起こす
［M2-R］●M2　演習のまとめ

M3【Metric】メトリックを選ぶ 〜「指南方針」を立てる

［M3-1］演習7：型の理解の段階にあわせ方針を立てる
［M3-2］演習8：回答に潜む可能性を見いだす
［M3-3］演習9：「指南方針」を立てモデル交換を起こす
［M3-R］●M3　演習のまとめ

M4【Making】ゲームメイクする〜指南錬成

M5【Management】場をマネージする〜運営の基本フレーム

［M5-1］演習10：プロセスを編集する
［M5-2］演習11：場面を編集する
［M5-3］演習12：しくみを編集する
［M5-R］●M5　演習のまとめ

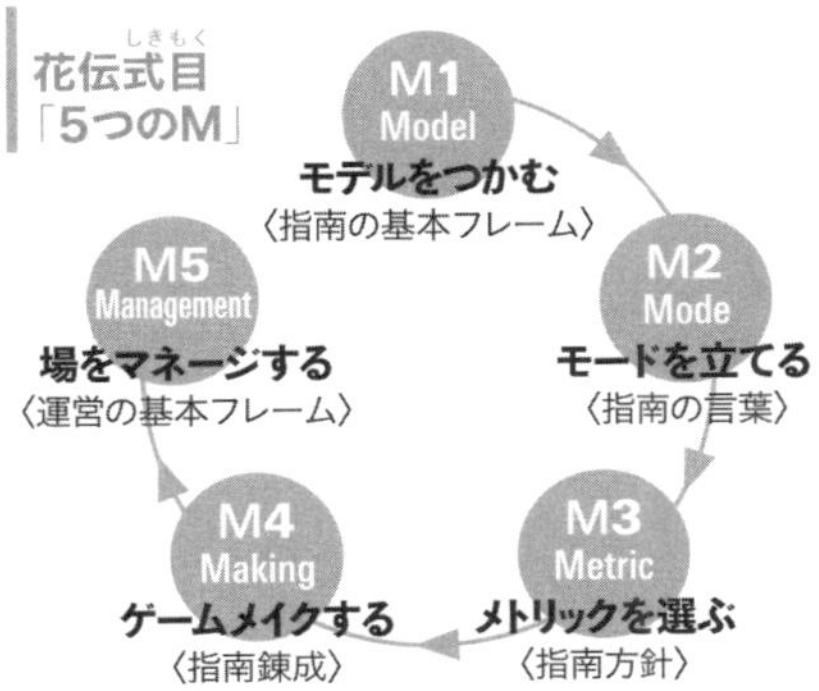

迎える能舞台を未知の学衆が集う教室に見立て、調子・機会・言葉・見所・振《ふり》・開け伏せなどの能の奥義を、師範代の方法に絡めながらさまざまに重ねた。座のしつらえに向かう精神が花伝所の奥義なのだ。

入伝式の最後は、校長による90分の「編集工学2・0」で締めくくられる。花伝所特有のセッションだ。編集の起動から技法まで、古代の技能から電子工学まで、編集的世界観から才能の開発まで、「生命に学び、歴史を展き、文化と遊ぶ編集工学」のインデックスが、一挙に開示される。その時々の社会動向やICT事情を交えた高速の講義だ。入伝生はあらためて編集工学の入口に足を踏み入れ、師範たちは、校長の編集思想の重層性を取り込んでいく。

すべてのプログラムが終わると、花伝師範を中心に5〜7人の車座ができ「道場」が立ち上がる。道場の垣根をはらい一斉稽古する錬成《れんせい》演習には、さらに10名以上の錬成師範が加わる。翌日からはじまるネット上の大格闘に備え、師範たちは一気呵成の演習プログラムを丁寧に説明する。「式目」の構造を示し、各自へのお題を手渡す。入伝生が入るのは、くれない、やまぶき、むらさき、わかくさ、からたち、しろがね、さざんかと、花の色名がついた各道場。開始から6時間あまりが過ぎ、道場に彩りが見えてきた。

入伝生は、編集術の理解もコミュニケーションの資質もさまざまだ。それでも松岡校長は、一貫して「長い養成期間は必要ない」として、プログラムを全講座でもっとも短い7週間と決めた。花伝所は師範代になるための濃縮トレーニング・システムであると見定めているからだ。式目演

入伝式冒頭の指導陣メッセージは式目理解の手すりであり、編集コーチを目指すための「方法の束」。

入伝式の師範レクチャー「イシス花鏡」で、編集的世界観を広げる花伝師範の丸山玄。

（右）校長から師範に贈られる扇。（左）演習のカマエを伝える花目付の濱口由貴。

本棚で編集工学を語る校長。18花入伝式の校長講義は閉店前日の松丸本舗店頭で行われた。

5Mの方法に徹するほど、なぜか人柄が出てきて、指南に表情がついてくる。——花伝師範・根岸伸佳

習で指南編集の体幹をつくり、いつでも、どんな場でもインタースコアを起こせるように、察知力と構成力とアウトプット力を鍛えあげる。入伝式はこれから始まるロールチェンジのためのイニシエーションなのである。

時を分ける花伝式目

師範代の指南は、学び手が使っている〝方法の道筋〟をつかむことにはじまる。指南の初動は、回答の茂みに手を突っ込み、メソッドを文脈の根っこごと引き出すことが基本だ。回答の出来映えを見て思考のプロセスを再検討し、「理解か、加速か、転用か」を選択しながら向かうべき南を指し示す。

花伝所で修得する「花伝式目」は、5つのMに分かれている。M1で指南の基本フレーム（Model）を得る。M2は言葉や手順を選択するための指南モード（Mode）をトレーニングする。M3では回答の特徴を測るメトリック（Metric）感覚を準備する。回答にモノサシを持ち込んで、目盛りを打つように指南の「程《ほど》」を決めておくのだ。こだわりや思い込みが強い回答であっても、方法のパラメータを見極めながら具体的な指南方針を立てる。ロジカルではなくアナロジカルに、分析的ではなく発見的に思考することが指南の王道だ。

M1・2・3を経て臨むM4は指南錬成（Making）である。2週間にわたる本番さながらの演習だ。各道場から合同の錬成場に赴いた入伝生は、仮の教室名を決め、師範代を名のり、出題と指南をする。錬成師範は、さまざまな学衆に成り代わって回答し、次に、受け取った指南に素早く指導をつける。

入伝生は、千本ノックに臨むように何度もダメだしを喰らう。「触知的メトリックがもてていない」「ほめるだけでは指南にならない」「上から目線。師範代の講義は要らない」と容赦なく指示がとぶ。言いわけをすれば一刀両断、手を抜けば、「指南とは何か」とカマエをただされる。錬成という場の仕立てのなかで、本気の指導が個々の動機やコンディションにまで貫入していく。入伝生は境を越えられるかどうかが問われる。

指南には編集の交換モデルを使う。編集工学で「エディティングモデルの交換」と呼ぶものだ。AからBへ情報を正確に伝えることが目的ではなく、Aが届けたい情報が、Bを動かさなくてはならない。AはBがもたらしている情報のコンテンツ・コンポジション・コンテキストを読み取り、モードやスタイルを選び指南を届ける。浸透的で相補的な作用をもたらすことが、教室全体の学びを進めるのだ。師範代が、稽古の弾むインタースコアをもたらすことができるのは、この「エディティングモデルの交換」をベースとして、発見的なカマエと想定的なハコビを自在に動かせ

コーチに必要なことは正解のないことに挑み、「小さな物語」をナビゲートする姿勢。——花伝師範・北原ひでお

るからだ。指南とは、洞察によって時と場に相応しい仮説を動かすアブダクションなのである。

式目最後のM5では教室をシステムと捉え、運営（Management）するための場面編集をシミュレーションする。さしかかる局面に応じたチャンスオペレーションを、視点を変えて何度も掘り下げる。花伝師範は、教室で考えられるケースを幾通りにも読みかえさせながら、そのプロセスのなかで編集の意味とリーダーとしての姿勢を問うていく。

すべての式目演習が終わると、全員で「指南編集トレーニング・キャンプ」に臨む。入伝生は互いに学衆役や師範代役を入れ替わり、ロールプレイングしながら指南研鑽する。規範となる指南の型を積極的に真似ること、各自の指南ぶりをとり沙汰し、遠慮せず評価し合うことがルールである。師範たちは花守衆《はなもりしゅう》と名を変え、入伝生と同じ目線で場に加わっていく。発言が沈静すると師範からの挑発も飛ぶ。「持っていないのなら奪うぞ」といわんばかりだ。丁々発止のキャンプ後は、師範による演習評価がレポートされる。それをもとに学匠と学林局による番期選考委員会が審査し、合格者に師範代認定を伝える。

花伝所の最終プログラムが「花伝敢談儀《かんだんぎ》」である。認定者と指導陣が再びゴートクジISISの本楼に集う。演習のふりかえりを交わし、師範代活動のガイダンスや面談も行う。校長による「敢談儀」の書の「談」には〝火〟が三つ記されている。師範代に向かうための「火」を焚きつける場でもあるという意味だ。敢談儀が終わると、いよいよ師範代エントリーがはじまる。

インタースコアする日本へ

入伝生は［守］の入門から早くて1年半後に、師範代としてデビューする。これまで［破］コース修了者の約45％が［花伝所］へ入伝し、580人以上が師範代になっていった。花伝所でのコーチ育成、選評者である同朋衆や評匠として活躍する師範も120名以上を数えている。

コーチを育成する花伝師範・錬成師範は現在67名だ。〈5Mの匠たち〉の指導は、細やかに詰めながら、機を逃さない揺さぶりで大胆に変更を求める。道場指導でズバリ本心を見抜かれ、人の生き様を編集するような指南をしたいと一気に転機を得た師範代もいる。花伝師範には森由佳、丸山玄、北原ひでお、真武信一、高柳康代、根岸伸佳、渡辺恒久、景山和浩、関富夫、清水伺名子、福澤美穂子、三津田知子、小西明子、川野貴志といった

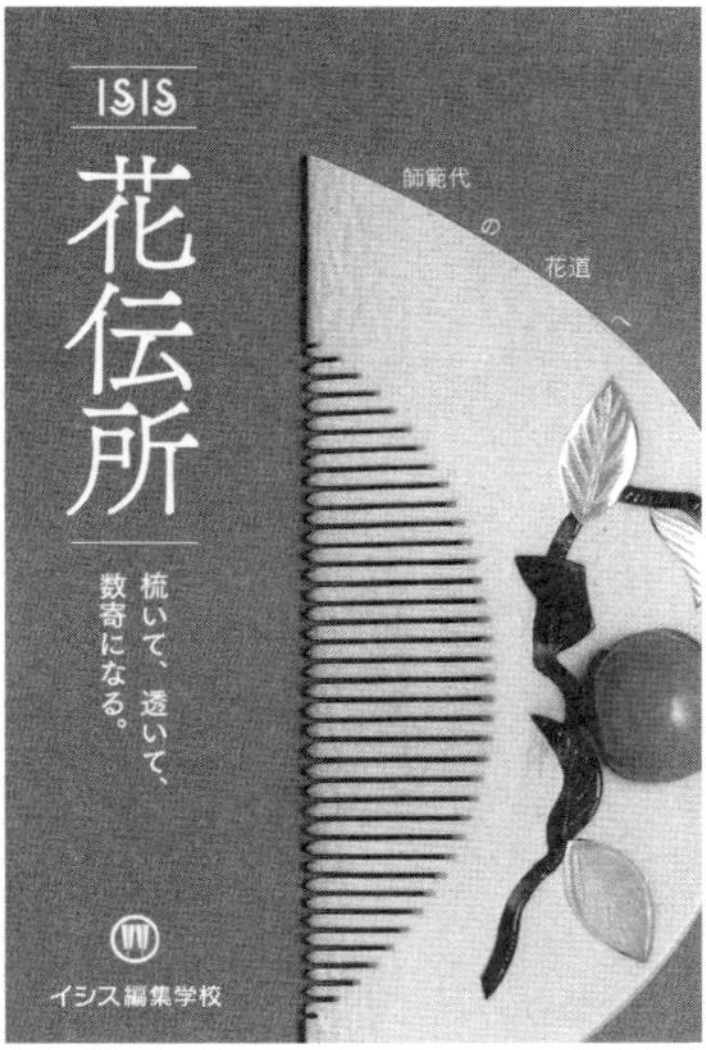

指南の楽しみは、編集術という融通無碍のすごい「知」の伝授。——錬成師範・竹島陽子

名匠がずらり名を連ねる。

全体の士気を牽引する役割は首座《しゅざ》や花目付《はなめつけ》が担ってきた。男性が首座、女性は花目付。初代首座の古野伸治は花伝所立ち上げ期からワークショップを開発し、指導マニュアルを編集して講座の底上げに取り組んだ。2代目の村井宏志は「想起を起こすことが指南」であることを徹底して強調する首座であった。村井はリーダーシップとマネジメントに優れ、感門団を立ち上げた。花目付の濱口由貴は各道場を縦横につなぐ演習のレビューが高速である。イシスも仕事も子育てもすべて編集日常する主婦だ。

わたしたちは、コミュニケーションの方法やコミットメントの姿勢を指導されることに慣れていない。だが、そこに向かわなければ変化は起こらない。花伝所では不足の核心を突かれても、それを理由にリタイアする入伝生はいなかった。道場での鍛錬を通して、切り込まれ、かつ、切り込めるようになってはじめて、思考やものごとがエマージェントにつながっていくことに気がつくからだ。かつての学衆が師範代となる。師範代は[離]や[遊]で再び学衆へ還ることもある。みんな行ったり来たりがおもしろいのだ。インタースコアが相互の学びと成長を加速させている。

日本には次代の才能を育成するコーチが足りない。明治以来、人を育てることに取り組みながら、いまだ日本流のコーチ養成法も出てきていない。毎週、日本中で100を超える研修会が開催されているが、その大半は欧米式のインストラクションをなぞっているにすぎず、組織のトップも人事部も「ミドルコーチの育成」に立ち往生している。

私は、イシス編集学校で、15年にわたり多くの才能が鮮やかに引き出だされていく姿を目のあたりにしてきた。世の中を生き抜く「兵法」にも似た師範代の編集力を見るにつけ、花伝所が日本流のコーチングメソッドになりうると確信している。時分の花を咲かせ、異なるスコアを跨ぎ、才能を創り、人と場を動かすことができるのが師範代だ。最近やっと、ビジネスや行政や教育の現場を仕事とする師範や師範代たちが、日常を「5M」したり、危機的な構造を動かそうと「地と図」を変えたり、「ルル3条」を企てるようになった。私はこういう日が来ることを待っていた。花伝所を経て、師範代を全うすることで、だれもが、編集的才能をもったメディエーターやチームビルダーにもなれるのだ。

花伝所のキャッチコピーのひとつが「梳《す》いて透《す》いて、数寄になる」。世にも稀な、師資相承の格別の学びで、数寄の編集力をより楽しんでほしい。あらたな編集の空き地に、粋なインタースコアをもたらすエディターシップが日本中に伝播すればよいと思っている。

田中晶子　*Akiko TANAKA*

旅行業や和菓子パッケージメーカーの広報で全国を飛びまわりながら、1期黎明教室で学衆として編集稽古に熱中する。師範代、師範を経て編集工学研究所に入社。花伝所長と並行して帝京大学共読コースウェアの取り仕切り、学林堂の空間編集も任されている。もてなし、しつらい、ふるまいの三拍子そろったコーディネイターでもある。

編集的先達　古田織部

64編集技法一覧

認識・思考・連想から記憶・再生・表現まで、22の親コードと2〜5項目の子コードで日常編集の型を網羅した技法アイテム64。

編纂〔compile〕……dataを扱う基本技法

単立した情報を項目ごとに定義づけて編集する

01 収集 collect
02 選択 select
03 分類 classify
04 流派 party
05 系統 taxonomy

編集〔edit〕……captaを扱う応用技法

つながった情報の背景・含意・流れを広げ編集する

A—意味単位に分節する
06 編定 codify
07 要約 digest
08 凝縮 condensation

B—情報のモデル化を進める
09 原型 metamatrix
10 模型 model

C—多様性からルールを生む
11 列挙 enumerate
12 順番 address
13 規則 order

D—入替、置換を試みる
14 配置 arrangement
15 交換 change

E—情報の関係に着目する
16 比較 comparison
17 適合 suit
18 競合 conflict
19 共鳴 resonance

F—関係をつなぎ広げる
20 結合 combination
21 比喩 metaphor
22 推理 reason

G—俯瞰し新たに線を引く
23 境界 confine
24 地図 map
25 図解 illustration

H—新たな情報群を導入する
26 注釈 annotation
27 引用 quotation

28 例示 example

I—意味を連想的に拡張する

29 暗示 suggestion

30 相似 similarity

31 擬態 mimicry

32 象徴 symbolize

J—強調や変容をおこす

33 輪郭 profile

34 強調 emphasis

35 変容 deform

K—別の意味への転換を促す

36 歪曲 distortion

37 不調 disagreement

38 諧謔 joke

L—情報に加飾性をもたらす

39 意匠 design

40 装飾 ornament

41 模擬 simulation

M—情報群を足し引きする

42 補加 append

43 削除 delete

N—部分プロセスを移管する

44 保留 reserve

45 代行 agent

O—新座標・グリッドを足す

46 測度 metric

47 構造 construction

48 形態 form

49 生態 mode

P—メディアに適合させる

50 焦点 focus

51 報道 report

52 統御 ruleover

Q—流れをシナリオ化する

53 筋道 plot

54 脚本 script

55 場面 scene

56 劇化 narration

R—仕組を遊びや競技にする

57 遊戯 play

58 競技 sports

S—異文化風土をまたぐ

59 翻訳 translate

60 通訳 interpretation

T—音楽や拍子で編集する

61 周期 rhythm

62 曲節 melody

U—総合性、個別性をいかす

63 総合 synthesize

64 創造 creation

64編集技法には、情報を認知して発想を広げたり、情報を要約し伝えるための大半の方法が網羅されている。単立的な情報単位（data）を扱う編纂（compile）と、解釈が多様にありうる情報単位（capta）を扱う編集（edit）に分かれている。

3 仕立て篇

男はためいき、女ははないき、七守教室、みんなで道行！

7守卒門へ

2003年8月2日

そもそも編集の「編」に糸ヘンがついているのは、これは「編集」の語源が織物（ウェブ）というものだからなんですね。縫ったり、編んだり、ふっふっふ、綾したり。ときどき糸が絡まったり、毛玉（人玉?）ができたりするけれど（笑）。でも、それこそが楽しいんだね。「絆」や「縁」も糸へンだよね。これらの糸ヘン文字は、全部、編集グロサリー。編集ファミリーなんだね。

校長はそういう「絆」や「縁」をもっと身近に感じたくて、いつも教室に入りたい、汁講で騒ぎたい、と、ぅずぅず思っている、実は編集学校で一番寂しい役の人なんですよ。

対流からはじまり奔流へ

師範詰所にて

2000年6月16日

私は、大学時代に毎週30枚の原稿を自分に課して書いていました。テーマを自分で選ぶと格好をつけるので、新聞部の上級生や友人にお題

を出してもらっていたのです。それは私の遠い遠い編集稽古でしたが、いま思うと、その原稿を誰も見てくれなかったのが残念で、もしそのとき、みなさんのような師範代がいたら、きっと編集学校が20年はやく開校できたのでしょう。編集は、対流からはじまり奔流へ向かいます。みなさん、よろしく。また、顔を出します。

19破突破おめでとう

エディトリアル・リテラシーの胸を張る

2009年3月13日

大事なことは、書き手と読み手のあいだにひそむ「編集的可能性」とは、本来どういうものであるべきかということなんです。これを言い換えると、「本」をめぐるエディトリアル・リテラシー（編集的能力）の可能性とは何か、ということになるわけだ。わかるかな。ここで「本」と言っているのは、われわれのアタマとココロが生んだものということです。それを象徴的に「本」と言っている。また、「世界」とそれをあらわす「方法」が作り出したものということです。それが「本」。

だから、「本」というのは、「人間と世界を方法としてとりだしたもの」ということになるわけだ。わかりましたか。〝本まみれ〟になるというのは、そういうことだったのです。

18破後半戦に向けて

レセプト・ストア・リプレ禅

2008年4月26日

つまり[破]でやることは、情報の暴力にどのように対戦していったらいいかというプログラムにもなっているんだね。

それで次に大事になるのは、自分はどのように情報をレセプション（受容）したかということと、それをどのようにストアしたりストレージ（内蔵）しているかということと、そして、それらをどのようにリプレゼンテーション（表出・表象）していくかということになる。まず言っておきたいのは、この3つはそれぞれちょっとずつでもいいから、別の方法にしておくのがいいということです。（中略）

つまり、編集術的リプレゼンテーションには"コミュニカティブな現場モデル"のようなものがあったほうが、断然いいということだねえ。

2004年2月8日

8守卒門おめでとう

守ってもっとベイビー、そこを破ってオンマイマインド。

ISIS編集学校の「門」は、カフカやベケットや別役実を下敷きに、かつ、師範・師範代・生徒（それに教務も）一緒になって「門」を通過する。パサージュする。これはなんといってもすばらしいのです。今夜もまだまだ熱さめやらず、きっと盛り上がっていることでしょう。この「四生同堂」（同じ釜の飯を食った互いに知らない者たちが一堂に会する）の充実は、他の何にも比肩できないことだと思います。

2008年7月1日

18破AT賞から突破へ

ヘンシュー、スーコー、ネンピカンノンリキ。

物語は書き手がどのようなナレーターになるかということでも大きく趣向や技巧が変わるのだけれど、ただし、文章をこしらえる編集術としては、その手前での習練がしっかり必要です。そのためには「いろいろ喋ってみなさい」と勧めたね。ともかく書きなさいとも勧めた。第1にぐちゃぐちゃしたものを減らす。第2に自分がまだ発見していないことを書こうとしてみる。第3に白川静さんのいう「興」をおこし、第4にモチベーションを自分の中ではなくて、主題や方法や相手に見いだす。そして第5に相互編集に徹しなさい、と。

これって、わかりやすくいえば、いろいろの

リキミを自分から他者に移動することなんだね。「視点」だけでなく、「支点」をも外に運び出すことだ。わかるよね。内をみんな外に出すんじゃないんだよ。内と外との両方に支点をもつことです。これができれば文章も物語もコミュニケーションも大丈夫。

2001年3月28日

桜の季節の前に

七茶の法則

編集とは自分を媒体にしていろいろな情報を自在に組み合わせ、意味の冒険をしていくことです。それには、次の点をヒントにするといい。ぼくが〝7つのｃｈ〟と言っているものです。

change
（どんなことにも編集機会が待っている）
challenge
（そこでまず挑む）
charge
（ついで編集意識を充実させる）
chain
（ともかく情報対象を何かにつなげてみたい）
channel
（そのための道筋をつくり、あれこれ周波数をあわせる）
change
（そこに、なんとか変化を加える）
charm
（いろいろ推敲をして最後は魅力的にする）

この〝7つのｃｈ〟は〝7つのチャ〟つまり「七茶の法則」というもので、まあ、編集的お茶の入れ方です。どうぞ、使ってください。

何かが起こりそうな気配はいつも
時間の中にずれ込んでいる。
この隙間の編集から物語は生まれる。

——**柴崎友香**［小説家］

青銅器に書かれた「刑稟」とは、
「井形」、まさに編集の型です。
心が生まれ、論理と伝説を生み出し、
そして周公は学ぶための学校を作り、
型を作った。紀元前約１０００年の話です。

——**安田登**［能楽師］

日本の千利休などが進めた
「不完全の美」の世界。
未完成のもの、不完全のものには、
普遍的な何かが潜んでいる。

——**エバレット・ブラウン**［湿版光画家］

コミュニケーションの中には常に編集というものがある。

——**いとうせいこう**［作家・クリエイター］

イシス十六景

前後左右に力を漲らせる「カマエ」、動きと止まりを梳いていく「ハコビ」。［守破離］のお題のスジと、編集稽古に臨む師範代のカマエとハコビがイシスの型をつくってきた。

枯山水に水を感じ、扇子で蕎麦をすすり煙管をくゆらす。「見立て」ることは、新しい見えを立ち上げることである。化石、判子、盆栽、豆球、針金、クレヨン、ちのへん。抽斗（ひきだし）に詰め、教室に見立てたイシスポスター。

ルル3条

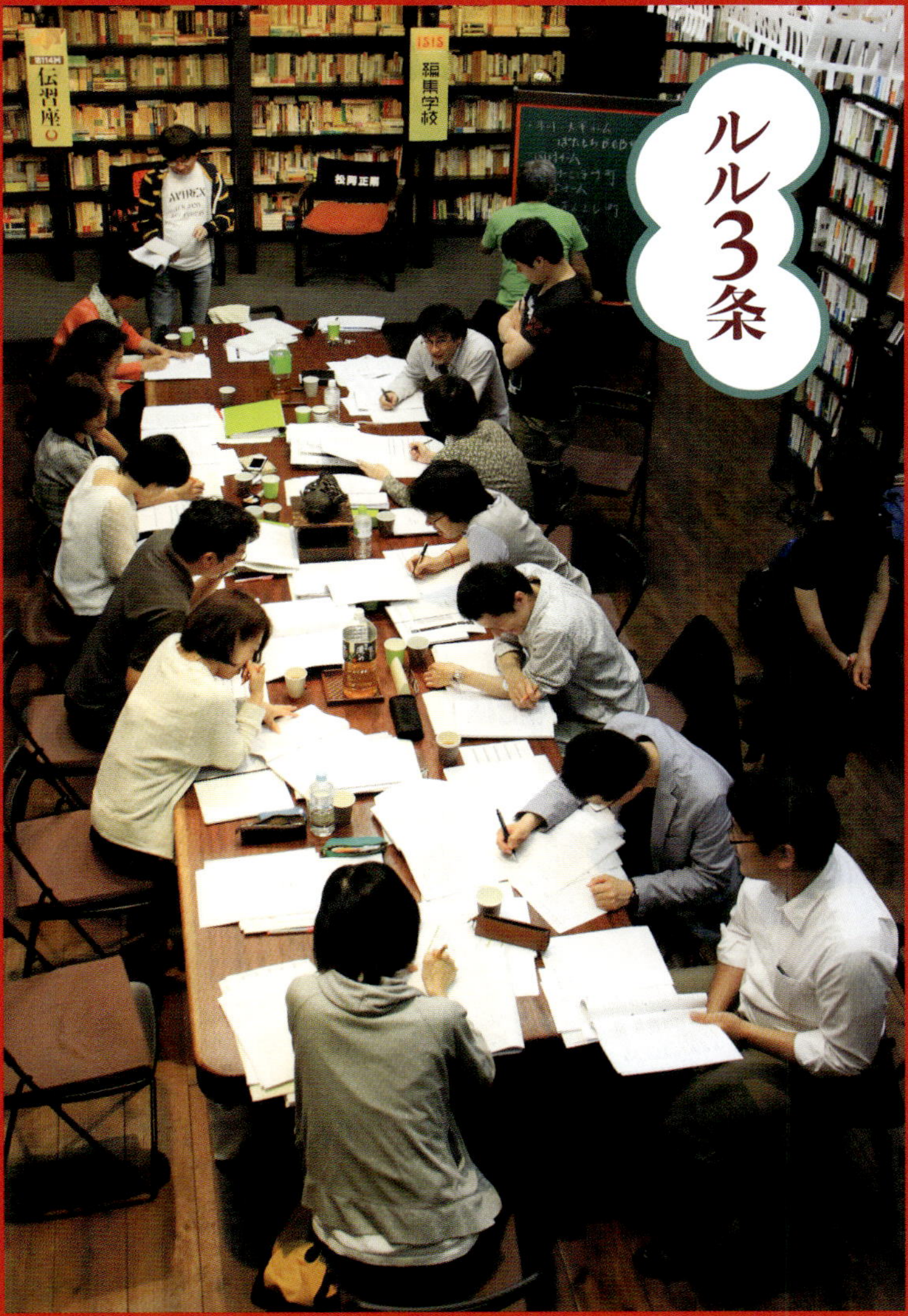

師範・師範代のロール、伝習座のルール、黒板・資料はツール。ルル3条はお題・回答・指南の編集稽古にも、イベントや研修会にもいきている。課題や目的が変われば、ルル3条を連動させて動かすのが編集の肝。

共読

方法の学校は「共読の学校」でもある。教室では編集稽古と世界知を重ねながら、本を薦めあい、贈りあい、交わしあう。感門之盟では、師範代一人ひとりに校長が選んだ「先達文庫」が贈られる。

意味のシソーラス

日本は「抱いて普遍、放して普遍」。言いかえるならば、「抱いて墨条、放して踏修」。「墨条」とは通すべき条理を墨守すること、「踏修」とは修めるべき道を踏破すること。9［離］の両院に冠せられた。

遺伝子（gene）とは別に、文化や風習やイメージやモードや思考が伝わるとした意伝子（meme）。壇上の宮坂真央、塚田慎一は親子受講の2世イシスであるが、遺伝子のみならず意伝子も受け継ぎ、見事突破を果たしている。

未知と既知

未知があるから既知に向かえる。既知があるから未知が生まれる。境界を超えることで、瀬を渉ることで見えてくるものがある。いつもと違う景色を探して、いつもと違う衣装を纏って、旅立ちのとき。

イシス編集学校には早熟も完熟もない。学びの「創」をつくり、編集道を「環」る。15 周年感門之盟のタイトルは「環熟イシス」「創熟イシス」。不足の発見が、対話を起動させ、遊びを創発してきた。

三間連結

序・破・急、古代・中世・近代、読前・読中・読後。編集にはあとさき、オーダーが重要である。学衆・入伝生・師範代がイシス編集学校の「三間連結」だ。編集稽古花札はISIS花伝所のイニシエーションであり、風物詩。

開場前の本楼で感門之盟・司会のリハーサルに臨む後藤由加里師範代。来場者、登壇者の情報を読み込み、次第に沿って台本を書き込んだ「用意」があるからこそ、本番での機をみた「卒意」が光る。

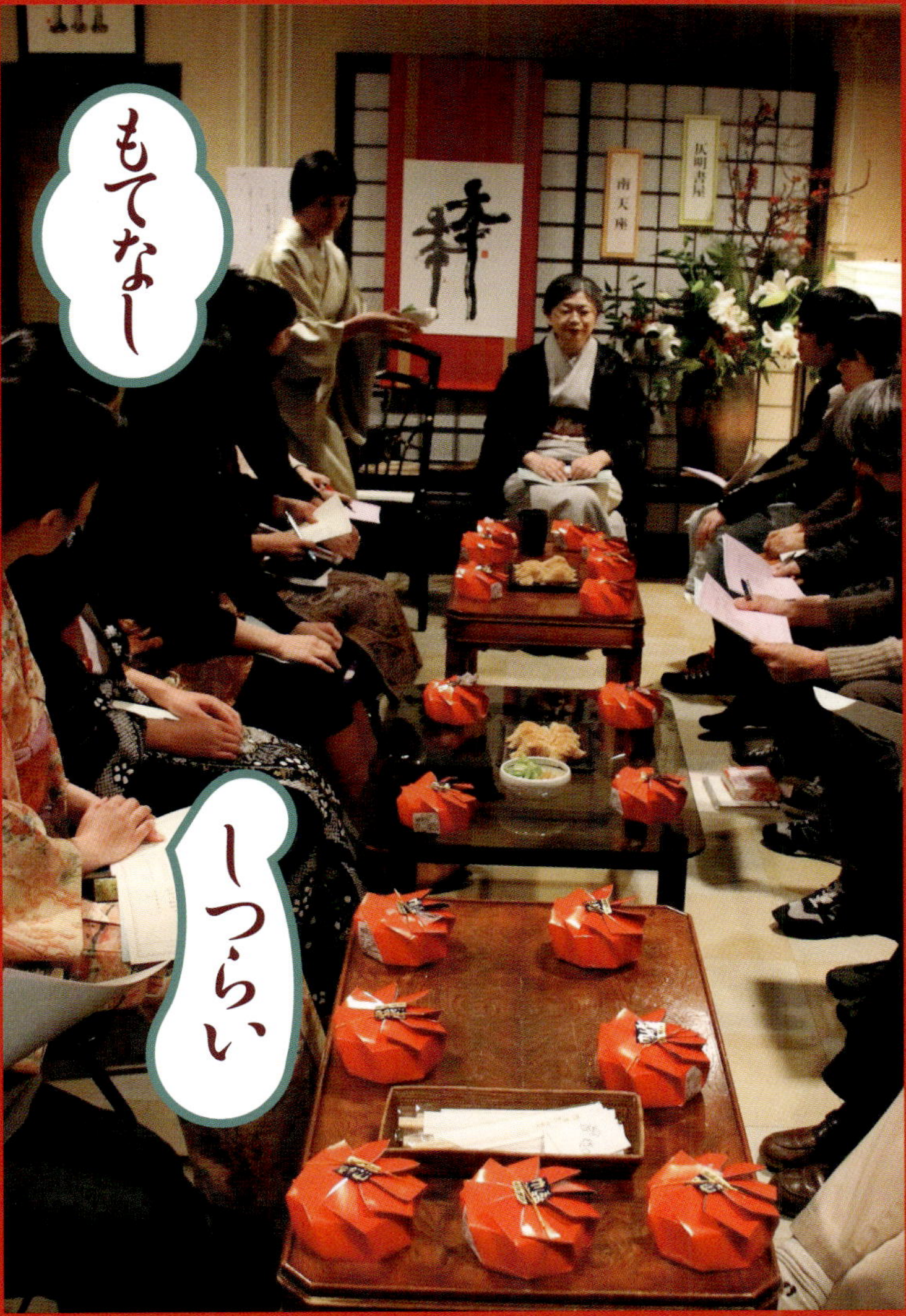

小池純代宗匠を囲み連衆が揃った冬の風韻講座「南天座」の仄明書屋。書と花の「しつらい」、和やかで凜とした師範の「ふるまい」、音と食と歌の「もてなし」。日本のホスピタリティの三位一体。

「ISIS」と聞いてイスラム国だと思う人は、編集学校にはいない。インタースコアがおこる場に投企するための合言葉である。その本拠地が「本楼」。本の楼閣であり、訪れる人を翻弄したいという校長の掛言葉だ。

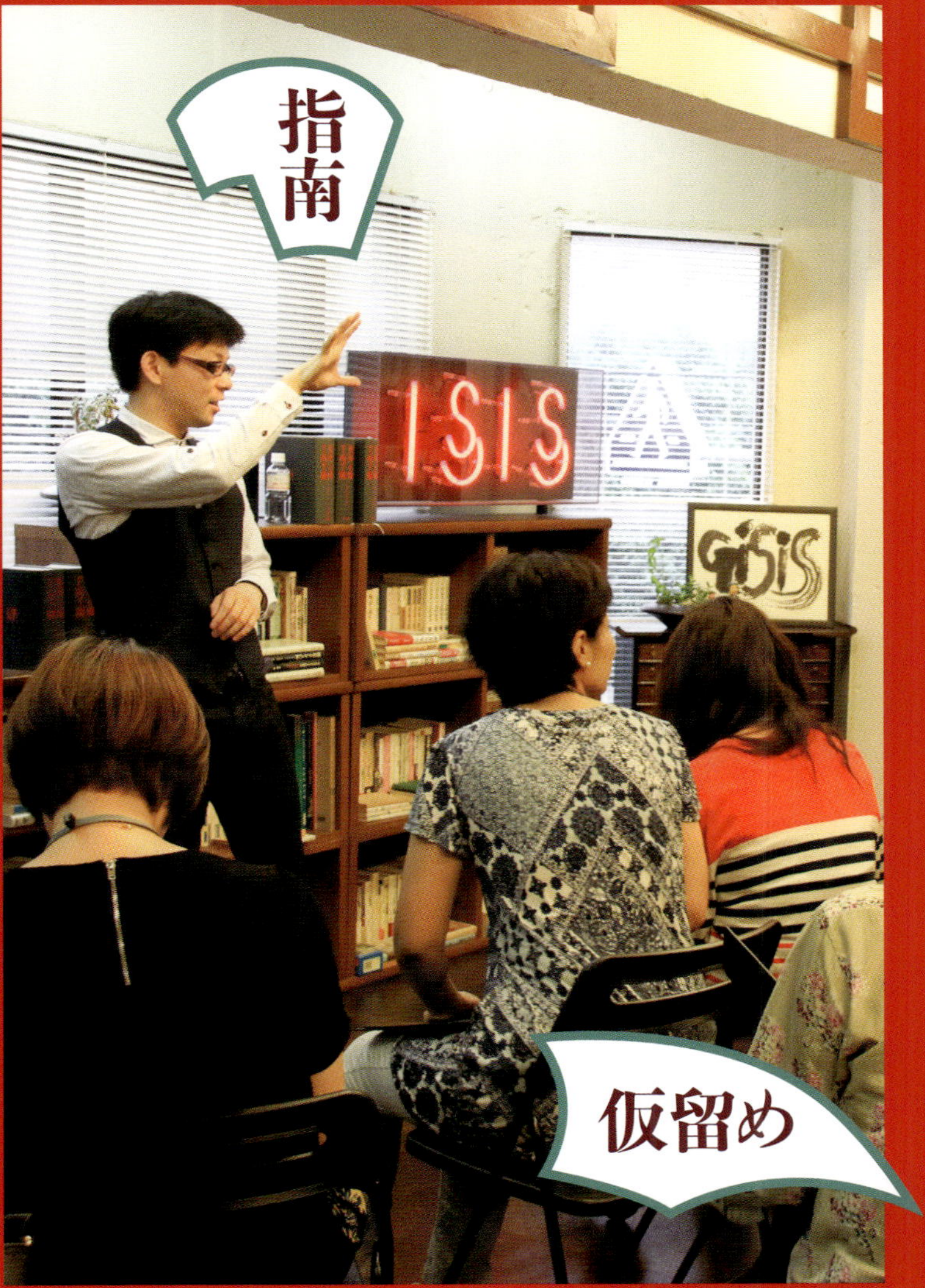

編集をリアルに体験できるISIS エディットツアー。学林局・石口勇輝による学林堂の本棚紹介で幕が開く。参加者が「仮留め」した回答から方法をとりだし、不足を伝える「指南」は、教室の編集稽古と同様である。

物語マザー

震災後に行われた感門之盟「イシスのミノリ」では、再生への願いをこめてエジプト神話のイシス神と月を象ったロゴが意匠された。編集工学では認知と記憶、文化と歴史の奥にある「物語マザー」を重視する。

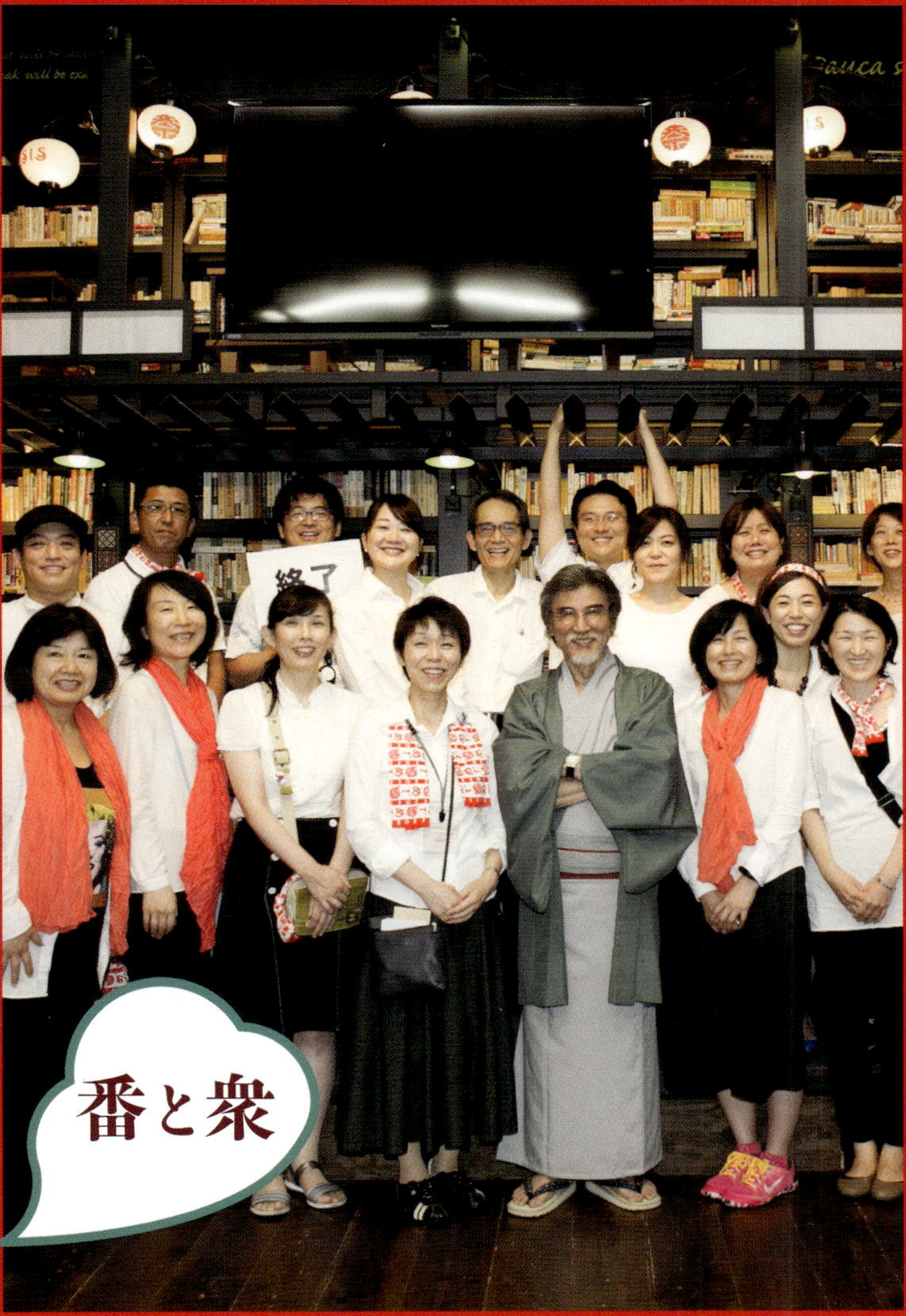

東は家ごとに「番」を守り、西は地域で「衆」をつくってきた。回答・指南は番稽古、番匠は学匠と、別番は別当と一対の「番」となって、学衆を見守っている。その番と衆が一緒に感門団として感門之盟を支える。

井戸の下に見立てた小さな書棚空間・井寸房がゴートクジISISの玄関だ。本は「冊」で読むだけではなく、横並びの「列」で見て、一面の「棚」のつながりを眺める。ようこそISISへ、まずはここから。

5

校長へこふう談義

松岡正剛を覗《のぞ》く

編集者・松岡正剛は、
イシス編集学校の校長として、
どう自らを編集してきたのか。
6離退院後、松岡と仕事をともにする二人が、
イシスの学衆を代表して問う。

1 編集学校は新しい「ステート」だ

最初から、編集学校はここまで続くと思っていた

安藤 今日は松岡校長に何でも聞いていいんですよね。せっかくの機会なので、一スタッフとしてまた弟子として、「松岡正剛」について不思議に思ってきたことをいろいろと聞いていきたいと思います。

校長 はい、よろしく。

吉村 「校長へこふう談義」ということで編集工学風な見方にもずばり踏み込めればと思います。最初の質問です。二〇一五年、編集学校は十五周年を迎えましたが、二〇〇〇年六月にスタートを切った時点でここまで続くと思っていましたか。

校長 思っていたね。松丸本舗のように外部の事情がある場合は別として、ぼくは基本的に自分で始めたことを十年でやめることはしません。とくに編集学校は、「編集の方法や思想」を伝え、学んでもらうための出来のいい方法だと最初から思っていたから、続くと思っていたし、続けようと思っていました。むしろ同時に始めた「千夜千冊」のほうこそ、こんなに続くとは考えていなかった。

安藤　千夜千冊は校長の孤独な編集稽古、かたや編集学校は、この本の『インタースコア』というタイトルにも表れているように、徹底した相互コミュニケーションによる集団的な稽古です。この対の構造は、はじめから意図したことですか。

校長　最初、二つはまったく別々のもので、千夜千冊と編集学校がどのように交わるかなど、ちっとも想定していなかった。だいたい編集学校は、師範代が学衆に連綿と学びを渡していくシステムだから、何が起こるかは読みきれませんでした。ただし、千夜千冊とはまったく別の生態系になるだろうとは予想していた。期という小さな単位があり、［守破離］のコースウェアがあって、たえず創意・創発が立ちあがっていくからね。それから、編集工学研究所（EEL）の「生命に学ぶ・歴史を展《ひら》く・文化と遊ぶ」というスローガンに照らしても、人が介在し、交わしあい、役割をもつ編集学校のあり方は、とても活き活きしたカタチだと思っていました。実際、編集学校でのみんなの稽古のほうが、千夜千冊でのぼくの稽古よりもはるかに多様でお

もしろい。

吉村　二〇〇〇年代の初頭は、グーグルやアマゾンが日本でサービスインしたばかりの頃です。編集学校の開校時には、ITについてのどんなスコープがあったのでしょうか。

校長　一九九五年、アーパネットからインターネットに発展し、モザイクやインターネット・エクスプローラーなどのウェブブラウザが立ちあがってきた頃に、金子郁容くん、吉村伸くんとぼくとで、月に一度、半年にわたって座談会を行い、その成果を『インターネットストラテジー』（ダイヤモンド社、一九九五年）にまとめたことが大きかった。ここでインターネットとは何かを突きつめて考えたんです。KAIZENの天才スドケン（須藤憲司）は、いまでもインターネットの本質は『インターネットストラテジー』に全部書いてある、と嬉しいことを言ってくれている。

その後、第一章にも少し書いたけれど、今度はニフティ・ネットワークのコミュニティ研究会の成果を披露する場として、九五年から「ネットワーク・イン」というイベントを三年続け、「ログインする」「シスオペがいる」といったニフティ・フォーラムの仕組みを知って、編集学校はこのスタイルだと直観した。もうひとつ、「遊」で映像情報を雑誌に乗り換えさせたように、編集学校は「ネットなのにリテラル、リテラルなのにネット」というインタースコアなスタイルにしたいというアイデアを、その頃に思いついたんです。これらが二〇〇〇年に開花したという感じだね。

吉村　編集稽古をおこなうためのコミュニティ・ラウンジ「Edit Cafe」は、いまでもテキストでやりとりをするリテラルな情報交換に特化したシステムになっていますが、当初から動画や音声を使わないという判断があったんですか。

校長　その頃はまだデータ容量や通信速度に限界があって、インターネットが動画や音声を満足に扱えなかった。だから判断したというより、制約があったといったほうがいい。でも、映像が使えないから困ったとは一切思わなかった。もともとぼくは、限定されたなかで自由な発想を工夫して生み出していくタイプだからね。最初に自由放縦な発想をすると、どうしても実現に向けて発想のレベルを落としていくことになるでしょう。そうではなくて、多少時間がかかってもいいから、自分が志向した限定的な場のなかに世界を入れていこうと考える。だから、仮に英文字が使えないといった制約があったとしても、やはり編集学校を始めていたと思う。そのかわりに万葉仮名のようなものを思いついたかもしれない。

ぼくは一貫して、編集と編集者の肩をもつ

吉村　校長は二十代の「遊」のころから、相似律、量子と夢、数学と国家、サイエンスと神道というように異なる知をまたいだり、つないだりされてきました。まさに編集してきたわけですが、「編集」という言葉を強調しようと思いはじめたのは、いつですか。

校長　工作舎時代、「土星紀」という二つ折りの小冊子をつくっていて、その表紙に「H芸からE闘争へ」と書いていました。Hは編集、Eはエディットだね。いまもそうだけれど、当時か

ら、デザイナーも写真家も、コピーライターでさえ「アーティスト」「クリエイター」と持ちあげられるのに、編集者はただの縁の下の力持ちという状況があった。ぼくには、それと闘おう、E闘争しようという気持ちがあったんです。二〇一三年に出演した「オデッサの階段」（フジテレビ）では、「ぼくは、人々がすでに編集が終わっていると思いこんでいることと闘っている」と言いましたが、そうした編集へのラディカルな意志が外に出てくるべきだと思っていた。そしてそこに、宇宙的礼節、ゼスト（熱意）、方法としてのパサージュなどを持ち込みたかった。そう思いはじめたのは工作舎の頃です。

　アルタミラの洞窟からピカソまで、睾丸《こうがん》を抜かれた司馬遷《せん》からウィキリークスまで、情報を何かの形にしようとする試みはすべてエディティングです。グーグルがアーカイブを相手にし、アマゾンが世界中の本を扱うようになってきて、時代がもう一度編集に目覚めはじめていますが、じ

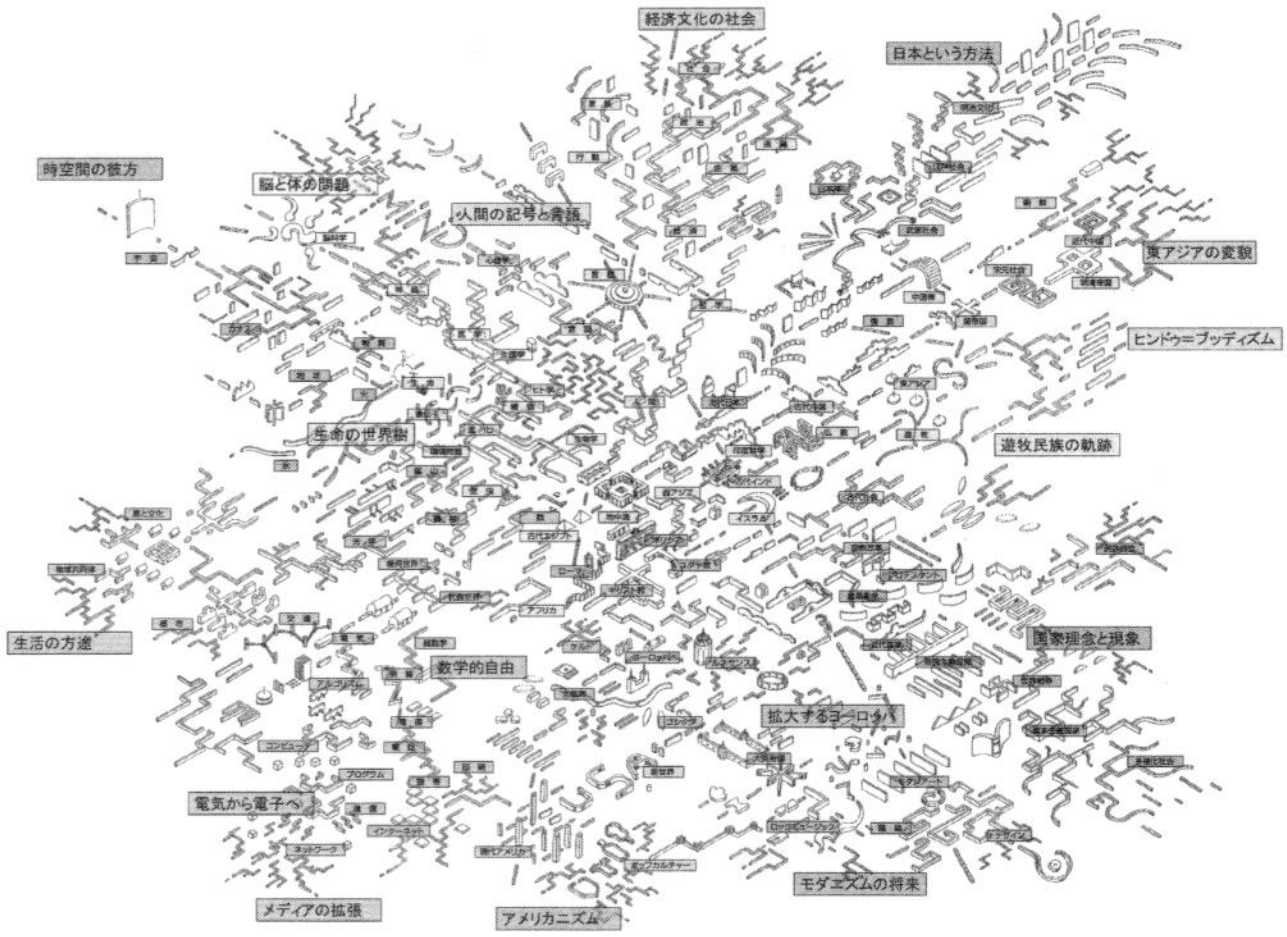

古今東西600万冊の書物を収蔵する「図書街」構想。松岡のラフスケッチ。

つはそれ以前にあらゆるものがエディティングされてきた。クリエイターやアーティストは、こうした編集成果を糧に何かを生みだしているわけだから、彼らが編集者より偉いなんてことはないんだよ。それなら、ぼくは一貫して、編集と編集者の肩をもとうと決めた。世界は編集の連続性のなかにあり、われわれはそこに身を置いているんです。「みんな、そのなかにいるんだ」と声を大にして言いたい。文学もアートも何もかも、世界にはすでに素晴らしい成果がたくさんあるのだから、われわれはその編集をすればいいんです。もちろん、芸を極めたい、何かが上手になりたいという気持ちはわかるけどね。それらを学びたいなら、他の場所があるでしょう。もし編集したいと思うなら、編集学校に来てほしい。

ただ、工作舎の頃はまだ編集の素晴らしさを語っていただけで、みんなに編集の方法を渡せるとは思っていなかった。それがだんだん変わってきたんです。

安藤　編集に「工学」がついた頃ですね。

校長　そう、編集工学研究所をつくってから。編集工学の「工学」とは、メディアやツールが媒介しているということです。編集には活字やノートやPCなどの道具が必要で、それらの道具がつねに自分と対象のアイダをつないでいる。ただし、筆記具が万年筆から鉛筆へと変わっていったように、道具には進化や選択の可能性があるわけだから、いわゆる編集とは別の言い方にしたほうがいいと思って、編集に「工学」をくっつけた。

安藤　編集工学は、自分の頭のなかをつぶさに観察するところからはじまったと聞きました。

校長　ぼくはたえずさまざまな本や人を観察してきましたが、もっとも継続的な観察対象は、けっきょく自分自身なんです。だからこそ、自分のなかに編集工学を発見できたのでしょう。かわりに、たとえば河井寛次郎や美輪明宏、あるいは歌舞伎や能を一番の観察対象にしていたら、批評家としては伸びたかもしれないけれど、編集工学や編集学校はつくれなかっただろうね。

安藤　「松岡は知識だけじゃない」と感じられるとしたら、おそらくそこに理由があります。

校長　好きでやってきたことで、決してイバラの道を行っているわけじゃないよ。ただ、世の中はぼくの挑戦を評価しにくいだろうと思うけれどね。

安藤　たしかに理解されにくいところがあります。きっと千夜千冊もそうですよね。校長が「今回はうまく書けた！」と思っても、必ずしもまわりの反応と合致しないのではないでしょうか。

校長　全然はやしたててくれないねえ（笑）。でも、千夜千冊はひとり遊びだから、基本的には誰にも何も言われなくても、いっこうに気にならないけどね。

編集学校への「移住」が次々に起きている

吉村　二〇〇〇年にイシス編集学校と千夜千冊はスタートしたわけですが、当初、さまざまなコンテンツとともに〈編集の国ＩＳＩＳ〉というプロジェクトとして始まりました。そこに「国」とつけたのはなぜでしょうか。「遊」（一〇一一号／一九八〇年二月）で世界のあらゆる知を再編集して目次立てにする「国家論インデックス」を公開されています。国家は英語でいえばstateであり、状態、様相を意味します。〈編集の国〉には編集的状態になってほしいという意図も込められていたのでしょうか。

校長 国家論インデックスもあるけれど、それ以上にネット社会が固定するんじゃなくて、いろいろ「移住」してほしかったんだよね。それで「新しい国をつくったので、移住してください」というメッセージを込めた。

吉村 現実社会に暮らしながら、インターネット上の国に移住をする。移住とは、具体的にどういうことをイメージされていたのでしょう。

校長 国家、共同体、コミュニティといったものは、必ず臨界値をもっていて、臨界値を超えると問題が起こる。たとえば、中世ヨーロッパでは、カトリックが臨界値に達してどうしようもない状況になったとき、プロテスタントが出てきた。臨界値に達したものはさまざまなものを専有していますから、新しい国、共同体、コミュニティはそれと闘い、新たな場と仕組みを生みださなくてはなりません。そこで一〇二人のピルグリム・ファーザーズはエミグレ（移住）し、新しい大陸に進出して、ジェファーソンを大統領に選んだわけです。そこでは大統領というロールも、連邦などのシステムも、ピカピカの新品。それと同じように、ぼくは〈編集の国〉と名づけることで、新たな土地にどうぞ移住しませんかと呼びかけたわけです。

その〈編集の国〉のなかで大きく伸びたのが編集学校だった。つまり、編集学校も一種の新しいステートなんだね。「新しい国」には、やはり「新しいルール・ロール・ツール」が必要です。みなさんは会社や家庭から編集学校という国に入るわけで、肩書きが課長のままだと、会社世界とバッティングしてしまうからね。期を重ねるなかで、多くの学衆が次々と師範代、師範となり、この国に移住してくれました。空想的な移住かもしれないけれど、存在のトランジットは起こっていると思います。

ただし、全部が新しい名前だとわけがわからなくなるから、学校、教室、校長、教頭、教務だけは残した。いまは教頭と教務はなくなりましたけどね。だいたい、吉村くんのロールの「林頭《りんとう》」なんて、世界のどこにもいないじゃない。

吉村　ええ、どこにもないので、名刺を渡すと困惑されます。イシス編集学校には学林局がありまして、その林のかしらで、などといちいち説明しています（笑）。

校長　林頭という新たな役割を果たすというのは、不思議なことだよね。でも、学衆経験者がこれだけ増えたのだから、そのうち外の世界でも、どこかの組織が林頭や学匠《がくしょう》や師範代といったロール名を使いはじめるかもしれないよ。

吉村　「学匠」も単に講座リーダーではないわけですね。

校長　学匠はやはり「匠」ですから、「職人性」が求められます。学ぶことの匠。それが学匠のおもしろさだと思う。それから、[守]学匠の富澤、[破]学匠の木村、さらに[離]の初代別当師範代である相京と倉田の四人は、完全に人を見て選んだね。ことに大事だったのは、木村と富澤、相京と倉田がまったく似ていないことです。一つも同じところがないと言っていいほど違う。このペアに同じロール名をつけたら、独特の幅のあるロールができると思ったんです。木村と冨澤は、二人とも組織でのマネジメント経験がないから、なおさら掛け算の意味が大きい。ただ、離の別当師範代は、土屋と成澤、田母神と塩田が上手に引き継いでくれているけれど、学匠はまだ木村と冨澤以外にいないから、ロールとして語っていいかどうかは難しいところだけれどね。

2 方法の目 共読の耳

お題ができた背景や理由に思いを馳せるといい

安藤　いまは「わかりやすいこと」が重宝される時代で、「一時間でわかるギリシア問題」など、とかく「わかる」ことがゴールになることが多いですが、むしろ「わかった気になる」ことの弊害のほうが深刻のように思います。安易にわかった気にならないためには、どのような訓練をすればよいでしょうか。

校長　ある物事についてわかっていると思っていたのに、じつは全然知らなかったのだと気づいたことは、誰しも大なり小なりあるはずです。ある認識が、あるタイミングで一気に形を変える

「相転移」が起きたという経験だね。そのうちの一つを思い出しながらギリシア問題を見直せばいいんじゃないかな。

安藤　見方を転移させる力は、最近よく言われる「タコツボ化した世の中をつなげなくてはならない」という問題意識へのヒントにもなりそうですね。

校長　そうだね。世界のあれこれをつなげる方法を知りたいのなら、ぜひ編集学校に入ってもらいたい。さらにいえば、一つひとつのお題ができた背景や理由、お題の順番などに思いを馳せながら稽古してもらうといいと思います。お題に「伏せられたもの」を開けていくことで、小さな相転移がおこり、だんだん大きな相転移を起こしていけるようになるはずです。たとえば、「カブキっぽいもの」というお題をモード論に発展させていくこともできるでしょう。ただし、大きな課題に取り組むには、自分のディバイダーを使って、小さなお題をまずきっちりと測れなくてはダメです。

編集学校で素晴らしい相転移を数多く起こしているのは、なんといっても師範の諸君です。編集学校には、師範代たちが、各期が始まる前や途中に実践的な指南の方法や事例を学ぶ「伝習座《でんしゅうざ》」という場がある。そこで師範が師範代に向けて行う

「用法解説」を聞くと、ぼくはいつも感動する。用法解説のなかに、相転移がいくつも記されている。きっと師範たちは、自らのディバイダーを駆使して、過去の指南事例のなかに自分が編集学校で経験した相転移と同じものをいくつも発見し、上手に組み合わせて使っているんだね。

吉村　師範はもちろんですが、これまで学衆という立場だったものが[花伝所]で学び、師範代となって多様な学衆に編集稽古の指南をつけていくときには劇的な相転移が起こりますね。世界読書奥義伝の[離]で日々洪水のように古今東西の世界知を浴びることでも大きなパラダイム・シフトを経験します。

読書の再起編集プロセスを交わしあえば、濃密な共読状態がつくれる

吉村　『多読術』（ちくまプリマー新書、二〇〇九年）では、本との関わり方について「読前・読中・読後」「3つのR（リスク・リスペクト・リコメンド）」など、さまざまな読書流儀を紹介されています。そのなかでも誰かに薦めたり薦めてもらったり、一緒に読んだりする「共読《きょうどく》」は、イシス編集学校では日常的におこなわれています。帝京大学で実施している読書術コースも共読プロジェクトの一環です。校長は編集工学のなかで、本と編集をどのように重ねて考えられていますか。

校長　第一に、本そのものが編集の賜物です。第二に、本を再編集するのが読書だから、必ず「リバース・エディティング」、いいかえれば再来編集、再起編集が起きます。第三に、その本は誰か他の人も読んでいます。つまり、本は本である限り、つねに「共読状態」を生み出してい

校長の別仕事

日本、物語、デザイン、文字、図像学、自然学。
あらゆる情報文化技術を編集工学する校長・松岡正剛の仕事いろいろ。

ジャンル、国籍を問わず創造的活動を称える「織部賞」。岐阜県主催。松岡がプロデューサーをつとめ、1997年から2007年まで6回開催された。グランプリ受賞者は、エットレ・ソットサス、中川幸夫、大野一雄（右写真中央）、鈴木清順、水木しげる、ワダエミ。

「連塾」最終回、ブックパーティースパイラル「本の自叙伝」には400人もの塾生が詰めかけた。

『千夜千冊全集』全８巻（2006年／求龍堂刊行）。本楼で1500冊記念イベント開催。

松岡正剛構成演出。田中泯、宮沢りえ、石原淋、山本耀司とによる、本と服と体と声が交錯した舞台「影向」。ポスター撮影はエバレット・ブラウン。

松岡の編集的世界観と「日本という方法」を各界リーダーや次世代に伝承するためにスタートした特別塾。2003年から10年間、多彩なゲストを迎え空前絶後のライブトークとして実施された。
第１期は『連塾　方法日本』として出版（春秋社）。

松岡正剛、最近の著書。

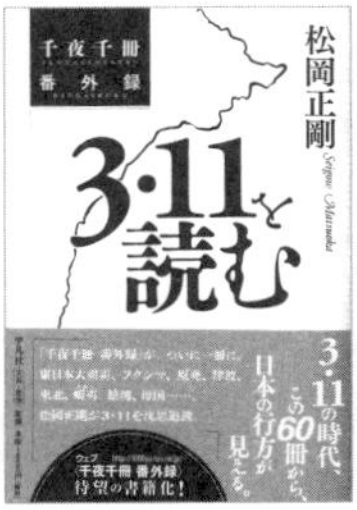

る。われわれは普段必ずしも、自分が共読状態にあるとは考えないけれど、もし読んでいる人が近づいてくれれば、すでに共読が起きていることに気づけます。とはいえ、たんに一緒に読むだけなら、それほどおもしろくはない。一緒に読みながら、本が編集されたプロセスをともに追い、読書の再起編集プロセスを交わしあっていけば、とても濃密な共読状態をつくれるはずです。これが共読の根幹にあることです。

さらに、共読には派生的なことが三つあります。「選書」が重要であること、「本のオーダー」をつくったほうがいいこと、本に入りきらなかった「本にまつわる出来事」に注目することです。本にまつわる出来事とは、たとえば、スポーツの本ならスポーツそのもの、レシピ本なら料理です。編集学校の九州支所「九天玄氣組《きゅうてんげんきぐみ》」が、九州に関係する本を共読しながら皆で九州を旅し、九州について語りあっていますが、本にまつわる出来事を上手に利用している良い例です。

これはまだ話したことがないと思うけれど、ぼくがはじめて共読状態を強く意識したのは、生物学者の三木成夫《しげお》さんと対話したときのことです。『胎児の世界』を読んでショックを受け、三木先生に会いに行き、「松岡さんの顔はデボン紀だね」なんて言われながら、研究室を見せてもらった。そこで話しているうちに、三木先生の極めてアナロジカルな世界の読み方と、ぼくのやってきたことがインタースコアする共読状態にあると思えてきた。たとえば、「捩率《れいりつ》」とぼくが言うと、「だって松岡さん、腸は捩《ね》じれているし、胎児も捩じれて出てくる。だいたいうんちが捩じれているんですよ」と、まさにぼくが言いたかったことを三木先生が返してくれる。そういったやり取りが五、六回続く経験を何度もしたんです。その後は、さまざまな場面で共読状態を感じとれるようになった。学術論文を読みながら、「これはすぐさま新書にできる」と思うことがよくあるけれど、これも共読に近いことです。

どうせそっちに行くのなら、早く行きなさい

吉村 編集学校のキャッチフレーズのひとつが「編集する。日本する。」です。コースは[守]・[破]・[離]。コーチでなくて師範代。稽古で学ぶのは編集の「型」。その「型」にも見立てや助詞やオノマトペイアといった「日本する」がいきています。校長は日本がそもそも編集的であり、方法の国だという見方をされてきました。

校長 割合で言えば、「編集する」のなかで「日本する」は三割くらいだけれど、方法的に感知しやすいでしょう。日本の文化の多くは歌枕や浮世絵や切れ字や懐石料理のような「手法」や「手わ

Image Japan. Manage Japan.
The two processes will run together in "Mother Country, Japan."

日本をイメージすること、日本をマネージすること。
この二つのプロセスが「母国日本」で重なっていく。

ざ」を重視してきています。三味線やカラオケも「さわり」を重視する。こういうことはみんながわかりやすいことなので、そこに「方法の目」の出入り口をおくと編集技法が伝わりやすくなる。日本的なアイテムが必ずしも大事なのではなく、いってみれば日本独特の「負」を背負うことが編集にとって有効なんです。おそらく数年のうちに、「編集する。日本する。」は、もっと重要なスローガンになるでしょう。でも、世の中はいまだに「日本する」の語り方があまりにもヘタだよね。編集学校で学んでもらいたいものです。

安藤　［守］の「ミメロギア」などは、絶対的な評価基準があるわけでもないのに、みんなが共通していいと思うものはあって、おのずと評価が決まっていく。考えてみると、不思議です。暗黙のうちに評価指標をつくって共有していくというのは日本的な方法なんでしょうか。

校長　たしかに、ミメロギアを評価する際は、歌合で二つの歌を並べて評価するときのように「アワセ・キソイ・ソロイ・カサネ」の方法を使っているよね。評価されても勝ち負けが決まらずに進んでいくのは、キソイだけでなく、アワセ、ソロイ、カサネも行われているからで、その点はすこぶる日本的だと思う。

ただし、ぼくは他方で「自然がコントロールしているもの」、進化による環境適応などを評価したいとつねづね思ってきました。キリンであること、バッタであることを評価するのではなく、キリンやバッタになるところ、進化や羽化や成長にさしかかったポイントに注目する編集的スコープを重視してきたんです。とくに師範代には、学衆の進化、羽化、成長に注目したうえで、アワセ・キソイ・ソロイ・カサネのコンティンジェントな偶有性を生かしてほしい。その両方が大事ですね。

吉村　校長は師範代や師範の成長の兆しや停滞を、実にすばやく察知されますよね。

校長　誰かが変わったらすぐにわかるし、ぐずついていることもすぐにわかる。なぜかといえば、ぼくには意図と意味と意表の「ボラティリティ（変動性）」に対する精度の高いカーソルが備わっているからです。

変化や成長に対するぼくの見方の根本は、「どうせそっちに行くのなら、早く行きなさい」ということですね。そちらに行けない誰かさんの体には、細かい「裸の王様」がつきまとっていて、それが莫大な時間の浪費につながっている。チャレンジしたいことはあるのに、遠慮しつづけたりする。師範代や師範は、［守］を受けているから「たくさんのわたし」があることはわかっているのに、それでも「一人ぶんの自分」に囚われていることが多いね。自分はコットンパンツが似合うと思っていて、それを脱がないわけだよ。脱いだら、よしよしと思う（笑）。もちろんファッションだけじゃない。「実は、こんな考えを抱いています」と白状するのもいい。白状した途端、劇的に変化していくものです。

とはいえ、師範代や師範の変化は、世の中に比べればずいぶん速いよ。なぜかといえば、編集学校では自分がまとっているさまざまな「裸の王様」に気づくチャンスが多いからだと思う。ただ、一度何かを脱いだら、そこから先は自らフィードバックをかけて次々に変化していかなくてはなりません。

文巻をただ読んでも、［離］を経験したことにはならない

安藤　情報を扱う技能は、ＭＢＡのクリティカル・シンキングなどでも学べますよね。でも、そういったビジネススキルと編集学校の学びはまったく別物だと思います。なかでも［離］で、［守］や［破］の型が単なる思考スキルでなく編集的世界観のなかにあることを知ることができるかどうか、そこで大きく違ってくるのだと思うのですが。

校長　工作舎時代の「遊塾」の頃から、ぼくは世界の大きなストリームを重視してきました。編集的世界観には、コスモスとカオスの両方があり、ヨーロッパもアジアも、孔子も荘子も墨子も、キリンもバッタも入っている。そういったことはＭＢＡでは教えてくれないだろうね。

安藤　［離］の話を少し伺いたいと思います。離のテキストである文巻《ぶんかん》を書いたときは、全体像をつくったうえですべてを書いたのですか。それとも、最初からバッと書きはじめたのですか。

校長　どちらでもあるかな。たとえば、科学は入れたいけれど、その前にシステムや脳についてやっておこうといった漠然としたアウトラインを用意したうえで、最初からどんどん書き進めていったね。書くうえでの手すりの一つは千夜千冊、もう一つは、離学衆が［守］と［破］を出た人たちだということ。ぼくは［離］の文巻を書くことで、離学衆が新たな国にトランジットしたと実感できる場をつくろうとしてきたんです。

安藤　私にとっての［離］は、言うなれば「いつの間にか、とんでもないことが身についている ジェットコースター」で、おそらく世界のどこにもないスリリングなエンタテインメントです。 校長がどうやって考えられたのか、私にはまったく想像がつきません。

校長　［離］の内容は秘密だから（笑）、ここで多くを語るのは控えておくけれど、ひとつ大事なのは「高速かつ集団で経験する」ことです。離の文巻は門外不出と決めているけれど、仮に、いまや一五〇〇枚を超えた文巻テキストを読めたとしても、それだけでは決して離を経験したことにはならない。大量かつ順番に文巻が配信され、三〇人の学衆や火元組とともに高速で回答し、交わしあい、ともに駆けぬけることが離のキモで、入院しないと文巻を感じることはできないし、文巻や仲間たちとの一期一会はないと断言できます。

3　自分のハナシ

ぼくは欠陥だらけで、本当にヘンなヤツだと思う

安藤　私たちは松岡校長の活動からいつも多くのインスピレーションをいただいていますが、校長は、師範代の頑張りや離学衆の回答など、私たちから影響を受けることはあるのですか。

校長　とくに最初の四、五年は、ものすごく影響を受けたね。稽古と指南のやりとりはほとんど見ていたし、頻繁にコメントしていた。学衆全員に言及したこともあったし、師範代一人ひとりに細かく言葉をかけていた。ワクワクする体験でした。

安藤　それは、編集工学者・松岡正剛としての仕事にも直接影響していたのですか。

校長　もちろん。ただ、ぼくは普段からコンビニの棚の並びとか、自動車でゴートクジに来るまでの外の景色、街路樹の季節ごとの移りかわりとか、周囲のすべてから刻々と影響を受けて生きているタイプで、その意味で編集学校が特別ということはない。特定の学衆や回答から影響を受けたいがために編集学校を覗いたことはないね。

安藤　いつも不思議に思うのは、校長が一流のプロフェッショナルの方々とも、編集学校の学衆や師範代ともまったく同じように何かを交換していることです。だからといってやたらと近しくなるわけではなく、みんなとハグはするけれど、誰に対しても一定の距離感を保っていますね。この近いとも遠いとも言えない距離感の妙が、いまだに謎です。松岡さんにとってプロとアマの差はないのですか。

校長　差はないいね。杉浦康平さんや、いとうせいこうさん、中田英寿さんが相手でも、安藤、吉

村や、学衆や師範代が相手でも、近づく距離は全員キッカリ同じ。どれだけ名が知れていて、活躍している人でも変わりません。

安藤　その距離は意識して設定したのですか。

校長　設定したというより、自然とそうなってきた。エルボーディスタンスのようなものだろうと思います。世の中には、相手をもっと近くに呼びこむ人もいるんでしょうけどね。近づく距離が決まっているのは、それより近くに来られたときのぼくの対処能力が著しく低いせいだと思う。ぼくは話すことだけでなく、航空チケットを買ったり、医者を予約したり、何かを食べることまで、一定の距離でしかできないのです。

安藤　そういえば校長には苦手なことがたくさんある。かなり日常活動はアンバランスですよね。

校長　だいたい旅行のパッキングができないし、お風呂上がりにカラダ全体を拭くことができなくて、必ずどこかに少し濡れたところが残ってしまう。欠陥だらけなんですね。本当にヘンなのです（笑）。

安藤　でも、皆はまったくそうは思っていないですよ。

校長　なぜだろうね。ぼくは、事に当たるときはできるだけ礼節を重視し、ふさわしくしなくてはと思いますが、普段は本当にだらしないし、歯を磨くといった生活スキルは子供の頃からほとんど発達

していない。自分の顔は鏡でほとんど見ないし、髪は六、七年にわたって、松岡正剛事務所の和泉がカットしていた。本当に自分でもおかしなヤツだと思うね。へこたれないところは長所だと思うけれど。

安藤　自己管理も体調管理もスケジュール管理も一切しないですものね。

校長　葛根湯はかかさず飲んでいるけどね（笑）。

技を磨いてきたから、グチャグチャなのにうまくいっている

安藤　でも、どんな状況でもやるべき仕事は間に合わせるし千夜千冊は書きあげるんですよね。

校長　昨日は、有楽町ＭＵＪＩ　ＢＯＯＫＳのオープンにあたり、すべての棚サインを三〇分ほどで書きあげてきたしね。これだけグチャグチャなのに、ぼくがなぜうまくいっているかといえば、おそらく編集の技を磨いてきたからです。どんな技も、瞬間的に入って成果を出せる水準に達するまで訓練してきた。技の種類がいくつあるかは自分でも数えてないけれど、かなりあります。なぜそこまで訓練するかといえば、ある場面にさしかかったとき、十分に力を発揮できないとつまらないからだね。

そもそもぼくは、ある部分のセットに出会ったときには、過剰なほどに集中し、向きあうのですが、全体にはまったく興味がわかないタイプなんです。鉱物は好きだけれど、全鉱物からは入れないし、孔雀石だけを調べてほしいと言われても難しい。しかし、ある鉱物のかけら十個を手

に入れたときに、ぼくの編集のトリガーがいっせいに起動すること
がある。世界平和には興味がないし、スポーツ全体を良くしたいと
も思わない。すべての学校がこうあるべきだとも考えない。でも、
松丸本舗をつくり、『全宇宙誌』（工作舎、一九七九年）を考え、「タル
ホ＝セイゴオ・マニュアル」を書いてきたように、ある部分のセッ
トに関してはやり尽くすし、責任をとる。こうしたぼくの動きは、
おそらく全体というシステムからはとらえきれないと思う。逆にい
えば、そこがぼくのアンバランスな存在学を支えているのかもしれ
ない。

少年の頃から、ぼくは自分の欲しいものがほとんど手に入らな
かったけれど、あれが欲しい、これが欲しいとは一度も言ったことがなかった。自転車が欲し
かったけれど、言わなかった。あるとき、一度だけ自転車が欲しいと言ったら、父が大人の大き
な自転車を持ってきた。本当は、友達のみんなが乗っている少年用が欲しかったけれど、そうは
言わない。そのうち、母親が気を利かせたのでしょう、ようやく小さな自転車を買ってもらえ
た。にもかかわらず、その自転車はぼくの想像を下回っていたんだよね。

ぼくは、ある部分のセットに集中しているときだけ、注意のカーソルを全部揃えて、動くもの
をキッチリとディバイダーで測り、他に移す能力がぐんと高まるんです。一部分にあまりにも集

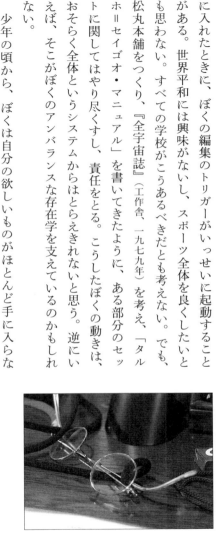

書きこみ先達文庫

校長自らが師範代一人ひとりに選び、直筆のコメントを感謝とともに贈る。一冊の文庫が世界にただ一つの本になる。

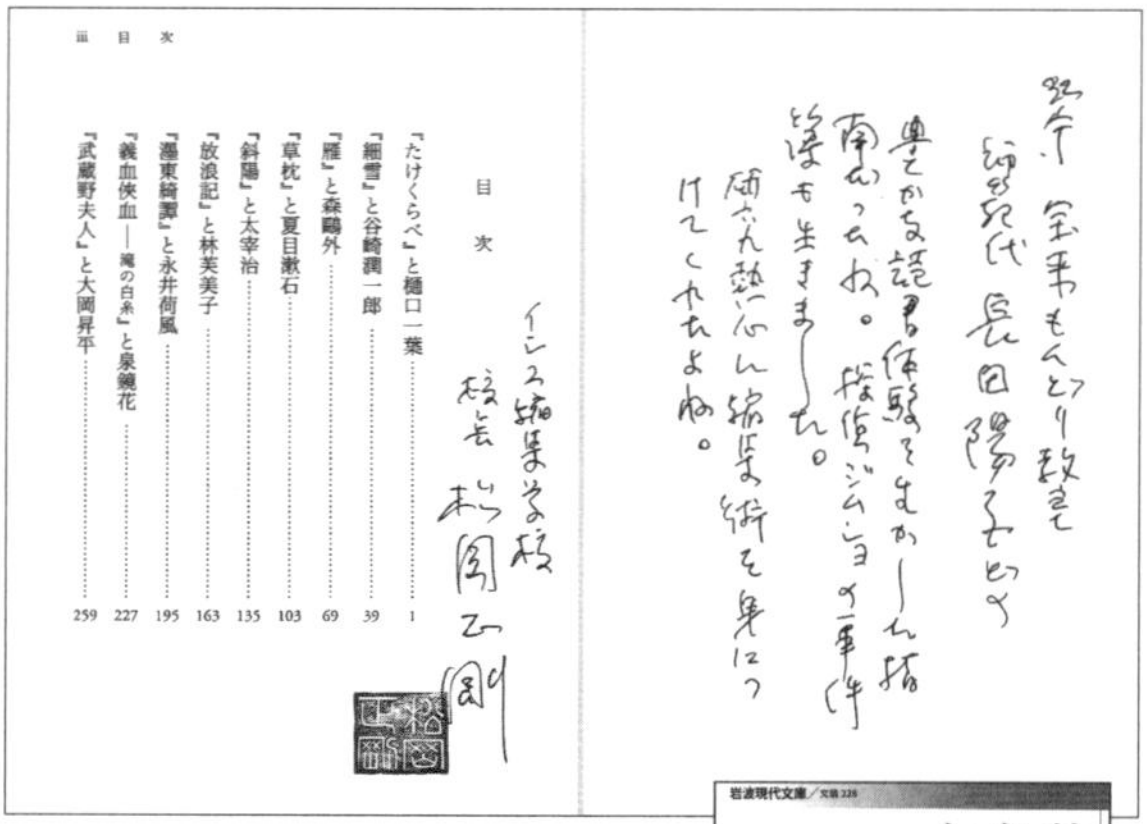
iii 目次

目次

第32期［守］長田陽子 師範代

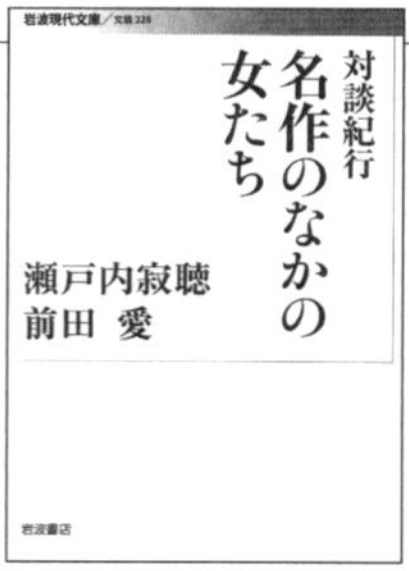

第32期［守］石川正宏 師範代

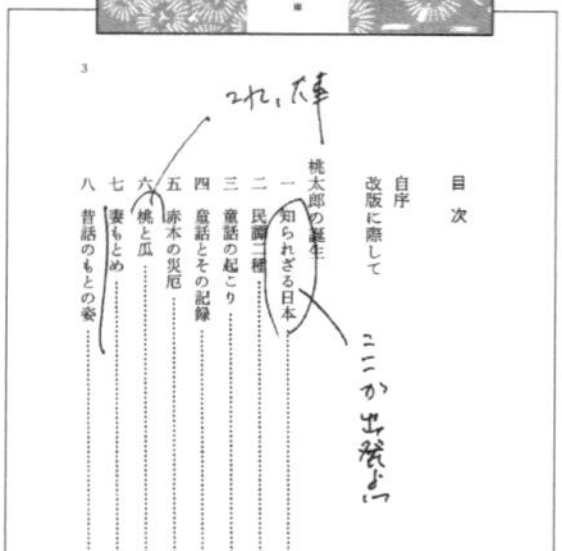
3

目次

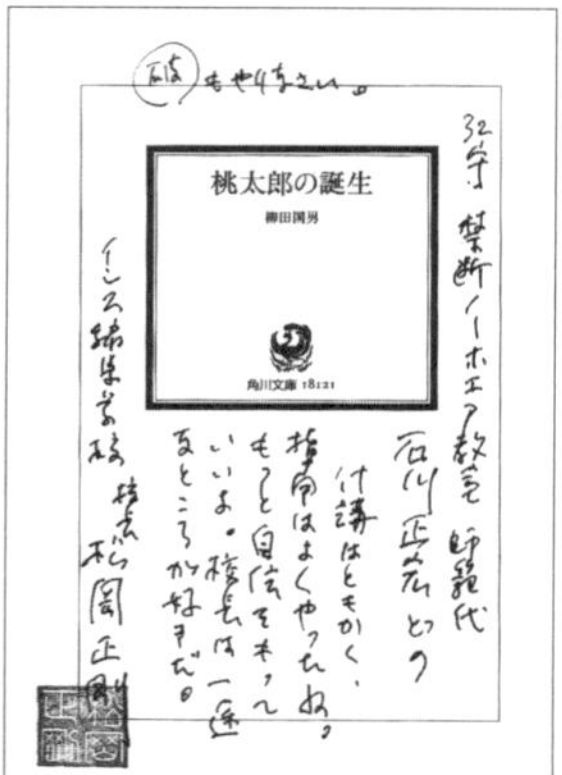

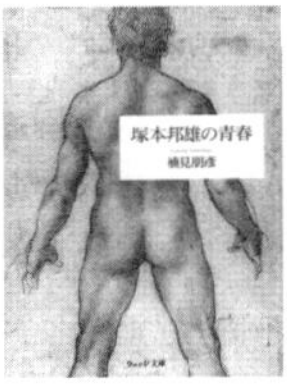

1

2

3

4

5

6

7

8

9

10

11

12

13

14

15

16

17

18

第35期［守］師範代18名への先達文庫（2015.9.5贈本）

1	月下ジョバンニ教室	後藤 泉
2	十装ダリア教室	中村麻人
3	彩月ミシン教室	柿沼沙耶香
4	ノードチェンジ教室	浅羽登志也
5	一二三つくし教室	石川奈穂子
6	天然ドリーム教室	橋本英人
7	舞姫密談教室	岩野範昭
8	カタカタ対想教室	福田恵美
9	ソラリス落雁教室	藤木不二人
10	銀嶺明滅教室	谷 留利子
11	さみだれ海峡教室	小路千広
12	ゆらゆら裸足教室	山口生人
13	増幅ドライブ教室	本多弥文
14	おとづれスコア教室	上杉公志
15	剣法ゴロー教室	岡部吾朗
16	場力こんこん教室	近藤美智子
17	変換スタンダード教室	重廣竜之
18	東華西草教室	ゆう恵朱

中したときは、一部分が全体を超えることがあるほどです。自転車も、そういうことですね。
われわれは皆、生まれるときと死ぬときの両端が欠けてぼやけていて、すべてが途中からはじまるなかで何かを行っているのですから、全体を偉そうに語ることはできません。だからぼくはとりあえず、ある部分のセットに賭けるんです。美輪さんから「松岡さんにしかできない話を聞きたい」と言われたら、三木露風《ろふう》の「白月」という歌を取り上げて、白月のここが美輪明宏なんじゃないですかと語る。そうしたことは、もちろん多少は美輪さんを観たり聴いたりしないとできませんが、美輪さんの全部を知ろうとは思わない。

吉村 ある部分に着目し、そこから方法をとりだして指南をする、校長のありようを師範代が写像しているようにも見えます。

校長 うん、それはみんな、勘でわかるのかな。

吉村 編集稽古が学衆にとって自分を持ちださざるをえないお題になっているから、師範代は学衆それぞれの部分のセット、注意のカーソルを感じ取りやすい状態になるのだと思います。

「ありあわせ」が好き

校長 あと、ぼくは「ありあわせ」が好きなんですね。いまここにあるものからはじめることに魅力を感じる。どこかにさしかかったときに必要な人を連れてくることはあるけれど、最初の時点で、あの人がいない、あの機材がないといったことはほとんど気にならないし、「わざわざ松岡さんがしなくてもいいのに」と思われるような仕事を依頼されても、気にせずに取りかかる。編集にならないものは、あまりない。

ゴートクジに引っ越したときは、数寄屋建築の三浦史朗さんや照明家の藤本晴美さんなど、引っ越しを手伝ってくれた人たちが、はじめてぼくの部屋を見て、「これが松岡さんの部屋？本楼《ほんろう》はあれほど素晴らしく仕立てあげたのに、自分の部屋はこんなに小さいんですか。仮に小さいにしても、お茶道具を置くとか、何とでもできるじゃないですか」なんて口々に言うわけです。だいたい、彼らが座るところすらなかった（笑）。ここにも、ぼくの「ありあわせ感覚」が出ているね。

安藤　華美ということはまずないですよね。

校長　おそろしくモノを持っていない。

短い時間で行う創意工夫をずっとつづけている

吉村　校長は、子供の頃から方法に向かうのが好きだったんじゃないでしょうか。

校長　いや、ちょっとずつだね。少しずつ方法が好きになっていった。

吉村　それがどこかで確信めいたものに変わったのですか。

校長　パウル・クレーのノート、梶井基次郎の掌編、河井寛次郎の焼きものなど、すぐれた表現、技術、編集成果に出会ったとき、ぼくはリスペクトを惜しまない。その積み重ねが、いつか確信に変わっていったのだと思います。もちろん杉浦康平をはじめ、十文字美信、モノクロームプリントの有田泰而など、同時代の人たちもよくリスペクトしてきた。

リスペクトできる部分のセットを発見すると、ぼくは「杉浦さんのデザインのこの部分は、スイスのコンテンポラリーデザインを超えているんじゃないですか」などと本人に伝えます。すると、だいたい相手はビックリする。河井寛次郎の娘さんは、千夜千冊を指して、「河井をこれほど活かしている文章には、はじめて出会いました」と言われた。ただ、人によって反応の仕方は違うし、こちらが投げかけ方を変えると、その後の変わりようが違う。彼らの反応が、ぼくのコミュニケーションを編集的に展開するヒントになっているね。編集学校にも影響しているかもしれない。

安藤　校長の子供の頃の話をもう少し伺いたいです。私たちは、編集稽古で「幼な心」をくすぐられるようなお題をいくつも経験して、幼いときの気持ちを忘れてしまっていたことに気づきます。でも、おそらく校長のなかには、七歳や九歳のセイゴオくんがほとんど変わらず残っているのではないかと思うのですが。

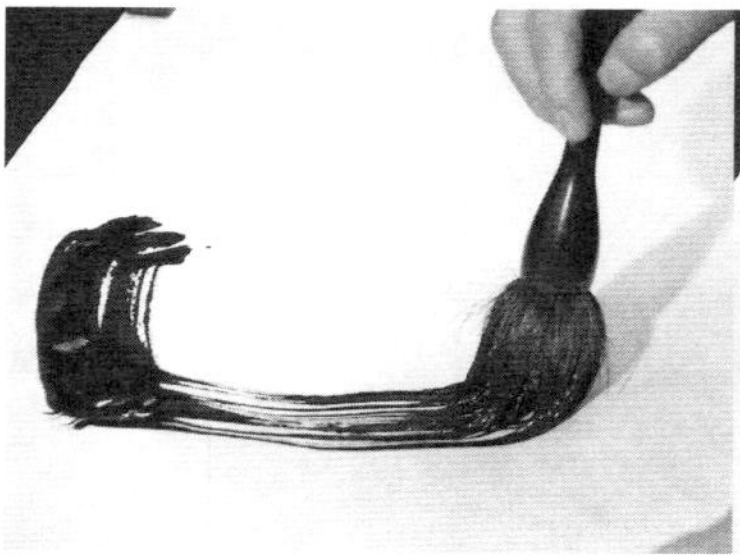

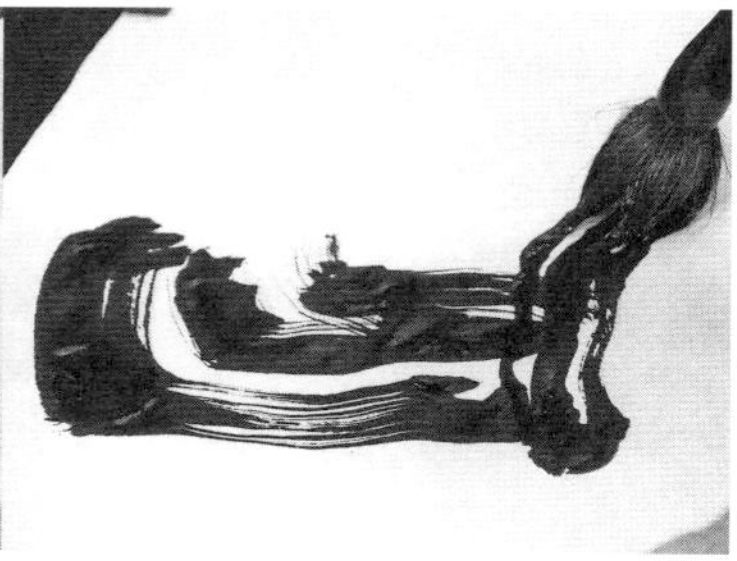

校長　劣化はしているけどね。

安藤　でも、鮮明じゃないですか。

校長　それはぼくが語るのではなく、まわりに発見してもらうのがいいと思いますね。ただ、ドキドキしながら短い時間で行う創意工夫や編集はずっとつづけている。たとえば、三日前に「感門之盟」で指導陣たちに贈る色紙を書いた。番匠の鈴木康代ちゃんに渡す色紙は、まず彼女のイメージを頭に浮かべて「幹番」という言葉を選んだ。看板でありながら、幹の番でもあるという言葉で、彼女の姿形が幹なのです。次に、三〇センチ四方の正方形に、ぼくの筆とストロークで幹番という書を入れていく。「幹」の中心をすっと通し、「番」の中心の棒も長くして、かなり下のほうに田を書くことにした。そこでふと、田の上にある二つのはらいを、三つにしようと考えたのね。そこまで来てはじめて思いついたもので、最初に言葉を選んだときには、まったくなかったアイデアです。ぼくの場合、このように二、三分で編集の手が入ることが多い。

この傾向は、子供の頃、家の庭でジンチョウゲが終わってクチナシになったことや、クチナシの花がすぐに黄色くなっていくことに何かを思ったこととつながっていると思う。小学四年生のときに「赤い水残して泳ぐ金魚かな」と俳句を詠んだ自分ともつながっているね。武者小路実篤の「仲良きことは美しき哉」みたいに得意文句を描いてもいいのに、毎回相手によって言葉を変えるのは、短時間の創意工夫を大事にしているからです。ただ、色紙はまだわかるだろうけど、普段は松岡がどこで何を考えているのかわかりにくいかもしれない。

安藤　ふとしたことにドキドキしてそこに全神経を傾けるという感覚は、五、六歳までは皆が持っているものだと思います。でも、多くはいつの間にか社会のなかでなくしてしまう。私たちは、それを編集学校で思い出す。校長のなかにその感覚が鮮明に残っているのを目の当たりにして、自分の思い出のトリガーが引かれるのかもしれません。

相互編集状態が起動するところに、秘密や実感のすべてがある

吉村　校長は自分の創作や執筆にのみ向かうのではなく「相互編集状態であり続けることを自分に課してきた」とおっしゃっていました。アーティストや経営者、大学教授や主婦といったどんな相手ともインタースコアしつづけてきたことが、もたらしたものは大きいのでしょうか。

校長　そうですね。対話のなかで感じたり、教えられたりすることはたくさんあります。世の中の大多数は、オリジナルなものを創りだす能力を「クリエイティビティ」だと思っているよね。でも、ぼくの経験からいえば、一般的にクリエイティブだと思われている当の本人は、自分にはクリエイティビティなどないと思っている。たとえば、千夜千冊で取り上げた山崎努の『俳優のノート』にはそうしたことが赤裸々に書かれている。おそらくは皆、自分の「不足」を起爆させながら、山崎努や原田芳雄や美輪明宏や杉浦康平やいとうせいこうを成立させているんだよ。彼らもまたぼくと同じように、ありあわせで勝負しているわけです。

そこで、ぼくのほうに美輪さんやいとうさんが相互編集状態に入れる何かがあれば、ぼくが彼

らの不足を感じ、彼らの不足を起爆するチャンスを提供できるんじゃないかと思っている。そもそも、相互編集状態が起動するところに秘密や実感のすべてがあって、情報が送り手と受け手、認識と表現を行き来しない限り、ありあわせでの起爆などは起こりえないというのがぼくの考えです。ぼくは、ジャン・コクトーの「私は人々がオリジナリティにこだわることが大嫌いなだけなのである」という言葉を読んで以来、オリジナリティは捨ててきた。それがどういうことなのか最初はよくわからなかったけれど、いまは模倣こそがすごいと確信している。

吉村　この本のタイトルでもあるインタースコア、相互編集について著している書物にはどんなものがありますか。

校長　いっぱいある。ノーレットランダーシュが『ユーザーイリュージョン』という本で、脳が思いついてから自分がそう思うまでの間、脳が認知するコンマ何秒かの間にユーザーイリュージョンが生まれていると言っているけれど、それこそ相互編集状態のトリガーだね。それから、研究者がコップを取る行為を見ただけで、サルの脳が手を動かすときに発火するニューロンを発火させたのが「ミラーニューロン」発見の経緯で、これも相互編集状態を示している。ユーザーイリュージョ

ンやミラーニューロンからわかるのは、相互編集状態は一つだけでなく、同時にいくつも動いているということ。その点ぼくは、主と従、主と客、花と蝶、星とナイル川など、さまざまなインタースコアに知的興奮を感じてきた。複合的、瞬間的なインタースコアのピックアップと学習の量は、おそらく相当多いと思う。

安藤 何冊もの本を読んで頭のなかで複合的に読みとる習慣は、早い時期からあったのですか。

校長 最初から複読力があったわけではなく、ついついそうなったんだと思う。小さい頃、夜店で花火を買ってと言わずにチラリと眺めるだけだったのが、ぼくの場合は有利に働いたということでしょう。おかげで瞬間のインタースコアや複読性が小さい頃から身についた。ジャストルッキング（ちょっと見る）という脇見が強力な編集のトリガーになってきた。

スランプは、楽しい

安藤 校長は徹底的にスタッフの仕事につきあうときと、大胆に任せるときの両方がありますが、その差は何でしょうか。

校長 決してあきらめが早いわけではないし、自由裁量に任せているわけでもないのに不思議だよね。基本的には、ぼくは自らディレクションしたいほうだけれど、編集学校の場合は、おそらく仕組みの複合性が保証してくれるから、安心して君たちに任せられるのだと思う。ぼくは、たとえば山登りやスキーのように技術の差が明確に出るリニアな組織をマネジメントするのはヘタです。もし山登りのリーダーをしなければならなくなったら、ルールを複合的に変えてしまうだろうね。複読と同じように、ルールも複合的にしたいのです。

安藤　校長がゲームをつくったらおもしろそうですね。

校長　そういえば、［離］を仕切る太田香保総匠からは、複合的で独特なルールを持った「セイゴオいろはがるた」をぜひつくってほしいとよく言われるね。

安藤　校長がときどきスランプに陥っていると聞いて驚いたことがあります。好きな音楽などを聞いて気分を切りかえるということでしたが。

校長　ストレスは本当に少ないけど、スランプはある。でも、ぼくの場合はスランプが楽しい。乗り越えなくてはならない課題が見つかって、自分を新しいステージに運ぶチャンスになるからね。この前、新しい本を書いている途中でスランプに陥ったけれど、そのおかげで、これまで苦手だったフランシス・フクヤマが一気に深く理解できた。

安藤　スランプはストレスにならないということですか。

校長　ならないね。むしろスランプを無視せず、きちんと感じることが大事だと思っている。たとえば、十一面観音はわかるのに如意輪観音の良さがわからないなら、そのことを見つめたうえで、きっと如意輪観音には十一面観音にはない良さがあるに違いないと考えを進めていく。

見方を変えることができれば、スランプは新しい発見につながるんです。ぼくはよくヘルマン・ワイルに大きな影響を受けた話をするけれど、じつはその前に、アインシュタインやボーアやド・ブロイを読んでいる。もちろんすべておもしろかったのだけれど、何かが掴めていない感覚があった。その後、ホワイトヘッドの『科学と近代世界』で一度はスランプを脱出できたと思ったのだけれど、ダメだった。ただし、その時点で、次にもう一つ何かがやって来れば、たちどころにわかるだろうというアブダクションはすでに起こっていた。そこでヘルマン・ワイルを読んだ、というわけです。これも一種の編集の合わせ技に近いかもしれないね。自分で相転移を起こしているのだから。

安藤 相転移が起こるときは、気持ちいいんですか。

校長 気持ちいいねえ。

メディエーターを評価したいから、感門之盟の主役は師範代

安藤 ところで、感門之盟は、学衆ではなく師範代が祝われるという点で世の中の卒業式とは違いますよね。何か理由があるのでしょうか。

校長 メディエーター、ミドルリーダー、トランジッターをいつも評価したいんです。編集学校のメディエーターといえば師範代だから、感門之盟では師範代が主役と最初から決めていました。初期の感門之盟では、学衆は立ち見だったくらいです。だから、ぼくとしてはみんなにぜひ師範代を経験してほしいですね。

吉村 学衆時代、感門之盟で自分の教室の師範代が校長に褒められているのを見て、誇らしい気

分になったのを覚えています。

校長　それは、学衆が師範代になれる経路があるからだろうね。それがなかったらただ皆さんに失礼なだけですから。

安藤　師範代が祝われるといった独特の慣例も、何度か経験すると普通に思えてくるのが編集学校の不思議なところです。

校長　そうした「編集的摂理」は、べつだん言葉にはしてこなかったけれど、ぼくが命をかけて拵《こしら》えてきたものかもしれない。

安藤　いま校長が、自身の「ツトメ」だと思っていることは何でしょうか。

校長　今日一番、説明が難しい質問だ。じつは、いまツトメにしたいものは「メタ」を考えるということなのです。なぜかというと、ぼくはいつも、まだ誰も考えていないイノベーションに興味があって、それをツトメにしたいと思っているからです。現代社会では、個と類が互いに相当のコレスポンダンスを起こしはじ

めていて、別にぼくなどがイノベーションを起こさなくても、世の中のほとんどはうまく回るようになってきました。そこで、ぼくのツトメは次の段階、つまりメタなイノベーションに向かっている。そのうえ、ぼくは全体に興味がないから、ある部分のセット、つまり「コース」に進むほかない。それでいいと思っているけれど、メタなコース編集というのはこれまで以上に評価されにくいだろうね。

安藤　編集学校は、その一筋になっていますね。

校長　それどころか、ほんとうは編集学校が一番太い筋だよ。

4　昨日からの未来

新たなコース、ロール、カリキュラムをつくってもらいたい

吉村　二〇〇〇年に開校して、イシス編集学校も十五周年を迎えました。SNS時代になり、インターネット環境も大きく様変わりしました。

校長　最初に話したように、ぼくはモザイクやニフティ時代の発想から出発したから、グーグル、アマゾン、フェイスブック、ライン、クラウド、ビッグデータ時代のことは、ぜひ次の世代

の皆さんに考えてもらいたい。新しい書店、新しい図書館をつくるといったプロジェクトにはこれからもヒントを出していきたいけれど、ぼくがスマホに入る余地はないと思っている。

吉村　編集学校も若い世代を中心にスマホで編集稽古に取り組む学衆がずいぶんと増えてきました。また、企業や大学、地域団体が編集を切実に求めはじめています。組織としてまとまって受講されるケースも多い。校長は創発が起こる学びの仕組みとして、編集学校はどれくらいの学衆数や規模がよいと思われますか。

校長　編集学校は、いまの十倍くらい大きくなっても問題ないと思うけどね。教室という単位は変わらないわけだから。

ただ一方で、規模拡大に向けての実験は大切です。広本くんの「NARASIA」、吉村くんの「エディットツアー」「ISISフェスタ」、安藤さんの「ジャパンウェア」「超近大プロジェクト」などがすでにはじまっているけれど、もっと実験していいでしょう。実験ということでいえば、ぜひ誰かに一度、編集学校そのものを編集してほしいね。限定力を存分に発揮して、新たなコース、ロール、カリキュラムをつくってもらいたい。メディアをとおして、編集学校を編集工学するといったチャレンジもまだ足りていない。以前、校長が面談して師範代を決めていく方式から、花伝所をとおして師範代を生み出していく方式に変えたけれど、同じように、編集学校の仕組みをそろそろ他のやり方に変えていくこともしてほしいと思っている。それから「理論化」だ。世界には、U理論のような社会理論やイーガンの創造力教育のような学習理論が出てきているのだから、編集学校の理論化も進めてください。

吉村　理論化をしながら、実験と実践を加速させていきたいですね。編集学校のメディア化も同時に進めていきます。これまでの教育機関などで参考にするとよいものはありますか。

校長　鎌倉アカデミアからシュタイナーハウスまで、バレエ・リュスにも魯山人にも学ぶべきものがたくさんあると思う。たとえば、編集学校がやっていないことの一つは、初期のバウハウスがパウル・クレーやモホリ・ナギを招いたように、外部の優れた先生を招いて講座を開くことだね。ファッション、ダンス、デザインだって、編集学校のカリキュラムにできるよ。

吉村　ISISフェスタはその先駆的な試みだと位置づけています。これからイシス編集学校が社会とインタースコアしていくためのヒントをください。

校長　二方向あるでしょう。一つは、編集学校のコースウェアをアプリ化して、大学などに入れていくこと。もう一つは、編集学校からまったく新しいYMCA、野鳥の会、ボーイスカウトを生みだすことでしょうね。こちらもおもしろいと思う。編集学校自体が、船や小屋や新芸能になればいいんだよ。そのときは、まずそれぞれの場のインターフェイスをつくり、カリキュラムごとに分けていくといいと思う。そして、思いきって守破離の外にお題を切り出すんです。今後、あらゆる形に適応できる力を問われるだろうから、コースウェアを柔軟に区切れるよう、いまから準備を進めておいたらどうだろう。新たなお題づくりもしたほうがいいかもしれない。きっといろいろな場を創出していけるはずですよ。人とお題とプログラムがつながっていることに関しては、編集学校は絶対の自信をもっていいからね。

安藤　編集学校独特の「恩を次に返していく仕組み」は、まだ外に持ちだしたことがありません。でも、これこそがこれからの社会に必要なのではないかと思います。

校長　新たな贈与と互酬性だね。それがもっと若い世代の試みからはじまるといいですね。企業や大学に編集学校をもちこむとき、同時に「編集サークル」をつくり、師範代や師範を育てていけばいいんじゃないかな。そうすれば、後輩が先輩を受け継いでいく。そこには、私たちと違う文化が生まれる可能性もあるね。

安藤　「編集的摂理」を外部にも伝えたい。

校長　それが編集学校のなかに息づいていれば必ずや皆が学び、外に染み出していくはずです。それとともに「編集的摂理」とは具体的にどういうものか、そろそろ言語化しなければならないでしょうね。

（編・米川青馬）

編集的先達　エリック・ホッファー

安藤昭子
Akiko ANDO

アルクにて書籍編集、WEBアプリ開発に従事したのち、フリーランスのプランナーに転身。6離で典離したのち、編集工学研究所に入所する。卓抜した論理構築力、事業俯瞰力によって編集工学研究所を再建したやわらかな豪腕の持ち主。編工研の専務取締役をつとめ、営業開拓、人材育成、事業構想まで一手に引き受ける。松岡の信頼も絶大である。一女の母。

編集的先達　蔦屋重三郎

吉村堅樹
Kenju YOSHIMURA

僧侶、塾講師、会社経営など多くの職業を遍歴したのち、校長の「21世紀は方法の時代である」という言葉に感応し、入門。6離を退院後、奈良平城京遷都1300年事業に携わり、編集工学研究所に入所する。当初、編集者として期待されていたが、強いイシス愛を買われ、学林局に配置転換され、2013年より林頭となる。イシスの核弾頭的存在。

みんなで千夜千冊

編集の学校は千夜千冊を共読する学校でもある。
知と方法と日本を縦・横・斜めにつなぐイシスのサブ・テキスト。

1508夜　西平直『世阿弥の稽古哲学』より

「編集の冒険」へ勇気が湧く

——子どもたちの見事な俳句編集。
0362夜　金子兜太・あらきみほ『小学生の俳句歳時記』

——丁々発止、言葉編集の連打。
0779夜　高柳蕗子『はじめちょろちょろなかぱっぱ』

——感覚と美意識の編集稽古。
0419夜　清少納言『枕草子』

——時代だって編集できる。
1583夜　酒井順子『ユーミンの罪／オリーブの罠』

——頓知と滑稽の編集王。
0712夜　吉野孝雄『宮武外骨』

——チャンスはいつでも「藪から棒」。
1292夜　文藝春秋編『無名時代の私』

編集稽古のサブテキストを読む

——ひとつの出来事を99通りにモード編集。
0138夜　レイモン・クノー『文体練習』

——編集稽古的な実験に満ちた本。
0504夜　ジョルジュ・ペレック『考える／分類する』

——切れ味極上、文章指南。
0717夜　アニー・ディラード『本を書く』

——類語での言い換えが文章をつくる。
0775夜　大野晋・浜西正人『角川類語新辞典』

——英雄伝説の型を発見した物語編集術のバイブル。
0704夜　ジョセフ・キャンベル『千の顔をもつ英雄』

出来事やイメージや現象や事物は、
つねに言い換えや読み替えや書き換えの渦中にある。

——138夜 レイモン・クノー『文体練習』

日本する。編集する。

——師範代の方法は「却来」である。
1508夜　西平直『世阿弥の稽古哲学』

——縞に踊りに茶の湯に武道に、型がある。
1100夜　安田武『型の日本文化』

——序破急は拍子であって、守破離は筋目なのだ。
1252夜　藤原稜三『守破離の思想』

——「育つ」と「育てる」とではまったく違う。
1561夜　小川三夫『棟梁』

——異例の人が「いき」の存在学を吐露していく。
0689夜　九鬼周造『「いき」の構造』

編集は「不揃いの木」を
使いこなすことなのである。

——1561夜 小川三夫『棟梁』

組織・学校・社会のモデルを考える

——物語と対概念で想像の翼を広げる。
1540夜　キエラン・イーガン『想像力を触発する教育』

——新聞も政党も広告も会社も、ここから生まれた。
0491夜　小林章夫『コーヒーハウス』

——本気のコミュニティを創りたい。
1237夜　ジグムント・バウマン『コミュニティ』

——SNS時代に、界隈の文化が蘇る。
1502夜　守屋毅ほか『クラブとサロン』

——聖徳太子の世から、夜に学んでいた。
0759夜　上田利男『夜学』

——関係を主語に、情報を述語にする「学習の三段階」。
0446夜　グレゴリー・ベイトソン『精神の生態学』

本気のコミュニティをつくれなくて、
何が社会改革なの？　何が「絆」なの？

——1237夜 ジグムント・バウマン『コミュニティ』

編集工学の背景を渡る

——世界の半分は「インストラクション」で成り立っている。
1296夜　リチャード・ワーマン『理解の秘密』

——システムには「見方」が含まれている。
1230夜　ジェラルド・ワインバーグ『一般システム思考入門』

——新しいアイデアを導く仮説形成の術、アブダクション。
1566夜　米盛裕二『アブダクション』

——万人の、万人による、万人のための模倣！
1318夜　ガブリエル・タルド『模倣の法則』

——私と自分のあいだには、重大な遅れやずれがある。
1509夜　ノーレットランダーシュ『ユーザーイリュージョン』

——思考は割れ目からできている。
0452夜　マーヴィン・ミンスキー『心の社会』

新たな打開や発見に向かうには、「ゆきづまり」を
辞さない仮説領域に入ってみる必要がある。

——1566夜 米盛裕二『アブダクション』

贈与と互酬の文化を知る

――借りを返さなくていい社会を提案する。
1542夜　ナタリー・サルトゥー＝ラジュ『借りの哲学』

――お歳暮や結納は、古代の贈与社会とつながっている。
1507夜　マルセル・モース『贈与論』

――BSやPLに書きこめない経済力がある。
1478夜　稲葉陽二編『ソーシャル・キャピタルの潜在力』

――村落的で編集的な「方法の個人主義」へ。
1393夜　アジット・ダースグプタ『ガンディーの経済学』

――フラジャイルで、誰かの役にたちたい生き物。
0326夜　ルイス・トマス『人間というこわれやすい種』

日本は相手や他者を取り入れることにおいても、
すぐれて編集的だったのである。

――1507夜 マルセル・モース『贈与論』

世界読書で共読する

――人間はその思考を実現することができるようにつくられている。
0381夜　アンドレ・ルロワ＝グーラン『身ぶりと言葉』

――世界をどのように読むことができるのか。
1519夜　ハンス・ブルーメンベルク『世界の読解可能性』

――知の社会は、共読コミュニティに移転されるべきだ。
1493夜　ピーター・バーク『知識の社会史』

――記憶と書物をめぐるアルス・コンビナトリア。
1314夜　メアリー・カラザース『記憶術と書物』

――世界もわれわれも、非連続の連続だ。
0995夜　A・N・ホワイトヘッド『過程と実在』

――スペインを「世界」にした物語。
1181夜　ミゲル・デ・セルバンテス『ドン・キホーテ』

言葉を使い尽くしたほうがいい。
そうしたら、囚われていた主題から解放される。

――995夜 A・N・ホワイトヘッド『過程と実在』

4 編集機密篇

編集工学序説ふう談義(7)

バナナの国のプルーストとイカ(抄)

2012年8月

しかし、どんな状況にあっても、言葉を学ぶという編集作業は、ゼッタイに放棄してはならないことだろうと私は考えています。何をしていようと言葉はつきまとうのですから、逃げてはダメなのです。言葉がもつ秘密や言葉がもつ仕組みは、何を犠牲にしてもぞんぶんに学ぶべきものなのです。

だから、どこかで意を決して言葉を学びなおすべきなのです。そのためにはお題に遭遇し、自分でもお題をたてるようにするのです。

ともかくも、編集工学では自分の「言葉が劇的に変わる」というところへさしかかることを勧めたい。その相転移のところをしっかり実感することを提案したいのです。それには「言葉を学ぶ」に突入すべきです。その編集的な秘訣はどこにあるのか、いくつかヒントを供したいと思います。

＊

自分を新しくさせてくれそうな言葉やフレー

ズやカテゴリーの意味を、複数の辞書で引き、ついで、その言葉を自分でつくった文脈の中に置いてみることも効果的です。

言葉を学ぶことが苦手なのは、たいてい言葉がもつ多様なファカルティ（機能 faculty）に関心をもたないせいです。しかし、理解や認知というものは、言葉のファカルティになじめたかどうかと密接な関係があります。この言語機能をつかむには、言葉には必ずやその言葉を成立させている歴史的、社会的、思想的な「概念領域」や「意味の半径」があります。言葉に学べないときは、この領域や半径を思い浮かべていないからです。

そこで、まずその言葉（概念）の基本的な意味を辞書で引き、まずその領域の広さを知ります。しかし、それだけではファカルティはわからない。そこで、その言葉を自分なりに別の文脈に入れて、それを観察してみるのです。「バナナの国」「きのうも電話が鳴りっぱなしだった」「そのインターフェースではシステムが台なしだ」を、自分で何かの文脈を想定して、その渦中に投じてみてください。これができないと、編集は駆動しませんよ。

諸君は仕事も家庭もマジメにやっているのに、いろいろなことがなかなかうまく学べないとか向上しないとかと思っているかもしれません。

なぜそんなふうになるかといえば、学んでいる自分の〝持ち合わせの条件〟を自分勝手に詰めすぎているからです。自分の持ち合わせの半径で決めているのです。〝持ち合わせの条件〟というのは仕事の都合、家庭の事情のこと、自分に知識が足りないと思いすぎること、勇気の欠如、集中力がないと感じていることなどなどですが、しかし、そんなふうに決めこんでいることが、諸君の「意味の半径」をいつも同一状態の繰り返しにしているのです。

編集的に学ぶとは何かというと、自分の中の言語的な限界を突破することです。それをおこすには世の中の言葉や他者の言葉や書物の中の言葉の「意味の半径」を感じることが、自分がさしかかった「お題」なんだと思うことです。［守］や［破］や［風韻講座］のお題がなくても、自分でそういうお題に入っていくのです。

＊

うまく学べないときには、そのような自分のコミュニケーション回路を自分でふさいでいるんです。世の中や書物の中とのメッセージの「やりとり」が不足しているのです。そうすると自分の中の他者とやりとりすべきメッセージ力が減退していくのです。

メッセージのやりとりには、意図、知識、状況によってさまざまな変化が出てくることも、すでに述べました。メッセージはじっとしているものではなく、いつも変化しうる動的な力をもっているから、メッセージの行く先が大事です。この動的なやりとりの力が「意味」や「意味の半径」をつくっていくのです。

というわけで、ここまでのことをまとめると、「言葉を学ぶ」とは、つまりは「意味」とどう向き合うか、「意味」をどのようにハンドリングできるかということになります。「意味」についてどこまで関心がもてるかということが、すべての編集力の根幹になってくるわけです。

ひるがえって、編集の本質は意味を編集することにあります。では、意味って何でしょうか。

ラフ定義1は「意味はイメージとマネージのあいだをたえず行き来する」です。なんらかの五感で知覚されたイメージは、そのままではアタマの中にどのように定着したかどうかもわからない状態ですが、そのイメージはたいていさまざまな言葉やヴィジュアルでもあらわせます。

幼児を思い出してもらえばいいように、目の前の犬は「ワンワン」ともその犬の名前「ごろー」とも絵本の中の犬の絵ともアニメの中の犬とも結びつきますね。このように犬という実体と「ワンワン」「ゴロー」や犬の絵とが幼児のアタマの中でつながったとき、そこに意味が生じているのです。こうしてどんなイメージもなんらかのかたちでマネージされるのですが、このイメージとマネージのあいだで行き来しているものが意味なのです。この行き来にぜひとも乗りましょう。

ラフ定義2は「どんな言葉やヴィジュアルの意味も多義性をもっている」です。夜空に浮かぶ金星には「天体、星、お星さま、きらきら星、遊星、惑星、プラネット、太陽系の星、ヴィーナス、太白物体、物質、明けの明星・宵の明星、冷星」など、いろんな用語（イメージのマネージ化）があてはまります。どんなものの意味にも多義性が宿っていて、これを開いていくのが編集の第一歩です。それには、いろいろな言葉の定義の多様性とつきあうことが必要です。辞書を引いたほうがいいのは、そのためです。

ラフ定義3は「意味は連想を促している」です。どんな言葉やフレーズやセンテンスの意味も、その文字ヅラだけで意味を閉じてはいません。必ずや、そこからはさまざまな連想が可能です。言葉の編集に親しむには、気になる言葉に出会ったら、つねに連想の翼をのばしてみるべきなのです。その連想で「意味の半径」をのばしてみることです。

今スタートアップでは、
ディスラプト（破壊／変革）という言葉が流行っている。
Uber しかり、Airbnb しかり。
それは、ある業界を再編集していると置き換えることができる。
ビジネスにイノベーションが必要なら、
我々にも編集力が必要ということじゃないだろうか。

――**須藤憲司**［KAIZEN Platform Inc. Co-founder & CEO］

日本に最も必要なもの、日本に最も欠けているもの。
それが「編集」です。
メディア業界に限らず、
今ほど、「編集」が求められている時代はありません。
編集によってつなげる〝材料〟がいくらでもある現代は、
編集の黄金期なのです。

――**佐々木紀彦**［NewsPicks 編集長］

資本主義もサッカーも、
終わりの時の「最後の審判」を繰り返すゲーム。
終わりを先取りするために、
不確実なものに対して決断力を持てるかどうかが重要になる。
そこでは人間の想像力、
情報を編集する力が大きく関わってくる。

――**大澤真幸**［社会学者］

6

21世紀のエディットクロス

世界と日本の直面する現実に
「編集」は何ができるのか。
教育、ビジネス、情報、地域、そして本。
イシス発の編集集団がしかける
ソーシャル・イノベーションの挑戦と共創。

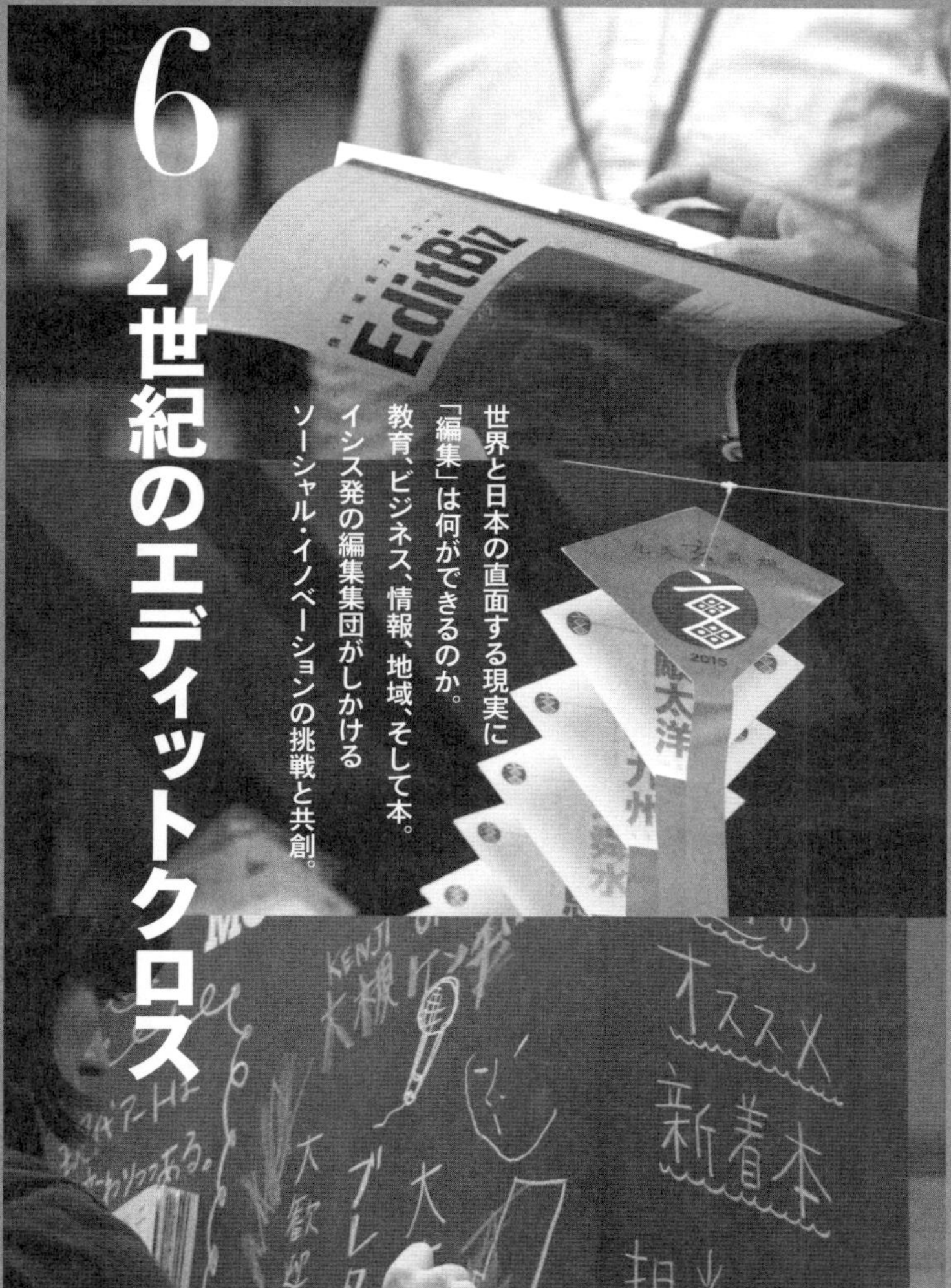

日本に方法の種を蒔く

学林局林頭◎吉村堅樹

矛盾や葛藤を超えて

ソーシャル・スクラッチというチンパンジーの行動がある。チンパンジーが背中を掻《か》きあう。自分の体を掻くのであればわかる。となりを掻いてあげるメリットは、どこにあるのか。動物行動学者のフランス・ドゥ・ヴァールは、これを「情けはサルのためならず」と見た。チンパンジーだってバナナをとりあうときはある。でもそこに慰めや仲直りの儀礼を用意している。サルもヒトもとくに利他的な動物ではないが、他を利することや情けをかけることが、めぐりめぐって己を利すること、共同体を維持するために必要であることを知っている。今のヒトの世界に足りないのは、ソーシャル・スクラッチ、共生の姿勢である。新自由主義が用意した対立と競争と成長戦略だけではもう無理なのだ。察知力に優れた企業、大学、地域はそのことに気づきはじめている。コストパフォーマンス重視、キャリア志向、サービスのフラット化などが生む矛盾や葛藤を超えて、共への視点に基づいた新しい価値や意味や文化をつくる必要がある。

編集する。日本する。

「編集する」と「日本する」。イシス編集学校のキャッチコピーだ。[守・破・離]の編集稽古を通して、「編集する」を学び、「日本する」を知る。学校案内のパンフレットには縦に大きく「日本は『編集』の国です」と記している。ここには、「編集する」と「日本する」は本来リンクしあっているものなのだという意図がある。日本は、外からやってきたグローバリズムと内にあるローカリズムを編集してきた国だった。古代の日本にとって、グローバル・スタンダードは中国である。大陸から伝わってきたのが稲、鉄、漢字だ。稲作文化は東北にまでおよび、日本の国の小さなモデルになり、鉄は6世紀に砂鉄による独自のタタラ製鉄がはじまる。

一方、漢字は奈良時代に日本の音をあてた万葉仮名になり、さらには仮名にくずされていった。チャイニーズ・フォーマルな漢字が真名《まな》で、くずしたほうがジャパニーズ・カジュアルな仮名になったのだ。私たちの社会文化や生活文化は、さまざまな「外来コード」を受け入れ、それを変化させ、新たな環境と生活様式に定着させる日本的編集によって、「内生モード」をつくりだしてきた。漢字・仮名の併用のみならず、神仏習合やてりむくりの様式のように、同時に二つ以上の見方や価値観を持ち込む「デュアル・スタンダード」な編集が起動してきた。

ところが、米ソの対立が解消されて以来、一つの大きな価値観や、一極的なグレートストーリーに基づいたシナリオで万事が動く状況になっている。異なるものを合わせて重ねていく可能性を忘れてしまうと、ついつい英語を第二公用語にしようといった結論にいきすぎる。グローバル・スタンダードが英語なら、独自のジャパニーズ・イングリッシュを生み出したり、クレオールな言語混交状態をめざすのが日本流であるはずだ。本来日本の方法は、外来コードを決してそのまま取り入れず、内と外の二つともを活かすということだったのである。

カテゴリーを打ち破る編集力

源氏物語の貝合わせや、十二単の衣装にもみる「アワセ・カサネ・キソイ・ソロイ」は、異質なものを組み合わせたり、競いの場をつくったり、揃えてパッケージにすることである。こういった遊びのなかに、日本人は、新しい意味をつくりだしたい、何かを生み出したいという「矛盾を編集したくなる動機」をもちつづけてきた。

いま、ビジネス、教育、地域が対立や競争を超えて、これまでのカテゴリーや価値の再編集、二次編集へ向かうことが求められている。情報を合わせ、重ね、揃えなおすための編集力が求められているのである。イシス編集学校で学ぶ編集術はその処方箋であり、特効薬である。編集の型はあらゆる情報をいかようにも集め、分け、繋げ、伝えられるようになるための方法なのだ。たとえば、編集稽古の基本では、情報を「地」と「図」に分けて考える。コップは、テーブルの上にあれば食器、ショップで売るときは商品、工場では製品、ゴミ置き場では不燃物である。「地」を動かせば、同じ情報でも「図」が変化する。膠着したアイデアや状況を打ち破るには、情報の

「地」である視点を動かし、情報を収集しなおし、組み合わせ、入れ替えることが第一歩だ。こうした編集力の創造性が、企業、大学、NPOからの要請によって、団体受講、教育・育成プログラムやワークショップ、コミュニティ運営への導入など、さまざまな形で脈動しつづけている。

インタースコアを共創する

個人の編集力が、集団のコミュニケーションを変化させていくのがイシス編集学校だ。編集稽古では、まず日本語を動かす。日本語のコミュニケーションは、主語を省いたり、見立ててみたり、本歌取りをしたりというように、文化、文脈が共有されたハイコンテキストな状態を前提にして交わされる。複雑である分、より高速に伝わることに特徴がある。日本語を磨き、身につけた方法の型を共有することで、組織やチームのダイナミズムが一段と加速していく。

さらには、教室の編集稽古や教室運営が、人としくみが連動した「場の編集力」の実践になっている。かつて日本には「結《ゆい》・講《こう》・座・連《れん》・組・社」といった集まりが時と目的に応じて動いていた。場を創発しながら、事を成就させていくための組織である。イシス編集学校では、師範代・師範の有志から、いくつもの自発的な集まりが生まれている。感門之盟を運営する感門団、「遊」の創設メンバー高橋秀元を輪読師《りんどくし》として古典を図象解読する輪読座、セミナーなどを通して編集を学ぶ機会をつくる実香連《じっこうれん》、松原朋子師範代を中心にSNSでイシス編集学校を伝える伝奏連《でんそうれん》、地域支所の九州・九天玄氣組、関西・奇内花伝組、中部・曼名伽組などが動いている。

ビジネスでいえば消費者と店舗、クライアントと受注先、企業内の部署と部署。教育でいえば学校と教員と生徒、あるいは家庭や地域。社会では行政と団体、老人と子ども、地域住民と移住者、利用者と提供者。場に参加する人々が新しい価値を共創していくためには、プロセスを共有し、方法の言語をもって評価しあえる「インタースコア編集」が欠かせない。多様で多彩な人々が遊びと学びのなかで、お互いのスコアを交わしあっていく。エディティング・モデルの交換のなかで、類推による共感を礼節とともに受け渡す。サルがソーシャル・スクラッチで「掻き創《きず》」をつけあうように、瑕疵《かし》や不足のある矛盾ごと個々が引き受けて、共感の交わしあいをつづける。価値や活力を生み出しつづけること。それがイシス（ISIS）である。

「環」と「創」のISISへ

日本列島は東アジア風土の只中にある。台風が日本列島を通り、春夏秋冬の四季がうつろう。地震や津波が大地を揺らす。それらが日本的なる社会を構成してきた。一年は立春に年をあらためることにはじまり、節句と年中行事が季節にあわせて行われる。祭りは、体を清める禊《みそぎ》、神迎え、神輿を担ぐ魂振《たまふ》り、行道、神殿での魂鎮《たましず》め、神送りのあと、一同で共食する直会《なおらい》となる。繰り返し続けていく周期と節目ごとの儀礼に、日本が大事にしてきた方法が象徴されている。

イシス編集学校15周年記念の第48回感門之盟のタイトルは「環熟《かんじゅく》イシス」、つづく第49回が「創熟《そうじゅく》イシス」であった。「環熟」の「環」とは死者の復活を願って、玉環を胸もとにおき、復活の象として目をその上に加えた形である。「たま」、「たまき」とも読み、人の生命を盛んにする魂振りも意味する。「創熟」の「創」は倉にアーカイブされたものに刃を立てて、創《きず》をつけて取り出すことをさす。創《きず》がなければ、クリエイティブ(創造)も生まれないのである。「熟」はもちろん十分に煮込むことでもあるが、「孰」を「いず(れ)」と読むように、なぜ、いつ、どこで、だれが、なにを、どのように、という5W1Hを詳らかにすることでもある。

これまで溜まったものから新しいものをつくるためにあえて「創《きず》」をつけること、「環」のように螺旋に円弧を描きながら、好奇心や生命力を取り戻すこと、それが続いていくこと。そして、あらゆる情報を「熟」させ、あきらかにしていくこと。15年を機にイシス編集学校の志として標したものだ。これらは日本人が多様な風土と歴史のなかで、変容しながら、継続させていくための編集をつづけてきたことと重なる。本来の日本から将来の日本へ、いまこそ手渡したい編集である。

江戸初期に不生禅《ふしょうぜん》をとなえた盤珪《ばんけい》に「一生事が不生でととのう」という言葉がある。「このまま」から「そのまま」へ、ということだ。相互編集のプロセスを共有し、その場でおこっていくハイパーコミュニケーションごと、「そのまま」共創していくこと。その方法は「ISIS」の種となり、「世界の矛盾を編集しつづける力」として、日本中に広がっていこうとしている。

大学教育と編集

田中優子 Yuko TANAKA

法政大学総長／江戸文化研究者

1952年神奈川県生まれ。2012年法政大学社会学部長を経て、14年に同大学で初の女性総長に就任。江戸時代の文学・生活文化、アジア比較文化を研究し、1986年の『江戸の想像力』では芸術選奨文部大臣新人賞を受賞して江戸ブームに火をつけた。2000年には『江戸百夢』でサントリー学芸賞・芸術選奨文部科学大臣賞。編集工学研究所が主導した物語学会の創設メンバーの一人。本稿執筆後、現在、2度目となる守の受講中。

オリジナリティの源泉

編集という考え方とその能力は、あらゆる創造に必要なものだ。私は研究を通して、江戸文化のほとんどが高度な編集能力で成立していることを実感してきた。

たとえば歌舞伎の「世界」と「趣向」は、古来持ち越されてきた物語と、新しい時代に出現した生活や現象や事件を編集するためのシステムである。過去と現在がそこで出会い、たがいに解釈し批評しあう。オリジナリティとは「編集が高度であること」と言い換えることができる。歴史的に蓄積されてきた要素やそのコノテーション（含意）および、同時代の多様性の中に潜む底知れぬコノテーションを使いこなしてこそ「オリジナリティ」は達成される。白紙でものをつくることがオリジナリティだという考え方からは、まともなものは生まれない。編集とは過去から現在に至るまでの要素を編むことである。その要素は有限ではあるが膨大であり、その編み方と編み目には無数の可能性がある。当然、知識はあればあるほどよい。しかしどの方向に向かって編集するか、という構想がなければ、いかなる知識が必要かを見定めることができず、クイズおたくのような、やみくもの知識集めになってしまうだろう。

大学は方法を求めている

知識、知性にかかわる編集は、大学にとっても関心のある、緊急の課題だ。たとえば、文部科学省は2021年から入試のやり方を変えようとしている。従来の知識を試す試験から、「思考力、判断力、表現力」を試す試験へと、センター入試を抜本的に変えるという。高校は知識とその記憶を増やす教育を中心にしてきた。大学は長いあいだ、大教室のなかで教師の講義を一方的に聞く方法を中心にしてきた。そこから大転換する理由は、新しい時代を切り拓いていくために、一部のエリートではなく多くの人々に格段の創造力が必要だという考えからである。その判断は正しい。しかしいったいどんな方法でそれが可能なのか?

1970年代以降（つまり大学闘争以後）、従来とは異なる双方向でアクティブな講義やゼミやフィールドワークが、学生運動を経験した世代の教員たちを中心に試されてきた。しかしそれらは個人の努力によって実現されたのであって、必ずしも新しい知性に向かう方法が確立されたわけではなかった。個人レベルでおこなわれる良い教育は、それに出会った人と出会わなかった人との差をもたらす。また、それは教師と学生とが向きあう少人数教育の中でのみ可能なので、すべての授業を転換することは、公的な教育資金が極めて少ない日本の大学では、財政的に不可能である。

だからこそ、イシス編集学校が実現してきたことは注目すべきである。イシス編集学校が確立した方法は、すべての授業を少人数教育に転換することはできない大学教育のことを考えると、それを補うかもしれない大きな可能性を持っているのである。

まず、インターネットによる講座である点だ。私はいまJMOOC（日本版MOOC）の講義を制作中である。MOOC（大規模オープンオンライン講座）が世界的なインターネット授業を開いたことは周知のとおりだ。しかしそれを最初に導入したアメリカの大学では多くの学生が低い点数にとどまり、失敗であったことが明らかになった。理由は簡単で、個人指導や少人数議論が採用されなかったために、たんなる超・大教室授業になっただけだからである。その後MOOCを導入した場合はチューターのいるカフェを併設したり、教員が求めに応じて24時間態勢で個人指導をしている。しかしこれも、大きな経済的負担である。

イシス編集学校はMOOCよりずっと早くから、インターネット上で師範代による個人指導を展開した。そのためには多くの師範代が必要だが、指導方法がまちまちであると能力獲得にムラができたり、思い込みで指導するので成果が上がらなくなる。だからといって統一教科書をつくると、生徒の能力と進捗に沿って指導をせず型にはめることになる。このやり方にはなにより、詳細で確実な方法が必要なのである。

イシスが伝える「型」の創造力

創造的能力を自らのものにするには、知識だけでは足りない。自力で知識を獲得する基本的方法が身についていることと、もっている知識をさまざまなケースで応用展開する柔軟性があることが必須だ。暗記的知識を増やしたり、やみくもにものを書いたり、心に浮かんだことを言っただけでは、無駄な行為に時間を費やすだけで能力は獲得できない。なぜなら、私たち人間は短い歴史的一点にピンで止められた昆虫のようなもので、その時間と空間に与えられた「思い込み」の中で生きているからである。「世間ってそういうものでしょ」「人間はこうあるべき」「能力とは～ができること」等々、人間の能力を奪っているほとんどの力が、この「思い込み」である。優秀とされる人たちにいっそう、その傾向が強い。

つまり、やみくもな発言やライティングは、その思い込みを表現するにとどまる。プラトンや孔子が対話によって概念の束縛を解いたのは、まずは相対化によって自分の位置を外から眺め、他の多様な発想が存在することに気づいて、思考の柔軟性を獲得するのがすべてのはじまりだからだ。ではは同じことをインターネット上でおこなうために、イシス編集学校は何をしたか。「型」

を使った。一見逆説的だ。「型にはめる」のは知性ではないと思われているからである。

しかし型にはめているのではなく、型を使っているのである。型とは何か。思考の道具のひとつである。相対性理論の発見には数式が必要であった。固定された概念が破られる時は、それが「固定された概念に過ぎない」ことが理解された時である。理数世界における数式は、文化においては「型」である。固定された概念は別の言葉で言えば「マインドセット」だ。セットはいったんばらばらにして、その要素に分解したとき、そもそもどのように組み合わされていたかがわかる。つまり、自分の頭の中でなされていた編集の秘密がわかる。そうすれば次にあるのは、それを組み直すことだ。組み直す時に、その型を使って組み直しても、使わないで組み直してもよいわけだが、おそらく一度は型を使って組み直してみれば型の成り立ちがわかる。それがわかったとき、型を脱することができる。伝統芸能で、型を使いながら伝統を破ることがあり得るのは、自らの型を脱しているからだ。型は、人にものを伝えるメディアでもあるから、それを通してそれを乗り越えることができる。柔軟になるには、堅牢を使いこなさねばならない。

イシス編集学校の学習では、その気づきが可能になる。多くの本を読まねばならないのは、自らの編集要素をできるだけ多く持つことが、柔軟性と創造性を高めるからである。

大学改革は編集である

大学の研究教育における型とは、数式や専門用語や論文作法である。あるていど型を使いこなせるようになると、やはり、それを利用して型を超えることがある。論文の作法はその世界のメディアであり方法であるから、作法にはずれると伝わらなかったり、不正とみなされる。さらにその過程で、自分が発見しようとしていることや表現したいことが、その型と合わないと気づくことがある。それは大事なことだ。自分の能力が至らないのではなく、「この方法ではできない」と気づいたときに、別の方法に移動もしくは新たな方法を発明することができるからである。この場合も、編集要素をできるだけ多く持っていた方がよいので、知識は大事だ。しかしその場合の知識とは、専門分野の知識だけを指すのではない。一分野の方法と用語にとらわれていると、その全体が見えず、その限界も見えない。ひとつのマインドセットを超えるには、その外の言葉と思考方法と価値観が必要なのだ。「教養教育」とは本来、研究を創造的で革新的なものにするための「外の知性」のことなのである。

編集は、大学全体のポリシーの立て方、カリキュラムの編成方法、学部名称、ミュージアムの作り方にまで関係してくる。「世界」と「趣向」で言えば、明治期以来の大学の組み立て（伝統、建学の精神、社会の要請）がひとつの世界、文科省の基準や政策誘導（国家の方針）がもうひとつの世界である。この二つの世界から完全にはずれると、経営は成り立たない。そこで、それらの世界の要素をいったんばらばらにし、いま目の前にあるアクチュアルな現実と組み合わせる、新たな編集が必要になる。改革とは編集である。この編集には財政的裏付けというものが不可欠だが、考えてみればカネもまた編集要素なのだ。私も編集能力を高めなければならない。

コモンズは社会性の編集へ向かう

金子郁容

Ikuyo KANEKO

慶應義塾大学大学院
政策・メディア研究科教授

1948年東京生まれ。94年より慶應義塾大学教授。2005年にSFCでソーシャルイノベーションプログラムを創設。岩波新書『ボランティア』は「弱さの強さ」を主題とし、阪神淡路大震災発生直後には、パソコン通信ネットを互いにつなぐインターVネットを構築しボランティアと被災地をつないだ。編集学校が始まった2000年に鈴木寛と澁谷恭子との共著として出版した『コミュニティ・スクール構想』は2004年の法制化に繋がった。

シンプリシティが文化を生む

イシス編集学校はネットの学校である。情報の時代が産み落としたこのインターネットという新たなコミュニティ空間に、編集学校は〝おしゃべりの場〟という機能を完全に超えた、ひとつの文化をつくりだしてきた。

2000年の開校以来、編集学校が15年間にわたって成長し続けている第一の理由として、私はイシスが育んできた「場の文化の力」に注目している。それを支えるのが〝日本という方法〟と〝シンプリシティ〟だ。編集学校の仕立ては、中世日本の連歌や茶、生花といった稽古事の様式がもとになっていると思われる。かつて藤原定家は、「見渡せば花も紅葉もなかりけり」と詠い、〝不足の型〟をもちだしたが、こうした日本のもつ編集方法をベースにして、イシスは多様でユニークな稽古文化を立ち上げてきた。一方の〝シンプリシティ〟はツールの簡潔性である。さまざまなネットコミュニケーションのフォーマットが乱立する現代のIT社会において、編集学校のeラウンジはシンプルな構造を貫いている。必要以上の作り込みがないところがよい。そのシンプリシティにもかかわらず、というか、そのために、大学の授業や企業による「講座」より効果的なラーニングメソッドとなっている。シンプルであり、かつ型が有効に動くからこそ、場に文化が開花しているのである。

もちろん、様式や文化だけではプロジェクトはつづかない。ネット上での実践的な稽古を通じて、学び手が実際に役立つ情報編集の型を身につけることができることが基本として重要だ。同時に、編集学校がもつこの実践性は「学校」メタファーにとどまらず、実際の学校を超えた領域に踏み込んでいるとも言える。

ネットで学校をつくるという発想は特段新しいものではない。フィリピンのセブ島のストリートチルドレンに職を提供するという趣旨で始めたスカイプによるオンライン英会話教室「ワクワークイングリッシュ」は、多くの会社員が利用しているだけでなく、いくつかの大学の授業として採用されている。習い手にとって実践的な効果が上がり、ビジネスとして成功を収めているとともに、シンプルな型によって「途上国の貧困のチェーンを切る支援」にもなっている。

eラーニングとしてのイシスの仕組みは、古典的な「稽古」と「習い事」の型を徹底することによって古くて新しい学びを提供する。それぞれの「生徒」に力を与えるとともに、より大きな「文化の創造」をしている。大学から定時制学校や社内研修など、編集稽古の手法を拡げていく可能性が大いにあるはずだ。

ボランタリー・コモンズのエンジン

こうした仕組みの独自性に加え、編集学校を読み解く第二の鍵がある。「ボランタリー・コモンズ」の精神だ。ボランタリー・コモンズとは、人びとの〝自発的なウィル（意志）〟によって誕生するコミュニティのことをいう。いいかえれば、手間をかけて連帯的な満足を得るコモンズである。電子の教室で師範代たちが生み出す濃密なコミュニケーションがその象徴だ。

かつて松岡正剛さんたちと『ボランタリー経済の誕生』という本を書いたが、そこでは、ボランタリー・コモンズを「自発する公共圏」と呼んだ。実際に、編集学校の仕組みは、この15年のなかでネットの教室を飛び出し、藤沢市の市民電子会議室や大学図書館の読書術コースといったかたちで、〝コモンズの現場〟に新たな編集価値をもたらす契機となっている。じつは編集学校のeラウンジ・システム自体が、阪神淡路大震災の際にボランティアたちが情報を交したコミュニケーション・ツールであるVCOMを原型にして誕生したものだ。「自発的な意志」がもたらす公共性が、編集学校の根本的なエンジンになっている。

だが現実には、この〝自発的な意志〟だけでソーシャルな活動を長期的に持続させていくのは難しい。まず、自発的なコモンズでは社会的な難題を上から解決するのではなく、ひとりひとりのコミュニケーションのなかで一つひとつほぐしていくことになる。社会的なプロジェクトでは、〝つながり〟や〝信頼関係〟が最大の武器だ。それと同時に、そのような方法においては、活動を支える資金を獲得する手段が限られている。個人と個人のコミュニケーションにおいて、社会的リターンと経済的リターンの両方を実現させながら社会的問題を解決することができるかどうかが鍵になる。編集学校もその課題を避けては通れない。イシスも学校という事業体であり、経済的リターンを確保するという壁を何度も乗り越えて、いまがある。

ソーシャル・イノベーションの挑戦に見るヒント

私はかねてから、社会的リターンと経済的リターンの両立という観点から「ソーシャル・イノベーション」という考え方に関心をもっている。特に、2012年にオックスフォード大学のアレックス・ニコルズ氏に誘われて研究会に参加した時に、ソーシャル・イノベーションの三つの要素は「社会性」「事業性」「イノベーション」だということを聞き、シンプルであるが「そうか、その三つの編集だ」と納得したのを覚えている。「手間」をかけながら、新しい方法（＝イノベーション）によって「社会性」と「事業性」を両立しているソーシャルなプロジェクトが、ネット上に、たくさん登場しはじめている。いわば〝編集学校の隣にあるコモンズ〟と言えよう。

ミュージック・セキュリティーズという社会企業がある。彼らのコンセプトは、事業者と個人、「投資」と「社会事業」をつなぎ、資金と仲間を集める「マイクロ投資プラットフォーム」を運営することだ。企業名の通り、当初は独立系のミュージシャンを支援する音楽ファンドから事業のスタートを切ったが、いまでは活動の領域を社会のさまざまなシーンに広げている。たとえば、東日本大震災時には被災地応援ファンドを急遽募集し、約3万人の出資によって10億円規模の投資を実現することで、サンマの缶詰工場など湾岸の産業をいくつも復活させた。投資会社としての同社は一定の手数料をとっているので「事業性」は成立している。「セキュリテ」がイノベーションの象徴だ。

あるいは、アメリカのKiva（スワヒリ語で「絆」の意）という、「ネット上で最初のマイクロファイナンスのサイト」だと自称している事業体がある。ノーベル平和賞を受賞したバングラデシュのユヌス氏のグラミン銀行を参考にしつつ、ネットでのやりとりを通して資金の融資を行うというアイディアを実行に移した。2015年11月初旬のウェブで、「今週、5192人のアントレプレナーが1万7934人からの合計200万ドルの融資を受けた」と公表している。先進国の有志の一口25ドルといった小口融資が途上国と先進国の経済的格差によって、途上国のアントレプレナーの起業を実現させるという仕組みがイノベーションだ。

これらのチャレンジに共通しているのが、志を持ち、それぞれのプロジェクトを一つひとつ丁寧につくりあげることと、ネットによる「しつらえ」によって、現場を〝見守る〟とともに効率的な運営をしているということだ。そのことで、実質的に「社会性の編集」を、見事にしている。「社会性の編集」の重要な特徴は、お金を「儲ける」のではなく、お金が「必要な人に渡るシステムを創る」ということだ。彼らはプロジェクトを継続させる事業性はしっかり保ちつつ、お金を提供する側と利用する側の連帯をつくる活動をしていると言えよう。「お金」を直接やりとりしていないイシス編集学校とはかなり違うように見えて、どこかとてもよく似た匂いを感じている。このようなソーシャル・イノベーションの事業体の活動や考え方は編集学校がネクスト・ステップに向から、一つのヒントになるのではないかと期待している。

「ルル3条」で創造する次代の社会

社会編集にはある種の「職人ワザ」が必要だ。新たなスタイルを伴った社会プロジェクトが、上手に〝経済のお鉢〟をまわしていくことに成功しているのは、コモンズの仕組みが相互的に動いているからだろう。イシス風に言えば、「ルール・ロール・ツール」という〝ルル3条〟の仕組みをセットで動かしていくことで、場の文化が萌芽し、社会編集が回転する。

イシスのシステムは、企業リーダー養成塾HCUでリーディング・カンパニーが継続的にスポンサーとなっていることを見てもわかるように、顧客満足度が高いモデルだ。イシスの一見、古典的なスタイルがネットと融合した場づくりのなかに、ソーシャル・ビジネスへのヒントがあるのではないか。

edit cross
エディット・ビズ 1

ビジネスが編集を求めている

情報編集力養成コース EditBiz

❶

情報編集力の時代だ

生命の進化は最初からマスタープランがあったわけではないし、強いものや大きなものが勝ち残ったわけでもない。変動する環境に対応してきたものが生き残ってきたことを進化生物学は解き明かしている。ビジネスの局面においても変動する社会情勢や経済動向に応じて、いかに人と組織を変革していくことができるかが問われている。スピード、効率を上げることが競争優位性の源泉になっていた高度成長期には、画一的な組織マネジメントが一つの目的に向かう推進力をもちえた。しかし、今やこれまでの戦略はすでにコモディティ化し、差別化要因にはならなくなっている。

❷

❸

グローバル化するビジネス環境では多様性を活かすしくみが求められ、あらかじめ用意された課題を解決する力を超えて、自らが課題を発見できる力、課題を設定できる力が必要になってきている。専門職の視野が狭くなりタコツボ化する状況や既存のマーケット・セグメンテーションからの脱皮を志す企業は、分野をまたぎ、隔たった情報をやわらかくつなげ、新しい意味や価値を創造する「情報編集力」が必要であるということに気づきはじめた。

どうすれば人は育つのか

2000年に開校したイシス編集学校の学衆第一号は本田技研の常務取締役の岩倉信弥だったが、その後も多くのビジネスパーソンが編集の門をたたき、いくつもの企業が社員を編集人材にすべく講座導入を行っている。

ソニーは情報戦略を担うリーダーを育成するために、積水化学工業は地方の営業人材の教育に、パイオニアはR&Dのチーム全員が編集術をつかいコミュニケーションをするために。そのほかにもリクルート、ベネッセ、第一生命、日本コロムビア、エイベックス、

❹

❺

ヤマハ、コニカミノルタ、丹青社、インプレスなど枚挙にいとまがない。なかでも明治飼糧、本田技研はほぼ毎期イシス編集学校に社員を派遣しつづけている。

ビジネスパーソンが個人で編集を身につけるべく入門し、「守・破」を修め、［ISIS花伝所］をでて師範代、師範となることも多い。日本最大のリゾートパークを運営する企業で経営戦略をつとめた永田拓也、MBAを取得後に編集の型を体得した金融マンの鵜養保、みずほ証券グループの鈴木亮太は、よりメタな編集力が問われる師範ロールで奮闘。花伝首座までつとめた旭化成ケミカルズの古野伸治は情報システム部門にカスタマイズした情報編集講座を導入し、住友重機の岡本悟はトヨタ方式と編集力を重ねることで組織力を最大化できることを確信し、部下に師範代を目指すよう指導している。

新しい組織マネジメントを体得する

「視点を変え、つながりを見つけ、フェーズを動かすこと。編集学校で学んだ方法をつかって共同知を動かせるような、クラウドコンピューティングの次の技術開発を目指している」と語るのは

❶ISISフェスタで企業の潜在ニーズを引き出すワークショップを行った竹内裕明師範代（写真左）。❷編集が新しい価値を創造することを示した三位一体図。❸橋本元司によるEditBizワークで発表をする大和リース・小林室長。❹毎期イシスで社員が学ぶことが通例のHONDA Think研究室のみなさん。❺EditBizパンフレットに見入る参加者。❻フィールズでは大川雅生が100人の新人に編集術の基礎を伝えた。❼師範代が中心になり出版した『プランニング編集術』（東洋経済新報社）。

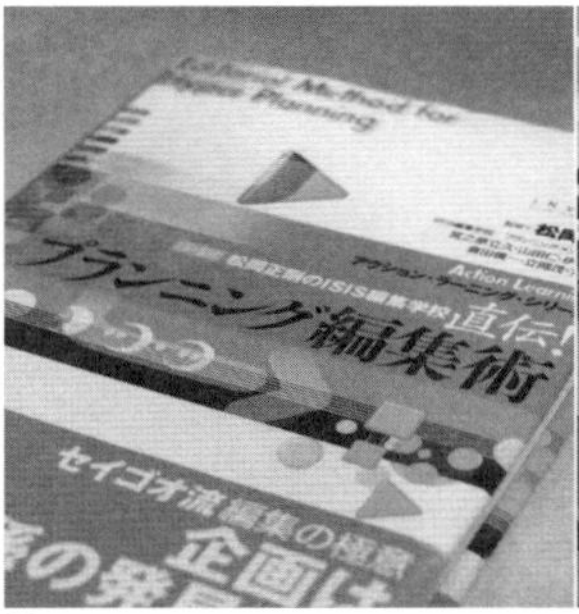

❼

❻

IIJイノベーションインスティテュートで代表取締役までつとめた浅羽登志也である。

日本の企業研修のリーディング・カンパニーであるリクルートマネジメントソリューションズの代表取締役である奥本英宏は、イシス編集学校の魅力を、多様な職業、年代の人が教室で混じる環境で、師範代が1対1で相対し、方法の研鑽を積むという指導の方法にあると言う。個人の編集力研鑽とダイバーシティのマネジメントがイシス編集学校のなかで体得できることに第一線で活躍するビジネスパーソンはすでに気づいている。

こういった企業のニーズに応え、チーム単位、組織単位で情報編集力を養成するために用意したプログラムが2014年にスタートした「EditBiz」である。[守・破・花]そして師範代へというコースはそのままに、講座受講前に編集を知るためのプレワーク、受講後にビジネスに編集を活用するためのアフターワークをリアルワークショップとして設定した。大和リース、丸善CHIホールディングスなどの企業がすでに導入を始めた。複雑化する社会のなかで、組織と人を育成し続けながら、組織を持続的に成長させつづけるための「情報編集力」が待ったなしで求められている。

edit cross

エディット・ビズ2

リーダーは方法日本を知るべし

ハイパーコーポレートユニバーシティ（HCU）

ハイパーコーポレートユニバーシティ
[AIDA]
[アイダ] Hyper Corporate University

❶

新たなリーダー像の創造を目指して

VUCAの時代だといわれている。変動性のVolatility、不確実性のUncertainty、複雑性のComplexity、曖昧性のAmbiguityの頭文字をとった言葉だ。90年代のバブル崩壊以後、グローバル化とクロスボーダー化が加速し、否応なく過去のビジネスモデルからの脱却を迫られた日本企業。欧米のゲームルールで闘うロジックを乗りこえ、個人の芯となる学びをつづけられる人材を模索していたリクルートと三菱商事が幹事企業となり、松岡正剛を塾長として創設したのが、次世代リーダー育成塾・ハイパーコーポレートユニバーシティである。幹事からのオーダーは全講義に松岡が必ず臨席する

❷

❸

こと、「日本という方法」をテーマに据えることだ。

日本を軸に「AIDA（間）」に迫る

松岡は第1講と最終講を除き、自らがこれはと思う各分野の超一級のゲストを呼ぶことと、「AIDA（間）」をサブタイトルにすることを決めた。何かと何かの「AIDA」に着目し、関係線をひき、インタースコアして、いかに「間」に新しい意味を見いだすかを塾の第一義としたのである。2015年までに「近代と現代」「公と共と私」「日本と日本」「社会と情報」「脳と心と体」「アートとサイエンス」などをテーマに10期を重ねてきた。

期を追うごとに参加企業も増え、みずほ銀行、日本電気、オリエンタルランド、三井不動産、東京海上日動、ネットワンから入塾がつづいた。ネットワンは松岡と「匠」をコンセプトに、企業のエグゼクティブをネットワークする「縁座」を主催している。

新進の企業であるサイバード、リアルワールド、フォトクリエイトなどからの塾生は目の色が違う。貪欲にビジネスと知と編集を照合する姿勢は、講座をさらに活気づけた。受講後、立身の思いをも

❹

❺

ち、シリコンバレーで起業した塾生も多い。KAIZENの須藤憲司のほか、ノボットの代表であった小林正剛、ミクシーの代表をつとめた朝倉祐介などがつづく。第1期の塾生からは峰岸真澄がリクルートホールディングスの代表取締役に就任した。8期からはイシス編集学校から選抜されたNHKの中村正敏、アスクルの小池和弘、第一法規の大澤靖永、関西テレビの敷田信之といった師範たちが塾生と交じり、また触発された塾生がイシス編集学校を受講して師範代となって、環流を起こしつつ、インタースコアが加速している。

立派するリーダーのサロン「はこゆ」

10期つづいたHCUの塾生が、年に一度七夕の時期に豪徳寺の本楼《ほんろう》に集まるユニークなサロン文化ができている。サロンの名前は「はこゆ」。塾名の頭文字をとって松岡が名づけたものだ。ある集まりが「派」を立てることを「立派」というが、「立志」ではじまった塾が10年を経て「立派」に至った。「はこゆ」では佐藤優、原丈人をはじめ毎期10人前後のゲスト講師も参加し、新しいビジネスや日本社会のあり方を仕事や分野をまたいで重ねあう場になっている。

❶毎期第1講での塾長による高速講義で塾生に劇的なパラダイムシフトが起こる。❷第4期の合宿地は雪の高野山。松長有慶、中村明一を招き、「密教の方法と日本人の身体文化」を学んだ。❸国際政治学者の姜尚中が語る「土発」と「愛郷」。❹花柳千壽文師匠に日本舞踊の型を学ぶ塾生。着物を着用してくるように課題がでた。❺奈良で甲骨文字の書にチャレンジする。講師は古代文字書家の安東麟。❻脳医学者の中田力との対談講義「複雑系のオーダーパラメーターを見極めることが肝要」。❼ゴートクジISISの井寸房ではハイパーの象徴である「汎企大学」の額とそれぞれの名札を並べて塾生を迎える。

❼

❻

参加企業 ＊50音順

IMD
I'm.p
IDIインフラストラクチャーズ
アイ・ティ・フロンティア
旭化成
アスクル
インヴィニオ
インターアクティブ
インディバル
Impress Watch
HBM
エム・シー・コミュニケーションズ
オリエンタルランド
KAIZEN Platform
カウネット
カドベヤ
カフェ・カンパニー
関西テレビ放送
クラウド
経営共創基盤
COBOL
サイバード
Sunrasia Investment
じぶん未来クラブ
社会起業大学九州校
祥和会 大田記念病院
ジョッキンゼー
スタッフサービス
第一法規
テイクアンドギヴ・ニーズ
TCD
テクノ・サービス
電通総研
東京海上日動火災保険
トゥビーイングズ
中山倉庫
日本機械技術
日本GE
日本電気
日本放送協会
日本マイクロソフト
ネットワンシステムズ
ノボット
野村総合研究所
ヒューマンバリュー
ヒューマンリンク
フォトクリエイト
プラスコミュニケーションズ
プロノバ
ポジティブドリームパーソンズ
ホッピービバレッジ
丸善
丸善CHIホールディングス
みかさパートナーズ
みずほコーポレート銀行
みずほフィナンシャルグループ
三井不動産
三菱商事
山口建設工業
リアルワールド
LIXIL
リクルートキャリア
リクルート住まいカンパニー
リクルートテクノロジーズ
リクルートホールディングス
リクルートマネジメントソリューションズ
リクルートマーケティングパートナーズ
リクルートライフスタイル

ほか、合計50社以上

AIDAをさばく講師陣

ビジネスの伝統、サイエンスの革新、芸能の前衛、スポーツの工学、アートの冒険。松岡塾長が選ぶ各界の超一流のゲスト講師の陣容。

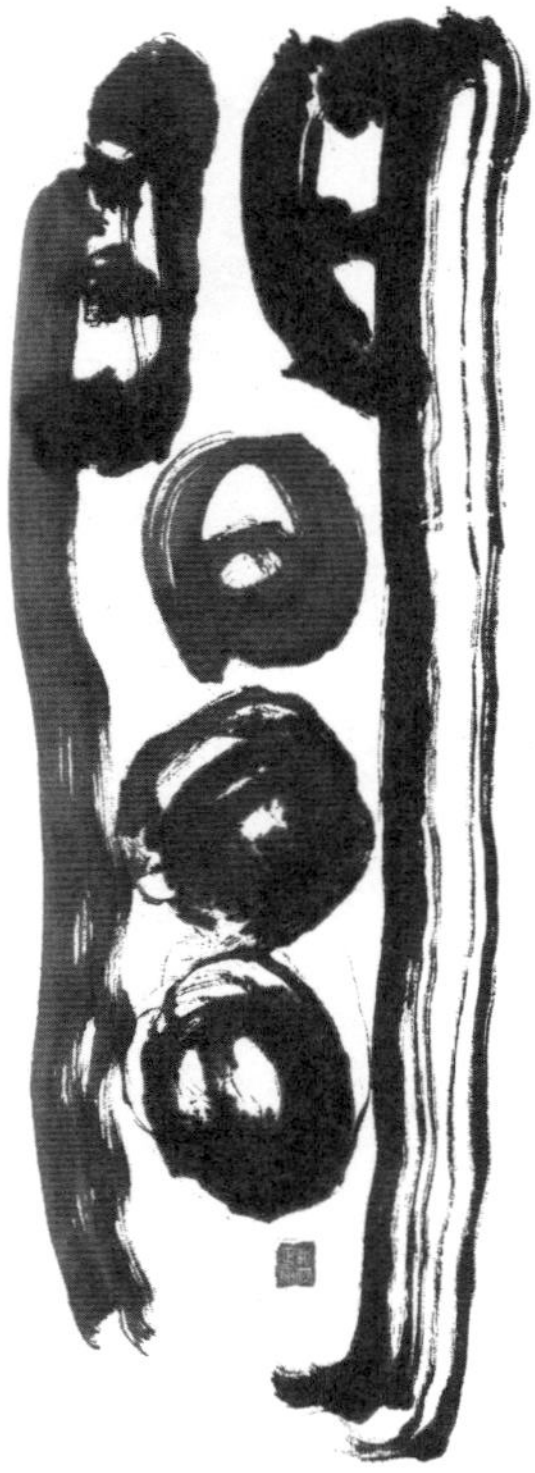

ゲスト講師

内田繁（インテリアデザイナー）猪野健治（ジャーナリスト）加藤秀樹（構想日本代表）川勝平太（国際日本文化研究センター教授）平尾誠二（神戸製鋼ラグビー部ゼネラルマネージャー）北西憲二（心理療法家、森田療法研究所所長）大倉正之助（能楽師）西松布咏（邦楽家）安田登（能楽師）前田日明（元格闘家）いとうせいこう（作家、クリエイター）田中優子（日本近世文化研究家、法政大学教授）花柳千壽文（舞踊家）隈研吾（建築家）合原一幸（東京大学生産技術研究所教授）松長有慶（高野山真言宗管長）中村明一（作曲家、尺八演奏家）姜尚中（国際政治学者）高山宏（評論家、英文学者）川瀬敏郎（花人）坪井香譲（武道家）佐藤響子（身体気流法指導者）中谷巌（経済学者）松本健一（評論家）千田稔（歴史地理学者）安東麟（古代文字書家）中東弘（枚岡神社宮司）原丈人（実業家）観世銕之丞（能楽師）鈴木寛（参議院議員、前文部科学副大臣）赤坂憲雄（民俗学者、東日本大震災復興構想会議委員）小池純代（歌人、イシス編集学校師範）佐藤優（作家、元外務省主任分析官）大澤真幸（社会学者）手嶋龍一（外交ジャーナリスト、作家）アレックス・カー（東洋文化研究家）金子郁容（慶應義塾大学教授）中田力（脳科学者）張富士夫（トヨタ自動車名誉会長）為末大（元陸上競技選手）香山リカ（精神科医）長谷川眞理子（生物学者）勅使河原三郎（舞踏家）ミヤケマイ（アーティスト）佐藤勝彦（宇宙物理学者）青木健（宗教学者）重信メイ（ジャーナリスト）橋爪大三郎（社会学者）安藤礼二（文芸評論家）末木文美士（仏教学者）ほか ［※肩書きは出演時のもの］

本物の教養をもつには、自分の中に確かな基準が必要。——佐藤優
新しい資本主義をつくるのは日本人である。——原丈人
失われつつある日本を継承しなければなりません。——アレックス・カー

写真上から佐藤優（作家、元外務省主任分析官）、清水博（科学者）、原丈人（実業家）、
川瀬敏郎（花人）、西松布咏（邦楽家）、アレックス・カー（東洋文化研究家）

edit cross
エディット・ビズ3

ビッグデータを編集工学する
エディトリアル・テキストマイニング

❶

コーヒーハウスと茶の湯

イノベーションや共創をもたらす「場」とはどのようなものか。コーヒーハウスは17世紀末の社交場として広がって、ジャーナリズムや株式会社や政党の発祥の場となり、茶の湯は道具や趣向の経済文化や、千家十職といった職能集団をもたらした。座を取りしきったクリエイティブディレクター・同朋衆の「もてなし・しつらい・ふるまい」の型は、イシス編集学校の学習環境のマザーモデルとなっている。

21世紀の情報化社会では、SNSに代表されるように、インターネットでつながる「場」をもつことになった。統計やマーケティン

❷

❸

グのために、ある属性でセグメントされた人々に働きかけることもさかんに行われている。創発的なチーム作りや、組織に生まれるイメージを次へ運んでいくときには、情報編集の「型」が役に立つ。イシスでは、さまざまな情報やプロジェクトのビッグデータを、場や型を通じて価値あるものに仕立てるサポートを行っている。

動かすことが価値になる

メーカーのR&D会議、音楽レーベルの楽曲開発、業界誌の広告企画などさまざまな現場で、イメージをマネージする「型」が用いられている。企業の部署単位でイシスのカリキュラムを受講し、編集が対話の共通言語になっている組織では、「キーワードを三位一体の型で挙げてみよう」「二軸四方の軸を入れ替えてみよう」と合意をとりながら、拡張と集約のファシリテートが行われている。「型」は、情報を生き生きと動かすためのものなのだ。

イシス編集学校から師範を派遣するケースもある。課題に即して、情報化・編集化のプロセスを設計し、ワークショップ・セッションを行う。奈良の老舗・中川政七商店では、編集ワークショッ

❹

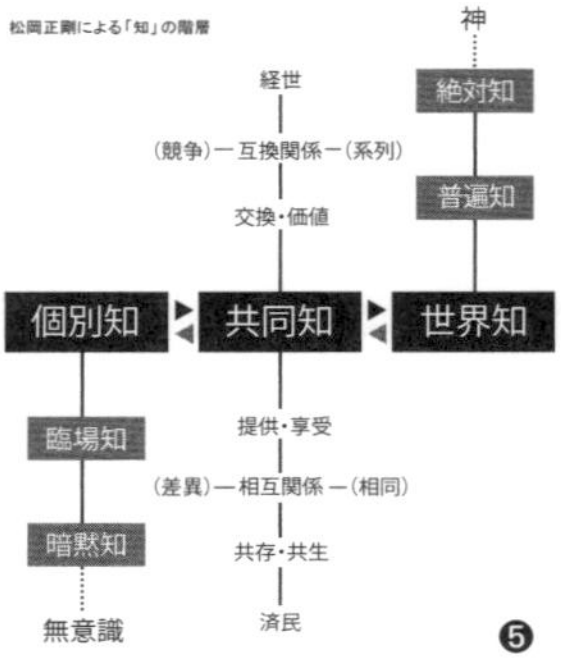

松岡正剛による「知」の階層

❺

プを通して、若手スタッフに「工芸」を超えるブランドイメージを自分たちの手で築いていく方法を実践してもらった。社員の林薫、尾島可奈子はイシスに入門し、林は師範代をつとめ、尾島は［離］を退院した。さらに、地方の民芸・工芸品をクロニクル編集するプロジェクトでは「NARASIA」でもリーダーとして活躍した師範代の田原一矢を筆頭に、歴史事象のコンパイル力に優れた井田昌彦、石川正宏らの師範代によるチームが編成されている。

ビッグデータのつなぎ方

編集工学では、知の再編集は、「個別知」が「共同知」になり「世界知」と交わることで促進されると考える。イノベーションは、「共同知」が新技術や新商品といった「世界知」となっていくプロセスだ。ところが、ネット社会では、個人が直接情報にアクセスするため、「共同知」が生まれにくい社会構造になっている。

イシスでは、ユーザの声、気づきなどの「個別知」を「共同知」としてマーケティングに活かすさまざまな提携プロジェクトを行っている。パイオニアでは、学衆の橋本元司が中心になり、「超テレ

❶中川政七商店の中川淳社長を中心に編集談義に花が咲く。❷中川政七商店からの依頼で工芸のクロニクルを網羅したプランニングシート。❸3つの情報を動かす編集思考素はビジネスにも絶必の型である。❹テーマパークや博覧会のアーキタイプを編集する。❺個別知・共同知・世界知の階層図。❻エイベック研究所代表・武田隆がISISフェスタ「21世紀のコミュニティと編集の可能性」に登壇。エンゲルバートのAIから消費者コミュニティのメカニズムまでを語った。❼「Q・O・N」はエイベック研究所の広報誌。3号にわたり、編集工学が紹介されている。

❼

❻

ビ」「超リモコン」などのお題でコンテスト形式のアイディア開発を行った。ヒューマノイド開発では、ロボットと人間の築く未来の可能性を物語の「型」によって編集した。

マーケティング手法の共同開発も進んでいる。グループインタビューやブレーンストーミングなど何時間もかかる情報集約に代わる手法として、コンセプター坂井直樹と行った「Concept generate engine」の実験プロジェクトでは、イシス編集学校の面々が数日で100のアイディアをまとめ、チョコレートや携帯電話といった商品の編集可能性が共同知として取り出された。

ソーシャルメディアで企業のユーザコミュニティ運営を行うエイベック研究所とはISISフェスタにも登壇した社長の武田隆の働きかけからビッグデータを対象にした「エディトリアル・テキストマイニング」の本格的な共同開発を進めている。ここでも中心となっているのは柔軟な編集術活用ができる大久保佳代や八田英子といった師範・師範代たちだ。固定した分類や階層を破り、関係の発見をおこし、新たな知の配列を生み、「共同知」をつくる。それらを価値につなげていくのは、編集の得意技だ。

edit cross
エディット・ビズ4

企業・学校・自治体向け
編集学校を特別仕立てで
MBC感伝境／子ども編集学校

Mizuho Corporate Bank
感伝境

ORIBESQUE
design by Alan Chan

❶

ISISのしくみを活かす

イシス編集学校の受講生は、最年少10歳、最年長80歳。エンジニアも教師も女優も社長も学生もいる。編集力を発揮したい場面は一人ひとり違うが、編集稽古で学ぶ「型」は普遍的で応用範囲に限りがないから、誰もが同じプログラムで学ぶことが可能だ。

「すべてを編集可能な情報とみる」という見方は、情報化が進んで世界が多極化し、変化が常態となった現代社会の中で、年齢を問わずいっそう大事なものとなってきている。「何を学ぶか」を見定めることを親や塾や会社頼みにできない時代、学び方のしくみごと、手渡していくのがイシス流である。ニーズにあわせてISIS

②

③

のシーズを特別仕立てにした編集学校がつくられてきた。

学び方を学ぶ「移住」

企業・自治体・学校にイシス編集学校の学習システムを丸ごとビルトインした例がいくつかある。課題はそれぞれ異なるが、〈編集の国ISIS〉へ移住するかのように学ぶ環境ごと手法を取り入れたいという要望は共通していた。

「すみか編集塾」(積水化学工業)では、各地の営業所で孤軍奮闘する社員がネットを介してともに稽古をスタートした。ユニークだったのは営業トークを分節化してお題にしたことだ。「編集稽古02番：玄関を言いかえてください」というお題に対して、「家の顔(世帯主にとって)、泥んこを脱ぐところ(小学生にとって)、寒暖差・段差の要注意エリア(高齢者にとって)」などと回答してもらう。お決まりのセールストークでなく、家族ごとに異なる日常の物語を語る編集力を身につけることが稽古のねらいだ。

「MBC感伝境」(みずほコーポレート銀行)では、新入社員が全員イシス編集学校の師範代のもとに預けられた。お題は、グローバルな

④

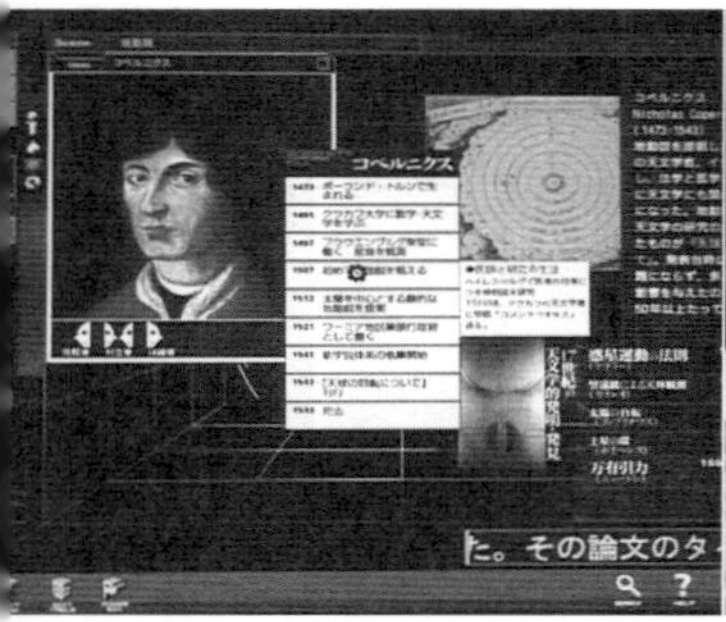

⑤

コミュニケーション実践。理論だけでなくメールで実際に人とのやり取りを積み、論理の線引きに終わらない新たな実りに向かうためのコミュニケーション・モデルを研鑽する3カ月間のオンライン・ホームステイだ。材料メーカー営業で花伝師範もつとめる古田茂、リクルートの本杉健、人材コンサルタントの高橋邦明らが担った。

「オリベ編集学校」（岐阜県）は、地域文化を伝える市民記者をつくっていく取り組みだ。地域のコンセプトを深層・中層・表層からとり出せる記者を育てるべく、コミュニティの文化・文脈にイシスの「学び方システム」を重ねていった。番匠までつとめた志村呂子がマネジメントをとりしきった。

「伝える」より「交わす」

小中高校で開催する編集授業では、子どもたちに学びを編集する手続きを体験してもらう。田園調布雙葉学園では、情報社会学の授業で高校生にメディア編集と読書のための手続きを伝授した。

小3～中学生向けの情報編集型教育支援システム「2＋1」「カプタリウム」は、教育版RPGともいうべきプログラムだ。慶應幼

❶みずほコーポレート銀行の「MBC感伝境」を受講する新入社員がズラリ。❷MBC感伝境で田中俊明師範ら講師陣を紹介する大武美和子企匠。❸ビジネスパーソンが読書力養成ワーク。一冊の新書を読み、30分でアウトプットまで行う。❹編集ワークショップは企業、学校、図書館でも花ざかり。❺中高生向けの文科省教育支援ソフト「synla」。❻子ども編集学校では親子で編集ワークショップ。❼こくごおけいこ教室で制作した子ども向け教材。

❼

❻

稚舎や東大附属中学の授業で用いられたもので、ゲームルールに沿って、国語や算数、英語などのコンテンツをランダムに見ていく。集めたコンテンツを関係づけるほどゲームポイントが加算される。関係を発見し、学習体験を物語り、仲間からの学びを促すことを狙った。ゲームをもちだすことで、従来型の授業で伝えても習得しにくい「学び方」を直感的に体得してもらう。

就学前〜小学校低学年の子ども向けには、親子で学ぶスタイルのコンテンツを用意した。「こくごおけいこ教室」(ドリル型教材)、「NetKidsSchool」(ウェブトレーニング)、「1日限定子ども編集学校」(ワークショップ)では、「一緒に考える」関係が基礎となっている。師範代と学衆のように親と子が共に考える関係を築くことで、プロセスを感じとりながら情報を自由に動かす学びの編集力を育てていく。

学研ぐるみの「お題スタジアム」では、ミメロギアを題材に自らも母である松井路代、五味久恵が子どもたちの名ナビゲート役として人気者になった。教育機関からは、編集に触れ、馴染む機会を増やすために、デバイスに合わせたエディット・ゲームなどのアプリケーション開発を待望されている。

edit cross
エディット・ビズ

経済と文化をインタースコアするリーダーたち

編集工学をビジネスに活用し、グローバル市場で活躍する学衆、師範代は数多い。マネジメントからマーケティングまで、Edit Bizの体現者である5人のビジネスパーソンを紹介する。

シンガポールと日本のAIDAで

福元邦雄◎千離衆

三菱商事

弔砲の轟音に包まれながら、建国の父リー・クァン・ユーの棺を載せた車は、国葬会場へひた走った。彼岸へ渡河した初代首相の葬儀は、国民全体の黙祷で幕を閉じた。

「異質の中の同質性」を極め求心力を保つ海峡国、シンガポール。「同質の中の異質性」を排除し遠心力を働かせる島国、ニッポン。編集学校や企業塾HCU「AIDA」で学んだ私は、この地に赴任して約3年、両国の歴史的現在や関係線に想いを馳せつつ、さまざまなモノ・コトを編集的に受け止めている。

編集学校のこれまでと、これから。関わる人の「投企の覚悟」がその無限の可能性の鍵を握っている。「脳と心とカラダ」のすべてが編集的存在となる至福の経験を多くの方にしていただきたい。

編集的先達　マルクス・アウレリウス

写真提供：読売新聞社

Kunio FUKUMOTO

HCU塾生

三菱商事の和光貴俊らとともにハイパーコーポレートユニバーシティの幹事をつとめながら、イシスの門を叩く。ナニワの女傑・赤松師範代の薫陶を受け、教室ではそのリーダーシップから委員長と慕われる。稽古の締め切りを守らない学衆は許せない編集熱血漢でもある。本業の傍ら、シンガポールで少年剣道の指導にも携わる。

編集が全ての人に必須な時代に

村越力◎千離衆
電通総研

すぐれて編集的営みであるオープン・イノベーションは、領域を超えた協働と創発の動きとして企業や自治体の基幹領域にまで浸透してきた。活性化した地域では、社会的関係性の編集により、家・仕事・食・子育てなどの好循環が起きている。グローバル市場では、ビジネスマンが日本流の仕事と現地文化をいかに相互編集させるかという難題に直面している。今後は全ての人に編集が必須になる。未来が不確実さを増している今、個も社会も自由にする、編集がもたらす未来を信じたい。

編集的先達　河合隼雄

Chikara MURAKOSHI
HCU塾生

電通総研で方法日本の研究を独自に進め、JapanWareの企画にも携わる。平城京レポートや目次録でも持ち前のスピードと調査力を活かして八面六臂の活躍。あまりの速さと量に他がついていけないこともしばしばある。ふだんは、柔和な表情と中性的な物腰の親しみやすいビジネスマン。

世界市場は関係の編集から

ゆう恵朱
◎風天バーミリオン教室／東華西草教室
キャピタランド・モール・ジャパン

土埃舞うぼんやりとした空気の中、騒音が耳を突き、何本ものクレーンの影がうごめくアジアの街。混沌から出現する市場を求めて、世界中からヒト・モノ・コトがひっきりなしに集まってくる。「想定内」が使えるような環境に長く居過ぎると、スピードと多様性を前に、身動きが取れなくなる。

しかし「関係性を編集」することによって、そのダイナミズムを「苗代」にすることができる。歴史、文化といった背景を捉え、発展とともに変化する人々の暮らしや考え方を察知する。その土地に投入する資源、そして自分自身の関わり方を変化させながら市場へとつながっていく。絶え間のない関係性の編集は、土埃に隠れる世界市場への道筋を照らしてくれる。

編集的先達　ル＝グウィン

Keishu YU
師範代

本業では海外出店のためのマーケティング、交渉担当。日中英の3カ国語に通じ、Roots of Japan(s)の翻訳をつとめるほか、豊富なビジネス経験と編集をつなげ、丸の内朝大学の師範を担当。持ち前の理解力とコミュニケーション力で、多くの編集工学研究所プロジェクトにフェローとして携わっている。

過去の照り返しの先に未来を見る

金井良子◎千離衆
リクルートマーケティングパートナーズ

長年連れ添った夫婦はどこか似るという。それは二人の異質な文化の衝突と融和を経て、補助線を何度も引き直し、相互編集をつづけた結果としての変化なのだろうと、その長い物語を感じずにはいられない。

ビジネスにおけるマーケットの現在や揺れ動く未来を見る視点もそれに似て、ときに異質な過去の照り返しの先に像を結ばせることで、今まで見えなかった仮説をもつことができる。だからこそ、未来の物語の紡ぎ手になりたいなら、自分が紡がれる覚悟を持つ必要がある。

編集的先達　近松門左衛門

Yoshiko KANAI

HCU塾生

本業ではゼクシィなど結婚関連事業に従事。ハイパー塾を企業受講後、イシスに入門。10離で典離。華麗な容貌と裏腹に、剛胆な肝っ玉の持ち主。編集工学研究所の専務・安藤昭子とともにブライダルと本を組み合わせた「引出本」を企画した。

硬直しがちな合理を破る

福嶋秀樹◎パリティ外道教室／伝源結線教室
三菱電機

企業、とくにメーカーでは、緻密な合理を求める。検討においては種々の可能性を追及するが、最終的な論旨は品質や収益に向かう明確な一本道とする。

一方、編集学校で注視するのは多様性だ。異種を〝方法〟によって組み換え、重ね、遊びと端緒を忍ばせる。組み立てに意を注ぎ、すべては明かさない。伏せて開けるを基本とする。開け方が変われば、明くものは変わる。世界知や日本文化から漉《す》いた〝方法〟を用い、相互交感による多彩な創造の発現を仕掛けるのだ。

硬直しがちな合理には、大胆な異種編集と仮説編集、余白編集が必要だ。編集学校にはその方法があり、方法を携えて先を拓く者が揃う。職業・地位・年齢を超え、集う人々が私を挑発する。

編集的先達　中井久夫

Hideki FUKUSHIMA

師範代・守師範・破師範

黒革の手帳に64編集技法、編集八段錦、編集十二段活用を綴じ込み、ビジネス現場、部下の教育に活用している。システム思考で目次録を構造的に図解し、校長を驚かせた。図抜けた編集力を買われ、本業でも製作所所長をつとめ、一千億円規模の事業を任されている。

EditBizの編集構造
インフォメーションからバリューへ

情報編集の「型」は、ロジックだけではなく、スタイルやテイストといったやわらかい情報や目に見えない情報も同時に扱い仕事を前進させる力がある。社会環境に応じ、仮説力を発揮しながら、新たな価値を創りだすことができることが、ビジネスと編集を重ねるEditBizの特徴である。

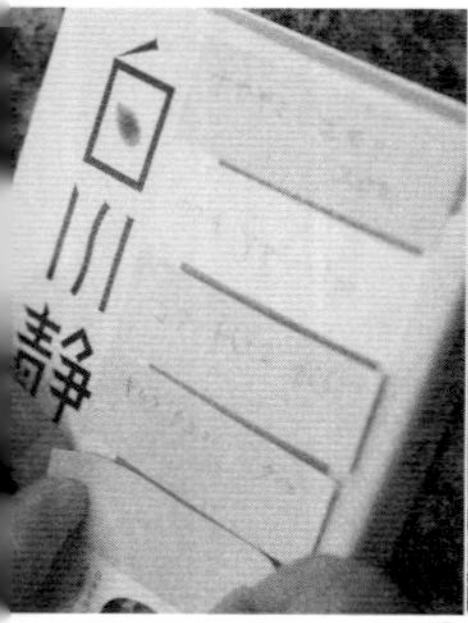

❷

❶

edit cross
ブックウェア

共読の風を興《おこ》したい
MUJI BOOKS／松丸本舗／帝京大学共読ライブラリー

本を贈りあう共読の学校

イシス編集学校は「方法の学校」であるとともに「共読の学校」だ。編集稽古で身につける方法の型は書物とリンクされており、師範代、師範、学衆によって数えきれないほどの参照、引用、交換が起こっている。修了を祝う感門之盟では、期を全うした師範代に感謝を込めて「先達《せんだつ》文庫」が贈られる。松岡が一人ひとりに合わせて選んだ文庫本には、直筆のメッセージが添えられている。

本楼の蔵書のなかから選ばれた本をオークションする「落册市《らくさついち》」もおおいに賑わう。松岡がマーキングしている本はとくに高値で取引される。最高落册額は、丸善株式会社前社長の小城武彦が『ブラッ

❸

❹

ク・スワン』に入札した1万円。こうしたイベント以外でも、師範代が学衆に、学衆が師範代に、日常的に本を贈りあう「インター・ブッキング文化」が醸成されている。

ブックウェアがつなぐ本・人・暮らし

「読書は編集である。編集は読書である」。松岡の言葉である。日本人の読書力が危惧され、出版界が右肩下がりを続けるなか、イシス編集学校が力を注ぐのが共読プロジェクトだ。キーワードは、本を媒介に人を動かし、コトを興す「ブックウェア」という考えである。ハードウェアやソフトウェアだけではない、第3のウェアとしての本を使って、読書体験の可能性を自由に広げる提案だ。共読ブックウェアが、本と人、人と人、本と本をつなぎ、その文脈が本棚となり、本棚が書店や図書館をかたちづくっていく。本を交わしあい、薦めあう共読を通して、ワインを飲むようにも、アスリートのようにも、美術を鑑賞するようにも、ファッションを楽しむようにも本と関わることができるようになる。

❺

❻

実験書店「松丸本舗」とブックショップエディター

「ブックウェア」としての書棚、書店、図書館を編集するプロジェクトの核になっているのが、イシス編集学校の師範、師範代たちだ。

2009年にオープンし、丸善丸の内本店の4階で3年間展開した実験書店「松丸本舗」。一般的な図書分類ではなく新たな文脈で選書する「文脈棚」や「本の福袋」など、新たなブックウェアを数多く生み出した。店頭で本のソムリエとしてのブックショップエディターを任されたのが森山智子、大音美弥子、小川玲子、川田淳子、山口桃志、大野哲子、池澤祐子、伊藤華子、鈴木郁恵らの師範、師範代である。なかでも、ISISフェスタの「本腰祭」の顔である池澤祐子は、シャンソン歌手でもある編集タレントだ。ブックショップエディターとして客がもとめるニーズを何気ない会話から察知し、さまざまな分野の本と関係線をひいていく。客は来店時には思いもよらなかった本をどんどん買物かごに入れてしまう。松丸本舗の客単価が通常店舗の倍以上あったのは、多くが彼女たちブックショップエディターの功績だ。本の売上を増やすにも、本と読者の間で「編集する人」が必要なのだ。

❶「落冊市」では、松岡正剛の本棚から出品された本が延々並ぶ。❷人気の本はどんどん価格が上がっていく。❸落冊市会場で目当ての本を物色する参加者。❹本をつかった自己紹介ワークのあと、選んだ本で記念撮影。❺丸善主宰、松岡編集。本の福袋が飾られた伝説の書店・松丸本舗のエントランス。❻イシスの歌姫・池澤祐子師範による棚読・脈読・型読ワーク。❼美輪明宏などの著名人が選んだ本とモノが詰まった「本のクリスマス」。松丸本舗のブックギフトの一つ。❽松丸本舗の設計図。本の迷路となっていた。

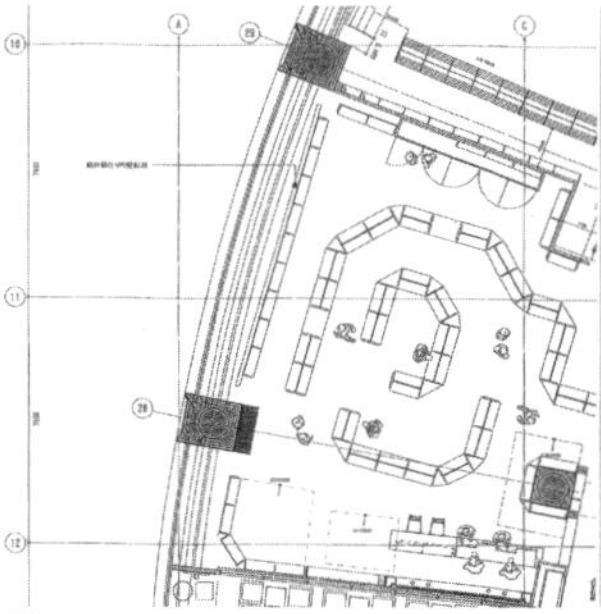

❽

❼

大学図書館に登場した「黒板本棚」

松丸本舗の実験は大学図書館へも飛び火した。2012年から帝京大学のメディアライブラリーセンターが取り組む「共読プロジェクト」。「黒板本棚」を初めて採用し、本棚をメディアとして活用している。問いと答えのMONDO（問答）をコンセプトに共読を推進する企画棚も登場した。

又吉直樹、蒼井優、水道橋博士、伊坂幸太郎らが学生の質問におすすめ書籍で答えるSpecial-MONDO、旅や病院、東京などをテーマにしたLife-MONDO、学生や職員、教員が一緒に棚をつくるCareer-MONDOで図書館が賑わっている。

さらに帝京大学では、共読を深めるために情報編集力の習得を目標とした読書術コースを毎期実施している。2015年度は1000人を超える学生が受講し、約75%が修了した。一度に10教室の指南を行う麻野由佳を筆頭に、マラソンと落語を愛する岡本尚、バイクと俳句のデイトレーダー多田有花ら30名以上の師範代が共読ナビゲーターとして学生の読書ワークを牽引してきた。

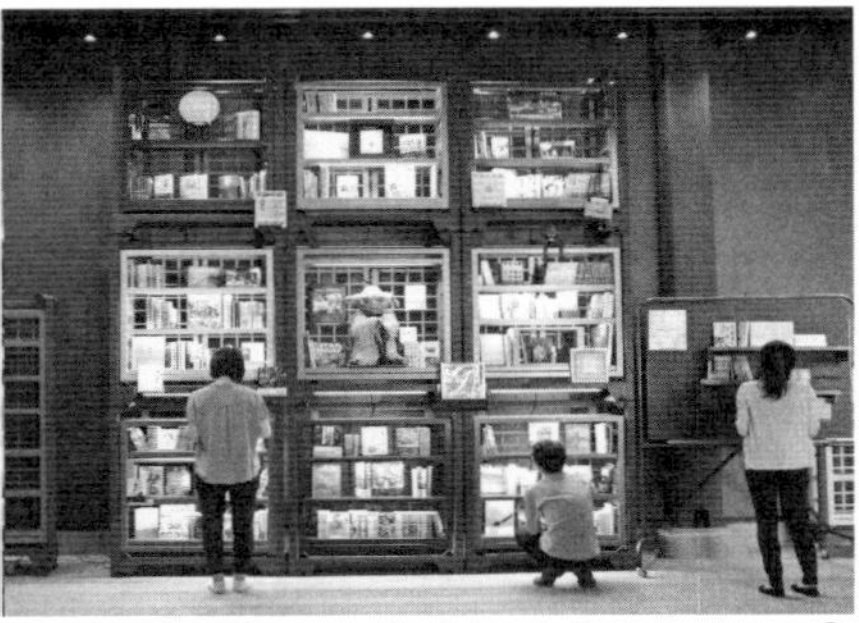

❶

❷

世界知のインデックスで創る未来の図書館

２０２５年の創立１００周年にむけて、近畿大学の「超近大プロジェクト」が始動している。松岡をスーパーバイザーに迎え、「実学」をキーコンセプトに新図書館の設計が進行中だ。［離］で開示する世界知の階層構造「目次録」を背景に「近大インデックス」を制作し、文脈をもった書棚空間を新たに創り出す予定である。１Ｆ「ＮＯＡＨ」の中心となるのは、第６季離でぶっちぎりの知力、編集力を発揮して最優秀賞「典離《てんり》」を受賞した小坂真菜美だ。小坂の専門は建築である。離を退院した千離衆を率いて、近大インデックスの壮大な構造を建造物のように立ち上げようとしている。２Ｆ「ＤＯＮ－ＤＥＮ」は４万冊のマンガと新書・文庫のみで構成される。世界知とサブカルチャーを重ねて編集できる西藤太郎、金宗代の才能が企画をリードする。

MUJI BOOKSの選書を担う師範たち

２０１５年９月には無印良品有楽町店にＭＵＪＩ　ＢＯＯＫＳ

❶HIGASHI-GUMIの倉庫で、近大図書館プロジェクトに向けて実験。❷博多キャナルシティにオープンしたMUJI BOOKSは大きくメディアにも取り上げられた。❸無印良品の商品が陳列される合間にMUJI BOOKSコーナーが挿入されている。❹さまざまなテーマで展開する三冊屋は人気のブックウェア。

❹

❸

がオープン。イオンモール岡山店、キャナルシティ博多店につづく3店舗目になる。料理の基本になぞらえた「さ（冊）し（食）す（素）せ（生活）そ（装）」で構成する書棚群、無印良品のルーツである田中一光の自宅蔵書棚、商品と本の企画編集棚「と本」（「ごはんと本」「道具と本」「家と本」「香りと本」「旅と本」）などを展開している。

選書を担ったのはイシス編集学校の師範らからなるthe Selectチームだ。［破］番匠をつとめるイシスの女将こと大武美和子、TRCのビブリオマニア原田淳子、日経BPのプロデューサー森井一徳らを中心とするthe Selectチームは棚の選書以外にもイシス名物「三冊屋」という企画選書を行っている。3冊の組み合わせで本を販売する。例えば、「小さなお話の器を味わう三冊」では井上ひさし『言語小説集』、『古伊万里染付』、川端康成『掌の小説』がそろう。「ほろ苦の言葉を味わう三冊」なら、オノ・ヨーコ『グレープフルーツ・ジュース』、高野てるみ『ココ・シャネル　女を磨く言葉』、杉浦日向子『粋に暮らす言葉』といった具合だ。

本棚編集からブックワークショップまで、イシス編集学校から生まれたブックウェア・プロジェクトは、企業、大学、地域図書館、個人に新しい書物との出会いの機会、共読の機会を提供している。

edit cross
ブックウェア

主婦と本と量子論

小川玲子◎弦学マイセン教室／玲子組曲教室
ブックショップエディター

専業主婦からBSEへ

いまでもその場に立つと体が震える。緊張が半分、武者震いが半分。大学や図書館で、学生に教師、本のプロを前にマイクを握る。ほんの数年前まで、わたしはごく普通の専業主婦だった。いまは本と人の新たな関係性を志向する専業主婦になっている。

不思議な現象だった。その場に立ち寄った未知の参加者に、忘れがたい体験をもたらす本棚。本がもたらす偶然が必然を呼び寄せ、さまざまな想定外へとわたしたちを導く。それが松丸本舗だった。

店頭に立つブックショップエディター（BSE）の責任は重大だ。本と人をつなぐ触媒としてのふるまいは、決して容易なものではない。自分の無知にうちひしがれたときもある。それでも踏み留まれたのは、松丸本舗という場とそこに関わった人たちとの縁、そして共読という方法の存在があったからにほかならない。

ある日確信した。共読の実践こそが、わたしたちの可能性を広げる足掛かりになり得るのだと。抱えていた無知へのコンプレックスは、未来を見る目を養うものだと気づいた。共読を支えるのは編集という普遍的な技術だ。無知は未知に、恐れは畏れにとって代わっていった。

松丸現象を多発させたい

編集工学は21世紀の新しい科学技術だ。そこには古典力学から量子力学への移行に匹敵する見方の変化がある。前提にあるのは集合ではなく

編集的先達　緒方貞子

代数だ。それを抽出し方法論にすることで、共読の掛け算がおこり、未知の鍵穴が明らかになる。

わたしと他者の編集のインターフェースに生じるのは生命的な情報の躍動だ。それは今後のAIをも凌駕する可能性をもつ。共読とは、時間や空間がエピソードとともに生まれる場であり、生命生成の場にほかならない。

わたし個人に自信が持てることなど一つもない。それでも編集工学があるから未来を想像し希望を語ることができる。わたしの物語はどこも閉じていない。これも相互編集のなせる技だ。わたしたちはひとりではない。いま必要とされているのは、松丸本舗的な現象を場所を変えていたるところで発生させることなのだ。すべての共読的な出会いが世界へ通ずる道を築くと信じている。だから今日も、共読が革新に、果ては文化となる日まで、専業主婦はその場に臨むのだ。

小川玲子 Reiko OGAWA

師範代・ブックショップエディター

松丸本舗でブックショップエディターとして活躍後、帝京大学などで読書術を伝える。編集を伝える使命感をもち、その洗練されたワークショップと鋭いメッセージ力はイシスでも一、二を争う存在である。場に応じて、滝川クリステル風にも、池上彰風にも自由自在にメタモルフォーゼ、カスタマイズできるモード・センスも光る。

受講歴◎18守・18破・9花・8離

先達文庫：岸田劉生『劉生日記』

大学ブックウェア

本棚の冒険。読書の愉快。本は人とモノとつながる。イシスのブックウェア・シリーズから帝京大学と共同企画した「共読ライブラリー」をご紹介。

S・MONDOのサイン。2015年前期は作家の伊坂幸太郎さんが登場。

OBI-1グランプリ

キラリと光る「帯」作品を「学科長賞」「館長賞」「MONDO賞」として表彰する。

帝京大学メディアライブラリーセンター（MELIC）の入り口。

共読ライブラリーはブックウェアとコースウェアをつなぎ、新たな本と学びの場を生みだすプロジェクトだ。「ＭＯＮＤＯ（問答）」は、学生の問いに対して、著名人がリコメンド本を答えとして返すもの。オンラインの読書術コース「ＯＢＩ・１グランプリ」は、情報編集の型を身につけることができるプログラム。選んだ本のコピーとリコメンドを帯にデザインし、学生によるＯＢＩ本が黒板本棚を飾る。

edit cross
地域編集

地域に編集活力を与える
Roots of Japan(s)／九天玄氣組

❶

ソーシャル流行り?

フェイスブック、ツイッターなどの「ソーシャル・メディア」がオンライン・コミュニケーションを席巻する一方で、「ソーシャル・イノベーション」が地域や新産業に起動しはじめている。

どちらも流行の「ソーシャル」だが、後者のソーシャル・イノベーションは今にはじまったことではない。平安初期の空海、近代のナイチンゲール、現代のM・ユヌスらが歴史を超えて示してきた「社会を変えるのは政治家や役人だけではない」という社会参加への意識が、いま私たちにいっそう強く呼び起こされているのだ。

フィンランドでは、市民の8割が何らかのNPOに所属してい

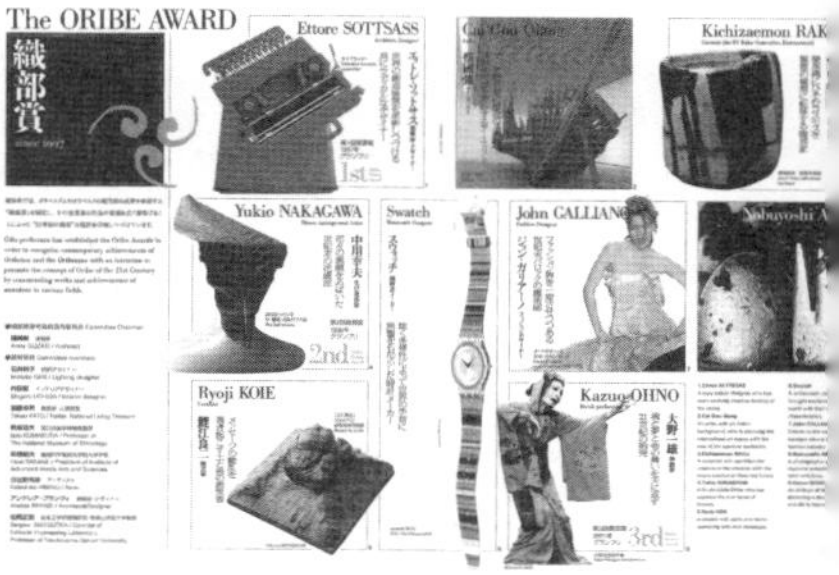

❷

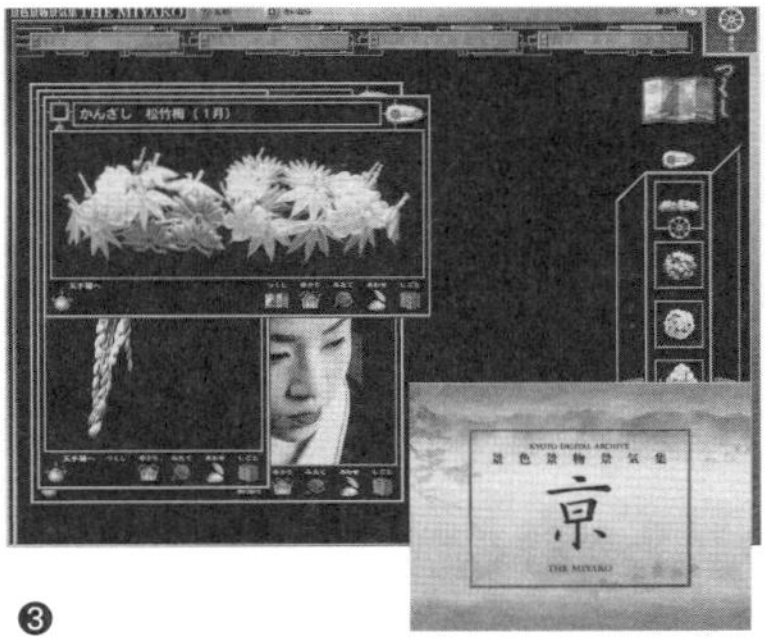

❸

るという。日本では、NPOの認証法人数がコンビニの数と同じ5万団体を超えたところだ。社会事業とイシス編集学校の連携の代表例が、日本財団CANPANセンターのプロジェクトである。CANPANは、社会貢献活動団体を情報発信の面などから支援するべく、2014年からイシスとの提携講座を積極的に展開し、毎回満席の人気講座となっている。理事の山田泰久自身もイシスに入門。地域行政担当、市民有志、企業CSR担当などが混じりあって学ぶ場になっている。

イメージの歴史は編集の宝庫

地域編集や文化再編は、日本全国から学衆が集うイシス編集学校が挑む一大テーマである。[破]では、クロニクル編集術、物語編集術を経て、地域をお題にしたプランニング編集術を学ぶ。

地域や文化を「再編集」するとはどういうことか。お祭りは行かないとわからない。人の賑わいや神輿の勢いなど、文字にならない情報を豊かにもつのが地域の「文化」だ。これを地域の再生力に転じていく編集力とは何か。文化やイメージには歴史がある。「りん

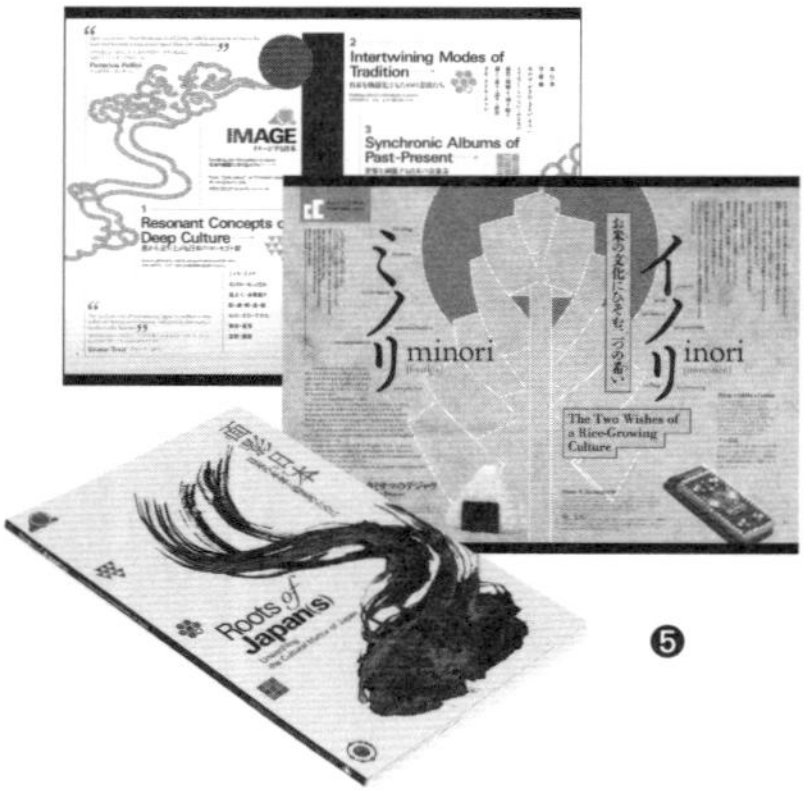

❺

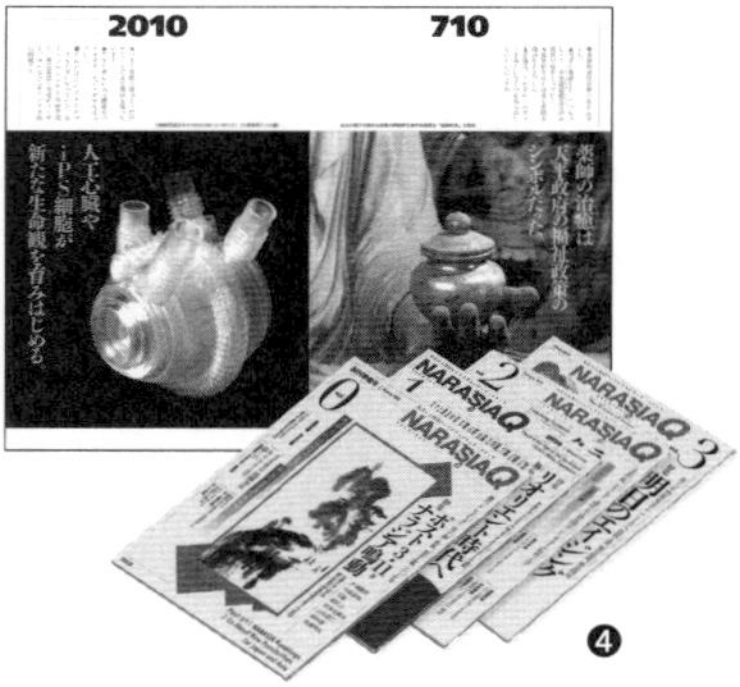

❹

ご」といえば、蜜入りも有機農法も、リンゴ追分もスティーブ・ジョブズもついてくる。地域の「りんご」がどう未来と結びつけばいいか。ランキングやキャラクター化以外の方法はここから出てくる。

編集工学研究所とイシス編集学校では、地域の風土がもつイメージの歴史を見つめ、再編集するプロジェクトにいくつも関わってきた。

ISISの主な地域編集プロジェクト

The MIYAKO（京都市）1998年
京都の伝統文化情報をアーカイブ化。連想検索によるハイパーリンクシステムは、「あわせ、かさね、そろい、つらね」といった当時の都びとが重視していた情報編集を活かした。

The ORIBE Project（岐阜県）1994—2007年
茶人古田織部の精神に学ぶ地域産業振興。国際賞、商品開発など、織部の目利き力を地域文化創成の核にした。編集目利き（師範、評匠）を地域に育て、再興の活力を生み出すプロジェクトだ。

弥勒プロジェクト（奈良県）2009—2011年
平城遷都1300年記念として書籍出版やイベントが行われた。8世紀初頭に新生国家「日本」の首都であった奈良の歴史から「平城京モデル」を取り出し、現代に照らして日本と東アジアのこれからを展望する大胆な編集となった。

『Roots of Japan(s)』（経済産業省）2011年
世界にむけて「方法日本」の産業文化の本来の意味とその特徴（ジャパン・マザー）を伝えるプロジェクト。アニメやカワイイ文化が、苔寺や本歌取りなどと「方法」で結びつけられ、若いクリエイターからも大きな反響を呼んだ。

❶CANPANと編集学校が共催する情報発信力を磨くワークショップ。登壇した山田泰久が編集の重要性を語る。❷織部賞プロジェクトからはオリベ編集学校が誕生した。❸平安建都1200年記念アーカイブThe MIYAKO。❹『NARASIA』には加藤達彦、松尾亘、菊池かな他師範代らがエディターとして活躍した。❺限定配布の「Roots of Japan(s)」は英訳も併載。ゆう恵朱、渡辺恒久らが担当。❻藤沢市民電子会議室では市民エディターを養成。「ふじ記」として成果を刊行した。❼えのぼレポーター養成講座での太田剛によるレクチャー。

❼

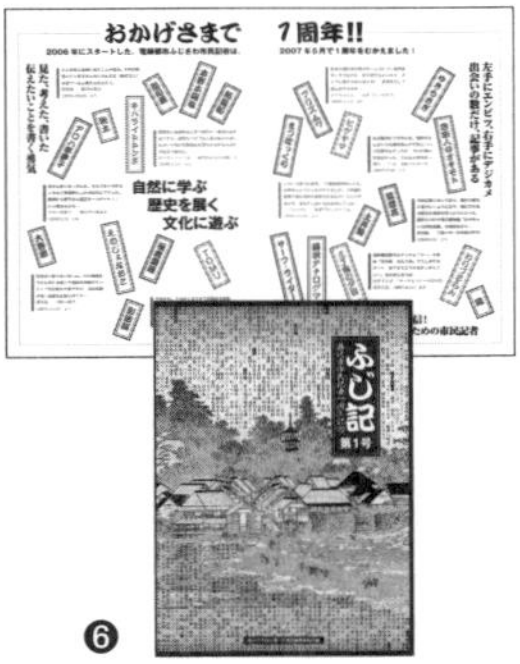

❻

福島と九州。イシス発の地域編集への挑戦

イシス編集学校のしくみを活かし、新しいコミュニケーション環境を構築する試みもある。藤沢市「市民電子会議室」は阪神淡路大震災を契機にスタートした後、市民記者コミュニティを育て、地域情報の発信など新たな市民参加システムを生んだ。三鷹市では2007年、教員がネットワークコミュニケーションを学びながら、学校横断型のコミュニティで教育の情報化について交わしあった。

地域は、暮らしも経済も歴史も引き受ける。福島在住の鈴木康代師範は、震災を乗り越え、2014年秋に「ふくしま、ひとしずくの物語——再生へ祈りを込めて」を東京と福島で開催。解けない問題に向かう方法を問い続ける意志と再生力としての編集を一心に表現した。イシス編集学校の九州支所「九天玄氣組」は、中野由紀昌組長を支える石井梨香師範、千離衆の三苫麻里らを中心に、九州の郷土力を青山ブックセンター福岡店の書店の棚で表現した。関西の「奇内花伝組」、名古屋の「曼名伽組」でも編集ワークショップや読書会を中心に活動が続けられている。イシス編集学校のコミュニティに築かれたソーシャルキャピタルが地域で花咲いている。

edit cross
地域編集

九州における〝土発〟を編集する

中野由紀昌◎九天玄氣組組長
エディター

「りべらる九州、あんぐる編集。——天衣無縫に遊撃す」というキャッチフレーズを高々と掲げて発足したイシス編集学校九州支所「九天玄氣組《きゅうてんげんきぐみ》」。支所といっても、学校の出張所というわけではなく、九州にゆかりのある師範・師範代・学衆で構成するコミュニティだ。イシス編集学校の中でもっとも鼻息が荒く、もっとも独立意識の高い地域コミュニティだと自負している。

内と外をつなぐ縁側からスタート

2006年9月23日、九天玄氣組

彼岸花の咲く９月23日、発足会で校長を旧黒田藩別邸の友泉亭に招き、九州各藩の茶でもてなした。翌日は柳川まで足をのばし、川下りや北原白秋の世界を堪能した。それまでネットが主流のコミュニティだったが、リアルな場の編集の醍醐味を味わった体験は九天玄氣組のモチベーションと編集力を大きく引きあげた。

は福岡の地で産声をあげた。当時、書籍版『千夜千冊』が刊行された直後でもあり、組の発足を記念するとともに刊行記念のイベントを企画したいと思い立ち、福岡市の天神・西通りにあった青山ブックセンター４階の壁一面の本棚を約１カ月以上ジャックした。千夜千冊の中から九州関連の本を選び、千夜千冊全集を中央にすえて曼荼羅的な書棚編集を行った。これが九天玄氣組初の書棚編集プロジェクトであり、はじめての外部との接点となった。

　発足直後より、永続的な支所にするために議論を重ねたが、やはり極意はイシス編集学校で学んだ編集術である。組を編集するために、ルール・ロール・ツール（ルル３条）、ネーミング編集、階層構造などをかなり意識的に取りいれた。体制として立

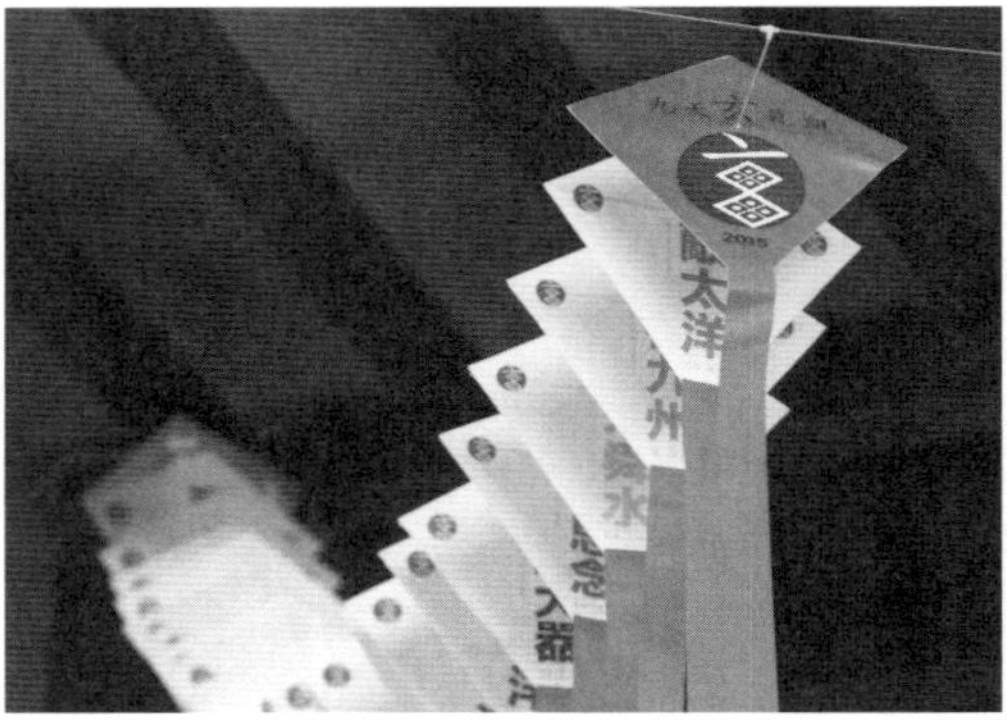

発足以来、一年に一度、欠かさず続けていることがある。それは校長へ贈る趣向を凝らした年賀の品である。組長から組員にお題を出し、その回答を編集したのち、組一番のクリエイター内倉須磨子さんによって見事なクラフト作品に仕上げられていく。ときには有志が集い、ワークショップ形式で取り組むこともある。この年賀編集をしないと、九天玄氣組にはお正月がやってこない。

ちあげたのは、組の中枢を担う事務局「舵星連《かじぼしれん》」である。会則には「玄則」という名をあたえ、会費（活動費）を「玄泉」と名づけて、集めることにした。

一番特徴的なのは、活動の拠点が二つあることだろう。九州在住を「軸九《じくう》」、九州以外を「離九《りくう》」と呼び、それぞれ引きあうように、列島をまたいで共鳴させた。九州にいると気づかないことも、外から見ると九州の見え方が変わる。その視点をクロスさせている。

茶摘みから書棚企画まで

九州を編集すると掲げてはいるものの、なにか一つの主題に特化して研究をしているわけではない。組内の編集活動は自発的に生まれ、旗ふり役がそれぞれに呼びかけ活動をする。朱舜水《しゅしゅんすい》を研究する宮坂千穂さん率いる「舜天海《しゅてんかい》」や、国際的に活躍する茶の伝道師・上原美奈子さんに学ぶお茶摘みや茶席、内倉須磨子さんによる篆刻や豆本ワークショップなど、いたって多彩、いたって自由である。

近年は、外部との連携企画も増えている。２０１０年の国民読書年には「本棚と私たちプロジェクト」に参戦、「月読座」というウェブ上の共読コミュニティを九天玄氣組が運営した。他にも、福岡の本の祭典「ブックオカ」での三冊屋企画をはじめ、最近ではＭＵＪＩキャナルシティ博多にオープンした「ＭＵＪＩ ＢＯＯＫＳ」の開店準備、選書やイベントに関わっている。なにかしら書店と絡んだ企画が多いのは、本こそ編集の力が結晶化した

中野由紀昌 Yukiyo NAKANO
師範代・守師範・離別番
福岡で地元誌編集に5年間携わったのち入門。個人事務所として黒ひょうたんがシンボルの「瓢箪座」を設立し、九州遊学を続けている。侠気あふれる中野に対する組員の信頼は厚く、イシスで最も活気ある支所になっている。本楼での九天玄氣組9周年イベントでは組員の才能を見事に引き出し、校長をして今年3本の指に入る日本のイベントだったと言わしめた。
受講歴◎1守・1破・1離・1遊［風韻］
先達文庫：宮沢賢治『銀河鉄道の夜』

編集的先達 石牟礼道子

アイテムであるからだろう。

九州の地縁と謎に迫りたい

現在、組員は約40名。学びあい、刺激しあい、ときには議論を闘わせることもある。血縁ではないので、「地縁」や「知縁」というべきかもしれないが、九州というだけで通じあうのはなぜか。九州という島は、どんな編集が起こる土地柄なのか。

私は港町・下関市生まれで、根っからの九州人ではない。潮の流れの速い関門海峡越しに、船の汽笛を聞きながら小倉の工場からあがる煙を眺めて育った。九州は〝むこう〟のクニだった。九州は私にとって内部でありながら、外部でもあるのだ。それなのに、あたかも九州人120%のようなふるまいで活動しているのは、自分のルーツは九州にあるという確信があるからだ。それでも関門橋を渡って帰省するとホッとする。私のふるさとは境界越しに二つある。つかず離れずの距離で九州を見つめることができる。九天玄氣組でも内と外の視点を交差させようとする企画が多いのは、おそらくそのせいだろう。

イシス編集学校の同門においても、九州という地域に郷愁を抱《いだ》く人だけに見える不思議な糸があるような気がしてならない。個人的には、九天玄氣組の活動を通して、九州ならではの〝土発〟の謎に迫りたい。

九州の将来について語りあえる仲間がいるかぎり、〝玄氣〟の炎は灯りつづける。2016年、九天玄氣組は10年目に突入する。この節目にさらなる深化を図りたい。

edit cross
地域編集

福島の内と外をつなげたい

鈴木康代◎夕方ここに教室／ふくふく望成教室
ふくしま再生プロジェクトの会

目に見えないモノが降り注いでいる

２０１１年、感門之盟を週末に控えた3月11日、大地が揺れた。緊急地震速報が鳴り、階段を駆けおりて外へ飛び出すと、道路はうねり、ガラスは一瞬で割れ落ち、町の人は叫んでいた。福島県内のほとんどの公共施設、学校は避難所となり、避難先を探す人々で溢れかえった。「福島は危険だ」と多くの人が言った。郵送物も届かず、ガソリンもない、スーパーも空棚。ラジオは、「屋内にいるように」「水道水は飲まないように」「屋外ではマスクをするように」と連呼した。

見えないモノが、しんしんと降り注いでいる。シャッターの閉まった

（右）2014年11月「ふくしま、ひとしずくの物語　福島公演」（郡山駅前ビックアイ）。鈴木康代による「東京からふくしまへのメッセージ」の紹介と『智恵子抄』の「あの頃」の朗読。
（左）福島第一原発から10キロの富岡町駅前。立ち入り禁止区域となったため、震災から時が止まり建物がそのまま残っている。

駅前商店街にも、炊き出しをする避難所にも、私自身にも。これまでと今が断絶し、日常が非日常に、確実は不確実に、地と図が入れ替わってしまっていた。

2週間後、私は郡山から東京へ向かう高速バスに乗っていた。東北自動車道から首都高速に入ると、河原ではマスクをしない少年たちが野球を楽しんでいた。

「ここは、同じ日本なのだろうか」。その頃の福島では、屋外はマスク着用が当たり前。あらゆるものが手に入らず、県外へ避難する人々が後を絶たない。いたるところが避難所となり、混乱の渦中にある一方で、いつも賑わっていた中心街は静寂に包まれている。マスクをしない少年や、コンビニに並ぶパンを見て、福島はどれほどの「負」を背負っているのかと心が沈んだ。

流浪の民になるのか、棄民になるのか、属性を喪失した異質の存在になるのか。不安ばかりが波のように押し寄せていた。震災後、孤立していく福島に身を置く私の支えになっていたのは、松岡校長から届いたメッセージと千夜千冊「番外録」であった。「そのような断裂にしか何かの真相の手かがりを掴むことができないこともあるんです」「われわれは、たえず〝負〟と〝不足〟を内包し、それらを外属させながら進むしかありません」。夢中で読みふけった。

高速バスで東京に向かったのは、編集学校の伝習座へ参加するためだった。震災後、はじめて松岡校長と再会した。黙って背中をさすり続け、「よく来た」と声をかけてくれた。ネットからリアルへ、非日常から日常へ、私を引き戻してくれた。

ふくしま再生プロジェクトへ

3・11後、突き動かされるように避難所や仮設住宅への訪問活動を始めた。段ボールで区切られた一畳分ほどの広さの中で多くの人々が横になっていた。津波で家が流されたおじいさん、家族を亡くしたおばさん、立入禁止になった故郷を思う青年。行き場のない瓦礫のように、無念、残念を抱えながら、どうしたらよいかわからない様子だった。私にいったい何ができるのか。自分の無力を知ることになった。

その頃、編集学校の仲間から、「福島の人は、福島の良いところがわかっていない」と言われた。当事者だからこそ、「地」に埋もれてしまい、「図」が見えていないことに気づかされた。今の福島には、外からの視点が必要だと痛感した。「東北や福島の役に立ちたい」と声をかけてくれた師範代もいた。彼らと一緒に、福島の「内」と「外」をつなげ、福島を再編集する試みができないかと考えるようになった。そうして、2013年4月、イシス編集学校の周縁から「ふくしま再生プロジェクト」が誕生した。

チャリティ・イベント「宮沢賢治と〝再生〟の物語」を皮切りに、ふくしま再生プロジェクトは被災地訪問やチャリティ・コンサートなどを何度も行ってきた（「ふくしま再生プロジェクトのあゆみ」参照）。2015年7月には「ふくしまを考え巡る一日」を開催し、仮設住宅で避難生活をつづける震災語り部から話を聞き、実際に旧警戒区域の被災地をまわった。別のあるときには、仮設住宅に住む90歳のおじいさんが詠んだ俳句に、編集学校有志で付け句をして本人に手渡した。顔を知らない同士でも、工夫すれば支援する方法、触れ合う方法はたくさんある。

新たに創刊した「エディットふくしま」では、歴史や文化、暮らしをつなげ、これまで見えなかった「ふくしま」の姿を立ち上げることを目指している。

復興を数値で語ることも必要だろう。しかし、それだけでは多くのものがこぼれ落ちてしまう。私たちが置き忘れたものを少しでも掬いあげたい。降り注いだ見えないものをこの地に埋もれさせず、これからも「ふくしまの宝」を掘り起こしていきたいと思っている。

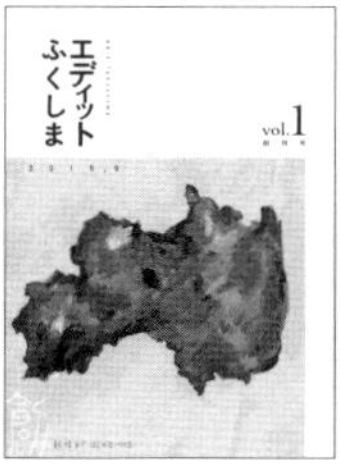

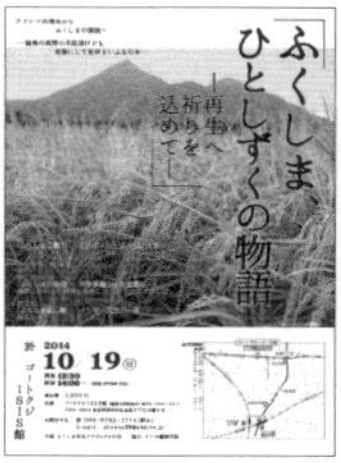

イシス編集学校の師範たちが富岡町仮設住宅を訪れ、被災者の方々から震災当時の状況やいまの思いを聞いた（右）。「ふくしま、ひとしずくの物語」のポスター（中）。田母神顯二郎と鈴木康代が編集する「エディットふくしま」は毎月刊行中（左）。

編集的先達 網野善彦

鈴木康代 Yasuyo SUZUKI

師範代・守師範・守番匠・花伝錬成師範

守番匠をつとめるイシスの女神であり、ふくしま再生のエディター。マイクを両手でもって、ふくしま訛りで語るメッセージは編集の核心をとらえながら、誰もの胸を打つ力をもっている。校長からはこれからのイシス、ふくしまの大樹になってもらいたいという思いをこめて「幹番」の書を贈られた。

受講歴◎19守・19破・10花・8離・11遊［風韻］

先達文庫：江國香織『落下する夕方』

ふくしま再生プロジェクトのあゆみ

2013年

4月「ふくしま再生プロジェクトの会」結成

11月 チャリティ・イベント「宮沢賢治と"再生"の物語」開催

12月「宮沢賢治と"再生"の物語」福島公演
富岡町仮設住宅（郡山市）訪問、被災地訪問

2014年

1月 富岡町仮設住宅での震災の語り部事業参加

2月 大熊町仮設住宅（会津若松市）訪問

3月 大熊町仮設住宅にてチャリティ・コンサート&茶話会

5月 富岡町仮設住宅&浪江町仮設住宅（二本松市）訪問

6月 浪江町仮設住宅訪問

7月「福島を考える」勉強会開催（郡山市）
浪江町仮設住宅にてチャリティ・コンサート&茶話会

8月 福島被災地訪問、取材&撮影

9月 富岡町仮設住宅にてチャリティ・コンサート&茶話会

10月「ふくしま、ひとしずくの物語」開催（東京GISIS本楼）

11月「ふくしま、ひとしずくの物語」福島公演
（郡山市ビックアイ）

2015年

3月 富岡町仮設住宅にてチャリティ・コンサート&茶話会

5月 大熊町仮設住宅にてチャリティ・コンサート&茶話会

7月「ふくしまを考え巡る一日」開催

9月「エディットふくしま」創刊

編集化社会というネクサス

編集工学研究所 専務◎安藤昭子

生命に学ぶ・歴史を展《ひら》く・文化と遊ぶ

「時代はモノからコトへ」と言われて久しい。情報化社会がモノの価値を均質化し、コトの価値を浮上させたのだ。では「コト」とは何か。ここで「体験価値」などと言ってしまっては、これもまたコモディティ化の一途をたどる。私たちが経験する世界はあらゆる事象の網目の中での「かかわり」具合として生起している。「モノ」に対して「コト」を持ちだすのであれば、その「かかわり」ごと一気に掴むべきなのだ。A・N・ホワイトヘッドならこれを「アクチュアル・エンティティ」と呼ぶし、松岡正剛はこれを「さしかかる」編集哲学として組み立てた。

イシス編集学校の運営母体である編集工学研究所（編工研）は、社会の課題に「編集工学」で応える研究開発集団である。クライアントは企業・学校・地域と多岐にわたるが、ここ数年その課題が切実さを増していることをひしひしと感じている。いまや、マーケティングから地域創生まで、商品開発からブランディングまで、人材育成から組織改革まで、「情報」をあつかう活動の一切に通底する社会技術として「編集」を避けて通ることはできない。市場は「編集力合戦」に突入していると言ってもいい。加えて編集の力を持続的に発動させるためには、編集技術のみならず、人類の営みを遡るような相応の知的探求プロセスも必要になる。つまり、企業や団体がコトの「本来」や「そもそも」を問い直す必要性に迫られる場面で、松岡正剛や編工研にさまざまな切り口から相談が寄せられるのだ。

なぜ編工研はわずか20名ばかりの小さな所帯で、こうした世の中のタフなお題に立ち向かっていくことができるのか。私は、その秘密のほとんどが、創業以来変わらないスローガンに集約されると思っている。「生命に学ぶ・歴史を展く・文化と遊ぶ」。10年前[守]の学衆だったころ、編工研のウェブサイトでふとこのスローガンを目にした私は、そこにあるメッセージの大きさに一瞬で痺れた。今日にいたるまで、私の中にはいつでもこの三つの言葉が残響する。最初は意味もわからず憧れた。それが徐々に質感をともなった風景になり、いまでは松岡正剛の編集思想を組織として体現するための羅針盤になっている。

いったい「生命に学ぶ」とはなにごとか。情報編集という技術の背景には、メディア編集の成果ばかりでなく、人間の認知や意識や思考の構造、言葉や文字の系譜、さらには記号や輪郭が生まれた先史の風景があり、もっといえば生命の出発点がそもそも「情報」であったというところまで遡る。「編集工学」が思考技術や表現技術と世界の知をまるごと扱えるのは、こうした「来し方へのリスペクト」という大前提があるからである。私自身がそのことを強烈に体験したのは、[離]だった。

情報化社会の先の「編集化社会」へ

5年前の夏、私は6離「観尋院」を退院した。心身が焼けつくような、内臓がひっくり返るような、生涯に一度の4ヵ月だった。生命と歴史と文化が高速にインタースコアする「文巻」から、松岡正剛という人の世界知に対する礼節を全身で呼吸した。プログラムが終盤にさしかかるころには、目に見えるものの奥行きが一変していた。最後の課題である「離論」を書きながら「ここが世界の裂け目だ」と思った。何かをしなくては。まるでそんな焦燥を察したかのように、離論を提出しようとしたまさにその時、火元校長から手元の携帯に電話が入った。「編工研を手伝って欲しいんだけど」。いつか遠い空のように見上げた三つのスローガンが、リアルなお題に変わった瞬間だった。

以来私は、世界の裂け目と社会のあいだに立つイメージをもって、松岡正剛の礼節を継ぐという有り様を、自分含みの組織ごと体現しようとしてきた。20名の編工研スタッフを中心に、そこにはつねに多彩な人財が出入りしている。難題にぶち当たるたびに、イシスの編集文化を受け継ぐ仲間たちに声をかけ、数々の編集プロジェクトを共にしてきた。300人の千離衆、全国に広がる580人を超える師範・師範代、プロジェクト毎に組織される選抜チーム。編工研の活動はいつもこのイシス・ネットワークと共にある。

経営に関わって5年。いまもふと編工研は奇跡のような会社だと思うことがある。市場のルールの上に立つ株式会社でありながら、市場のロジックには乗らない「見えざる資産」をつねに動かし複雑に編み上げることで、やわらかな縁起を持続してきた。人と機会の出入りが生命のごとく自己編集を繰り返す関係資本、歴史を展く活動の積み重ねによって蓄えられた知的資本、それらを切り結ぶ「場の力」が育んだ文化資本。財務諸表に記載されないこれらの資本は、ときに経済の矛盾を一気に突破する力をもつ。その突破力はさまざまなプロジェクトに発露して、パートナーやクライアントが抱える矛盾をも切り裂いていく。こうした唯一無二の経営資源を生みだし、支えつづけるエンジンが、ほかでもないイシス編集学校なのである。

NTT電話百年記念事業『情報の歴史』出版を機に、編集工学研究所が立ち上がって四半世紀。「情報化社会」の先の「編集化社会」を見据えてきた編集工学研究所の次なる展望の一つは、このイシス編集学校の「自己編集システム」と「場の文化」を再現可能な仕組みとして社会のあちこちに展開していくことである。そこで生じるいきいきとしたエディティング・プロセスを経由することで、企業も学校も地域も、互いに繋がりあうアクチュアル・エンティティになれるはずだ。その網目（nexus）の中に現れる新しい編集的可能性が、次の社会の小さなモデルにもなると思っている。

編集的先達

イシス編集学校の師範、師範代、学衆たち77人が、
古今東西からそれぞれ慕う「知」と「方法」の先人を選んだ。
プロフィール掲載者を[守]入門期順に記載している。

宮之原立久――イサム・ノグチ
太田香保――エドワード・サイード
木村久美子――稲垣足穂
佐々木千佳――岡倉天心
太田眞千代――ジークムント・フロイト
薄羽美江――マリリン・ファーガソン
能勢伊勢雄――ルドルフ・シュタイナー
川崎隆章――伊丹十三
高橋秀元――空海
冨澤陽一郎――阿久悠
田中晶子――古田織部
中野由紀昌――石牟礼道子
永田健二――樋口一葉
倉田慎一――笠井叡
岡部三知代――トーヴェ・ヤンソン
小池純代――藤原定家
野嶋真帆――梅棹忠夫
相京範昭――白川静
日高裕子――武満徹
古川柳子――マーシャル・マクルーハン
小島伸吾――葛飾北斎
田中さつき――石牟礼道子
小林佐和子――松本隆
赤羽卓美――グレゴリー・ベイトソン
蜷川明男――松尾芭蕉
森美樹――デヴィッド・ボウイ
赤松木の実――白洲正子
塩田克博――L・ヴィトゲンシュタイン
吉津茂径――九鬼周造
渡辺恒久――E・E・カミングス
米川青馬――フランツ・カフカ
竹島陽子――美輪明宏
安藤昭子――エリック・ホッファー
日玉浩史――アクセル・ヴェルヴォールト
清水伺名子――みうらじゅん
森山智子――和泉式部
福嶋秀樹――中井久夫
伊藤有紀――森茉莉
関富夫――永井豪
景山和浩――井上ひさし
広本旅人――アストル・ピアソラ
塚田有一――世阿弥
田母神顯二郎――ヴァルター・ベンヤミン
阪本裕一――西村伊作
浅羽登志也――シルビオ・ゲゼル
矢萩邦彦――ライムンドゥス・ルルス
米山拓矢――澁澤龍彦
小川玲子――緒方貞子
田中里実――ハンナ・アレント
白木賢太郎――湯川秀樹
村井宏志――手塚治虫
鈴木康代――網野善彦
村越力――河合隼雄
ゆう恵朱――アーシュラ・K.ル=グウィン
川邊透――荒俣宏
五味久恵――A・リンドグレーン
岡村豊彦――藤子・F・不二雄
花岡安佐枝――ウォルター・シュピース
吉村堅樹――蔦屋重三郎
高宮光江――マイケル・ファラデー
川野貴志――幸田文
青木穣――寺田寅彦
三津田知子――ルドルフ・シュタイナー
小坂真菜美――リチャード・ファインマン
福田容子――林屋辰三郎
福元邦雄――マルクス・アウレリウス
大久保佳代――荘子
金井良子――近松門左衛門
齋藤小麗――レイモン・クノー
小倉加奈子――熊川哲也
野村英司――ジョルジュ・バタイユ
竹川智子――勝海舟
橋本英人――アンリ・マティス
猿子修司――井上ひさし
吉井優子――田辺聖子
奥本英宏――老子
庭野光代――ゴータマ・シッダールタ

「方法の学校」のほとばしる15年

学林局局長◎佐々木千佳

◉「学校」という時代の歩き方

その学校は校門と試験がなく、15歳の少女らに英語や漢文を原典で教える森の中の共同体でした。野上彌生子が99歳で著した小説『森』の舞台は、イシス編集学校ができる100年前、多くの人材や時代文化を生んだ明治女学校がモデルです。勝海舟・内村鑑三・島崎藤村といった時代の先覚の指南に、生徒たちは瑞々しく志操を学んだといいます。

時代を先駆ける学校は、何よりそこで学ぶ人々にほとばしるものを与えます。イシス編集学校は、インターネット時代黎明期に前例なく始動しました。その鼓動は本書2章「編集のオデッセイ」にドキュメントされています。私は開校以来、編集に出会い師範代や師範になっていく人々に伴走してきましたが、それはまさしく3章「風姿花伝の師範代」にあるとおり、人が花ひらくところに次々立ち会う日々でした。

いま世界中で新たな学校づくりの試みがさかんです。それは、ものごとを測り知るための価値観があらゆる場所でゆらいでいるからでしょう。ソ連崩壊後のフィンランドのように国をあげた取り組みもあれば、北イタリアのレッジョ・エミリアのように空間づくりまで刷新して街ごとラーニングシティ化する例もあります。イシス編集学校は、膨張するＩＣＴ社会の一角で編集稽古を重ねながら、温かなコミュニケーションと才能が循環しつづける生態圏のようになっています。「ここに行ってみたい」と静かに決断され、ひそかに入植が進むエディティング・エコスフィアです。時代と人生の「際」に向かい、旬に出会う「本気の学び」への信頼が、ひとつの流れとなってこの学校の内外をめぐってきたのです。

◉松岡正剛、学校を編集する

編集学校を立ち上げたのは、編集工学研究所に「教育の情報化」を急ぐ省庁から大型の依頼が次々舞い込んできた時期でした。松岡校長は、そうした〝国プロ〟と同じくらい、学校づくりに手間と時間を注ぐので、学林局スタッフは所内で肩身が狭いほどでした。

校長は、指南のあり方、学校に関わる人のロール名、卒業イベントの進行から会場で配るペットボトルのラベルまで、ことごとくに編集を尽くしていきました。発端から本格的でかつ破格なものを目指しているのだなと感じました。「ふつうの感想を言わない。いいですねではなく、みかんの香りがしますねと言うようにしてほしい」「形式的なのはダメ。方法は人に混じるんだよ」。カジュアルに高速に、方法意識に徹するディレクションでした。開校後初の年始、私は校長に「へこたれません」と一筆啓上しました。なにか一生の約束をするたぐいのことだと予感したからです。

本書１章で校長が書き下ろして明かしたように、本格で破格な学校づくりの意図は学びを「もてなし・しつらい・ふるまい」で体現することにありました。このしくみが水を得たように自由に動き始めるにしたがって、教室は予測できない体験をもたらす場となりました。学衆は「気持ちが速くなった」「発想が自由になった」と手応えを伝えあってくれました。勢いをえた師範代たちはとびきり痛快な校長の「4つの方針」によって、自己変更の早瀬に勇敢に飛び込んでいきました。

〈方針1 公私混同〉公私の境いを越えていくのが編集稽古です。情報収集の速度をあげ、30連発で見方を転換していく稽古では、気取っていられません。手合わせする師範代も4カ月間の教室を担ううちに、オン・オフ、仕事・家庭、得意・苦手といった境いをまたいで渡るスーパーエディターへ一気に駆け登ります。みなが線引きをやめた教室には「公私」を問わぬ「共」の感覚が生まれます。もとより校長は「公私混同」がモットーの職住一体派として、長らく公私を区切るタブーに挑んできたのです。

〈方針2 ひいき奨励〉松岡校長は「えこひいき」や「肩入れ」が大好きです。その目利き力は、古典からマンガに、宇宙からイスラムに及びます。そのことは「千夜千冊」の真骨頂にもなっていて、超ジャンルを観察しながらも、もっともふさわしい一冊に肩入れをするのです。褒めるときほど念入りで、タイミングは外しません。褒めたらすぐ次のお題を差し出すことも少なくありません。「その人が本当に何かを越えてくるところが見たい」という校長のえこひいきに応えて何かを成就させたとき、その体験の深さはぶっちぎりです。師範代の指南スコアも個別多層になっていて「ためになった」「楽しかった」というところで学衆の稽古を終わらせません。○×式や花まる一辺倒では、方法意識も何かの成就も生まれないのです。

〈方針3　特定少数に向かう〉校長はマスコミ的不特定多数にはかなり無関心です。20代で伝説の雑誌「遊」を創刊し、文化人タレントへの誘いを何度もかわしながら、この学校に集う人々と共にあり続けているのです。教室一つひとつに命名し、師範代一人ひとりに先達文庫を選びます。伝習座では校長が師範や師範代を名指しして毎回40人ほどの一座建立に臨みます。

その師範・師範代が中心となって学衆の一番一番の編集稽古を支え続け、学校の15年を紡いできました。校長の「不特定多数の傍観者でなく特定少数の本気を育てたい」という想いと方法は、遠隔教育には破格の8割超えという修了率を実現しています。

◉ないものに近づく方法の旅

松岡校長はときどき「この学校がぼくの一番の作品だなあ」と言います。著作も多く、番組もCMも、書画や歌や舞台までつくる松岡正剛の作品が、なぜ「学校」だったのでしょうか。

伝習座で、松岡校長が少年時代からの「方法の旅」の話をしたことがあります。「校長はいつから型の力を確信したのか」という吉野陽子師範の問いに応じてのことでした。松岡少年にとって戦後の焼野は何ひとつよるべなく、吃音の不自由を抱えておぼつかなく、身障者に接してはその知覚領域の深さに足元を揺るがせていたころ、周辺世界をつかまえる恃《たの》みにしたのは、お母さんの鏡台と鉱物標本だったそうです。この鏡台と鉱物標本から「方法」の希求に向かっていったこと、望遠鏡と顕微鏡から物理学という知に飛び込む体験を得たこと、父親の死でそれを中断し、後日の「遊」で方法による知の起爆が一気に起こったことへと、話が続きました。このことは、やはりイシスの流儀に通じています。

〈方針4　人と知に礼節を欠かない〉師範代が方法の力を確信し自分が受けたものを次代に継ぐ想いで人生のいまを指南に注ぐそのすぐ隣で、校長は方法のもととなった数多の知や、自分がこれから手がけると決めた仕事に礼節をもって臨んでいます。全ての知、世界の歴史にお礼を言いながら次へはこぶようなこの作法は「宇宙的礼節」とも呼ばれ、工作舎時代から、また松岡校長が出会った埴谷雄高や湯川秀樹や杉浦康平ら多くの先人たちから、編集学校に引き継がれているように感じます。

作品は生きたものです。プロセスこそアクチュアルです。途中こそが人生の出発点です。だからこの学校はいつも継承と変化が同時におこるのです。

私はまるでヒナドリを抱えているような気持ちで学校を温めることに努めてきました。そして、発現の場をもっていない未萌の才能のために、学校を止めてはいけないと切に思ってきました。この意志を支えているのは、編集学校の「もてなし・しつらい・ふるまい」が生み出す〝関係のクオリティ〟です。技の限りを尽くし、かつそこに偶然やってくるものと連なって創りあげるという松岡校長の覚悟が揺るがぬ、この作品の唯一無二のあり様です。

先人の知恵であれ、日々の肌感覚であれ、価値観のズレであれ、偶然の出来事であれ、やりとりを起こし、見方を交わし、インタースコアする中にしか、今ここにない次のイメージへ前進する道はありません。松岡校長の方法の旅は、やわらかく鮮やかな相互編集と連創力に満ち、こんな風変わりな校風をもつ「学校」のような形でなくてはたどり着けない景色に向かっていたのでした。

◉やさしい企てが、日本中を岩走る

ある日、当時7歳の娘がぽつりと言いました。「教えてくれることは、いつもだいたい知ってるよ。でもそれとね、いまわたしが知りたいことと違うんだ」。子どもと世界のあいだに、風が吹き抜けた瞬間でした。その声は「わたしは、編集されたい。わたしは、編集したい」と聞こえました。

地域コミュニティが崩れながらネットの海の中へ雑然とさらわれました。身の回りには脳や心が正気を保っていられないほどの情報が無造作にあふれています。どこで生きるか。これからをどう子どもたちと交わすか。幼い心が発した問いは、私たち世代が抱えるお題に答えようとする声でした。

この学校にある「学び」は、それまで出会ったものとまるで違っていました。私は前職のリクルート映像で工場のめっき技術からホテルの電話応対やマネジメントまで、仕事を学ぶ映像プログラムをつくっていましたが、知識やスキルをコンパクトにわかりやすく伝えるやり方にはどこか限界があると思っていました。ビジネス環境の変化が加速し追いつかない実態も出ていました。編集学校では、何を知っているかではなく、答えのないことにどう向かうかがすべてです。「編集工学」を基礎に組み立てたマスタープログラム「編集稽古」で、その方法をつくる力ごと身につけるのです。

編集学校の場はネット上の教室です。けれども学びはシェア型や拡散型のSNSとはまったく別のダイナミズムで進みます。師範たちはそうした教室をよく茶室にたとえます。帯刀をほどき躙口《にじりぐち》から入るように、教室では肩書きを脇において出会い、三畳から四畳半台目の近さの中に客人を招き入れ亭主がふるまう茶の湯のように、場の中で編集稽古が進みます。この茶事の意味を、明治女学校と同時代に東京美術学校をつくった岡倉天心が『茶の本』に説明しています。「茶道の要義は『不完全なもの』を崇拝するにある。いわゆる人生というこの不可解なもののうちに、何か可能なものを成就しようとするやさしい企てであるから」と。

入試改革前夜の教育界では、考える力をどう評価育成できるかが課題になっていますが、考える力は、学んできたことによって自分が編集されていることに気づき、次に編集する側にまわって未体験を起こしつづけることで確立するのだと思います。不完全を引き受け、やわらかい企図をもつことがまず必要です。想像したことや感知できていることから学びを掘り起こしていく「方法のスコップ」を手渡さなくてはなりません。そうすれば、子どもも大人も正解のないお題にどんどん向かっていけるのです。アリストテレスが「学習は想起だ」としたことはいまなお生きているのです。不完全だからこそ集いあい、偶然やズレや変化に学びあう。シンプルで緻密なインタースコアの場が、いつもあちこちで始まっていくようにしたいのです。そこで人々を編集でもてなす師範代を、支えつづけたいと思います。

いま私たちは、一緒に考える親子コミュニケーションや、時空を立体交差させる国語や、ことばがゆたかになる数学や、本棚ごと知をハンドリングする調べ学習など、手渡したい「方法のスコップ」をイシスの師範たちと少しずつ開発しています。15年ぶんの方法知や関係資本が「子ども編集学校」をつくる原資になるとも予想しています。第6章「21世紀のエディットクロス」に紹介された編集プロジェクトの試みもいよいよ本格化するでしょう。イシスの学びはそんな未来の経済文化にも挑んでいます。

２０００年から15年、この時代の私たちの生き方が編集学校になっていきました。本書は、読んでくださった方とイシス編集学校がここに至った「歴史的現在」をインタースコアしたい、という思いをもって形づくられていきました。歴代の師範代たちが編集を将来する姿に、日本中を岩走る方法の力を伝えたいと思いました。第5章「校長へこふう談義」では、師範代から編集工学研究所のリーダーとなった安藤と吉村によって校長という「水分《みくまり》」を覗きこむこともしてみました。すべては途中の物語です。これからイシスに関わっていただきたい方へのインビテーションです。成果の総括、各位への尽きない感謝は、進みつづけていく「継承」の中に込めます。

編集的先達　岡倉天心

佐々木千佳 Chika SASAKI

学林局局長

雨の日も雪の日も、盆も正月も、365日15年間、開校からイシス編集学校を支え続けている大黒柱。局長として、顧客対応からワークショップまで、学衆募集から講座事務まであらゆることを引き受けている。人と場をエモーショナルに巻き込む名司会はいつも観客の心を揺さぶる。一方自分も相当涙もろい。「子ども編集学校」は佐々木の本願。

編集後記

ISISを本にする冒険

アストル・ピアソラの「タンゴの歴史」という組曲がある。1900年代にアルゼンチンの場末の酒場で奏でられたタンゴ初期のモチーフから、バロックやジャズを大胆に導入した現代前衛タンゴまでを歴史にそって4楽章で構成した大作だ。本書を編集しながら、いつもピアソラを聴いていた。イシス編集学校は、インターネットの片隅に誕生した学校だ。人の熱気で溢れかえったこのネット上の酒場のような場所で、15年間、お題と稽古を通して幾多の「インタースコア」が湧きあがってきた。僕が入門した2006年は、小泉劇場が世の中の気分をゆさぶり、一方では若者の自分探しが流行語のようになっていた時期だ。学校クロニクルの中期にあたる。そんなあやふやな時代に対して、イシスは「たくさんの私」と編集工学を武器に果敢に切り込んでいく学校であるように見え、それがとてつもなく魅力的だった。社会や自分がすでに編集されてきたものであるならば、そのエディット・リアル（編集的現実）に再編集を仕掛ければいい。この界隈からすべてが舞い起こる気がした。

「編集学校は人なんだ」と本書の編集会議で校長松岡正剛はつねに言った。「人こそがエンジンとなり、この学校をカタチ作ってきた」と。編集学校には教室ごと、師範代ごと、学衆ごとに語りきれないドラマがある。僕が経験したのはその一端の一端に過ぎない。だが、この本を編集しながらつねに感じたのは、「イシス的なもの」が、この15年間、連綿と交差し引き継がれてきたことだ。それを一言であらわすのが、本書のタイトル「インタースコア」である。相互記譜とは「歴史的現在を共に読む」ということだ。あらゆる事象や来歴に触れ、そこにある編集の可能性を存分に引きだす。アルゼンチン・タンゴが場末から成立し、時代の音楽と融合して前衛を創り、いま僕たちがキム・ヨナのフィギュアのステップとともにその名曲に酔いしれているように、人と人のインタースコアが既知と未知をつなぎ一期の花を咲かせる。

共読と相互記譜の学校は、だからこそエディターシップに徹底的にこだわる。校長松岡正剛が編集者松岡正剛であるからだ。感門之盟で師範代たちにマイクを向けるとき、教室を命名するとき、松岡は一人の編集者として師範代たちの〝色〟を引き立てることに誰よりも心血を注ぐ。その編集への本気は、学林局の吉村が30人の師範代のプロフィールをそらで書きあげてみせるとき、師範の大音や岡村が一筆一献の感門表を師範代に向けて読みあげるときに、連々とあらわれている。

あたかもドキュメンタリー作家のように相手にどこまでも寄り添うこと、料理人のように素材を最高の料理に仕上げること、〝数寄〟になった対象にとことんつきあう方法を編集学校は伝える。そんな〝とことん〟に向かえる場所が、ネット上にあることが、それだけで嬉しい。もちろん支えるスタッフたちや学校のメンバーの投企は並大抵ではない。本書も、イシスの仲間と肩を寄せあう壮絶なインタースコアの日々のうえにようやく完成した。

「ただいま、編集中」。学林堂に掛かる感門之盟ポスターを見るたびに思う。この本に描かれたイシス編集学校は、未来につづく壮大な4楽章の第1章に過ぎないのだと。編集は、とまらない。それは、途方もないことに方途を指し示す、未知への冒険なのだから。

編集長・方印◎広本旅人

この一冊には、ぼくの数十年とイシス編集学校の十五年がインタースコアして、
歌垣したり、エディットダンスしています。
何やらむずむずしてきたら「門」を叩いてみてください。

校長 松岡正剛

Seigow

イシス編集学校15年表

2000年

●第1期 ●第2期

1/9 知の流通と編集の実験サイト〈編集の国ISIS〉建国

1/20 『知の編集術』（講談社現代新書）刊行

2/23 「千夜千冊」の連載を開始

5/20 第1回・師範代研修会を開催（初の[伝習座]）
イシス編集学校申し込み第1号は、本田技術研究所常務（当時）の岩倉信弥

6/1 イシス編集学校開校。第1期開講。1年コース、12人の師範代による12教室、生徒156人でスタート。教頭（宮之原立久）・門跡（牧浦徳昭）のロールが命名される

6/1 「編集会議」で編集学校がとり上げられる

7/1 帝塚山ハイパーリアル教室開講

8/5 第2回[伝習座]。このとき、伝習座と命名される

8/22 はじめての「校長校話」（蝉時雨篇）

9/9 初の汁講が大阪で開催される（OSAKAN教室・荒木基次師範代）

11/20 第3回汁講が名古屋で開催される（黎明教室・太田眞千代師範代）。このとき、校長により「汁講」と命名された

2001年

●第3期 ●4[守]

3/1 『知の編集工学』（朝日文庫）が文庫化

3/15 第1回師範代試験（校長面談）を実施

6/30 第1期修了

7/28 はじめての「感門之盟」。第1期の修了を祝い、校長から師範代に「先達本」が贈られる

9/1 4[守]開講。このときから、[守]5カ月コース、[破]4カ月コースの2コース制を導入。第1期生から編集コーチ「師範代」がはじめて誕生

10/17 4[守]にて、第1回「番選ボードレール」開催

2002年

●5[守] ●4[破] ●6[守] ●5[破]

3/2 5[守]開講。この期で、師範代より「電汁」が発案される

3/11 4[破]開講。はじめての[破]コースの開講

5/3 4[破]にて、第1回アリスとテレス賞「セイゴオ知文術」発表

6/29 4[破]にて、第2回アリスとテレス賞「物語編集術」発表

9/2 6[守]開講。この期に番選ボードレールの講評師範を「同朋衆」と命名

12/22 支所「曼名伽組」（名古屋）設立（組長：太田眞千代）

2003年

●7[守] ●6[破] ●8[守] ●7[破]

1/31 6[守]修了。ちょっとバロッコ教室（久野美奈子師範代）、初の全員全番回答

6/19 6[破]堀江久子（言降りかぎろひ教室）、セイゴオ知文術と物語編集術のアリストテレス大賞ダブル受賞

6/28 第1回「番期同門祭」と水無月「縁會」（草月会館2F）開催

8/4 第1期「オリベ編集学校」（岐阜）開講

8/25 支所「加賀篝火組」（金沢）設立（組長：森崇哉）
9/1 8[守]開講。師範ボード導入
9/3 支所「静岡セドリ組」（組長：平野雅彦）を中心に、常葉学園菊川中学校で「ブックツアー講座」の実験授業
12/2 支所「奇内花伝組」（大阪）発足（組長：貝塚英樹）
12/6 大川雅生頭取による体験講座[門前指南]の常設開催スタート
12/25 『ISIS式 直伝！プランニング編集術』刊行（東洋経済新報社）。松岡校長と師範たちのコラボ出版

2004年

●9[守] ●8[破] ●10[守] ●9[破]

3/1 9[守]開講。カリキュラムを4カ月に変更するとともに、生徒という呼び方をあらため「学衆」に
7/2 朝日新聞（夕刊）の文化欄「SHOT04」に、イシス編集学校が大きくとり上げられる
7/7 「千夜千冊」、『良寛』にて1000夜達成
7/14 「千夜千冊通信」スタート
8/23 ソニー「創造的リーダー研修」を実施
9/1 10[守]開講。教務をあらため、「学匠」と命名
11/10 千趣会「千趣千編」（創造性開発ハイブリッド研修）

2005年

●10[破] ●11[守] ●1[花] ●1[離] ●2[花] ●12[守] ●11[破] ●13[守] ●12[破] ●3[花]

1/15 藤沢市市民電子会議室進行役養成講座
1/30 ビジネス開発チーム「実香連」を立ち上げる。太田香保「離・総匠」のロール名に
4/24 ISIS花伝所をスタート。1[花]開講（所長：佐々木千佳）
6/1 第1回「セキスイすみか編集塾」開講
6/27 [離]松岡正剛直伝「世界読書奥義伝」コースが始まる。1[離]開院（別当師範代：倉田慎一、相京範昭）
7/18 12[守]開講。ISIS花伝所出身の師範代が初登板
9/1 幼児向け教材「こくごおけいこ教室」を開発
9/3 [離]リアルセミナー「表沙汰」が2日にわたり開催される
10/1 第2回「番期同門祭」（建築会館）開催
10/6 千趣会「千趣千編」（内定者向けハイブリッド研修）
10/11 体験講座「Web門前」がスタート
12/11 次世代リーダー養成塾「ハイパーコーポレートユニバーシティ[AIDA]」開講

2006年

●2[離] ●4[花] ●13[破] ●14[守] ●5[花] ●14[破] ●15[守] ●6[花]

2/18 藤沢市市民記者養成講座
3/19 13[守]12[破]感門之盟で学校メディア「感門通信」制作
7/7 NIKIギャラリー「册」（千鳥ヶ淵）で、「松岡正剛・千夜千冊展」開催。その後、日暮里の「朝倉彫塑記念館」に加えて汁講名所のひとつになる
7/9 13[破]突破。〈1682ターン〉教室の最終発言数・1682発言は丹澤誠師範代の計画によるもの
7/16 14[守]13[破]2[離]4[花]感門之盟。はじめて全コースの修了を合わせて祝う
8/1 第1回「全国ミメロギア投稿コンテスト」Web上で開催
9/21 「方庵◎校長校話」100回を迎える
9/23 九州支所「九天玄氣組」（組長：中野由紀昌）活動開始。九天玄氣組の企画で、ブックフェア「松岡正剛・千夜千冊の九州展」開催（青山ブックセンター福岡店）

2007年

●15[破] ●3[離] ●16[守] ●17[守] ●7[花] ●17[破]
●18[守] ●1[風韻]

2／11 15[守]6[花]感門之盟で「落册市」をはじめて開催

7／7 事務局をあらためて「学林局」とする。学林局局長に佐々木千佳が、花伝所所長に田中晶子が就任。[守][破]に「番匠」ロールがつくられる

9／10 17[破]開講。以降、別院がメディエーションの実験室となる

11／2 [遊・風韻講座]第一座「小笹座」開講

2008年

●8[花] ●4[離] ●18[破] ●19[守] ●2[風韻] ●9[花]
●19[破] ●20[守] ●1[物語] ●3[風韻]

2／28 『物語編集力』（ダイヤモンド社）出版。松岡正剛監修のもと師範陣が企画・執筆。六本木アカデミーヒルズで出版記念講演開催

3／17 六本木青山ブックセンターで「三冊屋」開催。以降、全国50店に波及

6／1 師範による松岡メソッド研究会「花の御所」開催

11／11 [遊・物語講座]が始まる。第一綴[物語]開講。[破]師範10人がカリキュラムを開発

2009年

●10[花] ●5[離] ●20[破] ●21[守] ●4[風韻] ●11[花]
●21[破] ●22[守] ●2[物語] ●5[風韻] ●12[花]

4／10 松岡校長『多読術』（ちくまプリマー新書）刊行

4／12 「ASIMO編集アワード」開催

4／18 九天玄氣組、LLP「A&Q」発足。九州国立博物館で松岡正剛独演会「ぼくの九州同舟制」を実現

7／13 [業]提携コース「MCB感伝境」開講（みずほコーポレート銀行）

10／23 「松丸本舗」グランドオープン。「ブックショップエディター」が誕生

11／25 ブックウェアポータル「ISIS本座・REN」オープン

11／25 [序]セイゴオ先生の編集術Webツアー「EditWagon」開講

2010年

●6[離] ●22[破] ●23[守] ●13[花] ●6[風韻] ●7[風韻]
●23[破] ●24[守] ●14[花] ●3[物語]

4／27 ブックウェアポータル「ISIS本座・BOU」オープン

6／15 『NARASIA 東アジア共同体？ いまナラ本』（丸善）刊行。師範代たちが編集参加

7／31 イシス編集学校10周年記念・感門之盟「edit cross 乱世の編集」（ゲスト：安田登、町田康、田中優子、福原義春他）

2011年

●24[破] ●7[離] ●25[守] ●8[風韻] ●15[花] ●25[破]
●26[守] ●4[物語] ●9[風韻] ●16[花]

2／12 編集ワークショップ〈参座〉、師範有志が立ち上げ。北海道、大阪、九州、東京で開催

3／16 松岡校長、師範詰所メッセージ「3月13日を迎えなかった諸君たちへ」を発信。「千夜千冊」で東日本大震災をめぐる〈番外録〉を開始

3／18 松岡校長『わたしが情報について語るなら』（ポプラ社）刊行

4／17 感門之盟、振替え開催（恵比寿ZEST）。237名が参集

11／4 松岡校長「新しい日本の創造：母国再生のための物語について」を講演。クール・ジャパン コンセプトブック「面影日本 Roots of Japan(s)」（経済産業省）を発表

2012年

●26[破]　●8[離]　●27[守]　●10[風韻]　●17[花]　●28[守]
●18[花]　●27[破]　●29[守]　●11[風韻]　●5[物語]

3/10　第30回感門之盟「ただいま、編集中」で感門団発足
4/3　千夜千冊サテライトメディア「方」スタート
4/19　丸の内朝大学「編集力めざましクラス」スタート
5/11　帝京大学読書術コース第1期開講
9/22　第100回伝習座
10/5　松岡校長『松丸本舗主義』（青幻舎）を刊行
10/7　産経EX・松岡正剛「BOOKWARE」連載スタート
12/1　ISIS花伝所、「編集指南トレーニングキャンプ」を開始
12/2　編集工学研究所のゴートクジ引っ越しプロジェクト完了

2013年

●19[花]　●28[破]　●30[守]　●9[離]　●31[守]　●6[物語]
●29[破]　●20[花]　●32[守]

1/27　18[花]、初の「花伝敢談儀」を実施
3/15　「千夜千冊」、『柿本人麻呂』にて1500夜達成
3/21　「オデッサの階段」（フジテレビ）に松岡校長が出演
3/24　[輪読座]スタート。『古事記』『日本書紀』あわせ読み
5/12　第35回感門之盟「翻」に翻訳家・鴻巣友季子登壇
10/1　松原朋子師範代を中心とするSNS伝奏連発足
12/23　ISISエディットツアー開始

2014年

●21[花]　●30[破]　●33[守]　●12[風韻]　●7[物語]　●33[破]
●34[守]　●22[花]　●10[離]

1/22　埼玉県立春日部高校の1年生に松岡校長が授業
1/24　松岡校長「人生七十暴走古来稀」イベント開催
6/3　神保町ワークショップ「ビジネスを制するのは情報編集力」
7/18　松岡校長が近畿大学「超近大プロジェクト」スーパーバイザーに就任。編集学校チームも図書館開発などに関わる
8/30　第1回「ISISフェスタ」開催。編集学校からは森山智子師範、渡辺恒久師範、池澤祐子師範、野村英司師範代、橋本元司他が登壇。ゲストには、安田登、大澤真幸、柴崎友香
9/23　謎解き絵本アプリ「NAZO」リリース（CYBIRD）。岡村豊彦師範がシナリオ制作に参画
9/23　第1回CANPAN×イシス編集学校ワークショップ
10/16　The Mirror 松岡正剛書店「屋根裏ブックウェア」展示
10/19　「ふくしま、ひとしずくの物語——再生へ祈りを込めて」開催
11/1　旭化成ケミカルズ編集講座（師範代：島陽子、大野哲子　師範：米川青馬）実施

2015年

●34[破]　●35[守]　●23[花]　●13[風韻]　●8[物語]　●35[破]
●36[守]

1/2　「100分de日本人論」（NHK）に松岡校長が出演
3/1　第2回「ISISフェスタ」。松永真由美師範代、塚田有一師範代、川野貴志師範、竹内裕明師範代他が登壇。ゲストには、下條信輔、吉田玉女、佐治晴夫、赤坂真理他
3/5　MUJIキャナルシティ博多に「MUJI BOOKS」オープン。九天玄氣組が選書などに活躍
8/22　第3回「ISISフェスタ」。EditBizチーム（永田拓也師範、鵜養保師範、奥本英宏師範代）、九天玄氣組が登壇。ゲストには、山本貴光、三中信宏、春風亭一之輔他
9/4　無印良品有楽町に「MUJI BOOKS」オープン。編集学校の選書チーム「The Select」が本棚編集

教室名36期一覧

●［破］教室も担当

第1期［守・破］

メソッドファンド教室	山田　仁	●
それぞれ教室	岡田康之	●
OSAKAN教室	荒木基次	●
おとどよう教室	中川卓朗	●
彦星教室	平野雅彦	●
黎明教室	太田眞千代	●
殻破り教室	杉浦　斉	●
白いバイエル教室	仁科玲子	●
放し方教室	泉屋昌平	●
水星庵教室	湯浅伸庸	●
天下布文教室	矢部文隆	●
桃太郎遊学教室	小西稔子	●

第2期［守・破］

能勢伊勢雄ムジック教室	能勢伊勢雄	●
六本木拈華美翔庵教室	薄羽美江	●
直立猿人教室	川崎隆章	●
ことば惣菜教室	杉本祐子	●
ゆうたろう股旅教室	坂元勇仁	●
ゆとろぎ教室	松井康子	●

第3期［守・破］

タマタマタ教室	木村久美子	●
酔いどれ船教室	大川雅生	●
月夜見按配教室	太田香保	●
deカルト教室	武澤　護	●

第4期

懐適堂教室	先田新一	
急須と茶碗教室	喜内　章	
やせがえる教室	永田健二	
ねりもの教室	森　崇哉	
沢すべり教室	伊東雄三	●
結果往来教室	大澤　大	●
わらしべ長者教室	滝沢保子	●
セクシープロジェクト教室	冨澤陽一郎	●
メロンパンな教室	中野由紀昌	●
ぽのぽの教室	堀口裕世	●
跳び蟻教室	今井歴矢	●
飛ぶかな教室	森　由佳	●
じょうもんどき教室	高山　鎭	●
座敷童子教室	西川あづみ	●
家庭の事情教室	丸山　玄	●
黎明教室2	太田眞千代	●

第5期

ゆめみがち教室　鈴木道輝
エト乱世教室　伊吹圭弘
金甘エンジン教室　関根朝子
禅まんじゅう教室　永田津一
サロン・ヴァン・ルージュ教室　矢田千夏子
メディアめであい教室　藤森正文
深夜あやとり教室　曽根藤和
紫ねこ教室　青木裕美　●
ペンギンドミノ教室　西川佳津枝　●
花色カメレオン教室　麻野由佳　●
月のかぞえ教室　田中晶子　●
すっぴんロケット教室　岡部三知代　●
23・5度教室　桃園有三　●
鏡うたかた教室　倉田慎一　●
どんなもんだい教室　田中健一郎　●
うふふわふわ教室　島津昌代　●

第6期

万法ももんげ教室　洞沢葉子
コスメぴゅんぴゅん教室　尾崎二三代
沢飛にゃーMe教室　尾崎伸行
空感佐藤組教室　佐藤　裕
ロココロ教室　井上志保
エディット・ハーレー教室　桑原雅彦
宝島おっしゃる教室　小倉和恵
だんだん花花教室　松田祥子
ちょっとバロッコ教室　久野美奈子
笹鳴かしこ教室　小池純代　●
桃栗美人教室　高柳康代　●
あんたっぷり教室　平岩由佳　●
言降りかぎろひ教室　増井　恵　●
Q力発伝教室　立岡　茂　●
きららひびき教室　日高裕子　●
ジャムループ教室　石川　博　●
やみ月めんたる教室　北原ひでお　●
西宮この鳴る教室　川島陽子　●
懐来さらさら教室　相京範昭　●

第7期

トットコ魔法教室　中廣かおり
風紋某々教室　小島伸吾
軒先豆腐教室　丸山　玄
キーラキラー教室　井上麻理子
一八天動教室　木下　豊
蓼食うプリズム教室　古川柳子
カタルモ発見教室　中島敏子
縁組とろり教室　新井　浩
そめいろ薄荷教室　小西稔子
夕暮ランダム教室　武澤　護
ガッテン知弁教室　入江雅昭
半熟はちみつ教室　永井祐子

バー月界教室	大澤　大	●
からくりおいらん教室	稲本健治	●
円陣フライト教室	貝塚英樹	●
勇ラン一本教室	多田有花	●
千侠一陣教室	奥野　博	●
雪ノア天馬教室	野秋誠治	●
懐傑三十郎一座教室	先田新一	●
さっさ笹鳴教室	小池純代	●
Q段活用教室	立岡　茂	●
とても跳び蟻教室	今井歴矢	●

第8期

いるいな水軍教室	谷吉義光	
ライナス・スロット教室	樋口雅子	
らせん風味教室	千葉恭子	
虹色意伝子教室	北村　浩	
へんしんアルゴ教室	原尻淳一	
振子ぐるぐる教室	八木　忍	
透明クラムボン教室	佐藤あすか	
両面劇場教室	堀江久子	●
ひょうたんコラボ教室	奥田　亮	●
ぽぽんた一族教室	鈴木元一朗	●
くらげチャンネル教室	野嶋真帆	●
縁起ニア教室	古野伸治	●
風色オペラ教室	志村呂子	●
立体波花教室	石田直紀	●9［破］
ルーペ探偵団教室	海口平太郎	●10［破］
勇ラン日本教室	多田有花	●

第9期

羽衣あっぱれ教室	伊藤華子	
高能句読教室	遊佐恵子	
韋駄天サプリ教室	池澤祐子	
円尽折り紙教室	岡崎浩幸	
先岡ラッセル教室	小川博幹	
シリウス撩乱教室	土井内英子	
めった笹雪教室	安藤元博	
ことほぎ紬教室	菊池しのぶ	
黒潮わくわく教室	南部昌子	●
弓なりネクタイ教室	田中　弘	●
万物印画教室	原　淳子	●
胡蝶こいこい教室	高橋祥夫	●
葉隠おんな教室	小清水美恵	●
一茶エッシャー教室	高森美和	●
銀線おもかげ教室	松崎智子	●10［破］
縁起設計教室	古野伸治	●

第10期

千夜天丸教室	平岡右子	
レタス乱打教室	小西光代	
乙女座ルンバ教室	土井内英子	
複眼ノマド教室	小山龍介	

箱庭グランプリ教室	平野愉香	
縁転ラジカリウム教室	鬼頭明稚	
青調ひびき教室	保坂恭史	
花道めきめき教室	松本仁子	
けんけんコモンズ教室	橋本　岳	
星象万華教室	斉藤伸子	●
一撃シンドローム教室	高野甲子郎	●
嬉快仁術教室	林　雅之	●
童感どんと教室	西川あづみ	●
敢然ナジミーム教室	鈴木道輝	●
夕空くじら教室	森　由佳	●

第11期

遊覧パステル教室	木村尚子	
まよなかデニム教室	高見麻利子	
コピーバーナ教室	松田匡史	
雅俗トラッド教室	高橋裕幸	
紅潮月兎教室	三原美香	
葉脈のびナビ教室	伊藤真由美	●
ちかくの細道教室	森　美樹	●
韋駄天筋金教室	加藤清一	●
かたゆで双六教室	田中俊明	●
綺天望気教室	柘山一郎	●
バジラ高橋くん教室	高橋秀元	●
サイバー渦巻教室	赤羽卓美	●
マインドギア教室	渡部好美	●12[破]
放課後あかり教室	岡村斉恵	●14[破]
1682ターン教室	丹澤　誠	●13[破]
森の都は豆印教室	森　由佳	●

第12期

伸子ほしかげ縁側教室	斉藤伸子	
Fシャープあちゃ教室	関根朝子	
胸中サンズイ教室	中野由紀昌	
放下万化教室	谷吉義光	
新夜エクスプレス教室	曽根藤和	
ぴんぴんもぎもぎ教室	木村尚子	●
ツボ三里サプリ教室	平山智史	●
スズカゆれる教室	小林佐和子	●
荒神飛車角教室	森井一徳	●14[破]
感伝モメント教室	鈴木雅人	●14[破]
ハイカイ自在教室	多田有花	●
機会来々教室	林　雅之	●
下駄ばき遍路教室	高野甲子郎	●

第13期

花唄パンク教室	浅井理央	
ラジアル・クルー教室	樋口雅子	
百日紅じゃ教室	島田直美	
天真猩々横丁教室	稲葉一樹	
姫琴連綿教室	梅津明子	
全禅おしゃま教室	原　貴子	

芳醇玄鏡教室　丸山　玄
エントロとんび教室　松尾　順　●
瀬戸内ロンド教室　淘江貴子　●
不惑ナックル教室　成澤浩一　●
ふたこぶ外道教室　大音美弥子　●
マッハのんりに教室　迫村　勝　●
蟻のトポロジー教室　今井歴矢　●

第14期

風鈴斜塔教室　大越康弘
代表的25時教室　岡本嗣典
十五夜はねる教室　田中さつき
幻舞バジターン教室　川上　弘
人間人形教室　中村　万　●
森羅一族教室　高橋ゆか　●
あるすハイパー教室　泉　洋之　●
文脈天狗教室　森　敬典　●
望気雲流教室　山口桃志　●15［破］
Bプロ総研教室　高橋邦明　●15［破］
窯変みさき教室　竹島陽子　●20［破］

第15期

風雅十二音教室　中山伊知郎
ココ恋絡船教室　鈴木郁恵
一筆逆転教室　相磯智紀
月々シウマイ教室　丸山ちさと

うきしまかるた教室　田中千鶴子
蓮條方舟教室　倉部健治
息鳴堂教室　福田　徹
梵天グレゴリアン教室　奥田信子
高次ボランチ教室　吉津茂径
写し絵サプリ教室　久保田仁美
のほほん鬼龍院教室　清水伺名子　●
シンドロ六甲教室　赤松木の実　●
酔道恋道教室　塩田克博　●
レキオちゃんぷる教室　真武信一　●
まちかどラーセン教室　内山淳一　●
艶歌超流教室　増田　忠　●
マイパブ・トロット教室　土屋満郎　●
般若パラメータ教室　中村正敏　●17［破］
陽明むすび教室　宮坂千穂　●18［破］
なみなみインベスト教室　石田直紀　●
ロール・ロンド・ロード教室　淘江貴子　●

第16期

調弦振動教室　吉津茂径
ボーズ二刀流教室　山脇稔也
TMかたつむり教室　高萩　健
鬼太郎ロンド教室　白松好子
おちこちアーモンド教室　松井路代　●19［破］
巻舌アンモナイト教室　加藤之康　●17［破］
楽屋薬玉教室　大武美和子　●17［破］

ライナ700C教室	廣瀬良二	●19[破]
コスプレ兵法教室	森山智子	●17[破]
開転乙女教室	田村麗恵	●19[破]

第17期

青山一刻教室	大澤靖永	
侠然センチメンタル教室	大石大蔵	
はしばし・こんろん教室	中道明美	
田楽雑技団教室	関　富夫	●
センセイ放情教室	野崎和彦	●
夕凪アルケミスト教室	渡辺恒久	●
八雲でんねん教室	景山和浩	●
挑心りんりん教室	古田　茂	●
レシピもぎたて教室	木村尚子	●

第18期

当体まちかど教室	石川文子	
ラジカル玄語教室	日玉浩史	
ふとまに金色丸教室	西　泰子	
菜根いただき教室	細田正実	
キタ・エディトリアス教室	広本旅人	
玉の緒さいさい教室	七海　叶	
丹田シャネル教室	安藤昭子	
スレスレすいれん教室	秋元未奈子	
パリティ外道教室	福嶋秀樹	●
どうどう闇鍋教室	伊藤有紀	●
六光海舟教室	福田豊樹	●
千機万来教室	前原章秀	●
微熱ガイア教室	講武　毅	●
感伝虹色教室	小濱有紀子	●
山手橋姫教室	丸山ちさと	●
はじはじアトラクタ教室	迫村　勝	●
往還セイセイ教室	野崎和彦	●

第19期

依代ドードー教室	塚田有一	
IEOオーケストラ教室	永川　貴	
苗代ローリング教室	阪本裕一	
振動マチス教室	島崎　健	
くの一山際教室	浜野麻代	
柿八点前教室	高柳康代	
われてもすえに教室	稲葉一樹	
東南バトラー教室	高島　徹	
プラグ・ルーデンス教室	川村亨太	
ITドラム教室	浅羽登志也	●
風姿暴走族教室	納富智子	●
宴歌屋台教室	小西明子	●
虚実むくむく教室	重廣竜之	●
蓮窓カーテン教室	梅津明子	●
将門扇子教室	岡本　尚	●
ソフトボイルド教室	田原一矢	●
マジョ・デ・ギャルソン教室	深谷かしこ	●

耳文字ウサギ教室	阿多真理子	●
月宮ダンテ教室	大野哲子	●
トリビア捻法教室	本杉　健	●20［破］
粋々トリコロール教室	永田拓也	●21［破］
三体三角三秒教室	福田　徹	●22［破］
言問三弦教室	増田　忠	●
BSウェーブ教室	前原章秀	●

第20期

青月波楼教室	小島崇広	
カンテラ六光教室	齋藤友理	
巻舌カンジ教室	長友好江	
網代苗代教室	阪本裕一	
勾玉変奏教室	中西和彦	
咸宜閃翔教室	田中さつき	
日本橋ダーヨ教室	稲葉　誠	
みさきカザルス教室	松永真由美	
ぶんぶん乱打教室	空井郁男	
山吹凛然教室	阿部静子	
ときじく少女教室	川田淳子	●
怪盗ラプソディ教室	田母神顯二郎	●
発熱ポンパドゥール教室	中村紀子	●
道俠オルガン教室	矢萩邦彦	●
無住北辰流教室	岡部吾朗	●
とびとび青嵐教室	大澤靖永	●
かくれんボレロ教室	齋藤成憲	●21［破］
五次元自転車教室	根岸伸佳	●21［破］
弦学マイセン教室	小川玲子	●23［破］
伝源結線教室	福嶋秀樹	●
帯留風姿教室	納富智子	●
真名仮名教室	田村麗恵	●
相転即入教室	重廣竜之	●

第21期

風船りぼん教室	中山有加里	
ほほ風鐸教室	山口みか子	
ざっぱらかちゃめ教室	浅羽理恵	
河童早舞教室	土井一満	
燠火列島教室	後藤忠晴	
ふるふる弾感教室	増田玲子	
雲山指月教室	松尾　亘	●
エディット・ピラフ教室	池澤祐子	●
あろまあんのん教室	大村浩子	●
芯々グリッサンド教室	五味久恵	●
八窓サザエ教室	田中里実	●
てれすこホルモン教室	大沼友紀	●
望見ポルカ教室	島　陽子	●
原色ファニー教室	村井宏志	●
魔笛奏茶教室	鈴木郁恵	●
見仏ゼフィルス教室	川邊　透	●
夕方ここに教室	鈴木康代	●22［破］
猫足アングル教室	高橋美絵	●22［破］

鴨池シューリ教室　濱口由貴　●23［破］
ソーテンだるま教室　義本将之　●23［破］
アルチ残響教室　大泉智敬　●23［破］
キャンプ云亭教室　米川青馬　●26［破］

第22期

夜型ピンヒール教室　中嶋美奈子
あしながステラ教室　高松江三子
融即ドリブル教室　蜷川明男
空中バッカス教室　遠藤倫代
ふくめん鏡窓教室　神保　篤
集球又三郎教室　倉　和行
ラジオ・グルーブ教室　岡田圭蔵
複式鷹井戸教室　小林佐和子
鳴鶴三友教室　山崎健司
エスペラ七茶教室　吉村堅樹
熱々ACTG教室　渡辺彰衡　●
流体クッキング教室　水野　操　●
銘仙ショコラ教室　福澤美穂子　●
まれびとフラクタル教室　米山拓矢　●
遊泳ムナーリ教室　畠山尚子　●
風天バーミリオン教室　ゆう恵朱　●
ビター臨界コーラ教室　大原慈省　●
活元帯電教室　権藤武彦　●23［破］
にっぽん一本教室　岡部吾朗　●

第23期

たまゆらアユラ教室　齋藤友理
巴御前さま教室　赤松木の実
ずんだ内外教室　葛西淳子
複々アコーデオン教室　岡本　尚
アーガマ・スイミー教室　神保　篤
禅線スズメ教室　押田清秀
多册キネマ教室　森　由佳
シトラス連房教室　大村浩子
型紙ファンタ教室　くし野千絵
風躍ルビー教室　中山有加里
きときとキャバレー教室　島　陽子　●
ラーメン代謝教室　白木賢太郎　●
揺性ウキスキー教室　奥山和栄　●
八転トート教室　江上聡明　●
下町ウェブ教室　遠島啓介　●24［破］
未明ヨーカン教室　加藤達彦　●26［破］
万遊クラウド教室　大沼友紀　●
ひとたび萃点教室　福田豊樹　●

第24期

感練かきつばた教室　島田順子
うつしよ宙返り教室　服部奈々子
ほや是非去来教室　八田嘉一郎
感伝かぶく教室　小泉満生
カリブるるぶ教室　天野理恵

ペッパーデザイン教室	川村亨太	●
あいうえ王女教室	葛西淳子	
ラリベラ仕立て教室	鈴木喜久	
鎌倉イ短長教室	小池和弘	●
点鞠紫陽花教室	相部礼子	●
月猫熊猫教室	渡會眞澄	●
マントル変拍子教室	小方　靖	●
修験ハイジ教室	三津田知子	●
ひよめきジンジャー教室	土弘真史	●
流行性勘房教室	宮前鉄也	●
雨情玄天教室	松永真由美	●25［破］
蘭月かささぎ教室	鈴木亮太	●25［破］
サンダーカーブ教室	空井郁男	●25［破］
マイルス文殊教室	岡田圭蔵	●30［破］

第25期

倍音ラビリンス教室	上畑ナオミ	
孔球必打教室	北原ひでお	
未視とっかり教室	谷村知穂子	
四辻コイル教室	近藤茂人	
紙猫獅子舞教室	前田康仁	
琉魂タイフーン教室	外間いち子	
津軽アロハ教室	岡村豊彦	●
鳳鳴六曲二双教室	青木　穣	●
すきま御免状教室	木藤良沢	●
万望プリン教室	西岡能範	●
仮留綸子教室	小坂真菜美	●
漂層レプリカント教室	安達貴仁	●30［破］
仲庭トランペット教室	大野哲子	●
農法類感教室	義本将之	●

第26期

陽炎ストライプ教室	藤井百々	
劇的シントー教室	鹿間朋子	
五色玄海教室	石井梨香	
麻色レンジャー教室	林　薫	
れんれん探源教室	福澤美穂子	
ねじ式トーラス教室	服部奈々子	
発走バージェス教室	森貞英彦	
星目ポリフォニー教室	内田文子	
交感交番教室	納富智子	
なゆた双眼教室	中村由美	●
シモキタ飛龍教室	藤田ゆう子	●
草莽捲局教室	川野貴志	●
カシマシ夢路教室	八田英子	●27［破］
知求たびたび教室	鈴木喜久	●29［破］
フェアリー茶色教室	鈴木郁恵	●
貝感菊理姫教室	竹島陽子	●

第27期

さぼてんエイド教室	稲葉一樹	
奏術ひまわり教室	上原　桂	

九天更紗教室　田中さつき
参上台目教室　高柳康代
猫町たまたま教室　大久保佳代　●
カステラシアター教室　原田淳子　●
走卵道心教室　田中里実　●
すばるバンパー教室　鵜養　保　●
電脳機動隊教室　大場健太郎　●
ホーライブラリー教室　豊田香絵　●28［破］
推感まいまい同盟教室　福田容子　●28［破］
ミト魂ドリア教室　鈴木哲也　●28［破］
山水路考教室　松井路代　●
汎響リフレ教室　西岡能範　●

第28期

キャラバン海豹教室　大沼友紀
参読感読教室　大野哲子
カラダ仮屋教室　渡辺恒久
木喰パイロン教室　山脇稔也
沖ゆいコーザ教室　真武信一
象限ドップラー教室　岡本　尚　●
姐さん新奇劇教室　奥山和栄　●
合接前線教室　古野伸治　●
倍恩クレオール教室　木藤良沢　●
カラメル狂言教室　小坂真菜美　●

第29期

共縁キッチン教室　松原朋子
勧進ななめ教室　義本将之
スタンドオフ教室　山中裕之
聖アルテミス教室　稲垣雅子
黒帯アリス教室　田端弥生　●28［破］
相聞式部教室　三津田知子　●
バーテン六法教室　石原卓也　●
じんじん円感教室　吉津茂径　●33［破］
吹寄せ峠教室　松尾　亘　●

第30期

ふくふく望成教室　鈴木康代
鏡面カレー教室　野村英司
半食半哲教室　廣瀬良二
ぽたら日乗教室　今井歴矢
無双ジェネシス教室　高　英生
千載群体教室　立岡　茂
べっぴん柘榴教室　鈴木貴三
越境アルス教室　矢萩邦彦
ミカタ普請教室　高橋美絵
未知既知余地教室　内田　犁
アタリ磊々教室　内田文子　●29［破］
音劇コスモス教室　稲田早苗　●29［破］
月代蔵前教室　阪本裕一　●29［破］
推命道観教室　竹川智子　●29［破］

なかなか乱歩教室　加藤達彦　●

第31期

ハビトゥス方丈教室　石口勇輝
放福歌劇団教室　梅田綾子
星のパイレーツ教室　美濃越香織　●30[破]
トーマ四重奏教室　福田恵美　●30[破]
オプション工作教室　岡本　悟　●30[破]
カルデラ乱取教室　植田フサ子　●30[破]
鯉口もんもん教室　塩崎哲也　●33[破]
ソーシャロイド教室　敷田信之　●34[破]

第32期

帆かけ市庭教室　高萩　健
探花かんばせ教室　花岡安佐枝
アジャイル五味観教室　五味久恵
熟成まないた教室　谷村知穂子
あいまブリコラージュ教室　村上幸宏
と金キラキラ教室　福澤美穂子
禁断ノーホエア教室　石川正宏　●30[破]
共約ベルハーレン教室　木藤良沢　●30[破]
遊求マクロファージ教室　小倉加奈子　●30[破]
宝来もんどり教室　長田陽子　●33[破]
紫苑ソフィア教室　後藤由加里　●33[破]
倉敷バザール教室　香西克久　●34[破]

第33期

メタモル部品教室　井戸一智
浮世デバイス教室　本多亜紀
志操越天楽教室　新藤雅子
遊行ペイズリー教室　田原一矢
ポテンシャルエステ教室　大原慈省
晴れたらエクリ教室　松井路代
アルス・アクセル教室　野崎和彦
佐賀ポータブル教室　園田隆克
葦笛メール教室　吉野美里
縁宴しめしめ教室　山口生人
参度イット教室　小野寺洋子
コーニス途中教室　高萩　健
稜線シンデレラ教室　宮原由紀　●
アルカナ・ミザール教室　吉井優子　●
木のぼりソーダ教室　岡崎美香　●
余白整体教室　竹内裕明　●
風の三味線教室　石井梨香　●
ドーナツ・ムーン教室　吉野陽子　●

第34期

波切りラッパ教室　西田和正
パンゲア藍帳教室　寺田充宏
北天ビブリオ教室　民安園美
ゲンゲンあわい教室　前田順子
ソーテー丸の内教室　柳川忠之

ツケノビ元気教室　内田文子
楽市ユリイカ教室　藤原　真
チキチキ本覚坊教室　寺嶌茂美　●
超人デクノボー教室　猿子修司　●
薄墨ベンヤミン教室　井田昌彦　●
津々マリアージュ教室　高橋紗絵子　●
どらどら車座教室　村田友英　●
丸角珈琲教室　品川未貴　●
多軸ピボット教室　奥本英宏　●35［破］
則天シャッター教室　木村善則　●35［破］
恍惚文字教室　石川正宏　●
充感ひび教室　前原章秀　●

第35期

天然ドリーム教室　橋本英人
月下ジョバンニ教室　後藤　泉
場力こんこん教室　近藤美智子
増幅ドライブ教室　本多弥文
銀嶺明滅教室　谷　留利子
一二三つくし教室　石川奈穂子
ノードチェンジ教室　浅羽登志也
東華西草教室　ゆう恵朱
剣法ゴロー教室　岡部吾朗
ゆらゆら裸足教室　山口生人
彩月ミシン教室　柿沼沙耶香　●
舞姫密談教室　岩野範昭　●

さみだれ海峡教室　小路千広　●
おとづれスコア教室　上杉公志　●
十装ダリア教室　中村麻人　●
ソラリス落雁教室　藤木不二人　●
変換スタンダード教室　重廣竜之　●
カタカタ対想教室　福田恵美　●

第36期

確率的棟梁教室　最首克也
FMサスーン教室　深谷もと佳
天空テニス教室　井上高明
川端いよいよ教室　浦田有佳里
毎日フィギュール教室　山田小萩
くっすん錬金術教室　鈴木博人
共術かさね教室　藤田小百合
影感モンタージュ教室　林　朝恵
サーフィン神輿教室　高野和哉
くちびるディスコ教室　石黒好美
宵越セコイア教室　土屋克成
和装アジア教室　孫　犁冰
膜動フリップ教室　小倉圭吾
ホットワイナリー教室　岡本　悟
玲子組曲教室　小川玲子
庭先ホロン教室　野嶋真帆
臨舟回遊教室　村井宏志
インドラ一乗教室　庭野光代

松岡正剛　Seigow MATSUOKA

1944年京都生まれ。早稲田大学文学部。雑誌「遊」編集長、東京大学客員教授、帝塚山学院大学教授を経て、編集工学研究所所長・イシス編集学校校長。1971年工作舎を設立し、超ジャンル的編集と先駆的グラフィズムを次々に生み出し、アート・思想・メディア界に多大な影響を与える。1987年編集工学研究所を設立、情報文化と情報技術をつなぎ、応用・発展させる活動を展開。数多くの企画・開発プロジェクトのプロデュースや監修、演出なども手がける。2000年から連載中の壮大なブックナビゲーション「千夜千冊」は1800夜を超えていまなお更新中。著書は『知の編集工学』『知の編集術』『17歳のための世界と日本の見方』『国家と「私」の行方』『擬ー「世」あるいは別様の可能性』『日本文化の核心』『千夜千冊エディション』(シリーズ)『見立て日本』他多数。編集構成に『情報の歴史』『情報と文化』『松丸本舗主義』『匠の流儀』『松岡正剛の国語力』など。

松岡正剛の千夜千冊：https://1000ya.isis.ne.jp

イシス編集学校

世界で初めてインターネット上に開校した「方法の知」のための学校。24時間いつでも、世界中どこでも編集術を学ぶことができる。3万人以上が受講し、師範代は850人を超えた。多様な職業、年代、地域から集った学衆が10人程度の教室で、正解のない編集稽古と、師範代による編集指南により編集術を体得する。守・破・離・遊・ISIS花伝所の5つのコースからなり、画期的なeラーニングシステムとして企業・教育・地域から注目を浴びている。書籍に『プランニング編集術』(東洋経済新報社)『物語編集力』(ダイヤモンド社)。入門者向けにWebで無料体験できる「編集力チェック」、6万冊の本楼での編集ワークショップ「ISISエディットツアー」などがある。ニュースメディア「遊刊エディスト」は毎日更新中。

編集学校HP：https://es.isis.ne.jp
遊刊エディスト(編集学校WEBメディア)：https://edist.ne.jp
体験！編集力チェック：https://qe.isis.ne.jp/index/taiken001
ISISエディットツアー：https://es.isis.ne.jp/admission/experience
公式SNS：facebook: ISIS_editschool　twitter: @isis_es　instagram: @isis_editschool
おっかけ！千夜千冊ファンクラブ(Podcast)：https://podcasts.apple.com/us/podcast/id1576115332

チーフディレクター……吉村堅樹
エディトリアルディレクター……広本旅人
チーフエディター……福田容子　米川青馬　木村久美子
編集制作デスク……橋本英人
チーフデザイナー……富山庄太郎
デザイナー……緒方志郎　仁禮洋子　江上聡明　佐伯亮介　成田生
エディター……佐々木千佳　田中晶子　太田香保　冨澤陽一郎
八田英子　石口勇輝
編集協力……梅津明子　小池純代　宮之原立久　太田剛
長田陽子　原田淳子　石川正宏　三上美絵
大久保佳代　齋藤小麗　ゆう恵朱　島陽子　本多亜紀
豊田香絵　安達貴仁(DTP)　牛若丸／松田行正(図版提供)
協力……編集工学研究所　松岡正剛事務所
撮影……永禮賢　奥村智範　小森康仁　渡辺彰衡　赤羽卓美
小山貢弘　川本聖哉　猪俣直之　石渡朋
制作管理……野村育弘　安藤昭子

共読する方法の学校

インタースコア

2015年12月26日　第1刷発行
2023年 8 月10日　第4刷発行

著者　松岡正剛＆イシス編集学校

発行者　小林公二
発行所　株式会社 春秋社
東京都千代田区外神田2-18-6(〒101-0021)
03-3255-9611(営業)　03-3255-9614(編集)
振替: 00180-6-24861
https://www.shunjusha.co.jp/
印刷所　萩原印刷株式会社
装丁　富山庄太郎

 ISBN978-4-393-33348-8
定価はカバーに表示してあります

本楼
松岡正剛の落冊市
ビジネスに飛び込む勇気も、編集力。
業
MCB感伝境
破
熱々ACTG教室
渡辺彰衡 師範
中村正敏
1分前
本
の
大

ISIS
感門之盟
越境インタースコア
西田和正
遊
風韻講座